자기인식과 미래탐색

리더십 프레임

개념 · 구조 · 사례

사랑하는 두 딸 보람 · 예슬의

맑고 곱고 밝은 미래를 소망하며

Prologue

프롤로그

리더는 많은 사람들에게 이로움을 주는 리다(利多)이다. 이는 우리 사회가 최고의 덕목으로 삼는 '널리 인간세계를 이롭게 한다'는 뜻의 홍익인간(弘益人間)의 이념과 맥을 같이 한다. 그러나 현실에서는 다수의 이익보다는 자신과 자신이 소속된 소집단의 이익을 우선시하는 사회지도층의 반복되는 행태로 리더십의 위기를 맞고 있다. 존경하고 신뢰할 수 있는 리더의 부재현상으로 사회 전체가 상호 불신과 갈등을 경험하고 있다.

우선, 사회적 리더십의 부재로 청춘들이 앓고 있다. 답답한 현실과 앞이 보이지 않는 캄캄한 미래로 인해 그들이 아프다. 청춘들은 우리의 미래인데도 말이다. 국가리더십의 부재로 기성세대도 살아가기가 녹록치 않다. 평생을 일만 하는 데도 노후가 불안정하다. 서글픈 생각이 든다. 희망은 없는 걸까. 보통사람이 평안한 세상, 보통사람이 행복한 세상은 없는 걸까. 정치권력, 공권력, 금권력, 명성권력, 학권력 등 권력의 언저리와는 거리가 먼 대다수의 보통시민이 평온한 공동체에서 살고 싶다.

리더십연구의 흐름과 다양한 관점을 정확하고 명료하게 이해함으로써 리더십을 둘러싼 사회현상을 상식이 아닌 과학적 프레임을 통해 인식하고 분석 · 해석할 수 있도록 하는 것이 이 책의 목적이다. 그래서 리더십 프레임이라고 이름 지었다. 프레임은 세상을 바라보는 틀, 세상을 바라보는 마음의 눈이다. 우리는 프레임을 통하여 현상과 대상을 지각하고 해석한다. 프레임은 정확하고 명료해야 한다.

먼저, 리더십이론의 개념과 구조를 깔끔 명료하게 기술하고자 노력했다. 각 장마다 리더십이론과 연계된 토의주제와 사례를 실어 개념과 구조를 적용해 볼 수 있도록 하였다. 리더십 프레임의 부제를 개념 · 구조 · 사례라고 한 이유이다.

현재보다 나은 미래를 설계하기 위해서는 명확한 자기인식이 중요하다. 이를 위해 각 장마다 '자기인식과 성찰'을 위한 진단도구를 제시하였다. 미국학자들에 의해 개발된 진단도구는 이론의 개념과 구조를 벗어나지 않은 범위 내에서 가능한 한국의미로 해석해서 전환했다. 이는 리더십을 전공한 저자도 그 의미 구조를 이해할 수 없는 각종 진단도구들이 범람하고 있다는 판단에서이다. 각 장의 말미에는 독자들의 자기성찰을 돕기 위해 저자특강을 실었다. 이와 같은 맥락에서 리더십 프레임의 지향점을 자기인식과 미래탐색이라고 하였다.

리더십 프레임은 모두 4부로 구성되어 있다.

제1부 〈리더십 철학과 리더〉에서는 리더십의 본질을 탐구하고, 리더십 고전이론인 특성이론, 행동이론, 그리고 상황이론을 연구한다. 이를 통해 리더가 추구해야 할 이념과 리더의 기본역할, 역할수행에 요구되는 특성과 자질, 행동, 그리고 다양한 상황맥락을 이해할 수 있다.

제2부 〈복잡계와 리더십〉에서는 다양성과 비선형적 상호작용에 따른 불확실한 사회시스템 관점에서의 리더십을 연구한다. 이를 통해 변화와 혁신, 그리고 분산, 공유, 연결, 관계를 중심으로 한 변혁적 리더십과 교환이론, 팀 리더십이론을 이해할 수 있다.

제3부 〈리더의 사회적 책무〉에서는 인간존엄성 회복 관점에서의 품성리더십을 연구한다. 이를 통해 윤리와 진정성, 이타성, 공공성, 그리고 인간성을 중심으로 한 윤리적 리더십, 진성리더십, 서번트리더십, 커뮤니티리더십, 그리고 여성적 리더십이론을 이해할 수 있다. 특히, 리더십의 어두운 측면을 다루는 의사(pseudo)리더십인 독극형리더십을 비판적으로 다룬다.

제4부 〈글로벌 사회경쟁력과 리더십〉에서는 글로벌 환경관점에서의 사회 및 개인경쟁력과 관련된 리더십을 연구한다. 이를 통해 문화적 다양성과 글로벌 리더십, 그리고 한국형리더십을 이해할 수 있다. 또한, 사회적 개인으로서 마땅히 유지해야 할 시민의식 차원에서의 리더십, 즉 팔로워십, 슈퍼리더십, 셀프리더십, 그리고 이들 리더십이론의 근간이 되는 학습과 개발 이슈를 탐구한다.

리더십 프레임의 모든 장은 [미리보기] - [연구질문] - [학습내용] - [토의] - [사례연구] - [자기인식과 성찰], 그리고 [저자특강]의 순으로 구성되어 있다. 보편적 리더십의 정답이 없으므로, 우리는 자기에게 최적화된 리더십의 내 답을 찾아야 한다. 이를 위해 교수(리더)는 '가르치려' 하지 말고, 의견공유와 토의 · 발표를 통해 '느끼고 깨닫게' 하는 팀 학습방법으로 수업을 진행하는 것이 효과적이다. 각 장은 토의주제에 대한 의견공유와 사례연구만으로도 학습이 이루어질 수 있도록 구성하였다. 학습자 역시 '배우려' 하지 말고 '느끼고 깨닫기' 위해 리더십 주제에 대해 탐구하고, 토의 및 사례연구와 자기인식 · 성찰활동에 적극적으로 참여함으로써 다양한 리더십 관점과 이론을 내 것으로 체화하도록 노력한다. 학습의 주체는 교수(리더)가 아니라 학습자이다.

리더십은 기본적으로 리더-구성원 간의 상호작용을 전제로 한다. 리더가 구성원에게 선한 영향력을 행사하기 위한 다양한 관점에서의 리더십원리는 리더십성과에 유효하다. 다만, 상황적 특수성으로 리더십 관점과 원리를 적용하지 못하기 때문에 리더십 전반에 대해 회의를 가지는 것뿐이다.

저자는 암담한 현실에서도 보통사람이 평안하고 행복한 세상을 꿈꾼다고 했다. 이렇게 생각하는 건 어떨까. 수많은 현인과 학자들에 의해 연구되고 실증된 다양한 리더십이론의 지혜를 개인의 삶에 적용하게 되면 보통사람의 삶도 나아질 것이라고. 복잡성의 사회에서 상황을 통제할 수 없고, 더욱이 다른 사람을 어찌할 수는 없다 해도 자기 스스로를 리더십의 적용대상으로 하여 일상을 설계하고, 일상을 살아가는 건 가능하지 않을까 싶다. 개인 스스로 자신의 삶을 리더십 지혜에 맞추어 행동과 습관을 익혀감으로써 생활의 근력을 키우고 회복 탄력성을 높여가면 이 갑갑한 현실도 좀 나아지지 않을까 싶다.

조직이나 집단에서 그 크기와 관계없이 권력을 조금이라도 가진 리더들은 선한 영향력을 발휘하기 위해 리더십을 연구하고 실천하고 내재화해야 한다. 리더의 성공은 구성원의 역할모델이 되어 널리 퍼지고, 리더의 실패는 구성원들은 물론 그들의 가정에까지 악영향을 끼치는 사회적 결과를 낳는다. 이와 같이 사회적 리더(구성원을 둔 리더)는 사회적 책무를 진다. 리더는 행동거지를 조심하자. 어찌되었든 우리 모두는 리더십의 지혜를 체득해야 한다. 다양한 리더십의 관점과 개념, 구조를 이해함으로써 우리 각자의 삶, 우리가 소속한 조직과 집단의 삶이 보다 풍요로워지기를 바란다.

집필하는 동안은 늘 세상에 대한 고마움과 자신의 부족함이라는 두 가지 경험을 하게 된다. 글감을 찾고 분석하고 해석하는 동안 내내 지식생태계를 번성하게 하는 보이지 않는 다수의 분들과 선행연구자들께 감사함을 느낀다. 자신의 부족함을 차근차근 메워 밝은 사회를 만드는 데 도움이 되고 싶다. 그렇게 하리라고 마음을 다진다. 저자의 일천함으로 내용상의 잘못이 있을 수 있음을 걱정하며, 오류가 있거나 수정 · 보완사항이 보이면 어떤 내용이라도 알려주셨으면 하는 바람이다.

리더십 프레임이 빛을 보기까지 많은 지인들의 도움이 있었다. 먼저 아내에게 고마움을 전한다. 초고를 검토하고 글맥을 가다듬어 주었다. 글감을 제공하고 다양한 의견을 준 김익택 박사와 권태원 수석께도 감사의 마음을 전한다. 경찰교육원 김경곤 교수, 통계청 박진호 선생, 국회도서관 신경숙 선생, 신승희 방송작가, 동아일보 하정민 기자, SK하이닉스 이상익 책임께도 감사의 마음을

Prologue

전한다. 늘 마음으로 응원해주는 한올의 임순재 대표와 최혜숙 실장께도 이 자리를 들어 고마움을 전한다. 징검다리 포럼과 리더스아카데미 멤버들은 있음 그 자체로 마음의 위안을 준다. 끝으로 보다 나은 세상을 만들기 위해 자신의 시간과 공간에서 삶을 일궈가는 이 세상 일상의 모든 리더들에게 찬사를 보낸다.

2016년 7월

삶의 설렘 속에

이 재 희

PART 1 리더십 철학과 리더 PHILOSOPHY

Chapter 01 리더십의 이해_6

01 리더십의 정의와 중요개념 ······ 9
1. 리더십의 정의 ······ 9
2. 권력의 유형과 원천 ······ 13
3. 리더십 인식론 ······ 15
4. 관리자와 리더 ······ 17
02 리더십의 연구흐름 ······ 19
[저자 특강 1] 리더십 철학과 리더의 세 가지 습관 • 25

Chapter 02 리더의 특성과 자질_28

01 특성이론 ······ 31
02 성격 : 특성연구의 다른 접근법 ······ 33
1. 통제의 위치 ······ 33
2. 마키아벨리즘 성향 ······ 34
3. DISC 행동유형 ······ 35
03 전략적 리더십 ······ 36
1. 개인특성과 전략적 리더십 ······ 37
2. 전략계층집단(TMT)의 특성과 전략적 리더십 ······ 39
3. 전략적 리더십스타일 ······ 40
[저자 특강 2] 노자의 〈도덕경〉으로부터 배우는 리더십 • 47

Chapter 03 리더의 행동과 역량_50

01 행동(유형)이론 ······ 52

CONTENTS

1. 미시간대학교 연구 ··· 53
2. 오하이오주립대학교 연구 ··· 54
3. 블레이크와 마우톤의 관리격자모형 연구 ··· 54
4. PM이론 ··· 56
02 리더십 역량이론 ··· 57
1. 조직에서의 필요능력 ··· 57
2. 역량의 덫과 성공의 함정 ··· 58
03 국가직무능력표준(NCS) ··· 59
04 규범적 의사결정이론 ··· 62
1. 의사결정방법 ··· 62
2. 의사결정 상황변수 ··· 63
3. 의사결정방법 선택을 위한 규칙들 ··· 65
[저자 특강 3] 장(長)의 세 가지 책임 · 70

Chapter 04 상황이론_72

01 상황적합이론 ··· 74
02 경로-목표이론 ··· 77
03 상황적 리더십이론 ··· 80
04 리더십 대체이론 ··· 85
[저자 특강 4] 욕구의 구조와 사회(직장)생활 유형 · 91

PART 2 복잡계와 리더십 COMPLEXITY

Chapter 05 변혁적 리더십_96

01 카리스마와 비전 ··· 99
1. 카리스마 ··· 99

2. 카리스마리더십 ··· 100
02 변혁적 리더십 ··· 105
1. 배스의 변혁적 리더십 모델 ··· 106
2. 기타의 변혁적 리더십 연구 ··· 108
3. 변혁적 리더십이론과 관련된 이슈 ··· 111
[저자 특강 5] 가치혁신과 다나비채 행복행동 실천하기 • 118

Chapter 06 팀과 공유리더십_120

01 교환(LMX)이론 ··· 122
1. VDL이론 ··· 122
2. LMX이론 ··· 123
02 공유리더십 ··· 125
1. 사회적 네트워크이론과 조직관계망 분석 ··· 125
2. 집단지성과 공유리더십 ··· 126
03 팀 리더십 ··· 129
1. 기능적 리더십모형 ··· 130
2. 팀 우수성 기준 ··· 133
[저자 특강 6] 사회적 관계와 다섯 가지 마음 • 139

PART 3 리더의 사회적 책무 SOCIAL OBLIGATION

Chapter 07 정신적 리더십_144

01 윤리적 리더십 ··· 146
1. 윤리이론 ··· 147
2. 윤리적 리더십의 요인과 원칙 ··· 148
02 진성리더십 ··· 152

CONTENTS

1. 진성리더십의 구성요소 ······ 152
2. 진성리더십에 영향을 미치는 요인 ······ 153
[저자 특강 7] 공공성과 존엄성 • 159

Chapter 08 사회적 리더십_162

01 서번트리더십 ······ 164
1. 서번트리더십의 철학과 정의 ······ 164
2. 서번트 리더의 특성 ······ 165
02 커뮤니티리더십 ······ 172
1. 프레이밍 ······ 172
2. 사회적 자본 형성 ······ 174
3. 동원 ······ 175
[저자 특강 8] 엄지리더십 : 엄지가 최고인 이유 • 181

Chapter 09 여성적 리더십_184

01 여성리더십 ······ 187
1. 젠더와 성 역할 ······ 190
2. 한국의 여성리더십 상황 ······ 194
3. 여성리더십 연구결과 ······ 197
02 감성리더십 ······ 200
[저자 특강 9] 관계형성의 원리 • 208

Chapter 10 리더십 실패와 독극형리더십_210

01 리더십 실패 ······ 213
1. 기존 리더십이론에서의 리더십 실패연구 ······ 213
2. 리더십 탈락 ······ 214
02 독극형리더십 ······ 215

1. 독극형리더십의 특성과 원인 …… 217
2. 독극형 리더의 비인격적 특성이 미치는 영향에 관한 연구들 … 224
[저자 특강 10] 결정적 순간의 별 대화법 • 232

PART 4 글로벌 **사회경쟁력**과 리더십
SOCIETAL COMPETITIVENESS

Chapter 11 글로벌 리더십_236

01 글로벌 리더십 …… 238
1. 문화 …… 238
2. 문화권과 리더십 행동 …… 243
3. 글로벌 리더의 핵심역량 …… 246
4. 글로벌 리더가 되는 길 …… 248
02 한국의 기업문화와 한국형리더십 …… 249
1. 한국의 기업문화 …… 249
2. 한국형리더십 …… 253
[저자 특강 11] 글로벌 경제의 G형 인재 • 259

Chapter 12 프로페셔널 리더십_262

01 팔로워십 …… 265
02 슈퍼리더십 …… 267
03 셀프리더십 …… 271
1. 셀프리더십 실행전략 …… 271
2. 누군가의 길이 되는 빛나는 별 되기 …… 274
[저자 특강 12] 두부, 그리고 자유의지 • 280

CONTENTS

CONTENTS

Chapter 13 리더의 길, 美來路 가기_282

01 자기인식과 학습의 4단계 모델 ······ 285
02 리더십 개발영역과 방법의 선택 ······ 288
1. 리더십 개발영역 ······ 288
2. 리더십 개발방법 ······ 289
03 리더십 개발 실행 ······ 291
[지자 특깅 13] 싱공리더의 내학시설 • 300

■ 참고문헌 ······ 302

■ 찾아보기 ······ 316

■ 에필로그 ······ 324

학습 내용 선정을 위한 가이드

1. 자기인식과 성찰을 통해 자신에게 최적화된 '리더십의 내 답', 즉 자신만의 리더십 전형(典型, prototype)을 개발하고 실행하는 과정이다.
2. 토의주제에 대한 의견공유와 사례연구 탐색을 통해 자신의 리더십 로드맵을 작성한다.
3. 학습시간에 따라 중요도(필수⊙, 중요○, 선택☆)를 고려하여, 최종 학습내용을 선정한다.

⊙ :필수 ○ :중요 ☆ :선택

장	절	중요도	미리보기	토의 1	토의 2	토의 3	사례연구 1	사례연구 2	자기인식
1	1. 리더십의 정의와 중요개념	⊙	⊙	⊙	○	⊙	☆	⊙	⊙
	2. 리더십의 연구흐름	⊙							
2	1. 특성이론	⊙	⊙	⊙	☆	⊙	○	○	⊙
	2. 성격	⊙							
	3. 전략적 리더십	☆							
3	1. 행위(유형)이론	⊙	⊙	○	⊙	○	⊙	☆	⊙
	2. 리더십 역량이론	⊙							
	3. 국가직무능력표준	☆							
	4. 규범적 의사결정론	☆							
4	1. 상황적합이론	○	○	○	○	⊙	⊙	⊙	⊙
	2. 경로-목표이론	○							
	3. 상황적 리더십이론	⊙							
	4. 리더십 대체이론	⊙							
5	1. 카리스마와 비전	⊙	⊙	⊙	⊙	○	⊙	○	⊙
	2. 변혁적 리더십	⊙							
6	1. 교환(LMX)이론	⊙	☆	⊙	○	○	⊙	☆	⊙
	2. 공유리더십	⊙							
	3. 팀 리더십	☆							
7	1. 윤리적 리더십	⊙	⊙	⊙	⊙	⊙	⊙	☆	⊙
	2. 진성리더십	○							
8	1. 서번트리더십	⊙	⊙	⊙	⊙	⊙	☆	☆	⊙
	2. 커뮤니티리더십	⊙							
9	1. 여성리더십	⊙	⊙	⊙	☆	○	☆	○	⊙
	2. 감성리더십	☆							

Learning Content Guide for Selection

장	절	중요도	미리보기	토의 1	토의 2	토의 3	사례연구 1	사례연구 2	자기인식
10	1. 리더십 실패	○	⊙	⊙	⊙	☆	☆	○	⊙
	2. 독극형리더십	⊙							
11	1. 글로벌 리더십	○	☆	☆	☆	○	☆	⊙	☆
	2. 한국형리더십	⊙							
12	1. 팔로워십	○	⊙	⊙	☆	⊙	○	○	⊙
	2. 슈퍼리더십	☆							
	3. 셀프리더십	⊙							
13	1. 자기인식과 학습 4단계모델	⊙	○	⊙	⊙	⊙	⊙	⊙	⊙
	2. 리더십 개발영역과 방법	⊙							
	3. 리더십 개발 실행	⊙							

PART

1

리더십 철학과 리더

PHILOSOPHY

홍익인간(弘益人間)
널리 인간세계를
이롭게 한다.

CONTENTS

Chapter 01 리더십의 이해

Chapter 02 리더의 특성과 자질

Chapter 03 리더의 행동과 역량

Chapter 04 상황이론

Chapter
01

리더십의 이해

01 리더십의 정의와 중요개념
02 리더십의 연구흐름

[저자 특강 1]
리더십 철학과 리더의 세 가지 습관

리더십은 利 · 多 · 習이다.

미리보기

유일한 박사. 그는 식민지배, 전쟁, 그리고 격동의 정치. 그 소용돌이 속에서 사회적 책임을 다한 기업가로, 조국해방을 위해 노력한 독립운동가로, 국가미래를 준비한 교육자로서의 참된 삶을 살아낸 한국 근 · 현대사의 진정한 리더이다.

> 손녀 일링에게 대학 졸업 때까지의 학비 1만 달러를 마련해 준다. 딸 재라에게는 유한중 · 고등학교 안에 있는 땅 5천 평을 물려준다. 이 땅을 유한동산으로 꾸며주기 바란다. 단, 유한동산에는 학생들이 마음대로 드나들 수 있도록 울타리를 치지 마라. 아들 일선은 대학까지 공부시켰으니 스스로의 힘으로 살아가거라. 나머지 내 모든 재산은 한국사회 및 교육신탁기금에 기증해 뜻있는 교육사업과 사회사업에 쓰도록 하라.

1971년 그는 이 유언장을 남기고 일흔일곱의 나이로 '유한동산'에 잠들었다. 그 당시 그가 가진 것이라고는 구두 두 켤레와 양복 세 벌, 그리고 손때 묻은 가방, 안경, 만년필, 지팡이가 전부였다.

1904년 겨울 끝자락의 매서운 바람이 부는 제물포 항. 늦장가를 들어 서른다섯에 얻은 장남을 수만리 타국으로, 돌아올 기약도 없이 떠나보낼 때의 아버지 유기연의 심정은 과연 어떠했을까? 1895년 평양에서 6남3녀의 장남으로 태어난 유일한은 불과 9살의 나이에 그렇게 혼자 미국으로 유학을 떠났다.

일을 병행하며 어렵게 공부한 그는 미시간대학교 상학과에 입학하였다. 1919년에는 3 · 1운동 직후 서재필의 주도로 열린 필라델피아 한인자유대회에서 재미한국인대표로 선출되었다. 1920년 대학을 졸업한 뒤 GE의 회계사로 근무하던 그는 월급을 털어 독립운동 자금을 후원하기도 했다. 1922년 27살에 대학 동창 스미스와 함께 라초이 식품회사를 설립했다. 1925년에 중국계 미국인인 소아과 의사 호미리 박사와 결혼했다.

그해 고국을 떠난 지 21년 만에 북간도에서 가족들과 상봉한 그는 피폐한 조국의 현실을 눈으로 직접 보고 미국으로 돌아와 조국을 위해 뭔가를 해야겠다고 결심한다. 1925년에 유일한 주식회사(New Il-han & Co.)를 설립하고 스승처럼 여기던 서재필 박사를 사장으로 모셨다. 그런데 고국에서 만났던 세브란스 의전의 에비슨 학장이 연희전문학교 교수로 그를 초청했다. 서재필 박사와 상의한 그는 귀국을 결심한다. 이때 서재필 박사는 선물로 버드나무가 새겨진 조각작품을 건네주었다. 커다란 버드나무처럼 '우리 민족이 편히 쉴 수 있는 큰 그늘이 되어 달라'는 뜻이었다.

미국 재산을 정리하고 1926년 귀국한 그는 교수로 부임하지 않고, "건강한 국민만이 잃었던 주권을 되찾을 수 있다."며 유한양행을 설립, 초대사장으로 취임했다. 유한양행은 이윤이 덜 남더라도 가정에서 필요한 상비약을 생산 · 판매하는 데 주력했다. 1936년에는 한국기업 최초로 종업원지주제를 실시하였다.

1941년 태평양전쟁이 발발하자 '적국 산업체'로 몰린 유한양행은 일본의 탄압을 받게 된다. 탄압을 피해 미국으로 건너간 그는 노벨문학상 작가인 펄벅 여사Pearl S. Buck(1892~1973)와 함께 미국 정보기관 OSS에서 정보분석 업무를 맡는 한편, 일제저항운동을 위한 납코 작전(Napko project)에도 참여하며 조국 독립운동에 헌신하였다.

8 · 15 광복 후 1946년 귀국한 그는 상공회의소 초대회장을 맡았지만, 이승만 정권의 장관직 요청은 거절하였다. 그는 그해 다시 미국으로 떠나야만 했다. 6 · 25 전쟁이 끝나고 고국으로 돌아온 그는 다시 유한양행을 경영하였다. 정치자금을 제공하지 않아 권력으로부터 미운털이 박힌 그는 수차례 세무사찰을 받았지만 탈세 사실이 밝혀진 적은 한 번도 없었다. 그는 윤리경영을 실천했으며 공과 사를 엄격히 구분하였다. 사사로이 회사 차를 쓰지 않았으며, 유한양행에서 만든 약조차 직접 돈을 주고 사다가 먹었다.

그는 국가 재건을 위해서는 인재양성이 급선무라고 판단, 1952년 고려공과기술학교, 1964년에는 유한공업고등학교를 설립하였다. 교훈은 '참된 인간, 기술연마, 사회봉사'이다. 정부는 1965년 유 박사에게 건국훈장 독립장을 추서했다. 그는 1969년 경영권을 전문경영인에게 물려주고 일선에서 물러났다.

훌륭한 리더는 시간과 공간을 초월하여 많은 사람들에게 선(善)한 영향을 끼친다. 유일한 박사가 그렇다. 사람들은 그의 삶을 본받음으로써 보다 나은 삶을 다짐하고 실천한다. 한 번도 본 적이 없지만 그를 존경하게 된다. 리더십의 원천은 존경이다.

이 장에서 우리는 인류의 역사와 함께해 온 리더십에 대하여 학습할 것이다. 리더십의 철학(본질)적 측면을 이해한 후, 리더십에 대한 다양한 정의를 살펴볼 것이다. 또한, 권력의 원천을 살펴보고, 관리와 리더십의 차이에 대한 논의도 할 것이다. 그리고 리더십 연구의 다양한 관점과 이론들을 살펴본 후, 리더십의 연구흐름에 대해서 학습할 것이다.

연구 질문

1. 리더십의 철학(본질)과 정의는 무엇인가?
2. 권력의 유형과 원천은 무엇인가?
3. 리더십 인식론은 무엇인가?
4. 관리와 리더십의 차이는 무엇인가?
5. 리더십의 연구관점과 이론에는 무엇이 있고, 연구흐름은 어떠한가?

인간은 약 600만 년 전에 진화의 과정에서 침팬지와 갈라졌다고 한다. 자연생태계에서 연약한 인간이 생존을 위해 선택한 것은 군집생활이다. 외부의 위협(적)으로부터 자신(무리)을 지키기 위해 공동방어체제를 선택한 것이다. 리더십의 기원은 인간이 군집생활을 선택한 이후부터라고 추정한다. 군집의 생존을 위해 누군가는 앞서 나아가 위험을 감수하고 외부의 위협에 맞섰을 것이며, 군집의 결속력을 다지기 위한 역할을 했을 것이기 때문이다. 리더십의 역사는 인류문명과 함께 해 왔다.

01 리더십의 정의와 중요개념

1. 리더십의 정의

리더십은 길, 경로, 혹은 배가 지나가는 진로를 의미하는 고대 앵글로색슨어인 리드(lead)에서 유래한다. 이 어원(語源)에 따르면 리더는 '길을 만들고, 가보고, 보여주는(안내하는) 사람'이라는 의미를 가진다. 리더에 담긴 상징적 의미를 〈표 1-1〉과 같이 정리할 수 있다.

Leader is one who makes the way, goes the way, and shows the way.

표 1-1 리더에 담긴 의미

way	도착지점(사명 · 비전 · 목표 · 방향)에 이르는 길(과정 · 전략 · 방법 · 방식 · 기준 · 태도)
make	만들다, 개척하다, 창조하다, 결정하다
go	(먼저)가다, 솔선수범하다, 실행하다, 시도하다, 선행하다
show	보여주다, 안내하다, 인도하다, (함께)가다, 희망을 주다

1900년대 이후 리더십에 대한 다양한 정의들이 이뤄져 왔다. 〈표 1-2〉는 대표적인 리더십 정의를 정리한 것이다. 리더십에 대한 정의는 경제 · 사회의 환경흐름을 반영하며 변천해 왔다. 근대적 리더십연구 초기에는 리더십을 통제 · 복종 · 충성 ·

특성과 같은 권위적, 계층적 관점에서 정의하였다. 이후 공동목표 · 상호작용(집단) · 영향력과 같은 관계지향 관점의 정의, 그리고 비전 · 가치관 · 카리스마를 중심으로 한 변화주도 관점의 정의들이 있었다. 최근에는 진정성 · 윤리 · 섬김과 같은 품성(인격) 관점의 리더십 정의와 함께 복잡성 · 연결망(network) · 조직적응력과 같은 시스템(집단지성) 관점의 리더십 정의들이 공존하고 있다.

표 1-2 리더십 정의의 시대적 변천

연대	핵심개념	대표적 정의
1900년~1929년	권력행사(통제) 복종 · 충성	리더십은 리더의 의지를 추종자들에게 인식시켜 복종과 존경 · 충성 · 협력을 이끌어 내는 능력이다 [무어(Moore, 1927)].
1930년대	특성 · 상호작용 변화	개인의 특성과 다른 사람들의 특성이 상호작용한 결과로 상대방의 행동양식이 변화되는 것이다 [보가두스(Bogardus, 1934)].
1940년대	모범 · 추종(자발성) 영향력 · 기술	설득과 모범을 통해서 사람들이 일정한 행동을 따르도록 영향력을 행사하는 기술이다 [코프랜드(Copeland, 1942)].
1950년대	공유목표 집단(관계) · 행동	공유목표를 향하여 집단의 활동을 이끌어 가는 개인의 행동이다 [햄필과 쿤(Hemphill & Coon, 1957)].
1960년대	공동목표 영향력 · 행동	공동목표를 달성하기 위하여 다른 사람들의 행동에 영향을 미치는 것이다 [깁(Gibb, 1969)].
1970년대	공유목적 · 복잡성 자원(경영 · 정서) 상호작용	리더와 구성원들이 공유목적을 실현하기 위해 경쟁과 갈등의 상황 속에서 자주적이고 협력적으로 어떤 동기와 가치, 경제적 · 정치적 및 기타 자원을 동원하여 실행하는 상호작용의 과정이다 [번스(Burns, 1978)].
1980년대	비전 · 가치관 변화주도	목표를 달성할 수 있도록 비전을 수립하고 가치관을 공유하며 환경을 창조하는 것이다 (Richards & Engle, 1986).
1990년대	추종자 · 자아 지각	추종자들이 스스로를 효과적으로 이끌도록 영향을 미치는 과정이다 [맨즈와 심스(Manz & Sims, 1990)].
		특정한 사람이 다른 사람들에 의해서 리더로 지각되는 과정이다 [로드와 마허(Lord & Maher, 1991)].

2000년대	사회적 자본 집단지능 집단적응력	조직의 인적 자본과 사회적 자본의 증진을 통해서 집단지능을 향상시키고 조직의 적응력을 극대화하는 행위이다 [마리온과 울바인(Marion & Uhl-Bien, 2001)].
	공유의미 카리스마 · 적응 도덕성(신뢰)	리더는 공유할 수 있는 의미를 부여하고, 특유의 목소리를 내며, 적응력을 보여주고, 도덕적으로 정직하고 확고하기 때문에 다른 사람들을 끌어들일 수 있다 [베니스 Bennis, 2003)].
	상호 의존 · 연결망	전체적으로 연결되고 서로 영향을 주고받는 의미의 거미줄(the webs of significance)과 같다 [켈러만(Kellerman, 2004)].
	복잡성 조직적응력	리더십은 복잡성에 대응하여 조직과 공동체의 적응력을 개발하는 것이다 [하이페츠(Heifetz, 2006)].

자료 : 백기복(2016). 34. 수정 · 보완.

리더십에 대한 정의가 변천해 왔다는 것은 경제 · 사회의 환경흐름에 따라 리더에 대한 기대역할도 변화되었음을 의미한다. 이를 정리하면 〈표 1-3〉과 같다. 이와 같이 시대가 변화하면 바람직한 리더상(모습)도 변한다. 리더십은 정태적(static) 개념이 아니라 동태적(dynamic) 개념이다.

표 1-3 리더십의 정의 변천으로 본 리더에 대한 기대역할의 변화

권위(계층)	관계지향	변화주도	품성(인격)	시스템(집단지성)
통제 · 복종 충성 특성	공동목표 상호작용(집단) 영향력	비전 가치관 카리스마	진정성 윤리 섬김	복잡성 연결망(network) 조직적응력

공자(孔子, BC 551~BC 479)는 덕(德)으로 백성을 대할 것(爲政以德)을 주문했다. 맹자(孟子, BC 372~BC 289)는 인의(仁義), 즉 어짊과 의로움에 바탕을 둔 정치를 주장했다. 그리스 시인 에우리피데스(Euripides, BC 480~BC 406)는 "현명한 장수가 이끄는 열 명의 병사가 장수 없는 백 명의 병사들을 물리칠 것이다."라고 하였다. 기원전 4, 5세기를 전후한 동서양의 대표적 사상가들은 덕성과 인의, 그리고 지혜를 지도자의 자질로 들었다. 이는 품성(인격)을 중시하는 최근의 리더십 연구흐름과 맥락을 같이 한다. 이와 같이 리더십은 시대를 초월한다.

본 서(書)에서는 관계지향 관점에서의 정의를 기반으로 리더십의 개념과 구조에 대해 설명하려고 한다. 관계는 강력한 생존수단[주위에 지인(知人)이 많은 사람은 경제적 · 사회적 · 정서적 생존가능성이 높아진다)이기 때문이다.

> 리더십은 공동목적(공동선)을 달성하기 위하여 구성원들에게 영향력을 행사함으로써 자발적 추종을 이끌어 내는 상호작용의 과정이다.

이 정의에 따르면 리더십은 공동목적, 관계(집단)지향성, 영향력, 자발성(추종), 그리고 상호작용의 다섯 가지 속성요소를 포함한다. 먼저, 리더십은 리더와 구성원 간의 공동목적(common goal)을 달성하기 위한 과정이다. 공동목적은 공동선(共同善)을 지향한다. 리더십은 개인과 조직에 이익(도움)이 되어야 한다. 이것이 리더십의 철학(본질)이다.

두 번째, 리더십은 두 사람 이상으로 구성된 집단이나 조직상황(group context)을 전제로 한다. 이는 리더와 구성원 간의 관계뿐만 아니라, 구성원과 구성원들 간의 관계도 리더십 성과에 영향을 미친다는 것을 의미한다.

세 번째로 리더는 구성원에게 보상을 통해 영향(influence)을 미친다. 구성원들은 공헌을 통해 리더에게 영향을 미친다. 영향의 정도, 즉 영향력은 상호작용의 대상으로 리더십의 필수요건이다. 네 번째로 리더십은 리더에 대한 믿음과 기대를 토대로 자발적으로 따라가는 자발성(spontaneity)을 전제로 한다. 리더를 따르는 이유는 복종이 아닌 존경심이어야 한다. 끝으로, 리더십은 리더와 구성원 간의 일(이슈)과 생각, 정서를 매개로 하는 상호작용(interaction)의 과정이다. 상호작용은 시간의 흐름에 따라 변화하는 가변성을 가진다. 좋아질 수도 있고 나빠질 수도 있다. 리더십 효과를 위해서는 리더와 구성원 모두 시간 경과에 따라 진화해야 한다.

토의 1-1

한국에서 장군이 되면 처우가 100여개나 달라진다. 장군이 되면 대통령으로부터 삼정도(三精刀)와 지휘봉을 받는다. 육 · 해 · 공군이 일치단결해 호국 · 통일 · 번영을 달성하라는 주문이 담겨 있다. 칼끝에 매다는 수치에는 장군의 이름과 지위, 임명 날짜, 대통령 이름이 새겨져 있다. 무궁화 봉우리 금테가 둘린 정모, 단화, 가죽 허리띠, 지퍼 달린 전투화도 지급받는다. 개인화기도 38구경 리볼버로 교체된다. 전속 부관, 당번병, 공관병, 운전병이 1명씩 배치된다. 번호판 대신 성판(星板)을 단 차량과 지휘용 항공기도 배치된다. 장군이 근무하는 곳이라면 언제 어디서건 장성기(將星旗)가 게양된다. 부대 행사에서는 군악대의 '장성행진곡'이 연주되고 예포도 발사된다. 장군들은 살아서도 영예롭지만 죽어서도 품위를 잃지 않는다. 장성들은 사후 국립묘지 장성묘역에 안장된다.

우리 대부분은 리더가 되고자 한다. 우리가 '리더'가 되고자 하는 이유는 무엇인가? 리더가 되면 무엇이 달라지는가? 다음 각 질문에 대한 자신의 생각을 정리하여 팀원들과 의견을 공유하시오.

1. '리더는 (　　　　)이다.'라고 할 때 (　　　　)에 들어갈 단어나 구(句)는 무엇인가? 그 이유는 무엇인가?
2. 리더가 되면 좋은 점(얻는 것)과 좋지 않은 점(잃는 것)은 무엇이라고 생각하는가?
3. 전쟁이라고 표현할 정도의 격심한 경쟁 속에서[실제 기업현장에서는 전쟁이라는 표현을 쓴다] 리더의 역할을 수행하기 위해서는 오랜 근무시간은 물론 고된 업무와 막중한 책임을 감수해야 한다. 이런 희생을 감내하면서까지 리더 직위에 오르고 싶은 생각이 있는가? 그 이유는 무엇인가?

2. 권력의 유형과 원천

(1) 권력의 유형

우리가 조직에서 자리를 차지하거나 리더가 되고 싶다는 욕구의 저변에는 그에 따르는 권력의 매력 때문이다. 권력은 용어 자체로 위압감을 느끼게 하며, 원하는 많을 것을 성취할 수 있게 한다. 리더와 구성원은 다양한 권력의 원천을 통해 상호작용하고 영향을 미친다. 물론 권력의 비대칭성은 피할 수 없다. 통칭 권력을 권한, 권력, 권위, 그리고 영향력으로 구분해서 설명하면 다음과 같다.

먼저, 권한(authority)은 합법적인 권력으로서 법이나 조직의 규정에 따라 특정 직위에 부여되는 공식적인 권력이다. 권한은 행사할 수 있는 권리의 범위(한계)와 유효기한(효력 발생일과 종료일)이 법과 규정에 의해 정해져 있는 한시적 개념이다. 권력(power)은 사회적 관계 속에서 상대방의 의사와 관계없이 자신의 의지대로 영향을 미칠 수 있는 실제능력이나 잠재능력을 말한다. 권위(prestige)는 소속된 조직의 공신력이나 조직에서의 직위, 개인의 명성, 도덕성, 그리고 전문성 등에 의해 사회적으로 인정된 권력이다. 영향력(influence)은 다른 사람이나 집단의 가치관 · 신념 · 태도 · 행동 등에 변화를 가져올(촉진할) 수 있는 권력의 총량이다. 영향력은 시간과 공간을 초월하는 무한 개념으로 동·서양의 고대철학자인 노자(老子, ?~BC 531)와 소크라테스(Socrates, BC 470~BC 399)는 21세기 복잡성시대의 우리에게도 영향을 끼친다. 한 번도 마주친 적이 없는 세종대왕(1397~1450)도 여전히 우리에게 영향을 미치고 있다.

권한과 권력·권위·영향력의 관계는 다음과 같다. 영향력은 권위를 포함하며, 권위는 권력을 포함한다. 그리고 권력은 권한을 포함하는 개념이다. 즉, 영향력 > 권위 > 권력 > 권한의 관계로 표현할 수 있다.

(2) 권력의 원천

권력의 원천에 대한 대표적 연구는 프렌치와 레이븐French & Raven(1959)의 이론이다. 그들에 따르면 권력은 다섯 가지의 원천으로부터 나온다. 여기서 권력은 권한·권력·권위·영향력을 포괄하는 개념으로 사용한다. 먼저, 보상적 권력(reward power)으로, 이는 다른 사람이 원하는 것을 보상해 줄 수 있는 자원과 능력이 있을 때 발생한다. 인사고과·승진·전환배치와 같은 인사권한은 대표적인 보상적 권력이다. 존중이나 칭찬·지지·격려와 같은 심리적 인정도 보상적 권력에 해당한다. 둘째, 강압적 권력(coercive power)은 다른 사람이 원하지 않는 것을 할 수 있는 자원과 능력이 있을 때 발생한다. 강압적 권력은 처벌과 위협을 전제로 한다. 낮은 인사고과, 원하지 않는 직무부여와 전환배치, 승진누락, 명예퇴직자 선정 등의 인사 상 불이익은 대표적인 강압적 권력이다. 셋째, 합법적 권력(legitimate power)은 위에서 설명한 권한으로 정당한 권리(right)를 말한다. 막스 베버Max Weber(1864~1920)는 권한을 합법적 권한, 전통적 권한, 그리고 카리스마적 권한의 세 가지 유형으로 구분(제5장 참고)한 바 있다. 넷째, 준거적 권력(referent power)은 존경과 신뢰로부터 나오는 권력이다. 사람들은 자신이 본받고 싶어 하는 사람을 준거(기준·역할모델)로 삼아 그(녀)를 닮고자 하며, 이때 준거적 권력이 발생한다. 끝으로, 전문적 권력(expert power)은 특정 분야의 전문적 지식이나 기술·경험, 또는 독점적 정보를 보유함으로써 발생하는 권력이다. 하이테크(high tech) 분야의 핵심 엔지니어는 차별적 전문성을 바탕으로 전문적 권력을 행사한다. 재무팀장은 회사 재무상황에 대한 독점적 정보를 바탕으로 전문적 권력을 행사한다.

이러한 권력은 〈표 1-4〉와 같이 두 가지 유형으로 구분할 수 있다. 지위권력(position power)과 개인권력(personal power)이 그것이다. 지위권력은 조직 중심적 권력으로 보상적, 강압적, 합법적 권력이 이에 해당한다. 개인권력은 조직에서의 직위와 관계없이 개인적 품성과 능력에 기반한 권력으로 준거적, 전문적 권력이 이에 해당한다. 지위권력은 누군가로부터 위임받은 것인 반면, 개인권력은 본인 스스로 노력하고 개발한 결과 획득한 것이다. 위임된 지위권력은 언제든 회수될 수 있지만, 개인권력은 개인에게 귀속된 특성이므로 시공을 넘어 유지된다. 물론 개인권력도 지식의 진부화나 실수로 인하여 하루아침에 물거품처럼 허망하게 사라질 가능성 또한 존재한다.

표 1-4 권력의 원천

지위권력	개인권력
보상적 권력 강압적 권력 합법적 권력	준거적 권력 전문적 권력

그런데 아무리 지위가 높고, 능력이 있어도 왠지 정(情)이 안가는 사람이 있다. 괜히 주는 것 없이 얄밉고 믿음이 안가는 사람도 있다. 이와 같이 마음을 얻지 못하는 사람은 다른 권력이 아무리 있어도 진정한 리더로 인정받지 못한다. 준거적 권력은 리더십의 가장 기본이 되는 권력이다.

3. 리더십 인식론

권력은 소유, 그 자체만으로 유효한 것은 아니다. 권력은 그것을 행사할 때 효력을 발휘한다. 같은 권력을 가진 자리라도 누가 그 자리에 앉느냐에 따라 권력의 강도와 효과성이 달라진다. 또한, 같은 권력을 가진 사람이라도 그(녀)에 대해 느끼는 권력의 강도는 사람마다 다르다. 더욱이 한 사람에 대한 개인의 평가가 어제와 오늘이 다른 경우도 다반사이다. 이와 같이 리더십은 다른 사람의 마음속에 존재하는 사회 · 심리적 개념으로, 사람들이 리더를 어떻게 인식하고 지각하느냐가 중요하다. 리더에게 인상관리(impression management)가 필요한 이유이다.

(1) 잠재적 리더십이론

로드와 마허(Lord & Maher, 1991)는 잠재적 리더십이론(Implicit Leadership Theory)을 '사람들이 머릿속에 갖고 있는 리더의 특성이나 역량에 관련된 인지구조, 또는 프로토타입(prototype)'이라고 정의하였다. 프로토타입은 원래의 형상, 혹은 전형(典型)적인 모습, 표준, 기준, 예 등을 의미하는 말이다. 리더십은 실체가 아니라 머릿속에 존재하는 형상이라는 뜻에서 잠재적, 또는 암묵적(implicit)이라는 용어를 사용한다. 사람은 어떤 대상이나 현상을 있는 그대로 객관적으로 인식하거나 평가하지 않고 자신의 생각과 마음의 프레임(일종의 프로토타입)을 통해 투사(投射, projection)하여 지각한다. 사람들은 '리더는 자고로 이래야 한다'는 프로토타입을 가지고 있다. 리더하면 남성을 떠올리거나, 리더는 뭔가 특출나다고 생각하는 것들이 이에 속한다. 에피트로파키와 마틴(Epitropaki & Martin, 2005)은 "특정인의 행동이 자신의 프로토타입에 유사할수록 그 사람을 리더로 인정할 가능성이 커진다."라고 하였다.

(2) 리더십의 낭만화

메인들 등(Meindl et al., 1985)에 따르면, "사람들은 특정인의 리더십을 실제보다 더 크게 인식하는 경향이 있다."라고 한다. 우리가 '사랑'이라는 단어에 환상을 가지고 있듯이 '리더십'이라는 단어에 특별한 의미를 부여한다는 것이다. 메인들과 어리크(Meindl & Ehrlich, 1987)는 사람들이 리더나 리더십을 실제보다 더 중요하고 더 크게 인식하는 현상을 '리더십의 낭만화(Romance of Leadership)'라고 하였다. 우리는 리더를 과대평가하는 경향이 있다. 연애 초기단계에서 상대방에 대해 일종의 로망(roman)을 가지는 것과 같은 현상이다. 그러나 누구든 자주 만나다 보면 심리적 기대감이 떨어지고 로망도 사라지는 경우가 대부분이다. 권력자에 대한 초반 지지도가 높다가 일정기간이 경과하면 그(녀)에 대한 기대감이 낮아지고 실망감이 높아짐에 따라 지지도가 하락하는 이유를 리더십의 낭만화 개념으로 설명할 수 있다.

토의 1-2

다음 세 문장에 대해 각각 동의하면 '예', 동의하지 않으면 '아니오'에 체크하시오. 자신의 의견을 토대로 팀원과 토의하시오. 팀원과 함께 합의된 의견을 도출하고, 그 이유를 설명하시오.

① 노력하면 누구나 성공(success)할 수 있다. □ 예 □ 아니오
② 노력하면 누구나 관리자(manager)가 될 수 있다. □ 예 □ 아니오
③ 노력하면 누구나 리더(leader)가 될 수 있다. □ 예 □ 아니오

4. 관리자와 리더

(1) 관리와 리더십

관리(management)와 조종(manipulation)은 모두 '말(馬)을 조정하는 고삐를 쥔 손'을 뜻하는 마누스(manus)에서 파생된 단어이다. 관리는 자본과 기계, 원자재와 같은 유형자산을 대상으로 하는 활동이다. 한편, 리더십은 사람을 대상으로 하는 활동으로, 사람은 관리와 조종의 대상이 아니다. 코터(Kotter, 1990)는 관리와 리더십의 기능을 구분하여 〈표 1-5〉와 같이 제시하였다. 그에 따르면, 관리의 기본기능은 조직의 질서와 안정을 추구하는 데 비해, 리더십은 조직의 변화와 환경적응을 추구하는 활동이다. 이와 같이 관리와 리더십은 다른 개념이면서, 상호 보완적인 기능을 한다.

표 1-5 관리와 리더십의 기능 비교

관리 (질서와 안정 추구)	리더십 (변화와 환경적응 추구)
계획 · 예산 • 행동기준 설정 • 일정계획 수립 • 자원 배분	방향설정 • 비전 수립 · 전파 • 전체적 상황의 확인 • 전략 수립
조직화 · 충원 • 조직구조의 설계 • 직무배치, 역할 · 책임 부여 • 규칙과 절차의 개발	목표를 위한 제휴 · 협력 • 목표에 대한 의사소통 • 헌신과 몰입 촉진 • 팀과 협력체제 구축

통제 · 문제해결	동기유발 및 의욕(영감)의 고취
• 인센티브제도의 수립 • 창의적 아이디어와 해결책 • 시정조치	• 의욕과 활기의 고취 • 권한위임과 자율성 부여 • 구성원 욕구의 충족

자료 : John P. Kotter(1990), 3-8.

(2) 관리자와 리더

관리자(manager)는 조직의 운영을 책임지는 사람으로, 계획 · 조직화 · 지시 · 조정 · 통제 등의 관리활동을 통해 업무성과를 달성한다. 한편, 리더는 개인과 조직의 변화를 촉진하는 사람이다. 관리자는 조직의 최고결재권자에 의해 임명된 리더(assigned leader)로서 파트장 · 팀장 · 그룹장과 같이 장(長)자가 붙은 공식적 직책자들을 말한다. 한편, 리더는 구성원들이 공식적 직위와 관계없이 특정 개인을 조직의 실질적 능력자로 인정하는 경우이다. 이는 그(녀)가 가진 전문적 지식이나 경험 · 정보 · 인맥 · 신뢰, 그리고 존경과 같은 개인적 특성과 자질 때문에 구성원들에 의해 리더로 자연스럽게 인정된 경우이다. 이를 자생적 리더(emergent leader)라고 한다. 리더는 직위와 관계없이 누구나 될 수 있다는 논지이다. 관리능력과 리더십을 기준으로 〈표 1-6〉과 같이 관리자를 네 가지 유형으로 구분할 수 있다.

표 1-6 관리자의 유형

구분		관리능력	
		있음	없음
리더십	있음	I. 관리능력과 리더십을 모두 갖춘 관리자	III. 관리능력은 없지만 리더십을 갖춘 관리자
	없음	II. 관리능력은 있지만 리더십이 없는 관리자	IV. 관리능력과 리더십이 모두 없는 관리자

조직의 관리자는 이 네 가지 유형 중의 어느 하나에 속한다. II 유형의 관리자는 성과는 높으나 구성원들과의 관계(소통) 문제로 인해 조직갈등을 유발하는 '비인격적 리더(abusive leader)'가 될 가능성이 있다. IV 유형의 관리자는 일명 '또라이' 관리자로 조직과 구성원들에게 폐해를 끼친다. IV 유형이 더욱 위험한 경우는 이들이 자신이

'또라이'라는 사실을 인식하지 못하거나, 인정하지 않는 때이다. III 유형은 학습과 실행노력을 통해 I 유형으로 진화해야 한다. 조직은 사람(만) 좋다고 해서 생존할 수 있는 곳이 아니다. 조직은 성과와 이슈를 중심으로 운영되는 유기체이다. I 유형을 제외한 다른 유형의 관리자들은 구성원들로부터 존경을 받지 못한다. 실질적 리더로 인정받지 못하는 것이다. 이와 같이 관리자와 리더는 개념적으로 구분된다. 그러나 현실에서는 두 용어를 혼용하여 사용하는 경우가 많다. 본 서에서도 논의 전개의 편의성을 위해 리더로 통칭한다.

02 리더십의 연구흐름

근 · 현대의 리더십 연구흐름은 미국의 연구흐름과 맥락을 같이한다. 대부분의 리더십 연구가 미국학자에 의해 주도되었다. 복잡성과 다양성이 화두인 지금, 한국에서도 학문(학풍)의 다양성에 대한 고민을 할 때가 되었다고 생각한다. 개별적인 리더십이론들에 대한 서술에 앞서 이 이론들을 어떤 관점(perspective)에 따라 범주화하는 것이 연구흐름을 이해하는 데 도움이 된다.

먼저, 리더-개인 관점은 리더가 갖고 있는 특성이나 행동 · 역량을 연구하는 이론들로서 특성이론, 전략적 리더십이론(CEO에 초점), 행동이론, 그리고 역량이론 등이 여기에 속한다. 리더-상황 관점은 리더십 유형(스타일)과 상황 간의 적합성을 연구하는 이론으로 1970년대의 상황이론들이 여기에 해당한다. 리더-변화 관점은 경쟁환경 속에서 리더의 변화주도자(change agent)로서의 역할을 강조하는 이론들로 카리스마 리더십, 변혁적 리더십 등이 이 범주에 속한다. 리더-관계(집단) 관점은 리더와 구성원, 구성원과 구성원 간의 관계의 질(quality)에 따라 성과가 달라진다는 관점으로 교환(LMX)이론을 비롯하여 공유리더십, 팀 리더십 등이 이 범주에 포함된다. 리더-품성 관점은 리더십의 사회적 책임을 강조하는 이론들로 신뢰 위기에 처한 2000년대 들어 관심이 증가하고 있는 이론들이다. 윤리적 리더십, 진성리더십, 서번트리더십, 커뮤니티리더십을 비롯하여 리더십의 어두운 면을 나타내는 독극형리더십도 이 범주에 포함된다. 리더-문화 관점은 사회 · 문화적 특수성을 반영하는 이론들로 여성리더십, 감성리더십, 글로벌 리더십 등이 이에 속한다. 끝으로 구성원 중심 관점은 연구의 분석대상이 구성원 자체인 리더십이론들로 팔로워십과 셀프리더십(셀프리더를 육성하는 슈퍼리더십 포함)이 이 범주에 속한다. 이러한 관점들에 따라 그동안의 리더십 연구흐름을 〈표 1-7〉과 같이 정리하였다. 물론 학자마다 관점의 차이가 있다고 생각한다.

표 1-7 리더십 연구의 흐름

관점	리더십이론	주요 연구흐름						대표학자
		~60s	60s	70s	80s	90s	00s	
리더 – 개인	특성이론							Stogdill(48, 74), Kirkpatrick et al.(91)
	전략적 리더십이론							Hambrick & Mason(84)
	행위(유형)이론							B&M(64, 78, 85), Misumi et al.(68)
	역량론							Katz(55), Mumford et al.(07)
리더 – 상황	상황적합이론							Fiedler(67, 93)
	경로-목표이론							House(71, 96), Indvik(86), Jermier(96)
	상황적 리더십이론							Hersey & Blanchard(69, 77, 88, 93)
	대체이론							Kerr & Jermier(78), Podsakoff et al.(95)
	규범적 의사결정론							Vroom/Yetton(73), Vroom/Jago(88)
리더 – 변화	카리스마와 비전							House(76), Conger & Kangungo(87), Shamir et al.(93)
	변혁적 리더십							Bass(85, 98), Kouzes & Posner(87, 02)
리더 – 관계(집단)	교환(LMX)이론							Dansereau et al(75), Graen & Uhl-Bien(95)
	공유리더십							Carson et al.(07)
	팀 리더십							Larson & Lafasto(89)
리더 – 품성	윤리적 리더십							Trevino et al.(2000), Ciulla(98, 03)
	진성리더십							Luthans et al.(03), Avolio et al.(05)
	서번트리더십							Greenleaf(70, 72, 77), Liden et al.(08)
	커뮤니티리더십							Krile et al.(06)
	독극형리더십							Tepper(00), Kelleman(04), Sutton(07, 10)
리더 – 문화	여성리더십							Eagly et al.(95, 14)
	감성리더십							Goleman et al.(96, 98)
	문화와글로벌리더십							Hofstede(80, 01), GLOBE
	한국형리더십							백기복(10)
구성원 중심	팔로워십							Kelly(92)
	슈퍼리더십							Manz & Sims(89)
	셀프리더십							Manz & Sims(80), Manz(86)

한편, 딘과 동료들(Dinh et al., 2014)은 2000년에서 2012년까지 발표된 연구논문 752편을 이론과 주제에 따라 분류한 후, 그 결과를 발표하였다. 이 논문자료를 토대로 2000년대 리더십이론 연구동향을 〈표 1-8〉과 같이 다시 정리하였다. 752편의 논문을 발표논문 수 기준에 따라 이론별로 분류한 자료이다.

표 1-8 리더십이론 연구동향 분석

기존 이론들	빈도	%	떠오르는 이론들	빈도	%
변혁적 리더십	154	20.5	팀 리더십	112	14.9
특성론	117	15.6	전략적/최고경영층 리더십	92	12.2
교환론(LMX)	115	15.3	조직상층부이론	70	9.3
리더와 팔로워의 인식	95	12.6	리더십 개발	67	8.9
카리스마리더십	78	10.4	감정과 리더십	59	7.8
팔로워십	54	7.2	리더십맥락이론	42	5.6
암묵적(잠재적) 리더십	50	6.6	창의성, 혁신주도	39	5.2
리더십과 다양성	49	6.5	리더십 출현	35	4.7
참여·공유리더십	41	5.5	사회적 네트워크 리더십이론	31	4.1
거래적 리더십	35	4.7	진성리더십	31	4.1
관계리더십	32	4.3	사회적 정체성 리더십이론	31	4.1
비교문화 리더십	32	4.3	정체성 확립과정이론	29	3.9
영향력과 파워	31	4.1	윤리적 리더십	24	3.2
리더십 스킬·역량	30	4.0	복잡계리더십	23	3.1
귀인이론	29	3.9	조직변화 주도	22	2.9
리더십의 정치이론과 영향력전술	21	2.8	독극형리더십	22	2.9
행위론	17	2.3	공공리더십	20	2.7
리더십 낭만화	12	1.6	통합적 리더십	14	1.9
경로-목표이론	10	1.3	영성리더십	14	1.9
상황적 리더십	10	1.3	서번트리더십	11	1.5
상황적합화 리더십	9	1.2	조직학습과 지식 주도	11	1.5
자기희생리더십	8	1.1	리더십에 대한 생물학적 접근	11	1.5
수직짝연계이론(VDL)	8	1.1	e리더십	4	0.5
대체이론	5	0.7	리더십 오류 및 회복	3	0.4
적응적 리더십	5	0.7	기업가리더십	2	0.3
규범적 의사결정 모델	5	0.7			

자료: Dinh et al.(2014).

*주: 1. 전체빈도가 100%가 넘는 것은 여러 이론을 다룬 논문들이 있었기 때문임.
2. 백분율은 분석대상의 전체 논문 752편으로 함.

〈표 1-8〉을 보면 리더십 연구흐름에 있어 몇 가지 특징적인 현상이 보인다. 먼저 교환론, 참여 · 공유리더십, 팀 리더십, 사회적 네트워크 리더십이론 등 관계를 기반으로 한 논문들이 많이 발표되었다. 둘째, 변혁적 리더십과 카리스마리더십은 여전히 강세를 보이고 있다. 셋째, 특성론이 카리스마리더십의 강세에 힘입어 리더십연구의 전면으로 다시 부상하였다. 넷째, 최고경영층에 초점을 맞춘 전략적 리더십이론에 대한 관심이 증가하였다. 다섯째, 리더십의 사회적 책임을 강조하는 품성리더십군(群)에 대한 연구논문도 꾸준히 발표되고 있다. 반면, 행위론, 상황론과 같은 전통적 리더십이론에 대한 논의는 많이 감소된 것으로 보인다. 〈표 1-7〉과 〈표 1-8〉을 보면서 리더십 연구의 다양한 관점을 이해하고, 이와 함께 리더십 연구의 흐름(과거 · 현재 · 미래)을 조망해 보는 것도 의미 있는 일이다.

토의 1-3

[미리보기]에 소개한 유일한 박사의 사례를 읽고 다음 질문들에 대한 자신의 생각을 정리한 후, 팀원들과 의견을 공유하시오.

1. 유일한 박사의 삶이 우리에게 끼치는 선(善)한 영향은 무엇인가?
2. 유일한 박사의 생애를 통해 우리가 본받아야 할 점은 무엇인가?
3. 1904년, 제물포항(港)에서 겨우 아홉 살 난 맏아들을 머나먼 타국 땅으로, 그것도 언제 돌아온다는 기약도 없이 유학길에 떠나보낸 유기연 선생의 결단에 대해 어떻게 생각하는가?

사례연구 [1]

리더가 되는 방법에는 크게 네 가지가 있다. 먼저, 선대(先代)로부터 물려받는 방법이다. 아들이나 딸이 국가나 사회 · 조직을 이끌 권한을 생득권(生得權)으로 물려받는 경우이다. 이른바 '금수저'를 말한다. 다음의 자료가 그 예이다.

> 그룹 총수 일가의 3, 4세들이 평균 28세에 주요 계열사에 입사한 뒤, 3년 반 만에 다시 임원으로 고속승진하는 것으로 조사됐다. 30대 그룹 총수 직계 중 현재 임원으로 경영에 참여하고 있는 32명에 대한 분석결과이다.

두 번째는 민주주의 원칙에 따라 리더를 선출하는 방법이다. 공식선거나 주주총회 등과 같은 합법적 절차를 통해 리더를 임명하는 것이다. 세 번째는 조직의 장(長)이 그(녀)의 권한을 가지고 특정인을 리더로 지명(임명)하는 방법이다. 마지막으로는 어떤 조직(집단)에서 구성원들의 인정이나 지지를 바탕으로 자연스럽게 리더로 부상하는 방법이다.

1. 각각의 '리더가 되는 방법(Being leader)'이 구성원들로부터 인정받는(수용되는) 이유는 무엇인가? 각각의 방법은 어떤 장 · 단점을 가지고 있는가?
2. 리더가 되는 네 가지 방법 중에서 어느 방법이 가장 옳은 방법이라고 생각하는가? 그 이유는 무엇인가?
3. 리더가 되는 다른 방법은 없는가? 있다면, 구체적인 사례를 들어 설명하시오.

사례연구 [2]

영화 '베테랑'은 안하무인의 재벌3세와 특수 강력사건 담당 광역수사대와의 숨 막히는 대결을 그린 영화이다. 서도철(황정민)은 의문의 사건을 쫓던 중 재벌3세 조태오(유아인)가 사건의 배후에 있음을 직감한다. '건들면 다친다'는 충고에도 서도철은 수사에 나선다. 다음은 가상의 시나리오이다.

> 미래그룹 김정현 회장 보복폭행 사건과 관련해 최경민 서울경찰청장의 퇴진을 주장한 정경수 경감에 대한 징계심사가 일주일 앞으로 다가왔다. 이를 두고 경찰들의 내부 반발이 확산되고 있다. 경찰의 사이버 커뮤니티인 '폴넷피아(polnetpia)'에서는 회원들을 대상으로 정 경감을 위한 모금활동을 시작했다. 회원들은 "부당한 징계에 대응하기 위해 기금을 모으는 것이다. 정 경감이 징계를 받을 경우 민사소송 및 국가배상법상 손해배상, 징계위원들에 대한 구상권 등 모든 가능한 법적 절차를 밟을 것이다."라고 밝혔다. 징계위원회가 끝난 뒤 모임을 열 예정인 경찰대학 총동문회 측은 중징계가 내려지면 최경민 서울경찰청장의 퇴진운동도 불사할 태세다. 정 경감은 우수한 성적으로 경찰대학을 졸업한 후 광역수사대 강력계에서 사회적 이슈가 되었던 강력사건들을 해결해 온 베테랑 수사관이다. 한편, 이번 사태와 관련하여 박진호 청와대 대변인은 25일 정례브리핑에서 "경찰 내에선 징계사유가 충분하다고 판단하고 있으며, 청와대도 이를 알고 있다."라고 말했다.
>
> 정경수 경감은 경찰이 미래그룹 김정현 회장의 보복폭행사건 은폐의혹을 둘러싸고 여론의 비판이 거세던 지난 달 5일 최경민 서울경찰청장을 비판하는 글을 인터넷에 올렸으며, 경찰은 최근 언론인터뷰 등을 통해 '청장 사퇴'를 주장하는 발언을 했다는 점을 들어 정 경감에게 중징계(정직 · 해임 · 파면) 대상임을 통보한 바 있다.

1. 최경민 서울경찰청장의 권력의 원천은 무엇인가?
2. 정경수 경감의 권력의 원천은 무엇인가?
3. 징계위원회의 징계결과와 관계없이 경찰대학 출신의 유능한 경찰관인 정경수 경감은 미래에 경찰수뇌부로 승진할 수 있을 것이라고 생각하는가? 그 이유는 무엇인가?

자기인식과 성찰

1. 다음 예를 참고로 하여 자신의 이름과, 이름에 담긴 의미를 팀원에게 소개하시오.

> 이재희(李載熙). 재(載)는 '싣다(적재하다)'라는 뜻이고, 희(熙)는 '빛나다'라는 뜻이다. 재희(載熙)는 '빛남(희망 · 꿈 · 비전)을 싣고 사는 사람'이라는 의미이다. 글과 강연을 통해 많은 사람들과 꿈과 희망을 나누는 사람이 되고 싶다.

2. 유명해진다는 것(명성)은 권력이다. 경제력도 권력이다. 관계도 권력이다. 프렌치와 레이븐의 다섯 가지 권력원천과 명성 · 금권 · 관계의 세 가지 권력원천에 비추어 볼 때 자신은 어떤 권력을, 어느 정도 가지고 있다고 생각하는가?

지위 권력		개인적 권력	
소속		성품	
경력 (스펙)		전문성 (정보)	
직무		인맥	
나의 잠재력			
나의 관심사(하고 싶은 일)		사회적 배경	

① 자신이 잘 하는 것(일)은 무엇인가?

② 자신의 현재 '권력원천'을 평가할 때 강점과 약점은 무엇인가?

③ 앞으로 무엇을 개발 · 보완할 계획인가?

저자 특강 1

리더십 철학과 리더의 세 가지 습관

리더십은 리다습(利·多·習)이다. 리다습은 다수의 이익과 상호 선한 관계를 지향하는 리더의 이념과 행동을 의미한다. 먼저, 리더십의 지향점은 이로움(利)의 추구이다. 리더십은 개인이나 조직의 이익에 공헌하기 위한 가치지향적 활동으로 공동선(共同善)을 목적으로 한다. 따라서 자신의 개인적 이익이나 자신이 소속한 집단만의 유익을 지향하는 이기주의적 행태는 리더십이 아니다. 더욱이 공공의 행복과 이익에 반하는 몰가치적 행태는 결과 여부와 관계없이 의사(疑似, pseudo)리더십에 속한다. 양의 탈을 쓴 늑대인 것이다.

현실에서는 조직의 생존과 성과를 달성한다는 미명(美名, 그럴듯하게 내세운 명목) 아래 구성원들을 머슴 부리듯 하는 몰상식한 '또라이' 상사들이 많다. 자신의 힘을 과시하기 위해 거들먹거리는 '꼴통'도 많다. 꼴 같지 않은 그 얄팍한 권력의 힘으로 누군가의 아들 · 딸이며, 누군가의 아버지 · 어머니이며, 한 가정의 가장인 존귀한 사람을 제 마음대로 통제하려 한다. 제 주머니에서 나가는 월급이 아닌데도 말이다. 이런 '또라이'와 '꼴통'들은 리더의 자격이 없다. 무엇보다 리더십은 공동선을 위해 '옳은 일을 제대로 하겠다'는 선한 의지가 전제되어야 한다. 리더십은 기본적으로 이타적(利他的) 행위이다.

둘째, 다(多)는 '다수'를 말한다. 리더십은 국가 · 사회 · 조직 · 집단에서의 사람과 사람 간의 관계, 즉 다(多)수와의 상호작용을 전제로 한다. 리더십은 리더와 리더의 관계, 리더와 구성원과의 관계, 그리고 구성원과 구성원과의 관계라는 다양한 상호작용을 바탕으로 이루어진다. 이들은 함께 일을 하고 생활하는 과정에서 지식과 정보 · 경험, 그리고 정서를 교환함으로써 서로에게 영향을 끼친다. 때로는 힘이 되고 때로는 힘겨움의 근원이 되기도 한다. 기왕이면 서로에게 긍정적 영향을 미치고 도움이 되는 관계가 좋다.

셋째, 습(習)은 습관을 말한다. 리더십은 리더가 행하는 지속적인 행동의 결과인 습(習)관이다. 리더십의 접미사 '십(-ship)'은 파트너십, 멤버십, 팔로워십, 프렌드십, 기업가정신(entrepreneurship) 등에서 그 의미를 유추할 수 있다. 이들 각각의 단어는 파트너 · 구성원 · 추종자 · 친구, 그리고 기업가 등 특정 지위에서 그 역할을 제대로 수행하기 위해 요구되는 생각과 마음, 행동을 말한다. 따라서 리더십은 리더로서 마땅히 갖추어야 할 생각과 마음, 행동을 의미한다. 개인의 생각과 마음, 행동을 나타내는 '십(-ship)'은 바로 습관이다.

습관(習慣)에도 세 가지 유형이 있다. 먼저 생각의 습관(習觀)이다. 세상을 긍정적이고 낙관적으로 바라보는(觀.볼 관) 습관이 좋다. 사람들과 이야기를 나누다보면 무슨 얘기를 해도 '안 된다'고 부정적으로 반응하는 사람이 있다. 그들은 어떤 얘기를 해도 '이건 이래서 안 된다', '저건 저래서 안된다'고 이유를 댄다. 그리고 '남의 탓'을 한다. 이와 같이 부정적이고 비관적으로 생각하는 사람, '남의 탓'을 하는 사람은 리더가 되어서는 안 된다. 리더는 희망의 상징이어야 한다.

두 번째는 마음의 습관(習寬)이다. 다른 사람을 너그럽고(寬. 너그러울 관) 따스한 마음으로 대하는 습관이 좋다. 다른 사람을 평가하고 조언 · 충고하려는 마음보다는 얘기를 들어주고(경청), 있는 그대로를 인정하고, 마음을 나누는(공감) 관계가 오래간다. 비난과 질책은 칭찬보다 더 큰(다섯 배) 마음의 상처를 주고 더 오래 기억된다. 서로 믿고(신뢰) 존중하는 관계가 세상을 풍요롭게 한다. 리더는 다른 사람의 장점을 촉진하고 단점과 상처를 보듬어 주는 너그러운 마음을 가져야 한다.

끝으로 행동의 습관(習貫)이다. 시작한 일은 끝을 보고야(貫, 꿰뚫을 관)마는 실행의 습관이 좋다. 일을 할 때 어떤 어려움이 닥치더라도 포기하지 않고 기어코 해내고야 마는 초지일관(初志一貫)의 끈기는 사람들에게 믿음을 준다. 리더는 목표를 달성하는 과정에서 인내하고, 그 결과에 대해 책임을 지는 자세가 필요하다.

이런 습관은 마음먹기와 노력에 따라 바뀔 수 있다. 물론 습관을 바꾸는 것은 매우 어렵고 고통스러운 일이다. 익숙한 것을 버리고 생소한 것을 받아들이는 일이 결코 쉽지 않은 까닭이다. 습(習)은 '날개(깃)'를 뜻하는 우(羽)와 '날이 하얗게 새다'라는 뜻의 백(白)이라는 두 자(字)가 만나서 이루어진 글자이다. 여기에는 새끼 새가 '날이 하얗게 새도록 날갯짓을 수 백 번이고 반복연습해야 비로소 푸르른 창공을 날 수 있다'라는 뜻을 포함하고 있다. 습관은 수백 번의 반복연습이 필요하다.

리더십은 타고난 선천적 특성이기보다는 후천적으로 습득되는 것으로, 지속적인 학습과 실천 노력에 의해 개발이 가능하다. 요약하면, 리더십은 리더의 습관(생각 · 마음 · 행동)이다. 세상을 밝게 보는 리더, 사람에게 관대한 리더, 일이 되게끔 실행하는 리더가 진정한 리더이다. 이 세 가지 습관을 통해 많은 사람들에게 이로움을 주는 리다(利多)가 되는 것, 이것이 리더십의 철학이다.

Chapter 02

리더의 특성과 자질

01 특성이론
02 성격 : 특성연구의 다른 접근법
03 전략적 리더십

[저자 특강 2]
노자의 〈도덕경〉으로부터 배우는 리더십

리더는 타고난다.

미리보기

■ 이병철

정미소 사업으로 시작한 삼성상회를 필두로 삼성물산공사, 제일제당, 제일모직, 한국비료, 삼성전자에 이르기까지 이병철은 정주영과 더불어 한국 현대경제사의 거목이다. 특히 반도체사업이 13년간 적자를 기록했지만 이에 굴하지 않고 사업을 밀어붙여 삼성전자를 세계 최고의 반도체업체로 만들었다. 일단 원하는 무엇인가를 찾고, 수많은 연구와 사전점검을 거쳐 위험요소를 제거하는 것, 주변사람들의 의견을 경청하는 것, 일단 마음으로 결정했으면 그때부터는 뒤도 돌아보지 않고 앞으로 나아가는 것. 그것이 그의 경영스타일이다. "행하는 자 이루고, 가는 자 닿는다." 그가 자주 되뇌이던 구절이다.

■ 정주영

경부고속도로를 건설하고, 중동의 주베일 산업항 공사장을 직접 현장 지휘하였다. 자동차 독자개발을 포기하라는 미국 정부의 압력에도 불구하고 개발을 밀어붙여 현대·기아자동차를 세계 5위 자동차업체로 육성했다. 소형선박이나 만들라던 일본의 제안을 뿌리치고 달랑 조선소부지 항공사진 한 장으로 중공업을 일으켜 세웠다. 서산만간척지 개척사업에서는 정주영공법이라는 획기적 아이디어로 성공하기도 했다. 1,001마리 소떼를 몰고 판문점을 넘으면서 통일의 초석을 놓으려고 했다. 정주영은 한국산업화의 선봉에서 신념과 정열, 뚝심으로 비전을 하나씩 실행해 나간 위인이다. 그의 행동강령은 "해봤나?"였다.

■ 김우중

1967년 32살 젊은 나이에 대우실업을 창립하고, 1970년대 초반부터 대우건설, 대우전자, 대우증권, 대우조선 등을 창설하며 '대우신화'라는 신조어와 함께 샐러리맨의 우상으로 떠올랐다. 그는 언제나 '다음 세대를 위한 희생'을 강조하며 젊은이들에게 관심을 가졌다. 1989년 젊은이들을 위해 펴낸 〈세계는 넓고 할 일은 많다〉는 최단기 밀리언셀러로 기네스북에 오르기도 했다. 대우학원을 설립하여 교육에도 관심을 가졌다. 1990년대 들어 대우는 '세계경영'을 통해 신흥국 기업 중 최대의 다국적기업으로 성장했으나, 외환위기 당시 단기 유동성위기를 극복하지 못하고 그룹이 해체되는 비운을 겪었다.

창업 1세대 경영인 비교

구분	이병철	정주영	김우중
생애	1910.2.12.~1987.11.19.(78)	1915.11.25.~2001.3.21.(87)	1936.12.19.~
본적	경상남도 의령	강원도 통천	경상북도 대구
집안환경	부유한 대지주 집안	가난한 소농 집안	부친(교사) 납북
가족관계	2남1녀 중 막내	6남2녀 중 장남	6남매 중 4남
학력	와세다대 중퇴	소학교(초등학교) 졸업	연세대학교 졸업
최초사업	삼성상회 공동 창업(1936)	현대자동차공업사(1946)	대우실업(1967)

이병철, 정주영, 그리고 김우중은 오늘날의 한국경제를 있게 한 주역이다. 영웅이 시대를 만들었는지, 시대가 영웅을 만들었는지 명확히 알 수 없어도 이들은 한 시대를 풍미한 위인들임에 틀림없다. 역사는 그들을 기억할 것이다.

이 장에서 우리는 리더와 리더가 아닌 사람들은 어떤 특성의 차이가 있는지에 대해 연구결과를 토대로 살펴볼 것이다. 사람들의 행동을 예측할 수 있는 성격의 개념과 진단도구를 통해 자신과 타인을 이해할 수 있는 혜안을 가지게 될 것이다. 그리고 조직상층부의 최고경영자를 포함한 임원들의 개인적 특성 및 전략계층집단(TMT)을 연구초점으로 하는 전략적 리더십이론에 대해 탐구할 것이다.

연구 질문

1. 제1장에서 무엇을 느끼고 깨달았는가?
2. 리더와 보통사람들을 구분하게 하는 차별적 특성은 무엇인가?
3. 리더는 타고 나는가?, 아니면 만들어지는가?
4. 리더의 성격(행동) 특성을 이해하기 위한 진단도구에는 무엇이 있는가?
5. 전략적 리더십의 개념은 무엇인가?
6. 전략적 리더십스타일에는 어떤 것들이 있는가?

플라톤(Platon, BC 427~BC 347)은 〈국가론(Republic)〉에서 지혜로운 사람(철인)이 정치를, 용기 있는 사람(전사)이 국방을, 절제를 아는 사람(생산자)이 경제를 책임지는, 이른바 계층과 역할이 엄격하게 분리된 권위주의 체제의 국가를 이상국가로 보았다.

01 특성이론

특성이론(trait theory)은 1900년대 초반부터 1940년대에 이르기까지의 주요 연구흐름으로, 리더십연구를 위한 최초의 체계적인 시도였다. 특성이론은 '리더는 타고난다'는 관점으로, '리더와 보통사람들을 구분하게 하는 차별적 특성은 무엇인가?'를 규명하는 데 집중하였다. 특성이론의 기본가정은 "리더가 일정한 사회 · 심리적, 성격적 특성을 가질 때 리더가 된다."는 것이다. 특성이론 초기연구에서는 정치 · 사회 · 군사적으로 위대한 리더들의 타고난 특성과 자질을 규명하기 위해 주로 토마스 제퍼슨(Thomas Jefferson, 1743~1826), 에이브러햄 링컨(Abraham Lincoln, 1809~1865) 등과 같은 위인들을 연구하였다. 초기의 특성이론을 위인이론(great man theory)이라고 부르는 이유이다.

스톡딜(Stogdill, 1948, 1974)은 특성이론 연구결과들에 대한 종합분석을 두 차례에 걸쳐 실시하였다. 맨(Mann, 1959)도 성격특성과 리더십에 관한 소집단 연구결과들을 검토하였다. 커크패트릭 등(Kirkpatrick et al., 1991)은 선행연구들에 대한 종합연구를 바탕으로 리더의 차별적 특성요인을 제시하였다. 자카로와 동료들(Zaccaro et al., 2004)도 사회적 지능(social intelligence)을 포함한 리더의 특성을 제시하였다. 그러나 특성연구 결과 확인된 위인(리더)들의 특성은 연구자마다 각기 다르게 나타나 일관성을 발견하기가 어렵다. 특성이론의 주요 연구결과는 〈표 2-1〉과 같다.

표 2-1 리더십 특성 연구결과

Stogdill (1948)	Mann (1959)	Stogdill (1974)	Kirkpatrick & Locke (1991)	Zaccaro, Kemp & Bader (2004)
지능	지능	성취욕	추진력	인지적 능력
민감성	남성성	집념	동기유발	외향성
통찰력	적응성	통찰력	성실성	양심성
책임감	주도성	진취성	자신감	정서적 안정
진취성	외향성	자신감	인지적 능력	개방성
집념	보수성	책임감	직무지식	동조성
자신감		협동성		동기유발
사교성		인내성		사회적 지능
		영향력		자기관찰
		사교성		감성지능
				문제해결력

자료 : Peter G. Northouse(2013), 23. 재인용.

특성연구는 1980년대 이후 카리스마리더십, 변혁적 리더십에 대한 연구가 활발해지면서 리더십의 주요 연구분야로 다시 부상하였다.

토의 2-1

다음 질문에 대한 자신의 생각을 정리하고, 팀원들과 서로의 의견을 토의하시오.

① [미리보기]의 이병철, 정주영, 김우중 3인의 공통점과 차이점은 무엇인가?

② 智將(지장), 德將(덕장), 勇將(용장) 중 으뜸은 누구라고 생각하는가? 이병철, 정주영, 김우중은 각각 어느 유형의 경영인에 가까운가?

③ 훌륭한 리더는 어떤 특성을 가졌는가? 다음 순서에 따라 토의를 진행하시오.

3.1 자신의 인생에서 리더의 본보기가 된 사람, 자신이 믿고 따를 수 있는 사람을 생각한다(실제인물 우선, 역사 · 소설 · 영화 속 인물도 좋음).

3.2 팀원들과 함께 각자 생각한 사람의 특성을 세 가지씩 이야기한다. 모두의 의견을 공유한 다음, 훌륭한 리더의 특성목록 열 가지를 합의하여 결정한다.

3.3 팀에서 합의한 열 가지 특성 중에서 선천적으로 타고난 것은 몇 가지인가?

3.4 〈표 2-1〉의 리더십 특성목록이나 팀에서 합의한 열 가지 특성 중에서 자신에게 가장 필요한 특성 한 가지는 무엇인가? 그것을 어떻게 개발할 수 있을까?

02 성격 : 특성연구의 다른 접근법

리더의 특성과 관련한 또 다른 접근법은 '리더의 성격과 같은 개인차가 리더십에 어떤 영향을 미치는가'를 연구하는 것이다. 성격(personality)은 개인의 행동패턴을 설명하고 묘사하는 데 사용할 수 있는 안정된 특성으로, 일생에 걸쳐 잘 변하지 않는 속성을 가진다. 성격은 가치관이나 신념 · 태도와 같이 개인의 행동을 설명하고 예측하는 데 활용된다. 리더의 성격과 리더십에 관한 연구는 MBTI 성격유형이나 Big Five 성격요인, 그리고 DISC 행동유형 등을 중심으로 이루어졌다. 통제의 위치, 마키아벨리즘 성향 등도 주요한 연구주제들이었다.

1. 통제의 위치

통제의 위치(Locus of control)는 '자신에게 일어나는 일을 자신이 통제할 수 있다고 믿는가(내가 운명을 개척한다), 아니면 환경에 의해 통제된다고 믿는가(운명은 환경에 의해 결정된다)'에 대한 생각을 말한다. LOC에 따르면 사람은 내부통제자와 외부통제자로 구분된다.

내부통제자는 자신에게 닥친 어떤 일의 원인을 자신에게 돌리려는 성향이 강하며, 자신을 운명의 주인이라고 생각한다. 반면, 외부통제자는 자신에게 닥친 일의 원인을 행운이나 외부환경에 돌리는 성향이 강하고, 자신을 운명의 노예라고 생각한다. 일반적으로 내부통제자인 사람은 외부통제자인 사람에 비하여 〈표 2-2〉와 같은 특성을 나타낸다.

표 2-2 내부통제자의 특성

- 성과를 결정하는 것은 자신의 노력이라고 생각한다.
- 동기수준이 높다.
- 문제해결이나 학습성과가 높다.
- 참여적 리더십스타일을 선호한다.
- 걱정을 덜 한다.

2. 마키아벨리즘 성향

마키아벨리Machiavelli, Niccolo(1469~1527)는 르네상스 시대 이탈리아의 정치이론가로 인간의 현실에 대해 예리한 관찰력을 지닌 실용주의자였다. 정치학의 고전으로 알려진 그의 대표작 〈군주론〉은 군주의 통치기술을 다룬 책으로, 후세에 '마키아벨리즘=권모술수'라는 논란을 불러일으켰다. 그는 군주의 권력을 보전하는데 관심이 많았다. 마키아벨리즘(machiavellism)은 국가의 유지 · 발전을 위해서는 어떤 수단 · 방법도 허용된다는 국가 지상주의적 정치사상이다. 마키아벨리즘 성향은 수단보다는 목적을 중시하며, 자신이 원하는 것을 얻기 위해서 다른 사람을 속이거나 조정하려는 욕구(의도)를 의미하는 개념이다.

토의 2-2

1차 세계대전 당시 영국인 보병이었던 헨리 텐디는 1918년 9월 28일, 마르코닝이라는 프랑스의 작은 도시 근처에서 적의 참호공격에 참여했고, 영국군이 큰 승리를 거두었다. 텐디는 그날 수많은 적군 병사를 사살했고, 전투에서의 영웅적 역할로 후에 최고의 무공훈장인 십자문양의 빅토리아 훈장을 받았다. 그런 텐디의 눈에 바로 그날, 점령한 참호에 피를 흘리며 쓰러져 있는 적군 병사가 보였다. 그는 부상당한 적군 병사에게 총격을 가하는 것은 명예롭지 못한 일이라고 생각해서 살려주었다. 1940년, 나치가 코벤트리에 포격을 가하는 동안 그 지역의 자동차공장에서 일하고 있던 텐디는 "신은 내가 그때 참호 속에서 그의 목숨을 구해준 것이 얼마나 어리석은 일인지 알고 있었을 것이다"라며 이를 갈았다. 그 적군 병사는 바로 아돌프 히틀러Adolf Hitler(1889~1945)였다. 텐디의 인도적 행동은 수백만 명의 목숨을 앗아갔고, 운명의 여신은 그가 죽일 수도 있었던 한 인간의 손아귀에 자신의 운명을 맡기는 엄청난 아이러니를 선사했다.

위의 글을 읽고 질문에 답하시오. 자신의 의견을 팀원과 공유하시오.

1. 만일 당신이 텐디라면 미래의 상황을 모르는 상태에서 그때, 어떻게 했을 것이라고 생각하는가? 그 이유는 무엇인가?
2. 알 수 없는 운명의 손길. 당신은 운명이 미리 정해져 있다고 믿는가(자신의 의지와 관계없이 이 세상에 태어났고, 선택하지도 않은 수많은 상황에 우연치 않게 연루되는 이 삶의 불가항력성. 그 모호함에 대해 어떻게 생각하는가)?, 아니면 운명은 개척하기 나름이라고 생각하는가?
3. 결과적으로 텐디의 그날 그 행동은 잘못된 선택이었다고 생각하는가? ('그렇다'면, 또는 '아니라면') 그 이유는 무엇인가?

3. DISC 행동유형

DISC는 환경에 대한 인식을 토대로 인간행동을 이론화한 윌리암 마스톤(William M. Marston) 박사의 연구결과(1928)로부터 출발하였다. 그는 인간행동을 환경에 대한 인식(호의적 · 비호의적)과 통제가능성(내적 통제 · 외적 통제)의 두 가지 차원으로 나누어 주도형(Dominance), 사교형(Influence), 안정형(Steadiness), 그리고 신중형(Compliance)의 네 가지 행동유형을 제시하였다. DISC이론을 기반으로 한 진단도구는 산업심리학자인 월터 클라크(Walter Clarke, 1956, 1966)에 의해 처음으로 개발되어 채용부분에서 사용되었다.

DISC 유형진단이 확산된 것은 칼슨 러닝(Carlson Learning)사의 잔 가이어(John Geier, 1972) 박사 연구팀이 개발한 Personal Profile System®(PPS) 자기진단 도구가 보급되면서부터이다. 연구팀은 수많은 인터뷰를 거쳐 클라크의 연구성과를 진일보시켰다. 이후 많은 사람들에 의해 DISC 진단도구는 개정 · 보완 등을 거치면서 다양한 버전으로 개발되어 활용되고 있다. 여기서는 행동유형을 '외향형인가?, 내향형인가?'/ '사고형인가?, 감정형인가?'의 두 가지 기준에 따라 네 가지 행동유형으로 구분하였다. DISC진단의 유형별 행동특성은 〈표 2-3〉과 같다.

표 2-3 DISC 유형별 행동특성

주도형(Dominance)	사교형(Influence)
외향적 사고형으로 목표를 달성하기 위해 상황을 주도하고 장애를 극복한다.	외향적 감정형으로 다른 사람을 설득하거나 영향을 끼쳐 상황을 함께 이끌어간다.
• 목표(결과 · 결론 · 핵심 · 성과) 지향성	• 즐거움을 추구(기분파)
• 다른 사람에게 영향력을 행사(보스성향)	• 다른 사람을 즐겁게 함(분위기 메이커)
• 기본 · 원리원칙을 중시	• 여러 사람과 잘 어울림(공유 · 공감 · 교류)
• 강하게 자신의 의지 · 의견을 주장	• 긍정적 · 낙천적이며 관심분야가 다양
• 변화 · 도전(경쟁)을 추구	• 시간관념에 여유(쫓기지 않음)
• 즉흥적(다혈질, 빠른 결과를 요구) 성향	• 충동적(쉽게 흥분, 자제력 부족)
• 지시적, 독단적, 단정적, 독립적 성향	• 사회적, 외향적, 개방적, 열정적
• 권력(권위) 지향	• 주목 받는 것을 선호
• 짧고 강한 어투를 선호	• 의사소통 능력(설득력)이 뛰어남
• 목소리 · 제스처가 크고 명확	• 말이 많고 다양한 표현(표정 · 억양 · 제스처)
• 평가 · 비판적 성향	• 유머와 재치

신중형(Compliance)	안정형(Steadiness)
내향적 사고형으로 일의 품질 · 납기를 준수하고 데이터를 기반으로 신중하게 일한다.	내향적 감정형으로 다른 사람과 협력하여 일을 하거나 조용하게 지원한다.
• 정확성 · 공정성 · 합리성을 추구 • 옳고 그름에 대한 명확한 판단(평가자) • 미리 계획을 수립, 현실(실용)적 • 논리적, 분석적, 체계적, 객관적 • 간결 · 명확한 표현 • 3정5S(정품 · 정량 · 정위치, 정리 · 정돈 · 청소 · 청결 · 습관화) • 결론 · 근거(사실 · 사례 중심) · 방법 중심 • 단조로운 표현(표정 · 억양 · 제스처) • 평가 · 조언 · 충고 · 비평 성향 • 신중함, 사교성이 부족(고지식), 단정 • 상세(디테일) · 철두철미 · 완벽주의 성향	• 조화 · 균형을 추구(팀 플레이어) • 다른 사람을 도와줌 • 앞에 나서기 싫어함 • 협력적, 순응(적응)적, 배려, 관심 • 경청과 공감 • 안정적 환경에서 일하는 것을 선호 • 변화 · 갈등 · 공격 · 논쟁을 회피 • 감성적, 감정이 얼굴에 잘 드러남 • 부드러운, 친절한 • 목소리가 작고 침착, 자기표현이 적음 • 내면 성찰, 조용함 • 타인의 평가에 민감

토의 2-3

다음 질문에 대한 자신의 생각을 정리하고, 팀원들과 자신의 성향(성격 · 행동 특성)에 대한 의견을 나누시오.

1. DISC 유형별 행동특성을 보고 자신의 행동유형을 추정하시오. 네 가지 유형 중에서 자신과 일치되는 특성이 많은 곳이 자신의 유형일 가능성이 높다.
2. 자신과 가장 친하거나 중요한 세 사람의 DISC 행동유형을 추정하시오.
3. 각 행동유형별(주도형 · 사교형 · 안정형 · 신중형) 장 · 단점을 세 가지씩 정리하시오.

03 전략적 리더십

함브릭과 매이슨(Hambrick & Mason, 1984)이 조직상층부이론(upper echelon theory)을 발표한 것을 기점으로 1980년대 중반 최고경영진을 대상으로 한 전략적 리더십이론이 등장하였다. 전략적 리더십이론은 CEO(Chief Executive Officer)나 TMT(Top Management Team)에 초점을 맞춘 이론으로 조직상층부이론을 더욱 발전시킨 이론이다. 전략적 리더십이론은 회사의 비전과 전략을 책임지는 최고경영자나 임원들의 개인적 특성(가치관 · 인지 · 성격 · 인구통계적 특성 등)이 경영성과에 얼마나 결정적인 영향을 미치는가를 설명하는 이론이다. 아이리랜드와 히트(Ireland & Hitt, 1999)는 전략적 리더십을 '회사의 명성을 포함한 차별적 핵심경쟁력 제고수단을 만들어 내는 보이지 않는 능력'이라고 정의하였다.

전략적 리더십은 기업생존에 핵심적 역할을 하는 전략 · 구조 · 시스템 등을 결정 · 실행하는 최고경영층의 리더십과 일반적 운영관리역할을 중심으로 하는 중간관리자(middle manager)의 리더십은 요구특성과 자질 면에서 근본적으로 차이가 있다는 인식에서 출발한다. 〈표 2-4〉에서 보듯이 최고경영층은 연봉에서부터 확연하게 차이가 난다.

표 2-4 주요기업인과 일반근로자의 연봉 비교

주요기업인 연봉현황(2015 기준)			연봉별 근로자 분포수(2014 기준)		
기업	이름	총 연봉(원)	연봉	근로자(명)	비율(%)
삼성전자	권오현 부회장	149억 5,400만	1억원 이상	351,381	2.5
한미반도체	곽동신 부회장	116억 800만	8천~1억 미만	415,107	3.0
현대자동차	정몽구 회장	98억	6천~8천 미만	886,140	6.3
CJ제일제당	손경식 대표	80억 9,500만	4천~6천 미만	1,911,739	13.6
한진그룹	조양호 회장	64억 1,074만	2천~4천 미만	5,236,490	37.3
롯데그룹	신동빈 회장	58억	2천 미만	5,243,756	37.3
LG그룹	구본무 회장	53억 4,800만	계	14,044,433	100.0

자료 : 금융감독원(2016), 고용노동부 '고용형태별 근로실태조사(2014)'.

1. 개인특성과 전략적 리더십

전략적 리더십은 다양한 관점에서 연구가 이뤄지고 있다. 전략계층의 인구통계적 특성과 성과와의 관계에 관한 연구, 전략계층의 스타일과 전략선택에 관한 연구, 그리고 전략계층의 성격적 특성과 의사결정에 관한 연구 등과 같이 다양하게 이뤄졌다. 가치관과 성격 · 나이 · 교육수준 · 경력단계 등과 같은 개인특성에 따른 전략적 리더십 연구결과를 정리하면 〈표 2-5〉와 같다.

표 2-5 개인특성에 따른 전략적 리더십 연구결과

- 집단주의적 가치성향이 강한 최고경영자일수록 조직 하부로부터의 정보를 중요하게 생각하고, 그들의 의견을 수렴 · 반영한다.
- 내부통제자들이 외부통제자들보다 혁신성향이 강하고, R&D를 강조하며, 제품라인을 자주 변경한다.
- 나이가 많을수록 위험회피성향이 강하며, 교육수준이 높은 CEO가 조직혁신에 적극적이다.
- R&D와 마케팅 경력 출신의 CEO는 진취적 전략을 선호한다. 한편, 재무와 생산부문 경력 출신의 CEO는 보수적 전략을 선택했을 때 성공확률이 높다.
- 내부승진한 임원은 외부영입된 임원보다 현상유지를 선호하며, 조직변화를 기피한다.

한편, 맥콜과 동료들(McCall et al., 1988)은 최고경영자들이 성공하기 위해서 갖춰야 할 사전경험들을 〈표 2-6〉과 같이 제시하였다. 이 내용을 보면 전략적 리더가 되기 위해서는 다양한 어려움에 직면하여 한계상황을 극복해내야 하는 환희와 좌절의 경험들을 요구한다. 최고가 된다는 것은 어렵다. 자발적 희생과 또 다른 소중한 가치를 포기해야만 하는 지난(至難)한 여정이다.

표 2-6 최고경영자가 되기 전에 갖춰야 할 경험들

직무 이동	신규직무 수행	1. 주 업무(전공)와 전혀 관련이 없는 새롭거나(새로운 비즈니스) 생소한 직무를 수행해 본 경험
	한계직무 수행	2. 직무수행능력을 입증하기 위해 과중한 스트레스를 받으며 일했던 경험
직무 특성	변화주도	3. 적응적 도전 : 환경변화나 전략적 변화에 책임지고 긴급하게 대응해야 했던 경험
		4. 문제해결 : 전임자나 다른 사람으로부터 떠넘겨진 난제(難題)를 해결해야 했던 경험
		5. 구조조정 : 사업부 폐쇄나 인력구조조정 등 결정적 이슈를 다뤄본 경험
		6. 문제직원 : 능력 · 경험이 없거나 매사 비판(저항)적인 문제직원(c-player)을 다뤄본 경험

직무 특성	고차원의 책임수행	7. 중책수행 : 최고경영진이 주시하고, 성패에 따른 막중한 책임이 따르며, 데드라인이 급박한 중책을 수행해 본 경험
		8. 다양성 관리 : 다양한 시장과 고객 · 이해관계자집단 및 제품 등을 동시에 관리해 본 경험
		9. 직무과중 : 과중한 시간과 노력을 요하는 도전적 직무를 수행해 본 경험
		10. 외부압력 대처 : 정부나 해외비즈니스, 지역사회, 또는 노동조합 등을 상대로 결정적 문제들을 다뤄본 경험
	비공식 권한행사	11. 최고경영층이나 외부집단을 포함하여 공식적 권한을 행사할 수 없는 사람들을 설득하고 끌어들여 성공적으로 일을 해냈던 경험
장애 극복	어려운 사업여건	12. 어려운 경제환경, 혹은 내부의 재정적 어려움에 직면한 사업부나 제품라인을 떠맡아 난관을 극복해 냈던 경험
	최고 경영층의 지원 부재	13. 최고경영층으로부터 프로젝트의 방향제시나 지원 · 자문 등이 전혀 없는 상황에서 일을 수행해 본 경험
	개인적 지원 부재	14. 핵심 네트워크로부터 배제되고, 외부의 어떤 지원도 없는 상황에서 프로젝트를 수행해 본 경험
	어려운 보스	15. 결정적 결함을 갖고 있는 상사(또라이 상사)와 근무하면서 다양한 관계적 어려움을 극복했던 경험

자료 : 백기복(2016), 385, 수정 · 인용.

2. 전략계층집단(TMT)의 특성과 전략적 리더십

전략계층에 대한 연구는 전략계층의 규모나 다양성, 권력구조 등 집단의 구성적 특성에 초점을 맞춘다. 전략계층의 집단속성은 크게 인지적 다양성(cognitive heterogeneity)과 사회 · 심리적 통합성(social integration)으로 나누어 볼 수 있다. 인지적 다양성은 집단 내의 정보수집과 정보처리과정에서 다양한 관점과 시각이 반영되는 정도를 의미한다. 인지적 다양성은 TMT의 규모와 근속 · 연령 · 경험분야 등 인구통계적 다양성에 의해 영향을 받는다. 한편, 사회 · 심리적 통합성은 TMT 구성원들 간의 심리적 · 감정적 융화와 친밀의 정도를 의미한다. 이들에 대한 전략적 리더십 연구 결과를 정리하면 〈표 2-7〉과 같다.

표 2-7 인지적 다양성과 사회 · 심리적 통합성에 따른 전략적 리더십 연구결과

구분	연구결과
인지적 다양성	• 인구통계적 다양성이 높을수록 인지적 다양성이 높아진다. • 인지적 다양성이 높을수록 조직성과에 긍정적 영향을 미친다. • 인지적 다양성이 높을수록 의사결정시간이 오래 걸리지만, 의사결정의 질은 높아진다. • TMT의 특성다양성이 높을수록 인지적 다양성이 높아지며, 이에 따라 정보수집 · 처리능력이 증가한다. • 집단규모가 클수록 인지적 다양성이 높아지며, 이에 따라 정보수집 · 처리능력이 증가한다.
사회 · 심리적 통합성	• 인구통계적 다양성이 높을수록 집단정체성이 희박해지고, 의사소통의 빈도가 떨어지며, 집단 내 견해차이가 발생함에 따라 사회 · 심리적 통합성은 낮아진다. • 사회 · 심리적 통합성이 높을수록 의견조율이 원활하고 합의가 잘 이루어진다. • 사회 · 심리적 통합성과 인지적 다양성은 모두 필요하다. • 상충관계를 보이는 사회 · 심리적 통합성과 인지적 다양성의 조화가 필요하다.

3. 전략적 리더십스타일

최고경영자들을 대상으로 한 전략적 리더십스타일을 구분하는 몇 가지 방식이 있다. 여기서는 나하반디 등Nahavandi et al.(1993)의 모델을 중심으로 두 가지 모델을 제시한다. 나하반디 등(1993)은 최고경영자의 외적인 '도전추구'와 내적인 '통제의지'의 두 요인을 기준으로 〈그림 2-1〉과 같이 고(高)통제혁신추구형, 현상수호형, 참여적 혁신추구형, 그리고 과정관리형의 네 가지 스타일을 제시하였다. 연구자들은

자료: Nahavandi et al.(1993), 수정 · 인용.

그림 2-1 전략적 리더십스타일 (1)

최고경영자의 스타일에 따라 조직의 문화 · 구조, 그리고 전략이 달라진다고 주장하였다.

먼저, 고통제혁신추구형(High Control Innovator: HCI)은 새로운 시장 · 지역으로 개척해 나아가며, 비관련 사업다각화를 추진하는 등 리스크가 큰 전략을 추구하는 성향이다. 조직 내부적으로 강력한 유대를 중시하며, 공동의 목표와 절차의 준수를 강조한다. 지배적인 조직문화와 소수에 의한 중앙집권적 조직구조 · 의사결정구조를 선택한다.

둘째, 현상수호형(Status Quo Guardian: SQG)은 과거의 성공에 안주하려 하며, 방어형 전략을 주로 사용한다. 내부적 효율에 의한 저비용달성을 최고의 목표로 삼는다. 의사결정권한이 상부에 집중되어 있으며, 다양성을 용납하지 않는다. 조직원들의 일거수일투족이 모두 최고경영자의 관리대상이 된다.

셋째, 참여적 혁신추구형(Participative Innovator: PI)은 외적으로는 도전적(고위험) 전략을 추구하고, 내적으로는 조직원들의 참여와 창의를 강조하는 스타일이다. 첨단기술에 도전하든가 새로운 사업을 시도하는 경우에 적합한 스타일이다. 의사결정권한이 아래로 위임되며, 조직문화도 통일성보다는 다양성을 추구한다.

끝으로, 과정관리형(Process Manager: PM)은 내적으로는 참여중심의 스타일을 발휘하지만, 외적으로는 현상유지를 선호하는 유형이다. 조직구성원들은 많은 권한을 갖지만, 구체적인 지침이나 정해진 기준은 없다. 도전이나 새로운 영역을 개척하기보다는 현상에 초점을 두고 각자 알아서 유연하게 일을 처리하면 된다. 다양성은 인정하지만 변화보다는 안정을 지향하는 저위험전략을 추구한다.

한편, 쉬리바스타바 등(Shrivastava et al., 1989)은 경영사례를 분석하여 최고경영자들의 리더십스타일을 〈표 2-8〉과 같이 기업가형, 관료형, 정치가형, 그리고 전문가형의 네 가지로 구분하였다.

표 2-8 전략적 리더십스타일 (2)

기업가형	창업정신에 충만하여 조직의 전략을 주도하고, 자신의 개인적 특성(성격 · 카리스마)을 통하여 조직구성원들에게 영향을 미친다. 구성원들을 밀착관리한다.
관료형	최고경영자 개인이 조직을 주도하는 것이 아니라, 공식적 시스템과 규칙에 의해서 조직경영이 이루어지도록 하는 유형이다.
정치가형	분야별 책임경영자들과 연합하여 조직을 이끌어 가는 최고경영자 유형이다. 조직의 전략도 연합체 내 구성원들 간의 협상을 통하여 결정한다.

전문가형	특정 분야의 뛰어난 전문적 식견을 갖고 있다. 직무에 대한 몰입과 자율, 그리고 조직 밖 전문가들과의 교류를 중시한다.

전략적 리더십은 그동안 비교적 많은 연구가 이뤄졌고, 이에 대한 관심도 꾸준하게 유지되고 있다. 그러나 한국에서는 이 분야에 대한 연구가 미흡한 실정이다.

사례연구 [1]

조선비즈는 증권정보업체 와이즈에프엔과 공동으로 대한민국 베스트 CEO를 선정했다. 대상은 국내 상장사 대표이사 1,870명 중 재임기간 1년 이상의 CEO였다. 주가조작, 횡령 · 배임, 갑을 논란 등의 혐의로 검찰 수사, 기소, 재판 중인 CEO는 선정과정에서 제외했다. 선정기준은 재임기간 중 재무제표 기준 영업이익증가율과 시가총액증가율의 가중평균점수였다.

구자용 E1 회장

최고경영자의 최우선 덕목을 '조직구성원들이 능력을 100% 발휘할 수 있도록 토대를 만들어주는 것'이라고 강조한다. 소통과 '신바람 나는 경영'을 강조하는 그는 18년 연속 무교섭 임금협상 타결'이라는 금자탑도 세웠다. '이청득심(以聽得心)의 자세로 상대방 얘기를 경청하면 서로 마음을 얻을 수 있다'는 게 그가 밝힌 경영비결이다.

권오현 삼성전자 부회장

삼성전자 반도체 등 부품사업을 총괄하고 있다. 업무효율성을 강조한다. 취임 이후 임원회의와 보고자료를 과감하게 줄이고 의전도 특별한 이유 없이는 받지 않는 것으로 알려졌다. 합리적이고 조용한 편이라는 평가를 받는다.

김인규 하이트진로 사장

업계에서 '계산기'라는 별명으로 통한다. 업계 전체가 수익성 악화에 시달리자 외형 확장보다는 비용절감과 시스템개선에 집중하고 있다.

명형섭 대상 사장

매월 1일 임직원에게 이메일을 보내 이번 달 중점과제를 챙긴다. 업무성과 평가에 대해 엄격하다. 1982년 대상그룹에 입사해 30년간 회사 전반에서 잔뼈가 굵은 인물이다. 사업 세부 내용을 누구보다 잘 알고 있다.

박용환 한라비스테온공조 사장

온화한 외모와 달리 저돌적인 스타일의 경영자로 꼽힌다. 목표가 생기면 전략을 세우고 최단시간 내에 목표를 성취하는 데 몰두한다. 가장 존경하는 경영인으로 고(故) 정주영 전 현대그룹 회장을 꼽는다.

이부진 호텔신라 사장

삼성가 2세 중 외모뿐 아니라 성격과 회사 경영스타일도 이건희 삼성전자 회장과 가장 닮은 자녀로 평가받는다. 사업추진력이 강하고 카리스마가 강해 '리틀 이건희'라는 별명을 얻기도 했다. 이 사장은 글로벌 사업수완을 바탕으로 신라면세점의 해외 진출에 박차를 가하고 있다.

이재혁 롯데칠성 사장

허를 찌르는 전략으로 '해결사' 역할을 해 왔다. 임직원에게 간결하게 업무지시하는 것으로도 유명하다. 다양한 현지화 노력을 통해 해외시장을 적극적으로 공략해 글로벌 종합음료회사로 성장한다는 전략을 추진하고 있다.

차석용 LG생활건강 부회장

'나를 따르라' 대신 '내가 도와주겠다'는 철학을 강조하며 형식에 얽매이지 않는 개방적 경영스타일을 추구한다. 집무실 문은 항상 열려 있다. 회의 횟수를 대폭 줄이고 필요한 회의는 1시간 이내에 끝내는 등 간결한 회의문화를 확산시켰다. 회의할 시간에 고객을 위해 무엇을 어떻게 할 것인가를 고민하라는 취지이다.

① 베스트 CEO로 선정된 8인의 전략적 리더십스타일을 분석하여, 다음 표의 해당되는 곳에 기재하시오.

나하반디 등Nahavandi et al.(1993)		쉬리바스타바 등Shrivastava et al.(1989)	
고(高)통제 혁신추구형		기업가형	
참여적 혁신추구형		정치가형	
현상수호형		관료형	
과정관리형		전문가형	

② 베스트 CEO로 선정된 8인의 리더십 특성을 분석하시오. 이들의 공통점과 차이점은 무엇인가? 이때 〈표 2-6〉 최고경영자가 되기 전에 갖춰야 할 경험들을 참고하여 분석하시오.

③ 〈표 2-4〉에서와 같이 최고경영층과 일반근로자들 간의 연봉차이가 매우 크다. 이렇게 큰 차이가 나는 이유는 무엇인가? 이에 대해 어떻게 생각하는가?

사례연구 [2]

잡스의 전기 〈스티브 잡스〉를 저술한 월터 아이작슨은 "천문학에서 두 별이 중력의 상호작용으로 궤도가 서로 얽히는 것을 '연성계'라고 한다. 미국 건국기에도 토머스 제퍼슨과 알렉산더 헤밀턴Alexander Hamilton(1755~1804)처럼 두 거성(巨星) 간의 경쟁의 식으로 한 시대가 형성되는 상황을 볼 수 있었다."라고 했다. 이어 "1955년에 태어난 두 명의 대학중퇴자가 1970년대 말부터 시작된 PC의 첫 30년을 이끈 것도 마찬가지 현상"이라고 말했다. 미 경제전문지 포천은 잡스와 게이츠의 전쟁을 '30년 전쟁'이라고 표현했다.

스티브 잡스Steven Paul Jobs		빌 게이츠William Henry Gates Ⅲ
1955.2.24.~2011.10.5.(56)	생애	1955.10.28. ~
미혼모 자식. 서민가정에 입양	가정환경	상류층의 유복한 가정
리드대 철학과 중퇴	학력	하버드 대학교 응용수학과 중퇴
1남 2녀	자녀	1남 2녀
직관적, 도전적, 완벽주의, 불같은 성격	성격	분석적, 실용적
괴짜(히피문화, 마약, 인도순례, 선불교)	특징	모범생
예술적 감각, 창의력, 협상력	강점	비즈니스마인드, 집중력, 협상력
작은 일도 세세히 챙기는 마이크로 매니징	경영스타일	토론을 좋아하고 의사결정에 신중함
Stay hungry, Stay foolish(2005)	명언	Start sooner, Carry on longer (2007)
명상, 오토바이, 레이싱	취미	독서, 골프, 수상스키, 스케이팅
철저한 채식주의자(생선은 먹음)	식성	가리지 않고 많이 먹음(한때 햄버거 중독)
스티브 워즈니악(Steve Wozniak)과 애플 컴퓨터 공동창업(1975)	창업	폴 앨런(Paul G. Allen)과 마이크로소프트 공동창립(1975)
아이맥, 아이북, 아이팟, 아이튠즈 뮤직스토어, 앱스토어, 아이폰, 아이패드, 토이스토리	주요 제품	MS-DOS, 윈도우즈 시리즈
애플 해임(1985), 애플 복귀(1997) 넥스트(NeXT), 픽사(Pixar) 설립	경력	Bill & Melinda Gates 재단 설립(2000)
게이츠는 편협하다. MS제품은 색깔이 없고 3류이다.	상호 평가	잡스는 무례하고 인간적으로 결함이 있다.
애플 CEO 사임(2011.8.24.)	은퇴	마이크로소프트 은퇴(2008.6.27.)

1. 스티브 잡스와 빌 게이츠의 비교자료를 토대로 그들의 공통점과 차이점을 분석하시오.
2. 스티브 잡스와 빌 게이츠가 인류에게 끼친 영향은 무엇인가?
3. 기회가 주어진다면 당신은 스티브 잡스와 빌 게이츠 중 어떤 스타일의 리더와 함께 일하고 싶은가? 그 이유는 무엇인가?

자기인식과 성찰

다음의 각 항목들은 서로 대응되는 성향들로 구성되어 있다. 각 항목을 읽고 평소 자신의 행동에 비추어 어느 쪽에 더 가깝다고 생각되는지, 아래의 판단기준에 따라 해당되는 곳에 체크하시오.

1. 왼쪽에 매우 가깝다. 2. 왼쪽에 가깝다. 3. 잘 모르겠다. 4. 오른쪽에 가깝다. 5. 오른쪽에 매우 가깝다.

1. 혼자서 잘 지내는 편이다.	1 2 3 4 5	사람들과 쉽게 가까워지는 편이다.
2. 이성을 감정보다 자주 내세운다.	1 2 3 4 5	감정을 이성보다 자주 내세운다.
3. 모임에서 이야기를 잘 듣는 편이다.	1 2 3 4 5	모임에서 이야기를 많이 하는 편이다.
4. 결정을 할 때 사실을 검토하는 것이 중요하다.	1 2 3 4 5	결정을 할 때 사람들의 의견과 감정을 고려하는 것이 중요하다.
5. 모임에서 잘 아는 사람과 개인적으로 대화하는 편이다.	1 2 3 4 5	모임에서 여러 사람과 어울려 대화하는 편이다.
6. 합리적인 사람이다	1 2 3 4 5	감성적인 사람이다.
7. 생각과 감정을 잘 표현하지 않는 편이다.	1 2 3 4 5	생각과 감정을 솔직하게 표현하는 편이다.
8. 대화 중 주제에서 잘 벗어나지 않는다.	1 2 3 4 5	대화 중 종종 주제에서 벗어난다.
9. 모임에서 다른 사람이 나를 소개하는 편이다.	1 2 3 4 5	모임에서 내가 다른 사람을 소개하는 편이다.
10. 객관적이다.	1 2 3 4 5	주변상황을 고려한다.
11. 여러 사람과 있을 때 에너지가 소진되는 편이다.	1 2 3 4 5	여러 사람과 있을 때 에너지가 충전되는 편이다.
12. 상처를 주더라도 정직한 것이 낫다.	1 2 3 4 5	상처를 주는 것보다 선의의 거짓말이 낫다.
13. 혼자서 일하는 게 좋다.	1 2 3 4 5	여러 사람과 일하는 게 좋다.
14. 분석적, 논리적으로 판단한다.	1 2 3 4 5	상황적, 주관적 가치를 중심으로 판단한다.
15. 자신만의 사적인 공간이 편하다.	1 2 3 4 5	사람들과 어울릴 수 있는 개방된 공간이 편하다.
16. 일 중심적이다.	1 2 3 4 5	관계 중심적이다.
17. 조용한 편이다.	1 2 3 4 5	활달한 편이다.
18. 생각	1 2 3 4 5	느낌
19. 생각한 다음에 행동한다.	1 2 3 4 5	행동한 다음에 생각한다.
20. 강한 의지	1 2 3 4 5	따뜻한 마음

체크한 내용을 아래의 집계표에 옮겨 적고 각 10개 문항의 합계점수를 기록하시오.

[집계표]

홀수 문항	1	3	5	7	9	11	13	15	17	19	합계
짝수 문항	**2**	**4**	**6**	**8**	**10**	**12**	**14**	**16**	**18**	**20**	**합계**

행동유형 결정기준

홀수문항의 합계점수가 30점 이하이면 내향형, 31점 이상이면 외향형이다. 짝수문항의 합계점수가 30점 이하이면 사고형, 31점 이상이면 감정형이다. 점수에 따라 각각 해당하는 곳에 체크하시오. 각 성향의 강도를 확인하시오.

	내향형				외향형			
홀수 문항	10-15	16-20	21-25	26-30	31-35	36-40	41-45	46-50
	매우 강하다 (A)	강하다 (B)	강한 편이다 (C)	약간 강하다 (D)	약간 강하다 (D)	강한 편이다 (C)	강하다 (B)	매우 강하다 (A)
짝수 문항	매우 강하다 (A)	강하다 (B)	강한 편이다 (C)	약간 강하다 (D)	약간 강하다 (D)	강한 편이다 (C)	강하다 (B)	매우 강하다 (A)
	10-15	16-20	21-25	26-30	31-35	36-40	41-45	46-50
	사고형				감정형			

위에서 외향형-사고형은 '주도유형(D)'이고, 외향형-감정형은 '사교유형(I)'이다. 내향형-감정형은 '안정유형(S)'이고, 내향형-사고형은 '신중유형(C)'이다. 자신의 행동유형과 강도를 확인하시오.

행동유형	주도형 (Dominance)		사교형 (Influence)		안정형 (Steadiness)		신중형 (Compliance)	
	외향형	사고형	외향형	감정형	내향형	감정형	내향형	사고형
강도(A · B · C · D)								

1. DISC 행동유형 진단결과 어떤 유형으로 판명되었는가? 진단결과 유형은 〈토의 2-3〉에서 자신이 추정했던 행동유형과 일치하는가? 일치하지 않으면 어떤 유형이 자신의 실제 모습에 더 가깝다고 생각하는가? (자신의 진실된 모습은 자신이 가장 잘 알고 있다.)

2. 자신의 성격상 장 · 단점을 각각 세 가지 제시하시오. 앞으로 리더십 역량을 높이기 위하여 구체적으로 무엇을 할 계획인가?

장점	단점

3. 자신을 잘 알고 있는 지인(가족 · 친구 · 선배 · 멘토 등)으로부터 자신의 장 · 단점에 대한 의견을 들어보자.

장점	단점

저자 특강 2

노자의 〈도덕경〉으로부터 배우는 리더십

상선약수(上善若水)는 "가장 선한 것(좋은 것)은 물과 같다."는 뜻으로, 노자의 〈도덕경(道德經)〉 제8장에 나오는 말이다. 물이 가진 특성을 통해 리더가 지녀야 할 여덟 가지 특성과 행동에 대해 알아보자.

부드러운 카리스마

물은 넓은 강과 바다를 유유히 흐른다. 거울 같은 맑음으로 유유히 하늘을 담고 구름을 싣기도 한다. 물은 때로 거센 물결로 산을 무너뜨리고 만물을 일거에 집어삼켜 흔적도 없이 사라지게 한다. 한 방울의 물로는 아무 것도 할 수 없지만, 많은 양의 물이 모이면 강력한 힘을 가진다. 물은 유약해 보이는 방울방울의 끈질김으로 바윗돌을 갈고 닦아 조그마한 조약돌로 만들기도 한다. 물은 부드러운 듯 강하다. 훌륭한 리더는 외유내강(外柔內剛)이라는 균형의 도를 실천한다. 때로는 온유하게, 때로는 모질게 하여 불가근 불가원(不可近 不可遠)의 지혜를 발휘한다. 훌륭한 리더는 '부드러운 카리스마'의 특성을 보인다.

사명과 비전 · 목표

물은 산과 들을 지나고 내(川)와 강을 달려 '바다로 바다로' 향해 나아간다. 그리고 그 곳에 도달하고야 만다. 바다는 누구이든, 무엇이든 다 받아준다고 해서 '바다'라고 한다. 훌륭한 리더는 명확한 미션(海)과 비전(江), 그리고 목표(川)를 가지고 있다. 그들은 미션과 비전을 달성하는 과정에 많은 구성원들이 참여하도록 격려하며, 결국 이루어낸다.

윤리성

윗물이 맑아야 아랫물이 맑다. 맑고 깨끗한 물은 만물에 이롭다. 물은 사람과 사물을 깨끗하게 씻겨준다. 훌륭한 리더는 도리와 원칙에 어긋나는 일은 하지 않는다. 그들은 역할모델이 되어 우리 사회를 보다 풍요롭게 하고, 삶을 아름답게 하는 밑거름이 된다. 언행일치(言行一致), 표리부동(表裏不同)의 도를 실천한다.

적응성

물은 좁고 꼬불꼬불한 길을 만나면 더디 가기도 하고, 바위를 만나면 비켜가기도 한다. 산이 가로 막으면 멀리 돌아서도 간다. 가파른 계곡을 만나 숨 가쁘게 달리기도 하며 아스라한 절벽을 만나면 용사처럼 뛰어 내리기도 한다. 훌륭한 리더는 환경변화에 따라 유연한 사고와 행동으로 상황에 적응한다. 어려운 상황에 직면하면 한 발 떨어져 때를 기다리기도 하고, 용기가 필요할 때는 결단하기도 한다. 그들은 결코 포기하지 않는다.

사회성

물은 담기는 그릇의 모양에 따라 때로는 둥글게, 때로는 네모나게, 때로는 세모나게 그 형태를 바꾼다. 훌륭한 리더는 모나지 않아 주위에 사람이 많다. 그들은 '입술이 없으면 이가 시리다'는 순망치한(脣亡齒寒)의 의미를 잘 알고 있기에 곁에 있는 사람, 함께하는 사람들을 소중하게 여기며 존중한다.

인재육성

물은 생명이 있는 모든 동식물의 체내에 스며들어 생명의 근간이 되고, 성장하게 한다. 물은 움푹 파여진 웅덩이를 채워준다. 훌륭한 리더는 생육(生育. 나고 자람)의 근본인 우로(雨露. 비와 이슬)와 같은 지식 · 정보 · 경험 · 노하우 등을 구성원과 공유함으로써 그들의 부족한 부분을 채워주고 성장하게 한다. 그들은 인재육성의 도를 실천함으로써 사회적 자산을 키워 간다.

겸손

물은 높은 곳에서 낮은 곳으로 흐른다. 그리고 언제나 낮은 곳에 머무른다. 훌륭한 리더는 자기를 내세우지 않는다. 대신 그들은 스스로의 평가에는 엄격하다. 진정한 실력은 굳이 드러내지 않아도 다른 사람들이 먼저 알게 되어 있다.

학습

고인 물은 썩는다. 물은 맑고 깨끗함을 유지하기 위해서 계곡과 들, 내와 강을 따라 흐른다. 더 넓고, 더 깊은 곳을 향해 나아간다. 훌륭한 리더는 형설지공(螢雪之功), 일신우일신(日新又日新)의 도를 실천한다. 그들은 학습을 통해 자신의 품격을 지속적으로 높여 간다.

水善利萬物而不爭(수선리만물이부쟁)	물은 만물을 이롭게 하면서도 다투지 않는다.
處衆人之所惡(처중인지소오)	물은 많은 사람들이 싫어하는 곳에 머문다.
故幾於道(고기어도)	고로 물의 특성은 도에 가깝다.

다음은 도덕경 78장에 나오는 내용이다.

天下莫柔弱於水(천하막유약어수)	세상에 물보다 더 부드럽고 약한 것은 없다.
而功堅强者(이공견강자)	그러나 단단하고 강한 것을 이기는 데는
莫之能勝(막지능승)	물보다 나은 것이 없다.
弱之勝强(약지승강)	약한 것이 강한 것을 이기고
柔之勝剛(유지승강)	부드러운 것이 굳센 것을 이긴다는 이치를
天下莫不知莫能行(천하막부지막능행)	천하에 모르는 사람 없지만 실행하는 이 없다.

Chapter

03

리더의 행동과 역량

01 행동(유형)이론

02 리더십 역량이론

03 국가직무능력표준(NCS)

04 규범적 의사결정이론

[저자 특강 3]

장(長)의 세 가지 책임

리더십은 과업행동과 관계성행동 간의 최적결합을 통해 발휘된다.

미리보기

고영민 팀장은 비전경영(주) 내에서 소위 잘 나가는 팀장 중 한 사람이다. 그는 팀원 시절 줄곧 S등급의 평가를 받았으며, 입사 동기 중 가장 먼저 팀장이 되었다. 팀장이 되고 나서도 그는 최선을 다했다. 그러나 요즈음은 직장생활이 힘들다는 생각이 자주 든다. 위로부터의 요구도 복잡해지고, 할 일은 한도 끝도 없이 늘어 가는데, 팀원들의 보고서나 결과물들은 마음에 들지 않는다. 팀원들 뒤치다꺼리 하다 보니 야근이 많아지고 주말에도 출근하는 날이 늘고 있다. 요즈음은 팀원들에게 '이래라, 저래라'하는 횟수도 늘어나고 지시사항 이행 정도를 더 자주 체크하게 된다. 그러고 싶진 않지만 팀원들이 기대수준에 미치지 못하니 어쩔 수 없다. 더욱이 팀 분위기도 그렇고, 팀원들의 의욕도 떨어진 것 같아 걱정이다. 그러던 중 고 팀장은 최근 팀원들의 자유의견을 포함한 다면평가 결과를 받아보고 충격을 받았다. 도대체 이해할 수 없다. "내가 지들한테 얼마나 잘 해 줬는데. 힘든 일을 시켰나. 혼내기를 했나. 그런데..." 팀원들의 자유의견(불평불만)이란다.

> "어차피 팀장님이 이래저래 다 고치고, 알아서 할 텐데. 대충하지 뭐.", "개선해야 할 부분이 있으면 솔직하게 지적해 줬으면 좋겠다.", "전문가로 성장할 수 있도록 뭔가 좀 가르쳐 주길 바란다.", "밤새워 작성한 보고서를 보면 격려 좀 해주시지.", "얼굴표정이 좀 밝았으면 좋겠다. 사무실에 들어서면 뭔가 썰렁하다."

리더십은 리더의 구체적 행동을 통해 실행된다. 조직의 성과를 달성하기 위해 업무계획을 수립하고, 실행하고, 업무진행상황을 점검하며 필요시 조정을 해야 한다. 구성원들이 신나게 일할 수 있도록 의욕을 불러일으키고, 그들의 고충과 요구사항을 수렴해서 해결해 주어야 한다. 이 장에서 우리는 이상적인 리더십스타일에 대하여 연구할 것이다. 리더십 발휘를 위한 구체적 행동목록을 학습한다. 그리고 직위가 상승함에 따라 역할변화가 생기고, 이와 함께 요구역량에도 차이가 있음을 발견하게 될 것이다. 정부에서 추진 중인 국가직무능력표준(NCS)에 대해 살펴본다. 끝으로, 상황에 적합한 의사결정방법을 선택하는 규범모델에 대해 연구할 것이다.

연구 질문

1. 제2장에서 무엇을 느끼고 깨달았는가?
2. 바람직한 리더십스타일은 무엇인가?
3. 리더의 과업행동과 관계성행동은 구체적으로 무엇인가?
4. 직급별 역할에 따른 필요역량은 어떤 차이가 있는가?
5. 국가직무능력표준(NCS)은 무엇인가?
6. 의사결정의 효과성을 높이기 위한 결정방법을 어떻게 선택하는가?

모든 사람이 다 위인이 될 수는 없다. 위인들의 특성도 일관성이 없다. 그들은 각기 그들만의 색깔을 통해 위인이 되었다. 또한, 그런 특성들은 타고난 것들이 많다. 선대로부터 물려받은 지능, 성격적 특성(자신감 · 성실성 · 사교성 · 카리스마 등), 생리 · 화학적 특성(건강 · 체질 등), 그리고 신체적 특성(기골장대 · 외모)들이 그렇다. 특성(위인)론은 '리더는 타고난다'는 결정론적 시각과 특성의 일관성 결여라는 한계를 가지고 있다. 특성론이 지닌 이와 같은 한계 때문에 1940년대 말 이후 행동이론이 나타나게 되었다.

01 행동(유형)이론

리더십 유형연구(style approach)는 두 종류의 리더행동을 기반으로 리더십스타일을 구분하며, 이런 이유로 행동이론(behavioral theory)이라고 한다. 두 종류의 리더행동은 과업행동(task behavior)과 관계성행동(relationship behavior)이다. 〈표 3-1〉은 저자의 리더십 교육과정에서 나온 워크숍 결과를 요약한 자료이다. 워크숍 주제는 "훌륭한 리더가 하는 구체적 행동에 대한 의견을 제시하시오"였다.

표 3-1 과업행동과 관계성행동

구분		응답 내용		빈도
과업행동(148)	업무추진	• 비전(방향)제시 · 목표설정 • 명확한 업무지시(주제 · 절차) • 개인별 역할 · 책임 명확화 • 업무추진계획 수립	• 능력별 업무배분 • 중간점검과 피드백 • 업무처리 공정성(차별 배제) • 공정한 평가 · 보상	55
	전문성	• 전문성 • 경험 · 노하우 · 정보(공유)	• 문제해결능력 • 아이디어 제시	30
	부하육성	• 도전기회 제공 • 자율성 인정	• 권한위임, 업무 노하우 전수 • 자기개발 지원	25
	역할모델	• 솔선수범 · 언행일치 • 책임감	• 공사구분 • 감정 컨트롤	23
	카리스마	• 결단력 · 추진력 · 소신 • 신속한 의사결정	• 방패막이 역할(외풍 차단) • 보상과 처벌의 균형	15

관계성 행동 (114)	상호작용	• 인간미(포용력 · 배려 · 친절) • 소통(고충이해 · 면담 · 멘토링) • 미소 띤 얼굴	• 관심(기념일 · 경조사 챙겨줌) • 동질성(취미 · 취향 유사) • 팀워크(협력) 촉진, 팀 회식	64
	존중	• 민주적 절차 준수 • 상호신뢰	• 의견존중 • 의견조율	40
	인정	• 칭찬 · 지지 · 격려, 유머	• 능력 인정	10

토의 3-1

성보라. 서울대학교 수학교육과를 나와 사법시험에 합격했다. 집안의 자랑이며, 화가 나면 물불 가리지 않는 다혈질로, 하고 싶은 것은 반드시 해야만 하는 성격이다. 성덕선(수연). 성적보단 외모에 관심 많은 유쾌 발랄한 쿨녀로 성격이 좋다. 별명은 특공대. 특별히 공부 못하는 대가리의 줄임말이다. 언니에 눌리고 동생에게 치이는 설움 많은 둘째 딸로 항공사 승무원이 된다. '응답하라 1988'에 나오는 '보라(똑똑하고 일은 잘하지만 까칠하다)'와 '덕선(어리숙하지만 발랄하고 대인관계가 좋다)'에 대한 다음 질문에 답하시오. 그리고 팀원들과 의견을 나누시오.

1. '보라'와 '덕선'이 중 어떤 유형의 사람을 더 좋아하는가?
2. '보라'가 '덕선'이처럼 변할 수 있을까? 반대로, '덕선'이가 '보라'처럼 변할 수 있을까?
3. 어딘가에 '보라'와 '덕선'이를 합쳐 놓은 사람이 있을까? 이와 같이 '일도 잘하고 인간관계도 좋은 사람'이 있을까?

리더십 행동이론의 주요과제는 리더가 조직성과와 직원만족을 극대화하기 위해 "과업행동과 관계성행동 간의 최적결합을 어떻게 유지할 것인가?"에 있었다.

1. 미시간대학교 연구

리커트(Renis Likert)를 중심으로 한 미시간대학교(University of Michigan) 연구진은 리더의 행동이 소집단의 성과에 미치는 영향을 연구하면서 두 가지 종류의 리더십행동을 규명하였다. 생산중심(production-centered)행동과 종업원중심(employee-centered)행동이 그것이다. 미시간대학교의 연구에서는 직무중심 행동과 종업원중심 행동을 단일연속체상의 양극단에 있는 것으로 가정하였다. 이것은 '직무중심 행동과 종업원중심 행동을 모두 잘 하는 사람은 없다'라는 것을 의미한다. 어느 하나를 잘하면, 어느 하나가 빠진다는 것이다. 이 논지에 따르면 신은 공평하다.

2. 오하이오주립대학교 연구

스톡딜(Ralph Stogdill)을 중심으로 한 오하이오주립대학교(OSU) 연구자들은 조직에서 리더들이 어떻게 행동하는가를 LBDQ(Leader Behavior Description Questionnaire)라는 측정도구를 개발하여 설문조사를 실시하였다. 초기 150문항의 LBDQ는 후에 40문항(LBDQ-XII)으로 축소되어 사용되었다. OSU 연구에서는 리더들이 하는 행동을 구조주도(initiating structure)행동과 배려(consideration)행동으로 분류하였다.

OSU 연구에서는 구조주도행동과 배려행동을 단일한 연속체상의 상반된 두 가지 행동으로 보지 않고, 독립된 행동으로 보았다. 구조주도행동과 배려행동의 두 가지 행동에 따라 〈그림 3-1〉과 같이 네 가지 유형의 리더가 존재한다. 연구결과 '높은 구조주도-높은 배려'행동을 동시에 보이는 리더가 가장 효과적인 리더로 나타났다.

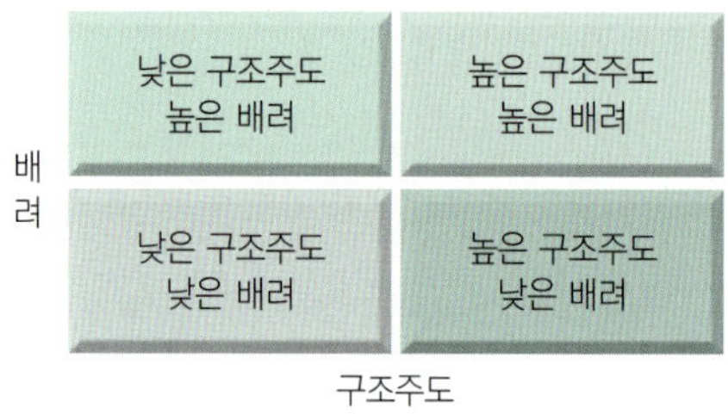

그림 3-1 OSU 리더십스타일

3. 블레이크와 마우톤의 관리격자모형 연구

관리격자(managerial grid)모형은 블레이크와 마우톤(Blake & Mouton, 1964)에 의해 제시된 후 계속해서 개정 · 발표되었다. 관리격자모형은 나중에 리더십그리드(leadership grid)로 이름을 바꾸었다. 블레이크와 마우톤 역시 리더의 행동 종류를 생산에 대한 관심(concern for production)과 인간에 대한 관심(concern for people)으로 구분하여 연구를 진행했다. 두 종류의 행동에 따라 리더십그리드는 〈그림 3-2〉와 같이 다섯 가지의 주된 리더십 유형을 제시하고 있다. 각 유형별 행동특성을 정리하면 〈표 3-2〉와 같다.

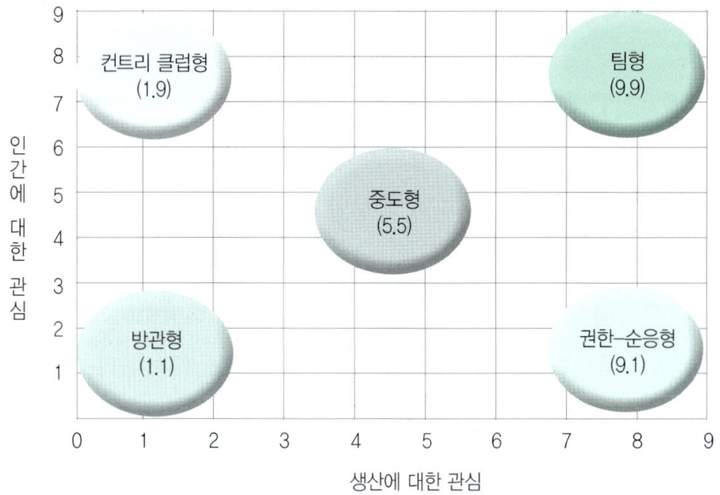

자료: Blake, P. R., & Mouton, J. S.(1964).

그림 3-2 리더십그리드

표 3-2 리더십그리드 유형별 행동특성

유형	행동특성
팀형 (9.9형)	팀형(team management) 리더는 과업수행과 인간관계 모두를 강조하며 팀원들의 참여를 이끌어내고 팀워크를 촉진한다. 9.9형 리더는 목표를 달성하기 위해 헌신하고 팀원들과 신뢰관계를 형성한다.
권한–순응형 (9.1형)	권한-순응형(authority-compliance management) 리더는 과업중심의 리더로 업무지시 외에는 팀원들과의 소통을 중시하지 않는다. 9.1형 리더는 팀원들에 대한 요구사항이 많고, 지시적으로 비춰진다.
컨트리클럽형 (1.9형)	컨트리클럽형(country club management) 리더는 과업보다는 팀원들과의 관계에 대한 관심이 높다. 1.9형 리더는 팀원들의 정서에 관심을 기울이고 화기애애한 분위기를 조성하려고 한다.
방관형 (1.1형)	방관형(impoverished management) 리더는 업무수행에 소극적이고 팀원들과도 소통을 거의 하지 않는다. 최소한의 업무수행 노력만을 기울인다. 1.1형 리더는 무관심하고 의견이 명확하지 않은 것으로 비춰진다.
중도형 (5.5형)	중도형(middle-of-the-road management) 리더는 적정한 수준의 과업활동과 인간관계를 유지한다. 5.5형 리더는 갈등을 피하고 조화를 추구한다.

4. PM이론

구조주도와 배려는 일본학자들에 의해 성과지향(Performance Orientation: P)과 유지(관계)지향(Maintenance Orientation: M)이라는 용어로 불리게 된다. 미수미와 사토(Misumi & Sato, 1968)는 35년 동안의 리더십 연구결과 유형별 리더십효과성은 PM > Pm ≑ pM > pm의 순이라고 밝혔다. 그리고 PM이론에서 얻은 연구결과를 블레이크와 마우톤의 관리격자 모형에서 비교분석해 본 결과 PM 리더에 해당하는 리더는 관리격자에서의 (9,9형)이 아니라 (7,7형) 정도에 해당하는 것으로 나타났다.

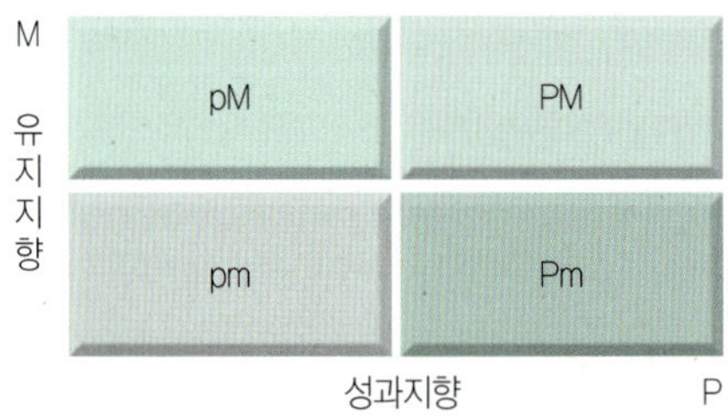

* 주 : 대문자 P, M은 성과지향행동, 유지(관계)행동을 중시한다는 뜻이고, 소문자 p, m은 소홀히 한다는 뜻이다.

그림 3-3 PM이론

지금까지 살펴본 리더십 유형연구에서 사용된 과업행동과 관계성행동에 대한 연구주체별 명칭은 〈표 3-3〉과 같다.

표 3-3 유형연구 주체별 두 가지 행동의 명칭

구분	과업행동	관계성행동
미시간대학교	생산중심	종업원중심
오하이오주립대학교	구조주도	배려
블레이크와 마우톤	생산에 대한 관심	인간에 대한 관심
미수미	성과지향	유지(관계)지향

02 리더십 역량이론

리더십 역량연구의 출발은 카츠(Robert Katz, 1955)의 논문이라 할 수 있다. 1990년대에 이르러 리더십 역량연구에 대한 관심이 나타나 다수의 연구결과들이 발표되었다.

1. 조직에서의 필요능력

카츠(1955)는 현장관찰을 통해 얻은 연구결과를 토대로 〈표 3-4〉에서와 같이 경영·관리자들에게 필요한 세 가지 기본능력을 제시하였다. 그는 "리더십은 기술적 능력, 인간관계 능력, 그리고 개념화 능력의 세 가지 능력에 의하여 결정된다."라고 하였다.

표 3-4 조직에서의 필요능력

기술적 능력 (technical skill)	직무수행능력으로, 업무수행에 필요한 기술이나 방법·절차에 대한 지식과 경험, 기계장비 등을 다룰 수 있는 능력을 말한다.
인간관계 능력 (human skill)	인간행동이나 상호작용에 대한 지식, 다른 사람의 감정·태도·동기를 이해하는 능력, 명료하고 효과적으로 의사소통하는 능력, 상호 협력 관계를 형성하는 능력을 말한다.
개념화 능력 (conceptual skill)	방향을 설정하고 조직의 비전과 전략을 수립하는 능력이다. 트렌드를 읽고 예측하는 능력, 기회를 포착하고 잠재적 문제를 발견하는 능력, 불확실하고 복잡한 상황·사건 속에서 의미와 질서를 발견하여 구조화하는 능력, 직관, 아이디어 발상능력, 추론능력, 분석능력 등을 포함하는 종합적 능력이다.

이상의 세 가지 능력은 조직생활에 필요한 기본능력으로, 직위에 따라 상대적 중요성을 달리한다. 〈그림 3-4〉에서 보는 바와 같이 기술적 능력은 직위가 높아짐에 따라 중요성이 점차 감소되지만, 인간관계 능력과 개념화 능력은 점차 높아진다. 특히, 개념화 능력은 경영자와 같은 직위에서 그 중요성이 매우 높은 것을 알 수 있다. 이는 조직생활을 하면서 직위가 높아짐에 따라 역할과 책임이 변하고, 그에 따라 요구되는 능력도 달라지는 것을 의미한다.

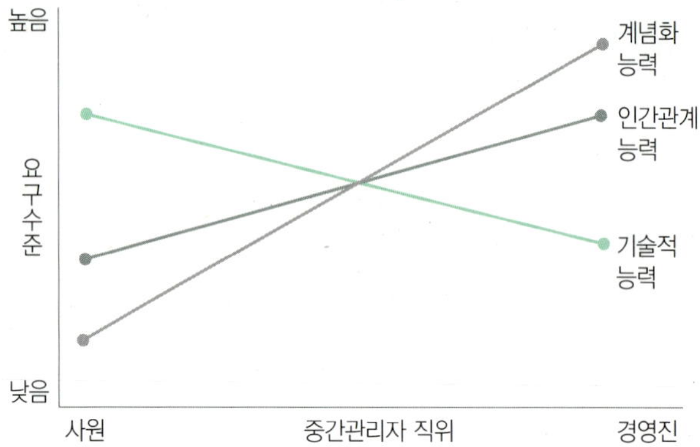

자료: Gary Yukl(2013), 161.

그림 3-4 직위에 따른 요구 능력의 변화

2. 역량의 덫과 성공의 함정

조직에서의 수직적 분업구조는 각 계층별로 서로 다른 역할과 역량을 요구한다. 실무자 역할을 수행하는 데 필요한 역량은 관리자 역할을 수행하는 데 크게 도움이 되지 않는다. 마찬가지로 관리자 역할수행에 필요한 역량들 중 경영자 역할에 적용할 수 있는 것도 생각보다 많지 않다. 기존 사례들을 보면 오히려 하위직위에서의 역량이 상위직위에서의 성과달성에 부정적 영향을 미치는 경우가 흔히 발생한다. 새로운 역할을 맡게 됐을 때 변화된 상황에서 요구되는 신규역량을 개발하기보다는 기존역량을 고수함으로써 새로 요구되는 역량과 현재역량 간의 불일치가 발생하기 때문이다. 이런 현상을 '역량의 덫(competency trap)'이라고 한다. 이와 비슷한 개념으로 리더십 성공의 함정(success trap)이 있다. 이것은 이전의 성공경험과 핵심역량이 새로운 직위, 새로운 자리에서의 성공적 역할수행을 방해하는 장애요인으로 작용하는 현상을 말한다.

새로운 직위, 새로운 자리에 잘 적응하지 못하는 사람의 대부분은 이전 자리에서 업무능력이 탁월했던 사람들이다. 그런 탁월함으로 남들에 앞서 그 자리에 오를 수 있었다. 그 탁월함은 자기 자신의 핵심역량이고 성공을 가져다 준 습관이기 때문에 쉽게 포기하지 못하고, 새로운 자리에서도 예전과 같은 방식으로 일을 하게 된다. 새로운 자리로의 역할전환이 이뤄지지 않는 것이다.

디테일에 강한 CEO를 생각해보자. 실제 CEO들 중 일선관리자도 외우기 힘든 세부 숫자까지 완벽하게 기억하고 있다가 담당자에게 질문을 던져 이들을 당황하게 하는 CEO들이 있다. 언뜻 볼 때 이런 CEO들은 구성원들이 자기 업무를 철저하게 수행하도록 만드는 훌륭한 리더로 보인다. 그러나 일선 담당자들도 잘 모르는 세세한 부분까지 기억하고 챙기는 CEO는 전략적 역할에 필요한 역량을 가지지 못한 최악의 CEO일 수도 있다.

디테일을 잘 기억하고 챙기는 것은 실무자 역할을 맡은 직원들에게 필요한 역량이다. CEO가 자신의 제한된 시간과 자원을 일반직원이 담당하는 디테일을 챙기는 데 소진한다면 전략적 역할에는 소홀해질 수밖에 없다. 또, 조직 전체가 언제 CEO에게 지적을 받을까 전전긍긍하다 보면 디테일을 외우느라 모든 구성원들이 실무자 역할에만 집중하는 왜곡된 현상이 나타난다. CEO의 디테일에 관한 관심은 경영에 장애요인이 된다. CEO가 수행해야 할 일의 성격과 그에 필요한 역량은 관리자, 또는 일반직원의 역할이나 역량과는 근본적으로 다르다. 그래서 연봉도 훨씬 더 많이 받는 것이다.

토의 3-2

[미리보기]의 고영민 팀장 사례를 읽고 다음 질문에 대한 팀의 의견을 정리하여 발표하시오.

1. 고영민 팀장의 리더십을 행동이론 관점에서 분석한 후, 리더십 유형을 결정하시오.
2. 고 팀장이 직면한 문제점을 '역량의 덫'이라는 개념으로 설명하시오.
3. 고 팀장이 훌륭한 리더로 성장 · 발전하기 위하여 개발해야 할 점은 무엇인가?

03 국가직무능력표준(NCS)

정부는 학벌중심사회에서 능력중심사회로 전환하기 위하여 국가직무능력표준(NCS: National Competency Standards) 정책을 추진하고 있다. 국가직무능력표준은 산업현장에서 직무를 수행하기 위해 요구되는 능력(지식 · 기술 · 태도)을 국가가 산업부문별, 수준별로 체계화한 것이다(자격기본법 제2조).

정부는 NCS를 기반으로 직업훈련의 내용을 산업현장에 맞게 개편해 나가는 한편, 신(新)자격체계를 구축하여 NCS 직업훈련을 통해 획득한 능력단위를 가지고 국가기술자격을 취득할 수 있도록 추진하고 있다. 이에 따라 공공기관을 포함하여 기업의 채용방식도 스펙중심에서 NCS 기반의 직무능력중심으로 전환될 전망이다.

정부는 현재(2016. 2. 기준) 산업현장에서의 직무를 대분류 24개, 중분류 80개, 소분류 238개, 세분류 887개로 분류하여 세분류(직무) 단위별로 능력단위, 능력단위요소, 수행준거 및 지식 · 기능 · 태도를 제시하고 있으며, 앞으로 지속적으로 확대 · 개편해 나갈 계획이다. 국가직무능력표준은 홈페이지를 통하여 모든 정보자료를 열람하고 파일로 다운로드하여 활용할 수 있도록 하고 있다. NCS 홈페이지 초기화면에서 NCS · 학습모듈 검색/분야별 검색을 클릭하면 다음 화면이 나온다.

그림 3-5 NCS · 학습모듈 검색

다음 〈표 3-5〉는 '경영기획'이라는 직무(세분류)에 대한 분류체계와 능력단위, 능력단위요소 및 NCS에서 제공하는 해당 직무에 대한 정보를 정리한 것이다.

표 3-5 경영기획 역량

대분류	중분류	소분류	세분류(직무)	능력단위	능력단위요소
02. 경영 · 회계 · 사무	01. 기획사무	01. 경영기획	01. 경영기획	01. 산업환경 분석	01. 내부환경 분석하기
	02. 총무 · 인사	02. 홍보 · 광고	02. 경영평가	02. 경영방침 수립	02. 외부환경 분석하기
	03. 재무 · 회계	03. 마케팅		03. 경영계획수립	03. 핵심성공 요소도출하기
	04. 생산 · 품질			04. 신규사업 기획	
				05. 사업별 투자관리	
				06. 예산관리	
				07. 경영실무 분석	
				08. 경영리스크 관리	
				09. 이해관계자 관리	

직무 정의		경영기획 업무는 경영목표를 효과적으로 달성하기 위한 전략을 수립하고 최적의 자원을 효율적으로 배분하도록 경영진의 의사결정을 체계적으로 지원하는 일이다.	
능력단위 정의		산업환경분석은 산업의 내부환경과 외부환경을 분석하여 성과달성을 위한 핵심성공요소를 도출하는 능력이다.	
능력단위요소	내부환경 분석하기	수행준거	1. 경쟁사 대비 자사의 핵심역량 분석을 위해 기업의 제품 또는 서비스의 강점과 약점을 파악할 수 있다. 2. 자사의 내부인적자원요소, 자금력, 기술력, 조직력과 같은 내부역량분석을 할 수 있다. 3. 자사의 사업구조를 파악하고 집중, 진입, 유지, 퇴출과 같은 전략수행의 기준을 설정할 수 있다.
		지식	• 핵심역량의 개념 • 기업 경영자원(유형, 무형, 인적자원)의 개념 • 자사의 사업구조와 실적에 대한 개념
		기술	• 경영환경 분석기법 • 분석대상 항목별 주요정보 파악 · 정리 기술 • 분석결과로부터 시사점 도출 기술
		태도	• 자사의 보유역량에 대한 냉철한 판단 자세 • 내부역량을 객관적으로 분석하려는 자세 • 자사의 사업구조를 명확히 파악하려는 자세
	외부환경 분석하기	수행준거	1. 기업경영에 영향을 미치는 외부환경을 글로벌 거시환경과 국내 거시환경 측면에서 파악할 수 있다. 2. 경쟁자를 정의하고 분류하며, 경쟁자의 강점과 약점을 정리할 수 있다. 3. 고객을 정의하고 분류하며, 고객의 소비패턴 변화를 파악하여 고객구매요인과 최종 소비자의 특성을 도출할 수 있다.
		지식	• 거시환경 분석 단계별 프로세스 • 경쟁자에 대한 정의 • 고객 · 소비자에 대한 정의
		기술	• 외부환경 분석기법 • 경쟁자 분류 기술 • 고객 · 소비자 분류 기술
		태도	• 시장환경, 고객, 경쟁자 동향 등을 종합적으로 고려하는 전략적 사고 • 외부환경이 자사에 미치는 영향에 대한 분석적 자세 • 고객 · 소비자 특성을 정확히 파악하려는 자세
	핵심성공요소 도출하기	수행준거	1. 내 · 외부 환경분석을 통해 시사점을 도출하여 핵심성공요소 도출을 위한 전략적 검토를 할 수 있다. 2. 핵심성공요소에 대한 리스트를 도출하고, 비용우위와 차별화우위의 관점에서 실천우선순위를 제시할 수 있다. 3. 우선순위에 대한 핵심성공요소에 따른 전략적 목표를 도출할 수 있다.
		지식	• 전략적 목표에 대한 개념 • 핵심성공요소(CSF)에 대한 개념 • 비용 우위(규모의 경제, 경험효과)의 개념 • 차별화 우위(제품, 광고, 유통)의 개념
		기술	• 핵심성공요소 도출기법 • 목표와 성공요소 관계설정 기술 • 벤치마킹 기법
		태도	• 전략적 관점에서 바라보는 태도 • 창의적으로 사고하려는 자세 • 목표중심적 사고 • 이해관계자 지향적 마인드

자료 : http://www.ncs.go.kr/ncs/page.do?sk=index

04 규범적 의사결정이론

규범적 의사결정이론은 행동이론의 범주에 속하지 않는다. 선택 상황에 따라 적합한 의사결정방법을 처방한다는 점에서 상황이론에 속하지만, 리더들은 다양한 맥락 속에서 수시로 의사결정 행동을 수행하므로 행동이론 범주에서 설명하고자 한다. 우리는 하루에도 수많은 선택을 한다. 어떻게 결정을 하고, 어떤 선택을 하느냐는 우리들의 삶에 지대한 영향을 미친다. 특히, 리더가 어떤 의사결정을 하느냐에 따라 조직의 성패가 달라지기도 한다. 브룸과 예튼(Vroom/Yetton, 1973)은 리더가 상황특성에 따라 적합한 의사결정을 할 수 있도록 규범적 의사결정모형을 제시하였다. 브룸과 예튼의 의사결정모형은 의사결정방법, 일곱 가지 상황속성, 그리고 의사결정의 일곱 가지 규칙으로 이루어졌다.

1. 의사결정방법

의사결정방법은 리더가 의사결정과정에 구성원들을 얼마나 참여시키는가를 말한다. 구성원들의 참여 정도에 따라 〈표 3-6〉과 같이 AI, AII, CI, CII, GII의 다섯 가

표 3-6 다섯 가지 의사결정방법

의사결정방법	내용
AI 순수독단형	구성원들과 아무런 소통 없이 리더가 현재 가지고 있는 정보를 이용하여 혼자 생각하고, 혼자 결정한 후 지시하는 유형이다.
AII 참고적 독단형	구성원들로부터 단편적 정보만을 얻은 후 리더가 결정하는 방법으로, 문제를 정의하고, 대안을 발견하고, 평가하는 과정에 구성원을 참여시키지 않는다.
CI 개별참여형	리더는 관련된 구성원들과 개별적으로 만나 문제를 공유하고 원인이나 해결책에 대한 의견을 듣고, 최종 결정은 리더가 한다. 구성원들을 그룹으로 만나 의견을 구하지는 않는다.
CII 집단참여형	구성원들과 그룹미팅(회의 · 토의)을 통해 문제를 공유하고 아이디어와 제안들을 수렴한 후 리더가 최종 결정을 한다.
GII 위임형	구성원들에게 결정권한을 위임하는 경우이다. 리더는 구성원들과 문제를 공유하며, 그들 스스로 대안을 찾고 최종 결정도 구성원들(그룹)이 (합의)하도록 한다. 그룹 의사결정에 대해 리더는 수용하고 실행으로 옮긴다.

자료: Vroom, V. H., & Yetton, P. W.(1973), 수정 · 인용.

지 의사결정방법이 있다. 여기서 A는 Autocratic(독재적), C는 Consultative(상담의), G는 Group의 약자이다. I는 Individual(개인의)의 약자이며, II는 두 명 이상의 개인, 즉 그룹을 의미하는 것으로 추정한다. 리더는 이슈 유형에 따라 단독으로 결정할지, 한두 사람만의 의견을 듣고 결정할지, 다수의 의견을 듣고 결정할지, 아니면 의사결정 자체를 위임할지에 대해 판단할 줄 알아야 한다.

2. 의사결정 상황변수

브룸과 예튼(1973)의 의사결정이론은 의사결정의 질(quality) 향상과 결정사항에 대한 구성원들의 수용성(acceptance) 증진을 목표로 한다. 의사결정 상황변수는 〈표 3-7〉에서 보는 바와 같이 모두 일곱 가지로 의사결정의 질과 관련된 변수 세 가지, 그리고 수용성과 관련된 네 가지 변수로 구성되어 있다. 특정 문제와 관련된 의사결정을 할 때 리더는 이들 일곱 가지 속성(질문)들에 대해 '예/아니오'로 응답하여 상황속성에 적합한 의사결정방법을 선택하도록 되어 있다.

표 3-7 의사결정 상황속성

상황속성		의사결정을 위한 질문(나=리더)	응답
의사결정의 질	A. 의사결정의 중요성	의사결정의 질이 중요한 이슈인가?	Y/N
	B. 리더의 정보수준	효과적 의사결정을 위한 충분한 지식 · 정보를 갖고 있는가?	Y/N
	C. 문제의 구조화	해결해야 할 문제가 구조(단순)화되어 있는가?	Y/N
의사결정의 수용성	D. 수용의 중요성	결정사항의 실천을 위해서 구성원들의 결정사항에 대한 수용이 중요한가?	Y/N
	E. 독단적 결정의 수용성	리더의 독단적 결정을 구성원들이 수용할 것이라고 확신할 수 있는가?	Y/N
	F. 목표공유	구성원들은 문제해결을 통해 달성하고자 하는 조직목표를 자신들의 목표로 여기는가?	Y/N
	G. 구성원 간 갈등	제시된 대안들에 대해 구성원들 간에 갈등이나 의견불일치가 존재하는가?	Y/N

브룸과 예튼(1973)은 '의사결정수(樹)'(Decision Tree)를 가지고 상황에 적합한 의사결정방법을 선택하도록 하고 있다. 본서에서는 그들의 의사결정수를 요약하여 〈표 3-8〉과 같이 의사결정 매트릭스로 재구성하여 제시한다. 여기서 ~~AI~~, ~~GII~~와 같이 중앙에 직선이 있는 기호는 그 의사결정방법을 '배제하라'는 뜻이다.

표 3-8 의사결정 매트릭스

A	B	C	D	E	F	G	효과적 의사결정방법	
Y	Y	-	Y	N	Y	-	1. GII	
Y	Y	-	N	-	N	-	2. ~~GII~~	~~GII~~
Y	Y	-	Y	Y	N	-	2. ~~GII~~	
Y	Y	-	Y	N	N	Y	3. CII	
Y	Y	-	Y	N	N	N	4. CI, CII	
Y	N	Y	Y	N	Y	-	1. GII	~~AI~~
Y	N	Y	Y	N	N	Y	3. CII	
Y	N	Y	Y	N	N	N	4. CI, CII	
Y	N	Y	Y	Y	N	-	7. AII, CI, CII	
Y	N	Y	Y	Y	Y	-	5. ~~AI~~	
Y	N	Y	N	-	N	-	7. AII, CI, CII	
Y	N	Y	N	-	Y	-	5. ~~AI~~	
Y	N	N	N	-	N	-	3. CII	
Y	N	N	N	-	Y	-	6. CII, GII	
Y	N	N	Y	Y	N	-	3. CII	
Y	N	N	Y	Y	Y	-	6. CII, GII	
Y	N	N	Y	N	Y	-	1. GII	
Y	N	N	Y	N	N	-	1. GII	
N	-	-	Y	N	-	-	1. GII	

* 주 : 모든 의사결정방법이 유효하다고 처방한 상황은 매트릭스에서 제외함.

〈표 3-8〉에서 A~G는 〈표 3-7〉의 의사결정 상황속성들을 나타내며, 효과적 의사결정방법의 AI~GII는 〈표 3-6〉의 다섯 가지 의사결정방법을 말한다. 리더가 특정 문제에 대해 이 의사결정 매트릭스에 따라 선택한 의사결정방법을 적용하면 그렇지 않은 경우보다 의사결정 유효성이 높아진다는 것이다. 이처럼 상황에 적합한 의사결정방법을 처방하고 있다고 해서 브룸/예튼 모델을 규범모델이라고 부른다.

3. 의사결정방법 선택을 위한 규칙들

브룸/예튼은 의사결정모델의 복잡성을 극복하고 실제에서의 적용을 보다 손쉽게 하기 위해 〈표 3-9〉와 같은 일곱 가지 의사결정방법 선택규칙을 만들었다.

표 3-9 의사결정방법 선택규칙

규칙	상황			결정방법 선택의 규칙	
규칙1	A	~~B~~		~~AI~~	의사결정의 질이 중요하고, 리더가 문제해결에 필요한 정보나 지식이 부족할 때는 AI방식을 배제하라.
규칙2	A	~~F~~		~~GII~~	의사결정의 질이 중요하고, 구성원들이 자기이익에 앞서 조직 목표달성을 위해 노력하지 않을 것이라고 생각되면 GII방식을 배제하라.
규칙3	A	~~B~~	~~C~~	~~AI~~ ~~AII~~ ~~CI~~	의사결정의 질이 중요하고, 리더가 문제해결에 필요한 정보나 지식이 부족하며, 문제 자체도 체계화되어 있지 않을 경우는 AI, AII, CI방식을 배제하라.
규칙4	D	~~E~~		~~AI~~ ~~AII~~	결정사항에 대한 구성원들의 수용이 실천과정에서 중요하고, 리더의 독단적 결정을 구성원들이 수용할지가 불분명할 때는 AI, AII방식을 배제하라.
규칙5	D	~~E~~	G	~~AI~~ ~~AII~~ ~~CI~~	결정사항에 대한 구성원들의 수용이 중요하고, 리더의 독단적 결정을 구성원들이 수용할지가 불분명하며, 해결책에 대해 구성원들 간에 갈등이나 의견 불일치가 있을 가능성이 있으면 AI, AII, CI방식을 배제하라.
규칙6	~~A~~	D	~~E~~	GII	의사결정의 질은 중요하지 않지만, 결정사항에 대한 구성원들의 수용이 중요하고, 리더의 독단적 결정을 구성원들이 수용할지가 불분명할 경우에는 GII방식으로 하라.
규칙7	D	~~E~~	F	GII	결정사항에 대한 구성원들의 수용이 중요하고, 독단적 결정을 구성원들이 수용할지가 불분명하지만 구성원들이 조직의 목표를 자신의 목표로 생각하고 있을 경우에는 GII방식으로 하라.

토의 3-3

드디어 내 눈앞에 그(녀)가 나타났다. 비록 송중기(송혜교)에는 약간 못 미치지만 그래도 그(녀)가 곁에 있어 온 세상이 다 내 것 같다. 곧 우리가 만난 지 100일이 되어 간다. 자꾸 그(녀)와의 결혼을 생각하게 된다. 이 결혼. '할까?, 말까?' 인생의 가장 중요한 선택 중의 하나인 결혼문제를 두고 어떤 의사결정방법을 적용할지 브룸/예튼 모델을 활용하여 하나만 선정하시오.

1. 의사결정 상황속성(A~G)별 질문에 대해 '예/아니오'로 답하시오.
2. 이 결혼문제에 대해 브룸/예튼 모델은 어떤 의사결정방법(AI~GII)을 적용하라고 처방하는가?
3. 최종적인 의사결정방법 선택을 위해 어떤 선택규칙(1.~7.)을 활용할 수 있는가?

사례연구 [1]

토요일 오전 7시. 케이그룹 본사 건물 대회의실에 도시락 20개가 배달됐다. 케이그룹 노익장 회장(72)이 매주 진행하는 '토요 업무점검회의'가 시작되었다. 임원과 외부전문가로 구성된 자문위원들이 아침 도시락을 먹으며 시작한 회의는 오후 3시가 돼서야 끝났다. 그는 '평일 업무시간은 고객의 것'이라는 마음으로 매주 토요일을 반납하고 일해 왔다. 평일에도 7시면 출근을 하고 10시 즈음에 퇴근을 한다. 업무시간 집중도를 높이기 위해 일선 부서장들로부터의 보고는 가능한 업무시간을 피해 받는다.

그의 경영철학은 '고객중심경영', '현장 경영'이다.

그는 20년 동안 공무원 생활을 한 후 삼성그룹 임원으로 15년을 일했고, 전문대학 총장을 거쳐 지난해 케이그룹 회장으로 취임했다. 전문대학 총장으로 재직할 때 그가 가장 먼저 한 일은 학생 화장실 청소. 본인이 철수세미를 들고 학생 변기를 손수 닦았다. 교수들에게도 실습실 내부와 실험기자재를 닦자고 제안했다. 대기업은 불량률을 낮추기 위해 현장을 청결하게 정돈하는데, 더러운 실습실에서 공부한 학생을 어떻게 입사시킬 수 있느냐는 게 그의 생각이었다.

그는 대학에 삼성반, LG반, 두산반 등을 개설해 저녁시간에 취업 맞춤형 학습을 시작했다. 기업에 필요한 맞춤형 인재를 양성하는 것이 경쟁력을 확보하는 지름길이라고 판단했기 때문이다. 그가 발로 뛰며 노력한 결과 전국 140여 개 전문대학 중 취업률 104위였던 것이 불과 2년 만에 전국 2위로 급상승했다.

그는 케이그룹 회장으로 취임해서도 업무현장에서 임직원들을 진두지휘하고 있다. 취임 이후 10개월 동안 고객을 만나기 위해 지방을 찾은 횟수만 100여 회나 된다. 1주일 중 2~3일은 지방을 돌아다닌 셈이다. 그는 "회장인 내가 발로 직접 뛰어서 케이그룹을 글로벌 수준의 기업으로 만들겠다."라고 말했다.

1. 케이그룹 노익장 회장은 어떤 유형의 리더인가? 나하반디 등의 전략적 리더십스타일과 B&M의 관리격자모형을 적용하여 분석하시오.
2. 노 회장의 리더십 역량을 카츠Katz의 관점을 적용하여 분석하시오.
3. 노 회장의 리더십에 대한 평가를 긍정적인 측면과 부정적인 측면으로 구분하여 제시하시오.

사례연구 [2]

나는 반도체장비 제조업체의 응용연구실 수석연구원이다. 최근 회사가 M&A(인수합병)되면서 연구실장이 교체되었다. 새로 부임한 최경민 연구실장은 직속상관이긴 하지만 장비제조와 관련한 실무지식은 물론 경험도 거의 없고, 내심 존경할 만한 인물도 못된다. 최 실장은 퇴근 무렵 그의 방으로 나를 부르더니 연구원들의 근무태도, 특히 복장과 사무실에서의 예절 등을 개선하라는 지시를 내렸다. 나의 직속 부하직원인 남녀 연구원들이 정장을 하지 않고 평상복으로 근무한다는 것이었다. 나는 그런 조치는 직원들의 근무의욕을 떨어뜨릴 뿐 아니라 몇몇 직원들은 전배를 신청하거나 이직할 수도 있다며 지시사항을 철회해 줄 것을 강하게 요구했지만 그는 그럴 의사가 없음을 분명히 했다.

그도 우리 연구실이 훌륭한 성과를 내고 있다는 점은 인정하고 있다. 그런데도 그는 1주일의 시간 여유를 줄 테니 자기 말대로 복장 문제를 포함해 연구실 분위기를 바꾸도록 재차 지시했다. 만약 지시에 따르지 않을 경우 그의 우월적 지위를 이용하여 직원들을 사사건건 통제하려들 것이 뻔하다. 나는 어떤 식으로든 이 문제를 해결해야 한다. 우리 연구원들은 거의 30세 이하로 젊을 뿐 아니라, 기계공학 · 물리학 · 수학 등의 분야를 전공한 엘리트들로 프라이드가 강하다. 이들은 비슷한 연령대에다 프로젝트를 함께 수행한 경험들도 많고, 연구성과도 인정받고 있어 팀워크가 잘 이뤄지고 있다. 이들은 자율성을 매우 소중한 가치로 여기고 있으며, 특히 복장은 개인 취향의 문제로 아무리 회사라도 이를 규제하는 것은 불합리한 처사라고 하며 반발할 것이 뻔하다.

1. 최경민 신임실장의 지시사항에 대한 액션을 어떤 방법으로 결정할 것인지, Vroom/Yetton 모델의 절차를 적용하여 AI, AII, CI, CII, GII 방법 중 하나만 선택하시오.
2. 최종 의사결정방법을 선택하는 과정에서 어떤 선택규칙을 적용하였는가?
3. 최경민 실장한테 제시할 최종적인 해결방안이나 액션은 무엇인가?

자기인식과 성찰

다음의 각 항목을 읽고 평소 자신의 행동에 대해, 아래의 판단기준에 따라 체크하시오.

1. 전혀 그렇지 않다. 2. 좀처럼 안 그렇다. 3. 때때로 그렇다. 4. 자주 그렇다. 5. 거의 항상 그렇다.

1.	업무목표와 평가기준을 명확히 제시한다.	1 2 3 4 5
2.	친절하고 배려심이 있다.	1 2 3 4 5
3.	개인별 역할과 책임을 명확히 한다.	1 2 3 4 5
4.	자신의 생각과 감정을 표현한다.	1 2 3 4 5
5.	업무추진 절차와 규칙을 제시한다.	1 2 3 4 5
6.	감정을 조절하고, 언행이 일치하여 예측가능하다.	1 2 3 4 5
7.	업무추진계획(인원 · 일정 · 예산계획)을 수립한다.	1 2 3 4 5
8.	구성원들의 아이디어나 의견을 존중하고 반영한다.	1 2 3 4 5
9.	업무를 공정하게 배분한다.	1 2 3 4 5
10.	구성원들을 편애하거나 차별하지 않고 공정하게 대한다.	1 2 3 4 5
11.	문제해결을 위한 아이디어와 방법을 제시한다.	1 2 3 4 5
12.	구성원을 인정(칭찬 · 지지 · 격려)한다.	1 2 3 4 5
13.	중간점검을 하고 필요한 사항을 조치(지원)한다.	1 2 3 4 5
14.	구성원들과 소통을 잘한다(잘 통한다).	1 2 3 4 5
15.	업무와 관련된 피드백과 코칭을 한다.	1 2 3 4 5
16.	상호 유대감을 조성하고 팀워크를 촉진한다.	1 2 3 4 5
17.	공정하게 평가하고, 적절한 보상을 한다.	1 2 3 4 5
18.	갈등과 의견 차이를 조율하고, 민주적 절차에 따라 해결한다.	1 2 3 4 5
19.	직원 육성계획을 수립 · 실행한다.	1 2 3 4 5
20.	구성원들의 고충사항이나 기념일 · 경조사 등을 챙겨준다.	1 2 3 4 5

자료 : 저자 개발(2016).

체크한 내용을 아래의 집계표에 옮겨 적고 각 10개 문항의 합계점수를 기록하시오.

[집계표]

홀수 문항	1	3	5	7	9	11	13	15	17	19	합계
짝수 문항	2	4	6	8	10	12	14	16	18	20	합계

리더십 스타일 평가

리더십 스타일	팀형(PM형)	권한순응형(Pm형)	컨트리클럽형(pM형)	방관형(pm형)	중도형
홀수문항(과업행동)	36~50점	36~50점	20~35점	20~35점	31~40점
짝수문항(관계성행동)	36~50점	20~35점	36~50점	20~35점	31~40점

1. 리더십스타일 평가결과 어떤 유형으로 나타났는가? 다음 그림에 좌표를 기록하고 유형을 확인하시오.

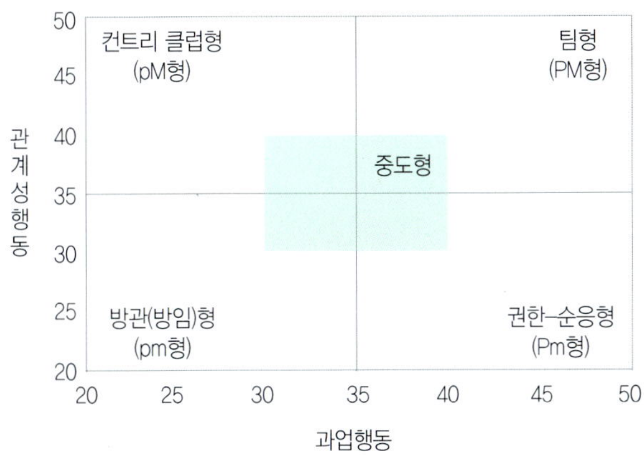

2. 과업행동과 관계성행동에서 비교적 '잘하고 있다'고 생각하는 행동과 '보완 · 개선할 필요가 있다'고 생각하는 행동을 각각 두 가지씩 서술하시오.

구분	잘하고 있는 행동	보완 · 개선할 필요가 있는 행동
과업행동	①	①
	②	②
관계성행동	①	①
	②	②

3. 자신의 리더십스타일을 팀원들과 공유하고, 리더십행동 개발계획에 대한 의견을 나누시오.

저자 특강 3

장(長)의 세 가지 책임

사회적으로 가장 작은 단위의 조직은 가정이다. 각기 다른 환경에서 자라 서로 다른 생각을 가지고 싱글로 자유롭게 살던 남녀가 여러 가지 제약이 따르는 가정이라는 사회적 조직을 형성하는 이유는 혼자보다는 둘이 사는 게 더 낫다고 판단하기 때문이다.

그런데 가정생활이라는 것이 정말 쉽지가 않다. 가정이라는 울타리가 주는 혜택을 누리기 위해 희생해야 할 것들이 너무 많은 까닭이다. 요즈음은 부부 두 사람이 공동가장을 하는 co-leader인 경우가 많으므로 여기서는 부부를 '가장(家長)'이라고 하겠다.

가장. 그 무게감이 만만치 않다. 일단, 가장은 경제적 책임을 져야 한다. 가족구성원의 의식주 정도는 자급자족해야 한다. 사회인으로 살아가기 위해서는 문화생활도 해야 하고 체면치레도 해야 하는데, 이 모든 활동이 다 돈과 연결된다. 뭘 해도 돈 버는 게 쉽지 않다. 돈 때문에 치사한 꼴도 감수해야 한다.

둘째로, 가장은 자녀가 인성과 능력을 갖춘 건강한 사회인으로 성장하도록 교육시켜야 하는 책임을 진다. 학교교육, 가정교육 어느 하나 소홀히 할 수 없다. 사교육비 부담도 만만치 않다. 부모 마음에 들게 알아서 커주는 자식은 거의 없다. 자녀 양육에 따른 정서적 에너지 소모 또한 장난이 아니다. 더욱이 자녀에 대한 책임의 만료기한이 정해져 있지 않다. 부모로서 자식을 언제까지, 어디까지 책임져야 하나.

끝으로, 행복하기 위해 가정을 꾸렸으니 가장은 가족 간의 화목한 관계를 유지해야 할 책임도 있다. 작게는 자기 가족들끼리 만이라도 평안하게 잘 살아야겠다. 양가의 부모, 형제자매를 둘러싼 상호작용과 이해관계 조정도 잘 해야 하겠지만 만만치 않다. 이와 같이 가장이 되면 경제적 책임, 자녀양육의 책임, 그리고 가족을 둘러싼 관계의 책임을 져야 한다. 이 세 가지 책임 중 어느 하나 쉬운 게 없다.

그래서 결혼은 신중하게 생각하고 결정해야 한다. 결혼은 개인의 삶의 질을 좌우하는 인생의 결정적 사건이다. 이 세 가지 책임을 감당할 의사가 없거나 능력이 안 되면 결혼에 대해 다시 생각해 볼 필요가 있다. 행복하자고 한 결혼이 두 사람은 물론이고 소중한 주위 사람들을 힘들게 할 수도 있다.

가정이라는 사회적 최소 단위는 여러모로 기업 조직과 비슷한 측면이 많다. 가정의 가장이나 사장 · 본부장 · 팀장과 같이 조직에서 장(長)자가 붙은 사람(직책자)들은 규모만 다를 뿐이지 비슷한 책임을 지게 된다. 먼저, 조직의 장들은 조직생존에 필수적인 성과 달성의 책임을 진다. 이는 대부분 재무적 성과와 연계되는 책임으로 매출 · 이익 목표, 원가절감 목표 등과 직 · 간접적으로 연계되어 있다. 둘째로, 조직의 장들은 구성원들의 역량을 개발해야 할 책임이 있다. 치열한 경쟁환경에서 살아남으려다 보니 잊고 살거나 인식을 못할 뿐이지 구성원 육성은 리더들에게 부여된 중요한 책임 중 하나이다. 끝으로, 조직의 장들은 구성원들이 즐겁게 일할 수 있는 분위기를 조성하고 유지해야 할 책임을 진다. 가정에서 가장의 기분상태와 언행에 따라 가족분위기가 좌우되듯이 조직에서도 리더의 얼굴표정과 언행은 근무분위기에 커다란 영향을 미친다.

조직과 가정의 유사한 점

조직	구분	가정
생존	공동목적	행복
법인 설립 · 해산 · 운영 관계법령	관계법령	혼인 · 이혼 등 가족 관계법령
2인 이상	구성원	2인 이상
성과달성, 구성원 육성, 관계형성	책임	경제적 독립, 자녀양육, 관계형성
주주 · 고객 · 공급자 · 기타	이해관계자	양가 부모 · 형제자매 · 친인척
상호 존중 · 협력 · 조화 · 팀워크	성공요인	상호 존중 · 협력 · 조화 · 가족애
인내와 스트레스 복원능력	필요자질	인내와 스트레스 복원능력
All or nothing(퇴사하면 완전 끝)	법적 의무	님 아니면 남(이혼하면 완전 끝)

다시 한 번 강조하지만, 이 세 가지 역할과 책임을 잘 해낸다는 것이 대단히 어렵다. 능력은 물론이고 웬만한 인내와 끈기가 없으면 해 낼 수가 없다. 준비 안 된 사람이 결혼을 하면 여러 사람이 힘들 듯, 준비 안 된 사람이 조직의 장이 되면 여러 사람이 고통과 자괴감 속에서 살게 된다. 함부로 가장이 되어서는 안 되듯, 함부로 조직의 장이 되어서도 안 된다. 조직의 장. 그것은 개인의 욕심(권력욕 · 명예욕)만으로 할 자리가 아니다. 가치관과 신념이 부족하거나, 역량이 안 되면 차지해서는 안 될 자리이다. 그것이 본인을 위하는 길이고 여러 사람을 평안하게 하는 길이다. 가장이든 조직의 장이든 경제적 책임, 육성의 책임, 관계의 책임이 따른다는 것을 명심하자. 때로는 그 힘겨운 책임감의 무게로 인해 홀로 멍하니 창밖으로 석양을 바라봐야 할 때도 있음을 기억하자.

Chapter
04

상황이론

01 상황적합이론
02 경로–목표이론
03 상황적 리더십이론
04 리더십 대체이론

[저자 특강 4]
욕구의 구조와 사회(직장)생활 유형

효과적 리더십은 상황에 따라 다르다.

미리보기

성영은 팀장은 머리가 좋아 아는 것이 많고(전문가) 인간성도 좋다. 더욱이 수지 뺨치는 외모로, 어느 하나 빠지는 게 없다. 그녀는 경영진은 물론 직원들로부터도 신뢰를 얻고 있는 리더스그룹의 퀸카(queen card)이다. 그녀는 3개월 전 그룹 전략기획실 내 2020 TFT 팀장으로 임명되었다. 리더스그룹의 사업다각화 전략 추진에 맞추어 그룹의 장기경영전략을 수립하고 브랜드 아이덴티티(Brand Identity)를 다시 정립하려는 경영진의 의중이 반영된 인사였다. 2020 TFT는 각 부문의 핵심인재로 구성된 1년 기한의 한시적 팀으로 개인적인 역량으로 보면 7명의 팀원들 모두 성 팀장에 비해 빠지지 않는다. 성 팀장은 프로젝트를 성공적으로 마무리하겠다는 각오로 모든 에너지를 집중하고 있다. 그녀는 팀원들과 함께 프로젝트 이슈와 진척상황을 일일이 체크하며 아이디어를 적극적으로 제안하고 토론을 한다. 팀원들끼리의 협업도 잘 이뤄지고 성 팀장과도 잘 통한다. 팀원들은 성 팀장을 믿고 잘 따른다. 그런데 TFT의 이슈가 트렌드를 예측하고, 창의성과 통찰력이 요구될 뿐 아니라 무(無)에서 유(有)를 창조해내는 일이다 보니 쉽지가 않다. 더욱이 한시적인 TFT의 팀장이다 보니 팀원들에 대한 인사권이나 평가권한이 없고, 실질적으로 그들에게 해 줄 수 있는 게 별로 없어서인지 가끔 무늬만 팀장이 아닌가 싶은 생각도 든다. 자격지심인가? 아무튼 프로젝트를 킥오프(kick off)한 지 3개월이 지나면서 팀의 동력이 처음 같지 않다는 느낌이 자꾸 든다. 뭐라 딱히 꼬집어 얘기할 수는 없지만 프로젝트 진척사항도 그렇고 팀원들 간의 정보공유는 물론 팀워크도 예전 같지 않다.

예전에는 부서운영을 잘 해 나가던 리더가 구성원들과 불협화음을 내고 성과가 떨어지는 현상이 종종 발생한다. 사람이 변한 건 아닌데 왜 이런 현상이 발생할까?

이번 장에서 우리는 리더십 발휘에 영향을 미치는 다양한 상황요인들에 대해 살펴볼 것이다. 그리고 이런 상황요인에 대처하는 리더십 전략을 네 가지 상황이론을 연구하며 탐구할 것이다.

연구 질문

1. 제3장에서 무엇을 느끼고 깨달았는가?
2. 리더십 효과성에 영향을 주는 상황변수들에는 무엇이 있는가? 그리고 상황에 따른 적합한 리더십 전략은 무엇인가?
3. Fiedler의 상황적합이론은 무엇인가?
4. House의 경로-목표이론은 무엇인가?
5. H & B의 상황적 리더십이론은 무엇인가?
6. K & J의 리더십 대체이론은 무엇인가?

특성이론과 행위이론은 전천후(全天候) 리더십을 추구한다. 유일 최선의(the one best) 바람직한 리더십이 존재한다는 것이다. 어떤 상황이든 리더가 일정한 특성이나 행동을 보여주면 리더십의 효과가 높아진다는 개념이다. 그러나 복잡하고 다양한 사회에서 그런 리더(보편적 리더십)는 없다. 두 이론에 대한 이런 한계를 극복하고자 1960년대에 상황이론이 등장하였다. "유일최선의 리더십(스타일)은 없다. 효과적 리더십은 상황에 따라 다르다." 이것이 상황이론의 핵심이다. 대표적인 상황이론에는 피들러Fiedler(1967)의 상황적합이론, 하우스House(1971)의 경로-목표이론, 허시와 블랜차드Hersey & Blanchard(1977)의 상황적 리더십이론, 커와 제르미어Kerr & Jermier(1978)의 리더십 대체이론이 있다.

01 상황적합이론

피들러(1967)의 상황적합이론(Contingency theory)은 상황을 고려한 최초의 리더십이론이다. 그는 리더십 효과성은 리더십 유형과 상황호의성(好意性) 간의 적합화(matching) 정도에 달려 있다고 주장한다.

먼저, 리더십 유형은 과업지향(task motivated)과 관계성지향(relationship motivated)으로 구분한다. 리더십 유형을 측정하기 위해 피들러는 LPC 설문을 개발하였다. LPC는 함께 일하기 가장 싫은 사람(Least Preferred Co-worker)을 말한다. 함께 일하기 가장 싫은 한 사람(상사 · 동료)을 떠올려 LPC 설문에 따라 그(녀)를 평가하고, 그 결과에 따라 자신의 리더십스타일을 판단한다(독특한 측정방법이다). 피들러의 상황적합이론에서는 관계지향성과 과업지향성을 개인의 성격특성으로 인식하여 단일차원의 양극점으로 보고 있다. 이는 초기 미시간대학교의 행위이론 연구관점과 같다. 피들러의 상황적합이론에서는 〈표 4-1〉과 같이 상황변수를 리더-구성원 간의 관계, 과업구조, 그리고 지위권력의 세 가지로 제시한다.

피들러는 이들 세 가지 상황변수들을 각각 두 가지로 구분한 후(좋음-나쁨, 높음-낮음, 강함-약함) 이들의 조합에 따라 여덟 가지의 상황호의성(favorableness)을 제시한다. 상황호의성은 각각의 상황특성이 '리더에게 얼마나 호의적인가'를 의미한다.

표 4-1 피들러의 상황변수

리더-구성원 관계 (leader-member relation)	조직의 분위기, 구성원들의 리더에 대한 신뢰와 충성심, 그리고 호감 등을 말한다. 구성원과 구성원 간의 관계도 포함한다. 가장 중요한 상황변수이다.
과업구조 (task structure)	과업의 명료성과 검증가능성이 높고, 다양성이 낮을수록 과업이 구조화되어 있다고 판단한다. 명료성은 일의 내용과 수행절차, 과업상의 요구사항이 명확하게 기술되어 있는 정도를 말한다. 다양성은 일을 수행하는 방법이 얼마나 다양한가를 말한다. 단순반복적인 업무는 다양성이 적고, 디자인과 같이 창의성이 요구되는 업무는 다양성이 많다. 검증가능성은 일의 결과를 객관적으로 평가할 수 있느냐의 정도를 말한다. 일의 결과를 계량화할 수 있으면 검증가능성이 높고, 계량화하기 어려우면 검증가능성이 낮다.
지위권력 (position power)	법과 규정에 따라 리더에게 부여되는 공식권한으로, 구성원들에게 보상이나 처벌을 할 수 있는 정도(인사권 · 평가권 · 자원동원력)를 말한다.

가장 호의적인 상황은 〈표 4-2〉에서와 같이 리더-구성원 간의 관계가 좋고 과업이 구조화되어 있으며, 리더가 강한 지위권력을 가지고 있는 경우이다(I 상황). 반면, 가장 비호의적인 상황은 리더-구성원 간의 관계가 나쁘고 과업이 비구조화되어 있으며, 리더의 지위권력이 약한 경우이다(VIII 상황).

피들러는 상황호의성에 따라 적합한 리더십스타일을 제시하고 있다. 그에 따르면 상황호의성이 중간정도일 때(IV, V, VI 상황)에는 관계지향적 리더십스타일(높은 LPC 점수)이 적합하다고 한다. 한편, 상황이 호의적(I, I, III 상황)이거나, 반대로 비호의적(VII, VIII 상황)일 때는 과업지향적 리더십스타일(낮은 LPC 점수)이 적합하다는 것이다.

표 4-2 리더십 상황적합모형

상황	L-M 관계	좋음				나쁨			
	과업구조	높은 과업구조		낮은 과업구조		높은 과업구조		낮은 과업구조	
	지위권력	강함	약함	강함	약함	강함	약함	강함	약함
상황호의성 (Octants)		I	II	III	IV	V	VI	VII	VIII
적합한 리더십 유형		과업중심 스타일 (낮은 LPC)			관계중심 스타일 (높은 LPC)			과업중심 스타일 (낮은 LPC)	

자료 : Fiedler, F. E.(1967).

피들러는 자신의 상황적합이론을 기반으로 리더 매치(Leader Match)라는 관리자 교육훈련 프로그램을 만들었다. 성격특성상 리더십스타일을 바꾸는 것은 매우 어려우므로 상황을 바꾸는 것이 효과적이라는 것이 피들러의 입장이다. 피들러의 상황적합이론에 따르면 상황특성에 적합한 리더를 배치하는 것이 중요하다. 만일 상황특성과 리더십스타일이 맞지 않을 경우에는 리더를 전환배치하거나 상황특성을 바꾸려는 노력을 해야 한다. 피들러는 상황특성을 바꾸기 위한 절차와 방법을 리더 매치 프로그램을 통해 제시하고 있다. 상황특성을 바꾸기 위한 절차와 방법을 상황 엔지니어링(situation engineering)이라고 한다. 상황 엔지니어링의 예를 들면 〈표 4-3〉과 같다.

표 4-3 상황 엔지니어링의 예

구분	방법
리더-팀원 간의 관계 변환방법	• 팀원들과 함께하는 시간을 늘리거나 줄인다. • 업무 외의 활동(체육대회 · 등산 · 동호회 활동 등)을 한다. • 믿을 만한 사람에게 '나를 위해 일해 달라'고 부탁한다. • 팀원들과 지식과 정보 · 경험을 나눈다.
과업구조 변환방법	• 일을 보다 세분화한다. • 일의 절차 · 방법을 표준화하고 매뉴얼화한다.
직위권력 변환방법	• 공식권한을 행사한다. • 정보를 통제한다. • 권한을 위임한다. • 업무계획 수립과 의사결정 과정에 팀원들을 참여시킨다.

토의 4-1

[미리보기]의 성영은 팀장 사례를 읽고, 피들러의 상황적합이론을 적용하여 다음 질문에 대한 자신의 생각을 정리하고 팀원들과 의견을 공유하시오.

1. 성영은 팀장의 리더십스타일은 어떤 유형인가?
2. 성 팀장이 처한 상황호의성은 어떤가?
3. 성 팀장이 리더십을 효과적으로 발휘하기 위한 상황 엔지니어링 방법은 무엇이 있을까? 아이디어를 제시하시오.

02 경로-목표이론

하스우(1971)의 경로-목표이론(Path-goal theory)은 상황에 적합한 리더십스타일을 적용함으로써 구성원들이 목표달성을 위한 경로를 잘 가도록 동기부여하는 과정을 설명한 이론이다. 하우스에 따르면, 구성원들의 동기를 유발하여 목표를 달성하기 위해서는 〈그림 4-1〉과 〈표 4-4〉의 조건을 충족해야 한다. 하우스의 이론은 이와 같이 목표에 이르는 경로를 다루고 있다 하여 '경로-목표이론'이라고 한다.

그림 4-1 경로-목표이론의 개념

표 4-4 경로-목표이론의 기본 아이디어

- 목표를 명확히 한다.
- 목표에 이르는 경로를 분명하게 제시한다.
- 목표달성을 위한 인적 · 물적 지원을 제공한다.
- 코칭 · 피드백을 통해 경로를 쉽게 가도록 한다.
- 목표달성의 장애물을 제거한다.
- 구성원들이 원하는 보상의 양과 질을 늘린다.

여기서 목표에 이르는 경로를 분명하게 제시한다는 것은 리더가 구성원들로 하여금 목표달성에 필요한 행동이 무엇인지를 명확히 알려주고 지원하는 것을 말한다.

토의 4-2

하우스의 경로–목표이론은 동기부여이론에 근거를 두고 있다. 즉, 어떤 일을 해낼 수 있다는 기대감이 높고, 목표를 달성했을 때 원하는 보상이 주어진다는 확신이 서면 사람들은 동기가 높아진다는 것이다. 리더로서 구성원들의 동기를 높일 수 있는 방법을 제시하시오. 자신의 의견을 토대로 팀원들과 토의하시오.

1. 노력하면 목표를 달성할 수 있다는 확신(기대감)을 높이는 방법은 무엇인가?
2. 구성원에게 주어지는 보상의 만족감(유의성)을 높이는 방법은 무엇인가?
3. 목표를 달성하면 실제로 보상을 받을 수 있다는 믿음(수단성)을 주는 방법은 무엇인가?

경로-목표이론에서의 리더십 유형은 지시형, 지원형, 참여형, 그리고 성취지향형으로 구분한다. 각 유형별 리더십의 구체적 행동은 〈표 4-5〉와 같다.

표 4-5 리더십 유형별 리더의 행동

유형	행동
지시형 (directive behavior)	• 업무수행을 위한 지시를 한다. • 기대되는 역할과 책임을 명확히 한다. • 업무수행 절차 · 방법에 대해 알려준다. • 업무수행 규칙과 성과평가 기준, 마감기한을 제시한다.
지원형 (supportive behavior)	• 조직구성원들을 존중하고 배려한다. • 공정하게 대하며 업무수행에 필요한 지원을 한다. • 친절하고 우호적이다. • 구성원들의 욕구와 복지에 관심을 가진다.
참여형 (participative behavior)	• 구성원을 의사결정과정에 참여시킨다. • 구성원들과 상의한다. • 구성원들의 아이디어를 구한다. • 제안사항을 의사결정에 반영하고 실행한다.
성취지향형 (achievement oriented behavior)	• 도전적 자세를 강조한다. • 도전적 목표를 설정한다. • 탁월함(최고성과)을 강조한다. • 구성원들의 능력에 대한 신뢰를 표현한다.

경로-목표이론에서의 상황변수는 조직구성원의 특성과 환경요인의 두 가지 차원이 있으며, 각 요인별 구체적 상황변수는 〈표 4-6〉과 같다.

표 4-6 상황변수

구성원 특성	• 업무수행능력 · 경험 • 통제위치 • 성취욕구
환경요인	• 과업구조 • 권한체계 • 집단역동성

하우스에 따르면 구성원의 특성과 환경요인에 적합한 리더십스타일이 다르다고 한다. 경로-목표이론의 주요 처방을 제시하면 〈표 4-7〉과 같다.

표 4-7 경로-목표이론의 주요 처방

상황		적합한 리더십 유형	구성원에게 미치는 영향
구성원 특성	높은 업무수행능력 · 경험	• 참여형 • 성취지향형	목표달성에 대한 확신
	낮은 업무수행능력 · 경험	• 지시형 • 지원형	목표달성 기대감 상승
	내적 통제위치 (자율적 · 자기통제)	• 참여형 • 성취지향형	목표달성에 대한 확신
	외적 통제위치	• 지시형	목표달성 기대감 상승
	자신감 결여	• 지원형	목표달성 기대감 상승
환경 요인	단순 · 반복적인 업무	• 지원형	보상에 대한 인식
	도전적이지 않은 직무	• 성취지향형	높은 도전목표 설정
	낮은 과업구조 (역할모호성이 높은 업무)	• 참여형 • 지시형	목표에 이르는 경로 이해
	높은 업무구조나 욕구불만이 있는 상황	• 지원형	보상에 대한 인식
	부적절한 보상	• 참여형	구성원이 원하는 보상 재설계

03 상황적 리더십이론

허시와 블랜차드(1969, 1977, 1988, 1993)의 상황적 리더십(Situational Leadership)이론은 학계보다는 산업계에서 관리자의 교육훈련 목적으로 많은 관심을 받아 왔다. 초기에는 리더십 수명주기론(Life-cycle theory of Leadership)이라고도 하였다.

상황적 리더십이론에서는 리더의 과업행동과 관계성행동을 기준으로 〈표4-8〉에서와 같이 리더십을 네 가지의 스타일로 분류한다.

표 4-8 상황적 리더십이론의 리더십스타일

스타일	내용
S1. 지시형 (Directing)	• 높은 과업행동-낮은 관계행동 • 업무에 초점을 맞춘 의사소통, 업무목표와 달성기한을 제시 • 목표달성 방법과 절차에 대한 명확한 지시 • 업무진행 상황을 관리 · 감독 • 리더가 단독으로 의사결정
S2. 코칭형 (Coaching)	• 높은 과업행동-높은 관계행동 • 목표달성과 사회 · 정서적 지원 모두에 초점을 맞춘 의사소통 • 업무목표와 업무추진방법에 대한 지원과 코칭 • 구성원의 의견과 아이디어를 청취하며 참여를 촉진 • 구성원과 협의 후 리더가 의사결정
S3. 지원형 (Supporting)	• 낮은 과업행동-높은 관계행동 • 목표수립과 의사결정과정에 구성원 참여 촉진 • 아이디어 촉진과 일상적 업무에 대한 권한위임 • 경청, 칭찬, 신속한 피드백 제공 등으로 동기부여 • 구성원과의 협의에 의한 공동의사결정
S4. 위임형 (Delegating)	• 낮은 과업행동-낮은 관계행동 • 권한위임을 통해 업무에 대한 자율성과 자긍심 부여 • 수행업무에 대한 합의 후 수행방법, 역할책임 등은 위임 • 최소한의 피드백 제공과 모니터링 • 협의에 의한 공동의사결정을 하거나 위임

SL이론의 상황변수는 구성원의 성숙도(Maturity)로 단일변수이다. 성숙도는 업무수행능력과 의욕의 두 가지 기준에 따라 네 단계로 구분한다. 성숙도 1수준은 능력과

의욕이 모두 없는 상태로 M1로 표시한다. 성숙도 2수준은 능력은 없으나 의욕은 있는 상태로 M2로 표시한다. 성숙도 3수준은 능력은 있으나 의욕이 없는 상태로 M3으로 표시한다. 성숙도 4수준은 능력과 의욕이 모두 있는 상태로 M4로 표시한다(〈표 4-9〉 참고).

표 4-9 SL이론의 성숙도 상황변수

성숙도 수준	M4	M3	M2	M1
업무수행능력	있음	있음	없음	없음
의욕	있음	없음	있음	없음
성숙도	높음	중상	중하	낮음

상황적 리더십이론은 구성원의 성숙도 수준에 따라 리더가 그 수준에 적합한 리더십스타일을 적용하는 것이다. 이를 리더십 매칭(matching)이라고 한다. 이를 정리하면 〈표 4-10〉과 같다.

표 4-10 리더십 매칭

성숙도 수준	M4	M3	M2	M1
리더십스타일	S4	S3	S2	S1
역할수행	부하가 주도적 역할		리더가 주도적 역할	

성숙도 수준이 M1인 구성원에게는 S1(Situational Leadership Level I), 즉 지시형 스타일을 적용한다. 성숙도 수준이 M2인 직원에게는 S2, 즉 코칭형 스타일이 적합하다. 성숙도 수준이 M3인 직원에게는 S3, 즉 지원형 스타일이 적합하다. 마찬가지로 성숙도 수준이 M4인 직원에게는 S4, 즉 위임형 스타일이 적합하다.

이와 같이 SL이론에서는 구성원의 성숙도 수준에 따라 리더십스타일을 다르게 적용해야 한다. 구성원의 능력수준이 낮은 단계(M1, M2)에서는 리더가 주도적 역할을 한다. 반면, 구성원의 능력수준이 높은 단계(M3, M4)에서는 구성원이 주도적 역할을 한다. SL이론은 〈그림 4-1〉과 같이 요약할 수 있다. 〈그림 4-1〉은 구성원의 성숙도에서 위 방향으로 직선을 그어보면 성숙도 수준별로 적합한 리더십스타일과 연결된다.

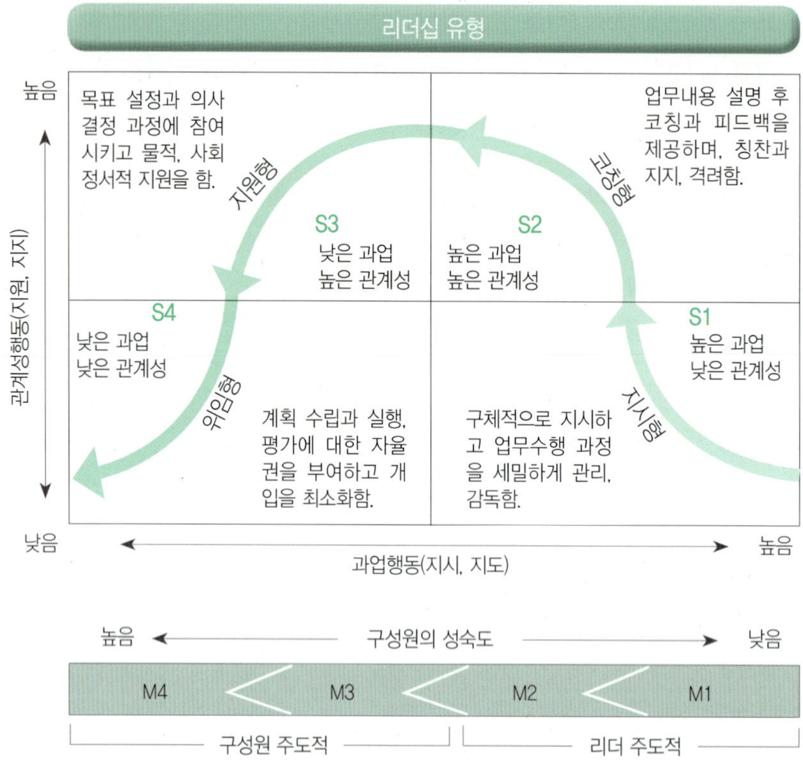

그림 4-1 상황적 리더십 모델

리더는 리더십상황, 즉 구성원의 성숙도에 따라 리더십스타일을 유연하게 변화시켜야 한다. 이를 리더십 적용의 유연성(flexibility)이라고 한다. 따라서 성숙도의 개인차이를 고려하지 않고 리더가 모든 구성원들에게 동일한 리더십스타일을 일관되게 적용한다면 갈등을 피할 수 없다.

한편, 팀원의 성숙도는 시간경과에 따라 변한다. 즉, 시간의 흐름에 따라 개인의 능력과 의욕은 변하게 마련이다. 일반적으로 회사에 입사할 때는 성숙도 수준 II(M2, 능력은 없지만 의욕은 충만)라고 볼 수 있다. 신입사원은 직장생활을 하면서 두 가지 상황으로의 변화가 가능하다. 먼저 경험이 부족해 일을 제대로 수행하지 못하는 상황에서 계속 선배나 상사로부터 부정적 평가를 듣고 질책을 당하게 되면 실력은 늘지 않고 의욕만 상실하게 되어 성숙도 수준 I(M1)로 이행할 수 있다. 이를 성숙도의 퇴행이라고 한다. 이럴 경우 직장생활에 대한 회의가 들어 조기퇴사할 수도 한다. 성숙도 수준에 적합하지 않은 지시형 스타일(S1)을 적용한 데 따른 부정적 결과이다.

한편, 실력이 다소 부족하더라도 선배나 상사들이 업무에 대해 단계적으로 차근차근 가르쳐주며 신입직원을 가족처럼 대해주면 시간이 지남에 따라 능력도 쌓이고 의욕도 더 높아진다. 신입사원의 성숙도 수준에 적합한 코칭형 스타일(S2) 적용에 따른 긍정적 결과이다. 이런 과정을 몇 년간 지속하다 보면 신입사원은 성숙도 수준 IV단계(M4)로 변화할 수 있다. 이렇게 되면 이 신입사원에게 적용하는 리더십 스타일을 변화시킬 때가 된 것이다. 즉, 코칭형 스타일의 수명이 다 된 것이다. 이 신입사원(실제로 신입은 아니지만)에 적합한 스타일은 위임형 스타일(S4)이 된다. 물론 이 신입사원은 성숙도 수준 M3를 거쳐 M4로 변할 수도 있다. 이와 같이 SL이론에서는 한 개인에 대해서도 그(녀)의 성숙도 변화에 따라 적합한 리더십스타일로 변경해서 적용해야 한다. SL이론에서는 부하직원의 능력개발을 위해 리더는 과업행동을 점차 줄이고, 관계성행동을 증가(또는 감소)시켜 나가도록 요구한다.

먼저, 〈그림 4-2a〉에서와 같이 직원의 능력이 부족한 리더주도적 상황(M1, M2)에서는 성숙도를 높이기 위해 과업행동(X축)을 점차 줄이고 관계성행동(Y축)을 늘려간다. 즉, 부하직원을 개발하기 위하여 먼저 과업행동(지시 · 지도)을 점진적으로 줄여가면서 책임감을 부여한다(1단계). 부하직원이 일을 잘 수행할 경우 관계성행동(지원 · 지지)을 늘려 긍정적 행동을 강화하고 의욕을 증진시킨다(2단계).

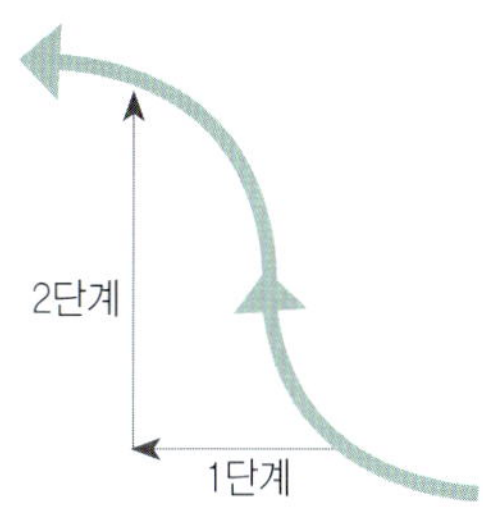

그림 4-2a

다음으로 〈그림 4-2b〉에서와 같이 직원의 능력이 충분한 부하주도적 상황(M3, M4)에서는 성숙도를 유지하거나 높이기 위해 과업행동과 관계성행동을 점차 줄여간다. 즉, 부하직원을 개발하기 위하여 먼저 과업행동(지시 · 지도)을 점진적으로 줄여 자율권을 줌(X축)으로써 책임감을 부여한다(1단계). 부하직원이 자율성을 바탕으로 일을 잘 수행할 경우 자신감과 성취감이 높아질 것이므로 리더는 관계성행동(지원 · 지지)도 줄이고 개입을 최소화하면서 권한을 위임(Y축)해 간다(2단계).

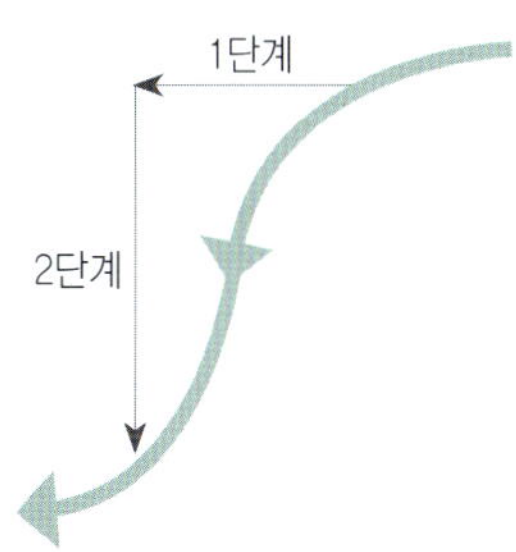

그림 4-2b

04 리더십 대체이론

커와 제르미어(1978)의 리더십 대체이론(Substitute theory)은 구성원 · 과업 · 조직 차원의 구체적 상황특성들이 리더의 과업지향행동과 관계지향행동을 대체함으로써 리더십 효과성을 떨어뜨리거나 제로(zero)로 만들 수 있다는 이론이다.

리더십 대체이론에서는 리더십스타일을 수단적 리더십(과업지향 행동)과 지원적 리더십(관계지향 행동)으로 구분한다. 상황변수는 부하요인, 과업요인, 그리고 조직요인의 세 가지 차원으로 구성되어 있고, 각 요인은 〈표 4-11〉에서와 같이 구체적인 상황들로 세분화되어 있다.

표 4-11 리더십 상황요인과 대체효과

상황요인		수단적 리더십 (과업지향 행동) 대체	지원적 리더십 (관계지향 행동) 대체
부하요인	1. 능력 · 경험 · 노하우 · 기술 · 지식 보유, 교육경험	○	
	2. 개인적 · 독립적 성향	○	○
	3. 전문가 지향 성향	○	○
	4. 조직의 보상(승진 · 연봉)에 무관심	○	○
과업요인	5. 단순 · 반복적인 일	○	
	6. 업무수행방법에 따른 결과 차이 없음	○	
	7. 업무완성도에 대한 자동적 피드백	○	
	8. 내재적 만족(성취감 · 즐거움)을 주는 업무		○
	9. 공식화(목표 · 역할 · 책임소재 명확)	○	
조직요인	10. 경직성(규칙 · 절차의 준수를 강조)	○	
	11. 적극적 자문 및 스태프 기능 존재	○	
	12. 강한 유대감과 응집력	○	○
	13. 보상에 대한 리더의 권한(통제권)이 없음	○	○
	14. 상 · 하급자 간의 공간적 거리(분리)	○	○

자료 : Kerr & Jermier(1978), 378, 수정 · 인용.

몇 가지 리더십 대체상황을 살펴보자. 부하직원이 어떤 업무에 대한 경험과 노하우를 보유하고 있거나, 많은 교육을 통해 이미 지식 · 기술을 습득한 경우 리더의 과업지향 행동은 의미가 반감되거나 역효과를 낼 수도 있다. 또한, 승진이나 연봉과 같은 조직에서의 보상에 가치를 두지 않는 직원의 경우 리더의 과업지향 행동이나 관계지향 행동 모두가 그 효과를 발휘하기 어렵다. 또한, 단순 · 반복적인 일이나, 일이 종료된 후에 바로 결과에 대한 피드백이 주어지는 경우(불량 여부가 자동으로 표시되는 시스템 등)에도 리더의 과업지향 행동이 영향을 발휘하기 어렵다.

한편, 업무 자체에서 도전 · 성취감을 얻고 즐거움을 느낄 때는 리더의 관계지향 행동이 효과를 보기 어렵다. 업무목표나 역할, 책임소재가 명확할 경우 리더의 과업지향 행동은 그 효과가 반감될 수 있다. 또한 강한 유대감과 응집력으로 똘똘 뭉쳐진 조직에서는 리더의 과업지향 행동과 관계지향 행동 모두 영향력이 떨어질 수 있다.

물론, 조직에는 리더십 효과를 대체하는 요인들뿐 아니라, 리더십 발휘를 상승시켜 주는 촉진요인들도 존재한다. 하우웰 등(Howell et al., 1986)은 총칭 대체요인이라고 거론되는 리더십 효과성 관련요인들을 대체요인(substitutes), 중화요인(neutralizers), 촉진요인(enhancers), 그리고 보완요인(supplements)으로 나누어 〈표 4-12〉와 같이 설명하고 있다.

표 4-12 리더십 대체요인의 분류

구분	내용
대체요인	리더십의 발휘를 불필요하게(떨어뜨리거나 zero화) 만드는 요인(예 아버지가 대기업 회장인 아들이 부하직원인 경우 리더가 아무리 노력해 봐야 안쓰러움)
중화요인	리더십 발휘 자체를 못하게 무력화시키는 요인(예 리더는 서울 본사 근무. 직속부하직원은 터키 이스탄불지점에 근무)
촉진요인	리더십 효과를 상승시켜 주는 요인(예 권력실세와 동기동창인 막강한 사회적 배경이나 연결망)
보완요인	리더십 발휘에 도움이 되는 제도 · 시스템이나 물적 장비(예 경영정보시스템). 관계스킬도 보완요인에 속함

토의 4-3

요즈음은 인력재배치 과정에서 본인이 원치 않는 부서로 전환배치되거나, 직무경험이 전혀 없는 부서로의 이동이 수시로 발생한다. 이런 경우를 '비자발적 무능' 상황이라고 한다. 이런 상황에서 어떻게 조직생활을 해야 할 지에 대한 자신의 의견을 정리하시오. 팀원들과 의견을 공유하시오.

1. '비자발적 무능' 상황을 예방하는 방법은 무엇인가?
2. 구성원으로서 '비자발적 무능' 상황에 직면한 경우의 대처방안은 무엇인가?
3. 부서장으로 '비자발적 무능' 상황에 직면한 경우(생소한 분야의 부서장으로 발령)의 대처방안은 무엇인가?

지금까지 설명한 리더십 상황이론들을 간단히 요약하면 〈표 4-13〉과 같이 정리할 수 있다.

표 4-13 리더십 상황이론 비교

상황이론	리더십 유형	상황변수	적합한 리더십
Fiedler의 상황적합이론	관계지향 과업지향	리더-부하의 관계 과업구조 직위권력	리더십스타일에 맞게 상황 자체를 변화시킴
House의 경로–목표이론	지시형 지원형 참여형 성취지향형	(다양) 추종자 특성들 환경적 요인들	상황특성에 맞추어 리더십스타일을 변화시킴
H & B의 상황적 리더십이론	지시형 코칭형 지원형 위임형	직원의 성숙도 (능력 · 의지)	상황특성에 맞추어 리더십스타일을 변화시킴
K & J의 리더십 대체이론	수단적 지원적	(다양) 부하요인들 과업요인들 조직요인들	리더십 효과를 대체(무력화)하는 상황특성이 존재한다는 상황결정론적 관점

사례연구 [1]

이상익 팀장은 비전컨설팅그룹의 인적자원개발(Human Resource Development) 부문을 맡고 있다. 그는 HRD 분야에 대한 해박한 지식과 함께 다양한 HRD 컨설팅은 물론 교육경험을 겸비한 전문가로서 구성원들의 역할모델로 인식되고 있다. 강미영 선임연구원은 HRD 담당팀원으로 HRD 부문의 교육기획 및 운영, 교육컨설팅, 그리고 교육마케팅의 네 가지 업무를 담당하고 있다. 교육기획은 경영전략에 따라 조직에서 요구하는 핵심인재를 육성하기 위해 HRD 전략과 인재육성 로드맵(Road map)을 수립하고 실행하는 일이다. 교육운영은 교육진행에 따라 강사와 학습자들을 지원하는 업무로 단순반복적인 업무이다. 한편, 교육컨설팅과 교육마케팅 업무는 부서의 전략사업이다. 교육마케팅은 내·외부 고객에게 개발된 교육프로그램을 홍보하여 많은 사람들을 교육과정에 참여하도록 하는 업무이다. 교육컨설팅은 고객의 교육니즈를 분석하고 프로그램을 설계·개발하는 업무로 전문성이 요구된다.

강미영 선임이 HRD 업무를 담당한지 벌써 7년이 되었다. 처음에는 교육운영 업무부터 시작했다. 그리고 교육기획 업무를 맡은 지는 5년 정도 되었다. 교육컨설팅 업무도 맡고 있으나 교육운영과 기획 등 내부 일을 책임지고 있다 보니 필드에서 컨설팅을 수행할 여유가 되질 않는다. 강 선임은 현장에서 교육컨설팅하는 것을 더 원한다. 그녀는 다소 내성적이고 학구적인 면이 있어서 교육마케팅 업무와는 거리가 멀다. 최근 들어 강 선임이 많이 힘들어 하는 것 같다. 교육운영 업무는 마지못해 하는 것 같고, 이번에 개인별로 할당된 교육마케팅 목표를 달성해야 하지만 마음대로 되지 않는 모양이다. 입사 때부터 강 선임을 보아 온 이 팀장은 그녀를 무척 신뢰한다. 웬만한 일은 그녀에게 모두 위임하고 간섭하지 않는다. 그런데 요즘 들어 강 선임이 눈에 띄게 힘들어하는 게 보인다. 이 팀장에게 무언가 하고 싶은 말이 있는 듯하면서도 좀체 이야기를 하지 않고 있다.

1. 이상익 팀장의 리더십스타일은 무엇인가? 무엇이 문제인가?
2. 강미영 선임연구원의 성숙도 수준은 전체적으로 어느 수준인가? 만일, 강 선임의 성숙도 수준을 직무단위, 즉 교육운영, 교육기획, 교육컨설팅, 그리고 교육마케팅 단위로 구분하여 평가한다면 각각 어느 수준에 속하겠는가?
3. 효과적인 리더십 발휘를 위하여 이 팀장이 리더십의 적용수준을 직무단위로 접근한다면 어떻게 하면 되겠는가?

사례연구 [2]

이창훈 본부장은 리더스그룹 CEO인 김영란 대표이사와 젊은 시절부터 동고동락해 온 그룹의 실세이다. 그는 그룹으로부터 상당한 수준의 권한을 위임받아 K본부를 이끌고 있다. 그는 그룹 내·외부에 탄탄한 사회적 연결망을 갖고 있으며 직원들도 이 사실을 어느 정도 알고 있다. 그런데 많은 K본부 직원들 중에 이 본부장의 의지대로 리더십이 잘 발휘되지 않는 직원 다섯 명이 있다.

이지현 수석은 자신감으로 가득 찬 알파걸로 교육전문가로 성장하려는 전문가지향성이 매우 높다. 그녀는 팀을 이뤄 프로젝트를 하는 것보다는 독립적으로 수행하는 것을 선호하며, 그렇게 할 수 있는 지식과 경험·능력을 갖추고 있다. 급속히 진행되는 지식의 진부화에 대비하기 위해 대학원에서 학위과정도 밟고 있다. 그녀는 집안도 부유하여 조직에서 주는 경제적 보상에는 별로 관심이 없다.

김영규 책임이 있는 파트는 다른 파트에 비해 독특하다. 우선 대부분 같은 학교 출신들로 구성되어 있어 그들 간 응집력이 매우 강하다. 하는 일이 전문적이고 특수하다 보니 외부전문가로 구성된 자문그룹으로부터 조언을 듣고 필요한 정보를 얻는다. 그들은 프로젝트 성공 여부에 따라 보상을 받는 구조로 직제상의 상사인 이 본부장이 승진이나 보상에 별로 영향을 줄 수 없는 구조이다.

이경희 선임은 대구지역본부에서 근무한다. 조직체제상 K본부에 소속되어 있기는 하지만 사실상 독립적으로 일한다. 프로젝트 진행상황과 지원사항 등에 대해 화상회의나 e메일·SNS 등으로 수시로 소통을 하긴 하지만(그것도 요즘 들어 뜸해지는 듯하다) 아무래도 지리적으로 멀리 떨어져 있다 보니 코워크(co-work)하기가 쉽지 않다. 도대체 뭐하면서 다니는지 잘 모르겠다.

유종관 연구원은 현재 하고 있는 일을 즐긴다. 그가 하고 싶은 일이기도 하고, 그의 일이 일정부분 사회공헌에도 기여하기 때문이다. 일 자체가 그에게 내적 가치(보상)를 준다. 일의 성격상 진행과정 단계마다 체크시스템이 있고 평가지침이 명확하여 프로젝트 성과평가에 대한 의견차이가 쉽게 조정되는 편이다. 프로젝트 수행방법도 어느 정도 패턴화되어 있고 매뉴얼화되어 있다.

김경곤 인턴이 있는 보안파트는 위계적 조직문화이다. 하는 일이 공식화(업무목표와 역할·책임이 명확하며 책임소재가 분명)되어 있고 규범과 절차, 규칙이 중요시된다. 열외 없다. 그나마 ICT 기반 시스템이 잘 구축되어 있어 업무를 추진하는 데 큰 어려움은 없다. 특히, 호탕함과 사내다움이 이 본부장과 코드가 맞아 둘이 잘 통한다.

1. 이 본부장의 권력의 원천은 무엇인가? 그리고 이 본부장의 리더십 상황을 대체이론 관점에서 분석하시오.
2. K본부의 다섯 명의 직원들은 대체이론 관점에서 각각 어떤 상황에 있는가?
3. 이 본부장은 다섯 명의 직원 각각에 대해 어떻게 리더십 효과를 높일 수 있을까? 이 본부장의 리더십 전략을 연구해서 보고하시오.

자기인식과 성찰

지금까지 직장이나 학교 · 봉사단체 · 동아리 등의 사회생활을 통해 만난 다양한 사람들을 떠올린다. 그들 중에서 함께 일하기 가장 싫었던(싫은) 사람을 한 사람만 생각한다. 지금 함께 일하고 있는 사람이나 과거에 함께 일했던 사람이나 관계없다. 이제 그(녀)를 생각하면서 다음에 제시된 각 항목에 대하여 그(녀)를 평가한다. 각 항목의 양 끝에 있는 서로 대비되는 말(사람의 특성)을 읽고 가능한 빠른 속도로 체크한다.

LPC 측정 설문

쾌활한 사람	8 7 6 5 4 3 2 1	쾌활하지 못한 사람
친절하고 다정한 사람	8 7 6 5 4 3 2 1	불친절하고 다정하지 않은 사람
잘 거부하는 사람	1 2 3 4 5 6 7 8	수용적인 사람
긴장하고 있는 사람	1 2 3 4 5 6 7 8	긴장을 풀고 여유 있는 사람
거리를 두는 사람	1 2 3 4 5 6 7 8	친근한 사람
냉담한 사람	1 2 3 4 5 6 7 8	다정한 사람
지원적인 사람	8 7 6 5 4 3 2 1	적대적인 사람
따분해 하는 사람	1 2 3 4 5 6 7 8	흥미가 있어 하는 사람
싸우기 좋아하는 사람	1 2 3 4 5 6 7 8	화목하고 잘 어울리는 사람
우울한 사람	1 2 3 4 5 6 7 8	늘 즐거워하는 사람
서슴지 않고 개방적인 사람	8 7 6 5 4 3 2 1	주저하고 폐쇄적인 사람
험담을 잘하는 사람	1 2 3 4 5 6 7 8	너그럽고 관대한 사람
신뢰할 수 없는 사람	1 2 3 4 5 6 7 8	신뢰할 만한 사람
사려 깊은 사람	8 7 6 5 4 3 2 1	사려 깊지 못한 사람
심술궂고 비열한 사람	1 2 3 4 5 6 7 8	점잖고 신사적인 사람
마음에 맞는 사람	8 7 6 5 4 3 2 1	마음에 맞지 않는 사람
성실하지 않은 사람	1 2 3 4 5 6 7 8	성실한 사람
친절한 사람	8 7 6 5 4 3 2 1	불친절한 사람
	총점 :	

자료 : Fiedler, F. E., & Chemers, M. M.(1984).

결과 해석

LPC 점수가 높을수록 평가자 자신이 관계지향적이고, 낮을수록 과업지향적인 사람이다.

64점 이상	관계지향적인 사람으로, 타인과의 원만한 관계 유지에 관심을 기울인다. 함께 일하기 까다로운 사람이라고 해도 그(녀)의 좋은 면을 보려고 한다.
58~63점	사회독립적(socio-independent)인 사람으로, 과업에 대해 지나친 관심을 보이지도 않고, 다른 사람이 자기를 어떻게 판단하는지에 대해서도 크게 신경을 쓰지 않는다. 상황에서 한 걸음 물러나 있다.
57점 이하	과업지향적인 사람으로, 성과달성을 위해 어느 정도의 대인관계 훼손을 감수한다. 일의 성취를 통해 자존감을 느낀다.

LPC 척도 해설

LPC 설문에서 각 항목의 점수가 높을수록(8에 가까울수록) 우호적인 성격 특성(쾌활한, 친절한 등)을 표현한다. 같이 일하기 가장 싫은 사람임에도 불구하고 그(녀)와의 관계나 경험, 정(情)을 생각해서 그(녀)를 호의적으로 평가했다는 것은 그만큼 당신이 인간적(객관적 · 평가적이지 않고)이라는 것이다. 즉, LPC 점수가 높을수록 평가자 본인이 관계지향적 사람이라고 판단한다. 반면, 같이 일하기 가장 싫은 사람을 있는 그대로 냉철하게(합리적으로) 평가했다는 것은 그만큼 평가자 본인이 객관(사실)적이라는 것이다. 즉, LPC 점수가 낮을수록 과업지향적 사람이라고 판단한다.

LPC 측정 결과를 토대로 다음 각 질문에 대한 자신의 생각을 정리하시오. 자신의 의견을 팀원들과 공유하시오.

1. 자신은 과업지향적 사람인가?, 관계지향적 사람인가?
2. 과업지향적인 사람과 관계지향적인 사람의 장점과 보완 · 개선할 점은 각각 무엇인가?
3. 사람의 스타일과 관계없이 사회(직장)생활을 하면서 지켜야 할 인간관계 규칙은 무엇인가?

구분	장점	보완 · 개선할 점
과업지향형		
관계지향형		
인간관계 규칙		

저자 특강 4

욕구의 구조와 사회(직장)생활 유형

동기부여 내용이론 중에 알더퍼(Clayton Alderfer, 1969)의 ERG이론이 있다. ERG에서 E는 Existence의 머리글자로 '존재욕구'를 뜻한다. 의식주 해결과 안정적 생활을 바라는 인간의 기본적 욕구이다. R은 Relatedness의 앞글자로서 '관계욕구'를 말한다. 사람들과 우호적 관계를 맺고 싶어 하는 욕구(사랑 · 인정 · 존중)이다. G는 Growth의 첫 글자이며 '성장욕구'이다. 자신만의 삶의 가치를 실현하고자 하는 욕구이다. 우리는 일을 통해 이와 같은 세 가지 욕구를 어느 정도 실현할 수 있다. 다음 표의 세 가지 질문에 답을 하고 자신의 유형을 판단해 보자.

ERG욕구와 직장(사회)생활 유형

존재욕구(E)	관계욕구(R)	성장욕구(G)	유형
현재의 수입(연봉)에 대해 만족하는가?	사람들과의 관계에 대해 만족하는가?	현재 하고 있는 일에 대해 만족하는가?	
만족한다	만족한다	만족한다	이상형
		불만이다	현실주의자형
	불만이다	만족한다	유목민형
		불만이다	생계형
불만이다	만족한다	만족한다	예술가형
		불만이다	경계인형
	불만이다	만족한다	이상주의자형
		불만이다	투덜이형
현재의 경제적 상황에 대해 만족하는가?	사람들과의 관계에 대해 만족하는가?	학교 · 학과와 전공에 대해 만족하는가?	유형

이상형

이상형(Star)은 하고 싶은 일을 하며 경제적 보상에도 만족하고, 사회(직장)에서의 인간관계도 원만한 경우이다. 이들은 가치 있는 일을 통해 삶의 의미를 찾고 사회에 공헌하고자 한다. 열정이 있으며 주변사람들에게 에너지를 준다.

현실주의자형

현실주의자형(Realist)은 경제적 보상과 사회(직장)에서의 인간관계에는 만족하지만, 정말 하고 싶은 일은 따로 있는 경우이다. 이들은 현실적 여건이나 남의 이목(耳目)만 아니면 다른 일을 하고 싶어 한다.

유목민형

유목민형(Nomad)은 하고 싶은 일을 만족할 만한 보상을 받으며 하고 있지만, 관계형성의 기회가 충분하지 않아 외로움을 느낀다. 프로젝트가 끝나면 다른 사람들과 또 다른 프로젝트를 수행하는 경우가 많다. 전문가 그룹에 많다.

생계형

생계형(Money-seeker)은 하는 일에 만족하지 못하고 인간관계도 원만하지 못하지만 경제적 보상이 주는 마력을 뿌리치지 못해 계속 직장을 다니는 경우이다. 많은 직장인들이 이 유형에 속한다. 현실이 고달프지만 마땅한 대안이 없다.

예술가형

예술가형(Artist)은 비록 경제적 보상은 불만이지만 하고 싶은 일을 즐겁게 하는 유형이다. 일을 통해 삶의 본질을 탐구하며, 여유롭고 유유자적한 생활을 즐긴다. 사회규범과 시간이라는 구속에 얽매이기 싫어하는 유형이다.

경계인형

경계인형(Marginal man)은 하고 싶은 일도 아니고 경제적 보상도 불만이지만 사람들과의 관계는 좋은 경우이다. 사회적으로 비춰지는 나와 내가 생각하는 나의 모습이 달라 생각이 많다. 고민이 많은 청소년들을 일컫는 경계인의 특성을 나타낸다.

이상주의자형

이상주의자형(Idealist)은 경제적 보상과 인간관계에서 불만이지만, 현재 하고 있는 일이 좋아서 일을 계속하는 경우이다. 남이 뭐라 하든 괘념치 않고 자기 하고 싶은 일을 하며 자유롭게 인생을 살아간다.

투덜이형

투덜이형(Looser)은 경제적으로나 사회 · 심리적으로 어려운 상황에 있다. 매사에 불평 · 불만이 많아 자신과의 관계뿐 아니라 대인관계에서도 어려움을 겪는다. 현재 자신이 처해 있는 상황을 객관적으로 인식하고, 상황의 심각성을 인정한 후에 변화를 위한 행동에 나서야 한다.

PART

2

복잡계와 리더십

COMPLEXITY

복잡계에서는
변화와 혁신, 그리고
연결, 관계를 중심으로 한
변혁적 리더십과
공유리더십을 요구한다.

CONTENTS

Chapter 05 변혁적 리더십

Chapter 06 팀과 공유리더십

Chapter
05

변혁적 리더십

01 카리스마와 비전
02 변혁적 리더십

[저자 특강 5]
가치혁신과 다나비채 행복행동 실천하기

새로운 생각과 새로운 행동이 새로운 길을 만든다.

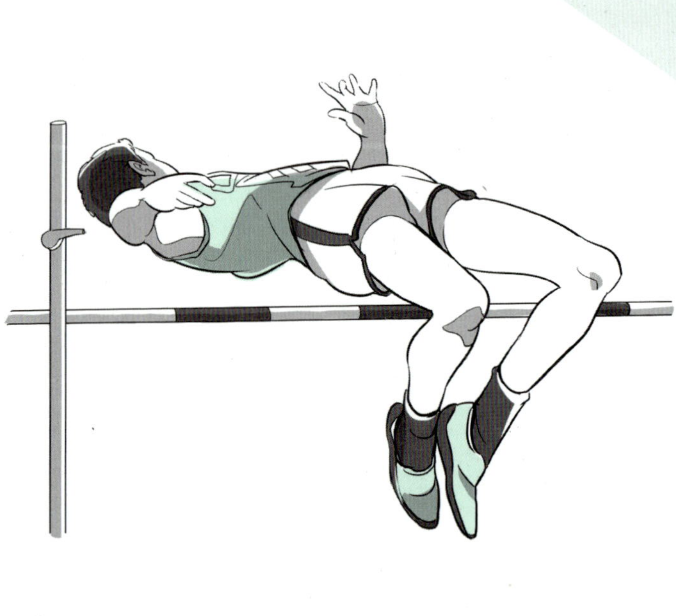

미리보기

빅토르 위고(Victor-Marie Hugo, 1802~1885)의 소설 〈장발장〉의 원제목은 〈레 미제라블〉로 '불쌍한 사람들'이란 뜻이다. 그가 살던 시대는 1789년 '프랑스 대혁명' 이후 정치적 격변기에 있었고 그 자신도 정치적 이유로 19년 동안이나 망명생활을 해야 했다.

누나의 남편(매형)이 죽자 장발장은 일곱 명이나 되는 조카들을 먹여 살리기 위해 열심히 일 했으나, 일거리가 없는 겨울에는 방법이 없었다. 그는 조카들이 굶주리는 것을 보지 못하고 결국 빵을 훔치다 잡히게 된다. 조사과정에서 허가 없이 사냥을 했던 것이 들통나 5년의 징역형에 처해진다. 조카들이 걱정이 된 그는 계속 탈옥을 시도하다 결국 19년(작가의 망명기간과 같다) 동안이나 감옥에 갇혀 지내게 된다.

감옥에서 풀려났지만 전과자라는 이유로 잠을 잘 곳도 먹을 곳도 구하지 못하던 그는 미리엘 신부의 집에서 하루 밤을 보내게 된다. 은촛대 불빛이 환한 식탁에서 귀한 손님이 올 때만 사용하는 은그릇에 빵 · 양고기 · 수프 · 치즈 등 푸짐한 음식을 대접받은 그는 침실로 안내되어 푹신하고 깨끗한 침대에서 잠을 청하지만 딱딱한 마룻바닥에서 자는 데 익숙한 그는 새벽에 잠을 깬다.

무자비하고 비인간적인 지배계급에 대한 증오심과 복수심으로 가득 차 있던 그는 전과자의 신분으로 살아갈 앞날이 막막했다. 그때 저녁에 보았던 은촛대와 은그릇이 생각났다. 그는 미리엘 신부의 온정에 망설이기는 했지만 결국 찬장을 열고 은그릇을 훔쳐 배낭에 넣고 담장 너머로 사라진다. 그러나 그는 멀리 못가 경찰들에게 붙잡혀 신부의 집으로 끌려온다. 경찰은 의기양양하게 굳은 표정의 장발장을 보며 신부에게 이야기한다.

"신부님, 이 사람의 거동이 하도 수상해서 붙잡아 배낭을 뒤져 보니……" 경찰의 말이 채 끝나기도 전에 신부가 말했다. "당신이군요! 마침 잘 왔소. 왜 은촛대는 두고 가셨소? 내가 은그릇하고 같이 가져가라고 하지 않았소." 신부가 둘러댔다. 장발장은 말없이 신부를 바라보기만 했다. 경찰이 돌아가자 그는 그 자리에 주저앉았다. 그때 신부는 사랑이 가득한 눈으로 장발장을 바라보면서 그의 두 손을 따스하게 잡아주었다. "이제 갈 길을 가십시오. 부디 착하고 바르게 살면서 사랑을 베풀 줄 아는 사람이 되길 바라겠습니다. 그리고 당신을 위해 기도하겠습니다." 장발장은 말없이 눈물을 흘렸다.

이후 장발장은 파리 북쪽의 조그만 도시 몽트뢰유쉬르메르에서 마들렌이라는 이름으로 구슬공장을 운영하며 많은 선행을 베풀고, 시민들의 존경과 믿음을 바탕으로 그 곳의 시장이 된다. 그 후로도 그를 잡으려 하는 자베르 형사와의 끈질긴 악연과 살아가기 위해 어떤 사악한 행동도 서슴지 않는 테나르디에의 비열함 속에서 곡절 많은 삶을 살면서도 장발장은 양심을 속이지 않고 선행을 베풀며 성실한 삶을 살아간다.

질곡 같은 세월 속에서도 사랑은 피어난다. 코제트와 마리우스, 그리고 에포닌을 둘러싼 청춘들의 애절한 사랑……. 파란만장한 삶을 산 장발장은 사랑스러운 (의붓)딸 코제트가 지켜보는 가운데 평온하게 잠든다. 그가 묻힌 묘지 앞의 비석에는 이름도 없이 다음과 같은 글이 새겨져 있었다.

"힘겨운 삶을 살면서도 희망과 용기를 잃지 않은 사람. 그가 여기에 잠들었네. 불행한 사람을 위해 자신을 희생하며 속죄의 길을 걸어온 사람, 이곳에 고이 잠들었네."

그는 생의 마지막 순간 코제트에게 말한다. "코제트, 이 은촛대를 네게 주고 싶구나. 내게 그것을 주신 분이 하늘에서 우리를 내려다보고 계실 거다. 내가 죽거든 아무데나 묻고, 비석에는 이름을 새기지 마라. 그리고 벽장 안에 500프랑이 있으니 불쌍한 사람들을 위해 써주기 바란다."

우리는 가치관과 신념; 욕구와 같은 생각의 틀을 변화시킴으로써 지금까지와는 전혀 다른 삶을 살 수 있다. 리더로서 구성원의 생계욕구나 안정욕구와 같은 기본욕구를 활용하여 그들을 컨트롤할 수는 있지만, 그것만으로는 부족하다. 관점과 행동의 변화가 필요하다.

이 장에서 우리는 지금까지의 이론과는 다른 관점을 통해 리더십을 연구할 것이다. 다양성과 비선형적 상호작용에 따른 불확실한 사회시스템인 복잡계(complexity)에서의 적응을 위한 리더십을 연구한다. 카리스마와 비전, 지적 자극과 같은 영적·정신적 변화를 통해 개인과 조직의 변혁을 지향하는 리더십이론을 다루게 된다.

연구 질문

1. 제4장에서 무엇을 느끼고 깨달았는가?
2. 카리스마의 개념과 특성은 무엇인가?
3. 행동중심 카리스마이론과 카리스마 자아개념이론의 차이는 무엇인가?
4. 카리스마리더십의 실패이유는 무엇인가?
5. 변혁적 리더십은 무엇인가? 기존 리더십이론과의 차이점은 무엇인가?
6. 다양한 변혁적 리더십의 구성요인은 무엇인가?

지금까지의 특성이론, 행동이론, 상황이론은 모두 리더와 구성원 간의 공헌과 보상을 매개로 한 거래적 관점의 리더십이론이다. '성과달성에 기여를 많이 하면', '리더에게 충성하면' 등과 같은 조건을 달고, 이에 부응하면 그에 적합한 보상으로 보답하는 방식이다. 이런 거래적 관계로는 현상유지나 개선은 가능하지만 변혁은 어렵다. 변혁은 비전과 카리스마, 그리고 생각의 틀, 즉 프레임을 바꿈으로써 지금까지와는 다른 관점에서 다른 행동을 할 때 가능하다. 새로운 생각과 새로운 행동이 새로운 길을 만든다.

01 카리스마와 비전

1. 카리스마

카리스마(Charisma)는 그리스어 'kharisma'에 어원을 둔다. 이는 '신이 주신 재능'의 뜻으로 은사(恩賜), 선물(gifts), 은혜, 은총의 의미를 가진다. 이후 신을 대신해서 인간을 치유하거나 구원하는 역할, 혹은 예언하는 능력을 일컫는 말로 쓰여 왔다.

사회학자 막스 베버는 저서 〈Economy and Society(영어번역본)〉에서 카리스마를 권력의 정당화 측면에서 정의하였다. 권력이 정당하다고 사람들에 의해 인정되면 권력은 권한이 된다. 베버는 이런 권한을 합법적 권한, 전통적 권한, 그리고 카리스마적 권한의 세 가지 유형으로 구분하였다. 베버는 비범한 속성을 가진 카리스마적 성향의 사람이 '리더'로 인정받는다고 주장하였다.

표 5-1 권한의 유형

유형	내용
합법적 권한	법 · 규정에 의한 권력, 조직운영의 기본적 권력원천, 합법적 절차 요구
전통적 권한	과거의 전통 · 규범에 따른 권력(예 북한의 정권세습, 기업의 가족 승계)
카리스마적 권한	개인의 특출한 속성(초인적, 초자연적, 상식 초월)에 대한 믿음에서 나오는 권력

현대 조직경영에서의 카리스마의 효용과 역할에 대한 연구는 1970년대 이후부터 이루어졌다. 지금까지의 연구에 따르면 카리스마를 리더 개인이 갖는 특성으로 보는 관점(특성이론 관점)과 사회적 교환관계의 입장에서 보는 관점의 두 가지 유형이 있다. 먼저, 개인의 신체적 · 심리적 특성들이 카리스마 형성과 관련이 있다는 관점의 연구결과에 따르면 카리스마 리더들은 〈표 5-2〉와 같은 특성을 나타낸다.

표 5-2 카리스마 리더의 특성

신체적 특성	심리 · 행동적 특성
• 매력적 외모 • 위용(presence) • 매혹적인 목소리 • 눈빛 : 최면적 눈빛, 강렬한 눈빛	• 지배성향, 권력욕구 • 가치관 · 신념에 대한 확신 • 에너지와 열정, 끈기, 자신감 • 대중(청중)의 욕구를 감지하는 직관 • 고도의 설득(웅변)력과 커뮤니케이션 스킬

한편, 사회적 관계에서의 카리스마 관점은 리더와 추종자 간의 관계를 중요시한다. 카리스마는 근본적으로 추종자들이 특정인의 비범함을 인정하고 따를 때 발생하기 때문이다. 카리스마 리더와 추종자들은 상호 의존적 관계를 갖는다. 리더는 추종자들의 절대적 복종과 지원을 필요로 하며, 추종자들은 리더가 자신들의 욕구(갈망)를 해결해 주고 혜택을 가져다주길 기대한다. 맹종하는 추종자들 없이는 카리스마는 형성되지 않는다. 이들 간에는 강력한 정서적 유대관계를 형성한다.

2. 카리스마리더십

비전은 카리스마리더십의 결정적 요인이다. 리더는 비전을 설정하고 전파하며 실천하는 과정에서 카리스마를 쌓아간다. 요컨대, 카리스마리더십은 현실의 문제점을 비판하고, 이상적 비전을 제시하며, 비전을 달성할 수 있다는 강한 믿음을 추종자들에게 심어줌으로써 그들의 충성과 복종, 그리고 높은 성과를 확보하는 과정이다.

카리스마리더십 모델은 연구자마다 약간의 차이는 있지만 〈표 5-3〉에서 보는 바와 같이 핵심적인 요인들은 비전 설정 · 전파 · 실천의 세 가지라고 볼 수 있다.

표 5-3 카리스마리더십 모델

콩거와 카능고 Conger & Kanungo(1987)	커크패트릭과 로크 Kirkpatrick & Locke(1996)	바움 등 Baum et al(1998)
상황평가단계	비전의 전달	비전의 선포
비전구축단계	비전의 실행	카리스마 성격스타일
실천단계	카리스마 커뮤니케이션 스타일	비전 실천을 위한 조치

(1) 하우스의 카리스마리더십이론

하우스House(1976)에 따르면 카리스마적 리더는 다음과 같은 행동특성을 보인다. 첫째, 카리스마적 리더는 핵심가치와 도덕성을 갖춘 원대한 사명과 비전을 제시한다. 마틴 루터 킹Martin L. King(1929~1968)은 "나는 꿈이 있다.(I have a Dream)"라는 연설을 통해 그의 비전을 제시하였다. 둘째, 카리스마적 리더는 가치관과 신념 면에서 구성원들의 역할모델로 인식된다. 마하트마 간디Mahatma Gandhi(1869~1948)는 비폭력 시민항쟁의 역할모델로 인식된다. 셋째, 카리스마적 리더는 구성원들에게 높은 기대감을 표시하고, 신뢰를 표현함으로써 자신감을 증진시킨다. 넷째, 그들은 유능한 사람으로 인식된다. 카리스마적 리더십의 행동특성과 그 결과(구성원에 미치는 영향)에 대해 정리하면 〈표 5-4〉와 같다.

표 5-4 카리스마리더십의 행동특성 및 결과

성격특성	행동양식	결과
사명과 비전	• 원대한 비전을 수립 · 전파 · 실행	• 리더의 이념과 비전을 신뢰
가치관과 신념	• 구성원들의 역할모델로서 행동 • 높은 목표를 설정 • 구성원의 동기를 촉진	• 리더를 향한 강한 애정 • 절대적 복종과 정서적 참여 • 리더와 일체감 형성
기대감 표현	• 구성원에 대한 높은 기대감 • 구성원에 대한 신뢰	• 구성원에게 자신감 부여 • 복종과 정서적 참여
자신감	• 목표에 대한 주장이 명확 • 유능성	• 리더의 목표와 주장을 수용 • 리더와 구성원 간에 동질적 신념 형성

(2) 콩거와 카능고의 행동중심 카리스마이론

콩거와 카능고(Conger & Kanungo, 1988)는 행동중심의 카리스마이론을 주장하였다. 이들은 카리스마를 '비범한 재능'이라고 보는 베버 등의 견해와는 달리 리더가 〈표 5-5〉에 제시된 카리스마리더십의 5요인 행동을 실행함으로써 누구나 카리스마적 리더로 인정받을 수 있다고 주장하였다.

표 5-5 카리스마리더십 5요인

단계	5요인	의미
1단계	환경민감성	현상에 대한 불만과 변혁의 필요성을 역설한다. 위기의식을 조성한다(예 이대로 가면 회사가 망한다).
	욕구민감성	구성원들의 불평·불만·고민을 들어주고, 함께 나누며 해결할 수 있다는 의지를 표현한다.
2단계	전략적 비전 제시	원대한 비전을 제시·전파하여 구성원들이 미래에 대한 희망을 갖도록 한다.
3단계	위험·희생 감수	비전 달성을 위해 개인적 위험을 감수하고 희생하는 모습을 보여준다.
	비정형적 행동	기존의 규범에 얽매이지 않는 튀는 행동을 통해 현실적 규범이나 한계를 뛰어넘을 수 있는 사람이라는 인상을 부각시킨다.

최연(Choi, Y., 1995) 교수는 자기희생을 〈표 5-6〉과 같이 노동분할, 보상분배, 그리고 권력행사라는 세 가지 차원으로 분류·정의하였다. 리더는 이 세 가지 차원의 자

표 5-6 자기희생의 세 가지 차원

차원	내용
노동분할 차원의 자기희생	위험을 무릅쓰고 어떤 일을 행하고 다른 사람에게 혜택이 돌아가도록 한다. 집단 사고가 났을 때 자신의 잘못임을 강조하며 스스로 책임을 진다.
보상분배 차원의 자기희생	자신에게 주어진 정당한 보상을 포기하거나 연기한다. 자신의 급여를 털어 소외된 이웃을 보살피는 경우 등을 들 수 있다.
권력행사 차원의 자기희생	자발적으로 다른 사람들을 위해 자신의 권력이나 특권, 자원 사용권 등을 자제하거나 포기한다.

기희생적 행위를 통하여 리더십을 발휘할 수 있다. 이것을 자기희생적 리더십(self-sacrificial leadership)이라고 한다. 리더의 자기희생적 행위는 추종자들의 카리스마 인식에 영향을 미친다.

(3) 샤미어의 카리스마 자아개념이론

샤미어와 그의 동료들(Shamir et al., 1993)은 카리스마 리더가 추종자들에게 영향을 미쳐 출중한 성과를 내는 심리적 과정을 연구하였다. 카리스마 자아개념이론은 개인적 동일화, 사회적 정체성, 내면화, 그리고 셀프 애피커시(self efficacy)의 네 가지 핵심 요소를 축으로 한다.

먼저, 개인적 동일화는 추종자가 자신과 리더를 동일시하여 리더의 행동을 흉내내고 리더와 같은 태도를 갖게 되는 것이다. 이를 통해 추종자는 리더와 영광을 공유하고 다른 사람들의 존경과 부러움을 받고 있다고 믿으며, 리더와 함께 한다는 긍지를 갖게 된다. 이렇게 되면 리더의 추종자에 대한 영향력은 매우 강력해진다.

둘째, 사회적 정체성은 개인이 특정집단과 동일시하는 것을 말한다. 원하는 조직의 일원이 됨으로써 자랑스러움을 느끼는 것(예 삼성맨 · 현대맨의 프라이드)은 사회적 정체성의 예이다. 카리스마 리더는 조직을 다른 조직과 차별화시켜 매력적인 정체성을 확립함으로써 사람들로 하여금 같이 참여하고 싶도록 만든다. 조직의 로고나 상징물, 사가(社歌) 등은 사회적 정체성 향상의 노력이라 할 수 있다.

셋째, 카리스마 리더의 추종자들은 리더의 사명과 비전을 자신의 것으로 믿고, 리더의 이념과 가치관을 내면화한다. 카리스마 리더는 현재의 보상보다는 미래의 원대한 보상(사명 · 대의명분)을 강조한다. 내면화된 추종자는 맡은 사명과 가치에 자신의 모든 것을 받쳐 헌신한다.

끝으로, 애피커시(efficacy)는 개인이나 집단이 주어진 과업을 얼마나 잘 수행할 수 있는가에 대한 믿음을 말한다. 개인이 주어진 과업을 잘 해낼 수 있다는 강한 믿음을 가지고 있으면 셀프 애피커시가 높은 것이다. 자신이 소속한 조직(집단)이 주어진 임무를 잘 해낼 수 있다고 믿고 있다면 집단 애피커시가 높은 것이다. 카리스마 리더는 추종자들(개인 · 집단)의 애피커시를 향상시켜 기대 이상의 성과를 낸다.

토의 5-1

카리스마는 때때로 '칼 있으마'로 인식된다. 일도양단(一刀兩斷)의 날카로움과 강단이 느껴지는 단어이다. 삶을 살아가면서 누구나 자신만의 '칼' 하나쯤은 갖고 있어야 하지 않을까 싶다. 다시 영화 베테랑 얘기. 서도칠이 돈을 받고 사건을 축소 · 은폐하려는 동료 형사에게 한마디 한다. "니네 돈 먹었지? 야! 우리가 돈이 없지. 가오가 없어, 엉? 수갑 차고 다니면서 가오 떨어질 짓 하지말자". 자신의 '칼', 나의 '가오(かお)'는 무엇인지 생각해 보고, 팀원과 의견을 나누시오.

1. 자신의 신체적 카리스마 특성은 무엇인가?
2. 자신의 심리적 카리스마 특성은 무엇인가?
3. 자신의 행동적 카리스마 특성(카리스마리더십 측면)은 무엇인가?

(4) 카리스마리더십의 실패

칼은 양면성을 가진다. 잘 쓰면 유용하지만, 잘못 쓰면 자신과 다른 사람을 해친다. 카리스마 리더는 종종 부정적 결과를 낳는다. 브라이맨(Bryman, 1992)은 "카리스마 리더의 영향력은 시간의 흐름에 따라 '카리스마의 일상화(routinization of charisma)'를 통해서 대체된다."라고 하였다. 카리스마 리더 개인에 대한 신비스러움이 점차 사라지면서 추종자들은 카리스마 리더에 대한 경외감이 감소되기 시작한다. 사랑의 열병도 약 3년이라는 유효기간이 지나면서 설렘이 사라지고 심드렁해지는, 그래서 서로 일상적 감정으로 복귀하는 것과 같은 이치이다.

아무리 좋고 대단한 것이라도 일상이 되어버리면 당연하고 무덤덤해지기 마련이다. 별 사람 없다. 같이 부대끼고 살다보면 대개 그저 그런 사람이다. 카리스마 리더는 이런 카리스마의 일상화를 방지하기 위해서 무리수를 두기도 한다. 그리고 이런 무리수가 부메랑이 되어 카리스마리더십의 실패를 가져오기도 한다. 콩거(Conger, 1990)는 카리스마의 어두운 측면을 다섯 가지로 정리하여 〈표 5-7〉과 같이 제시하였다. 카리스마의 일상화를 방지하기 위한 의식적, 무의식적 행동이며, 카리스마리더십의 실패원인이기도 하다.

표 5-7 카리스마 리더의 실패요인

자기도취적 성향 (narcissism)	추종자들과의 관계에서 끊임없이 자기중심적 욕구를 충족시키기 위해 그들을 이용하거나 조작하여 관계를 손상시킬 수 있다.
지나친 자신감	자신의 비전과 아이디어에 대한 확신으로 객관적 시각을 잃기도 한다. 자신의 판단이 항상 옳다는 지나친 자신감이 화근이다.
무리한 인상 형성	보통사람이 아니라는 카리스마 인상을 형성하고 유지하는 과정에서 다른 사람들의 공헌을 인정하지 않거나, 특정 사람들을 소외시키기도 한다.
실천 무관심	큰 그림만을 중시하여 일상적인 이슈들에는 소홀하다. 또한, 독단적 의사결정에 의존하여 실천과정에서 구성원들의 의견을 수렴하지 않는다.
후계자 불인정	유능한 후계자를 양성하지 않거나, 심지어 제거함으로써 자신의 존재를 유일시 하려는 경우도 있다.

카리스마 리더가 출중하여 강력한 권력집중과 관료주의제 등을 통해 장기간 카리스마리더십을 발휘하였다고 하더라도 승계문제에 직면하게 되면 양상이 복잡해진다. 카리스마적 권한이 합법적 권한으로 대체되기도 하며(법과 절차에 따라 권력이 승계), 북한의 정권세습과 같이 성역화된 전통적 권한으로 대체되기도 한다. 최악의 경우는 반란이나 합법적 권한에 의해 카리스마리더십이 두고두고 오욕의 흔적으로 남기도 한다. 어떤 경우이든 카리스마는 더 이상 특정 개인에게 귀속되는 특수한 역량이 아니다. 막스 베버는 이것을 카리스마의 비인격화라고 부른다. 우리는 한반도 현대사에서 이런 모든 유형의 카리스마의 일상화 결과를 경험하였다. 권불십년(權不十年), 화무십일홍(花無十日紅)이라고 한다. 절대권력은 부패한다. 카리스마 리더일수록 내려올 때를 잘 판단해야 한다.

02 변혁적 리더십

변혁적 리더십(transformational leadership)은 1980년대 초부터 리더십연구의 중심이 되고 있다. 변혁적 리더십이라는 용어는 다운톤(Downton, 1973)이라는 학자에 의해 처음 사용되었다. 그러나 변혁적 리더십이 중요한 이슈로 등장하게 된 것은 정치 · 사회학자인 번스(James M. Burns, 1978)의 저서 〈리더십〉을 통해서이다. 그는 리더십을 거래적 리더십과 변혁적 리더십으로 구분하였다.

거래적 리더십(transactional leadership)은 리더와 구성원들 사이의 공헌과 보상을 매개로 한 교환관계에 초점을 두고 있다. 거래적 리더십은 존재욕구를 기반으로 한 리더십으로, 먹고 사는 문제와 안정의 욕구를 자극한다. 거래는 영어로 transaction이다. 이 단어를 이렇게 나누어 보자. "trans(변화 · 이전) + action(행동)". 기존의 거래관점에서 행동의 변화, 나아가 관점의 변화를 통해 획기적인 변화를 모색해야 한다. 비슷한 경험을 많이 한다고 해서 크게 나아질 것은 없다. 비슷한 일을 비슷한 방법으로, 비슷한 수준의 성과를 내며 커다란 변화를 기대하는 것은 모순이다.

변혁적 리더십은 구성원의 가치관 · 윤리 · 정서 · 행동규범 등을 전환하도록 자극하여 개인을 변혁시키고, 이를 통해 기대 이상의 성과를 이루도록 하는 과정이다. 변혁적 리더십은 성장욕구(growth needs)를 기반으로 하는 리더십이다. '왜 사는가?', '무엇을 위해 사는가?', '어떻게 살 것인가?' 등과 같은 본질적인 자극을 통해 영감을 불러일으키고, 사명과 비전을 고민하게 하여 삶을 재(再)결단하게 함으로써 이전과는 다른 모습으로 살아가게 하는 리더십이다.

1. 배스의 변혁적 리더십 모델

배스(Bass, 1985)는 하우스(1976)와 번스(1978)의 선행연구에 기초하여 변혁적 리더십을 체계적으로 정립하여 제시하였다. 배스는 변혁적 리더십 요인과 함께 거래적 리더십, 비리더십 요인을 〈표 5-8〉과 같이 제시하였다.

표 5-8 리더십 요인들

변혁적 리더십	거래적 리더십	비리더십
• 이상적 영향력 • 영감적 동기부여 • 지적 자극 • 개별적 배려	• 조건적 보상 • 예외에 의한 관리	• 자유방임

(1) 변혁적 리더십 요인들

변혁적 리더십 요인들은 〈표 5-8〉에서 보는 바와 같이 이상적 영향력, 영감적 동기부여, 지적 자극, 그리고 개별적 배려의 네 가지를 말한다. 먼저, 이상적 영향력(idealized influence)은 구성원들에게 역할모델이 되는 것을 말한다. 변혁적 리더는 높은 수준의 도덕적 · 윤리적 행동기준을 가지고 있으며, 구성원들로부터 존경과 신뢰를 받는다. 구성원들은 리더와 함께 일하는 것을 자랑스러워 한다.

둘째, 영감적 동기부여(inspirational motivation)는 구성원들에게 사명과 비전을 제시하는 것이다. 변혁적 리더는 구성원들이 일에서 가치와 의미를 찾도록 지원하며, 그들에게 높은 기대감을 표시한다. 고무적인 말과 격려를 통해 구성원들이 일에 헌신(몰입)하도록 열정을 북돋는다. 변혁적 리더는 개인의 이익을 넘어 조직의 목표 달성에 초점을 맞추도록 정서적 호소와 상징적 행동을 하며, 팀 정신을 강조한다. 이상적 영향력과 영감적 동기부여를 '카리스마'라고도 한다.

셋째, 지적 자극(intellectual stimulation)은 구성원들이 새로운 시각과 방법을 시도하도록 자극하는 것을 말한다. 창의성과 혁신을 자극하고 스스로 판단을 하도록 촉진한다. 끝으로, 개별적 배려(individualized consideration)는 협력적 분위기를 조성하고 구성원들의 복지와 개인적 욕구에 관심을 기울이고 배려하는 것을 말한다. 권한위임을 통해 구성원의 성장을 촉진하고 코치와 멘토의 역할을 수행한다. 로우 등(Lowe et al., 1996)은 변혁적 리더십에 대한 39개의 연구를 분석한 결과 변혁적 리더가 거래적 리더보다 더 높은 성과를 달성한다는 사실을 발견하였다.

토의 5-2

[미리보기]에서 소개된 소설 〈장발장〉의 개략적인 스토리를 바탕으로 다음 질문에 대한 자신의 생각을 정리하고, 이를 팀원들과 공유하시오.

1. 미리엘 신부가 장발장에게 베푼 일련의 행동들을 배스(1985)의 변혁적 리더십의 네 가지 요인 관점에서 분석하시오.
2. 장발장은 어떻게 몽트뢰유쉬르메르의 시장이 될 수 있었는가? 변혁적 리더십의 구성원 관점에서 설명하시오.
3. 소설 〈장발장〉을 통해 빅토르 위고가 후대에게 전하는 영감적 메시지(inspirational message)는 무엇인가?

(2) 거래적 리더십과 비리더십 요인

거래적 리더십 요인들은 〈표 5-8〉에서 보듯이 조건적 보상, 그리고 예외에 의한 관리의 두 가지가 있다. 조건적 보상(contingent reward)은 성과에 따른 보상으로서 조직 목표 달성에 기여를 많이 한 구성원에게 더 많은 보상을 제공하고, 반대로 성과에 대한 공헌이 미미한 직원에 대해서는 적은 보상을 제공하는 것을 말한다. 상호성의 원리에 입각한 기브 앤 테이크(give & take)의 행동이다. 그리고 예외에 의한 관리(management by exception)는 목표를 달성하거나 일을 잘 수행해 냈을 경우에 대한 긍정적 강화보다는 목표를 달성하지 못하거나 규범 · 규칙 · 기준에 어긋났을 경우(즉, 예외상황)에 대한 부정적 강화를 위주로 하는 행동이다. 주로 부정적 피드백과 교정적 비판(corrective criticism), 그리고 질책을 한다.

한편, 비리더십 요인(non-leadership)은 자유방임주의(Laissez-Faire)를 말하며, 리더십이 없는 상태를 의미한다. 자유방임적 리더는 "일에서 손을 놓고 그저 상황이 돌아가는 대로 지켜보자."는 방관자적 태도를 보인다. 이러한 리더는 책임을 지지 않으려 하고, 의사결정을 미루며, 부하들의 요청사항에 대해서도 별다른 관심을 보이지 않는다.

2. 기타의 변혁적 리더십 연구

(1) 베니스와 나누스의 연구

베니스와 나누스(Bennis & Nanus, 1985)는 90명의 리더들에게 다음과 같은 질문을 하였다. "당신의 강점과 약점은 무엇입니까? 과거의 어떤 사건이 당신의 리더십 형성에 가장 영향을 미쳤습니까? 그리고 당신의 경력상에서 중요한 순간은 언제였습니까?" 이와 같은 면접을 통한 연구결과를 토대로 베니스 등은 다음과 같은 변혁적 리더의 네 가지 공통전략을 확인하였다.

첫째, 명확한 비전을 제시한다. 매력적이며 단순하고 이해하기 쉬운 미래에 대한 이미지를 제시한다. 둘째, 팀원들과 이념 · 가치관 · 규범을 공유한다. 공감대 형성을 통해 집단정체성을 형성함으로써 사회적 건축가(social architects)로서의 역할을 한다. 셋째, 비전과 목표 달성과정에서 솔선수범함으로써 신뢰를 구축한다. 넷째, 리더 자신의 강점과 약점을 명확히 인식한다. 그들은 약점에 얽매이기보다는 강점에 집중하고 개발하는 긍정적 자기인식을 통해 업무에 몰두한다. 리더의 긍정적 자기인식은 팀원들에게도 긍정적 영향을 미쳐 팀원 역시 스스로에 대한 높은 기대와 자신감을 갖게 한다. 끝으로 학습을 한다. 리더 스스로 자기개발을 위한 학습을 실천하고 팀원에게 학습의 중요성에 대해 강조한다.

(2) 쿠제스와 포스너의 연구

쿠제스와 포스너(Kouzes & Posner, 1987, 2002)도 리더를 대상으로 한 면접결과를 토대로 변혁적 리더의 다섯 가지 공통행동을 확인하였다. 이들의 연구에서는 1,300명이 넘는 리더들에게 리더로서 자신이 겪었던 '최고의 경험들(best experiences)'을 적어보도록 요구하고, 그 기록들을 내용분석(content analysis)하여 리더십 모형을 제시하였다. 첫째, 솔선수범하여 모범이 된다. 둘째, 비전을 공유하고 팀원들에게 영감을 불어넣는다, 셋째, 도전한다. 성장발전을 위해 새로운 것을 시도하고 위험을 감수한다. 넷째, 상호 존중과 배려의 조직분위기를 형성하고, 팀워크와 협업을 중시한다. 다섯째, 용기를 준다. 인정과 칭찬 · 지지 · 격려의 정서적 보상을 통해 공동체 정신을 강화한다.

(3) 티키와 드바나의 연구

티키와 드바나(Tichy & DeVanna, 1990)도 인터뷰를 통한 연구결과 리더들이 "변화필요성 인식-비전창출과 공유-제도화"의 3단계 행동과정을 통해 조직의 변화를 관리한다고 하였다.

☑ 변화필요성 인식

변혁의 1단계 행동은 변화의 필요성을 인식하는 것이다. 조직과 개인은 현재 상황에 안주하고 변화에 저항하는 타성(inertia)이 있다. 변혁적 리더는 일시적인 혼란상태보다 오랫동안 지속되는 안정이 생존에 더 위험하다는 것을 알고 있다. 제프리 이멜트(Jeffrey R. Immelt) GE회장도 "아무것도 안 하는게 가장 큰 리스크이다."고 말했다. 변화필요성을 인식시키기 위한 방법에는 다음과 같은 것들이 있다.

- 다른 의견을 제시하도록 장려한다. 건설적 비평을 촉진하는 문화를 만든다. 이는 갈등이 아니라 긴장이다.
- 조직목표 달성 정도를 객관적으로 평가하고 공유한다.
- 경제적, 비경제적 조직성과를 다른 조직의 성과와 비교 · 분석하여 공유한다.
- 내부의 다른 부서나 외부의 다른 조직을 방문하여 벤치마킹한다.

☑ 비전 창출과 공유

변혁의 2단계 행동은 비전을 만들고 공유하는 것이다. 비전은 조직의 미래 모습에 대한 개념적 안내도(conceptual road map)의 역할을 한다. 비전은 팀원들의 참여와 협의를 통해 공동으로 만들어야 한다. 비전은 다양한 커뮤니케이션 경로를 통해 지속적, 반복적으로 공유함으로써 신념으로 자리 잡아야 한다.

☑ 제도화

제도화는 두 가지의 중요한 변화행동을 포함한다. 성공적인 변화를 이루기 위해서는 먼저 변화를 추진할 수 있는 변화 주도그룹을 만들고 이들의 신념과 역량을 개발해야 한다. 그리고 새로운 조직문화 구축, 조직구조 개편, 성과에 따른 보상시스템 설계 등의 제도적 장치를 만들어야 한다.

티키와 드바나의 조직변화 관리 3단계 모델에서 제도화 단계를 세분화하여 신념과 역량 개발단계, 그리고 제도화단계로 분할하면 〈표 5-9〉와 같이 4단계 변화관리 모델이 된다. 초경쟁 시대에 지속적 변화와 혁신은 기업생존을 위한 필수요소이다. 그러나 과거 수많은 조직이 변화를 시도했지만, 그 중 무려 70%가 실패로 끝났다. 이는 역으로 변화의 위험성을 나타내는 것이다. 조직이 변화관리에 실패하는 원인을 〈표 5-9〉 변화의 성공방정식 모델을 통해 살펴보자.

먼저, 다른 모든 조건이 충족되었다고 하더라도 구성원들이 변화의 필요성을 인식하지 못하면 구성원들은 '방관자'의 입장을 취하고, 이 때문에 변화에 실패하게 된다. 둘째, 변화추진 과정에서 비전 창출과 공유단계가 미흡하면 변화의 방향성을 잃게 됨으로써 조직(구성원)은 '혼란'상태에 빠지게 되고, 변화과정은 실패로 끝나게 된다.

셋째, 변화추진그룹이 변화방향과 전략에 대한 신념이 부족하거나, 변화관리를 지속적으로 추진할 수 있는 역량이 구비되어 있지 않을 경우 과연 '우리가 제대로 해 낼 수 있을까'하는 '회의감'에 빠져 변화에 실패하게 된다. 끝으로, 변화관리의 결과가 보상으로 연결되지 않거나, 단계별 성과가 가시적으로 보이지 않으면 구성원들은 좌절과 체념을 느끼게 되고, 역시 이 때문에 변화에 실패하게 된다. 이와 같이 변화관리는 네 가지 성공요인들이 유기적으로 연결되었을 때만이 성공할 수 있다.

표 5-9 변화 성공방정식

	변화 필요성 인식	×	비전 창출과 공유	×	신념과 역량 개발	×	제도화 (평가·보상)	=	성공적 변화
실패 유형	없음		있음		있음		있음		방관
	있음		없음		있음		있음		혼란
	있음		있음		없음		있음		회의
	있음		있음		있음		없음		체념

지금까지 살펴 본 변혁적 리더십이론을 요약하면 〈표 5-10〉과 같이 정리할 수 있다.

표 5-10 변혁적 리더십이론 요약

배스 (1985)	베니스와 나누스 (1985)	쿠제스와 포스너 (1987, 2002)	티키와 드바나 (1990)
이상적 영향력	비전 제시	솔선수범(모범)	변화필요성 인식
영감적 동기부여	이념 · 가치관 · 규범 공유	비전 공유 · 영감 전파	비전 창출과 공유
지적 자극	솔선수범(신뢰 구축)	도전(위험 감수)	제도화
개별적 배려	리더 자신의 강 · 약점 인식	상호 존중 · 팀워크	
	학습(자기개발 · 육성)	용기(공동체 정신 고양)	

3. 변혁적 리더십이론과 관련된 이슈

(1) 변혁적 리더십이론 연구결과

지금까지의 연구결과를 종합해 보면 다음과 같다. 첫째, 변혁적 리더십의 성과에 대한 영향이 일관성 있게 유의적으로 나타나고 있다. 둘째, 다양한 변혁적 리더십 효과가 확인되고 있다. 셋째, 변혁적 리더십과 거래적 리더십은 양립할 수 있는 것으로 나타났다. 이것은 "리더가 변혁적 행동과 거래적 행동을 동시에 보여줄 수 있다."라는 의미이다. 넷째, 조건적 보상은 구성원들의 만족도, 유효성, 그리고 추가적 노력 등과 정(+)의 관계를 갖는다. 다섯째, 예외에 의한 관리행동이 성과에 미치는 영향은 연구들마다 결과가 다르게 나타나 일관성이 없다.

(2) 카리스마리더십과의 비교

많은 학자들이 변혁적 리더십과 카리스마리더십의 유사점과 차이점에 대한 의견을 제시하고 있다. 두 이론의 유사점과 차이점을 정리하면 〈표 5-11a〉와 〈표 5-11b〉와 같다.

표 5-11a 변혁적 리더십과 카리스마리더십의 유사점

- 변혁적 리더십은 네오(neo) 카리스마리더십군(群)에 속한다.
- 비전을 중심으로 구성된다.
- 카리스마를 핵심으로 한다.
- 윤리와 가치를 중시한다.
- 기대 이상의 성과를 추구한다.
- 카리스마 리더와 변혁적 리더 모두 변화촉진자의 역할을 한다.
- 문제해결에 있어 기존의 방법보다는 새로운 방법을 강조한다.

자료 : 백기복(2016), 194. 수정 · 인용.

표 5-11b 변혁적 리더십과 카리스마리더십의 차이점

카리스마리더십	변혁적 리더십
• 시간적으로 3단계에 걸쳐 리더십 행위가 순차적 발휘	• 한 시점에서의 리더의 모습을 제시
• 리더의 개인수준에 초점	• 조직 · 집단수준에 초점
• 역할모델, 인상관리, 비정형적 행동에 의존 • 구성원들이 리더에 의존가능성 높음	• 임파워먼트, 자율 팀 등을 사용 • 구성원들이 리더에 의존가능성 낮음

토의 5-3

위기의 한국, 변혁이 필요하다. 정치인과 기업가에 대한 혐오, 사회지도층에 대한 불신, 집단이기주의, 시민의식의 부재, 탐욕의 범람. 어느 한 계층의 문제가 아닌 총체적 부실이다. 위기에 빠진 한국을 구하기 위한 변혁방안을 팀원들과 함께 탐구하시오.

1. 한국이 처한 대외적 문제는 무엇인가?
2. 한국이 처한 대내적 문제는 무엇인가?
3. 한국 변혁전략을 티키와 드바나(1990) 모델을 적용하여 연구하시오.

<table>
<tr><td colspan="2">변혁의 필요성 인식</td><td></td></tr>
<tr><td colspan="2">대한민국 비전</td><td></td></tr>
<tr><td rowspan="2">신념과 역량개발</td><td>사회 지도층</td><td></td></tr>
<tr><td>국민 (시민)</td><td></td></tr>
<tr><td colspan="2">제도와 시스템</td><td></td></tr>
</table>

사례연구 [1]

도널드 트럼프(70)는 부동산 재벌 출신의 '워싱턴 아웃사이더'로 펜실베이니아대 와튼스쿨을 졸업하였다. 그는 트럼프 모기지, 트럼프 골프, 트럼프 대학까지, 소유한 모든 것에 자기 이름을 붙이는 나르시시스트(narcissist)이다. 트럼프는 유세 과정에서 직설과 독설로 온갖 비난을 받고 있지만, 트럼프의 지지자들은 '트럼프만이 있는 그대로를 말하는 솔직한 후보'라고 열광한다. 그동안 억눌려 있던 미국 보수층의 속내를 그의 입을 통해 표출하고 있는지도 모른다.

트럼프가 트위터에 올린 아내 멜라니아(오른쪽)와 크루즈의 아내 하이디의 사진.
전날 크루즈 진영에서 멜라니아의 누드 사진 공개에 대한 반격 일환.

시몬 수사는 그룹토론을 촉진하고 각각의 참여자가 자신의 견해를 충분히 표현할 수 있도록 분위기를 조성하는 탁월한 능력자였다. 그는 내가 뭔가를 이야기하면 한 마디도 놓치지 않는 것처럼 보였으며, 그의 그런 모습은 매우 가치 있고 중요한 태도로 여겨졌다. 그는 무엇보다 상황을 파악하고 문제의 본질에 접근하는 뛰어난 능력의 소유자였다. 그는 도전을 받더라도 결코 방어적인 자세를 취한 적이 없었으며, 내가 만나본 사람 중에서 가장 탄탄한 신념의 소유자였다. 그의 순수하고 부드러운 성격, 항상 얼굴을 덮고 있는 미소, 그리고 반짝이는 두 눈은 내게 진정한 삶의 기쁨을 전하는 듯했다.

1. 미국인들이 도널드 트럼프 미국공화당 대선경선후보에게 열광하는 이유를 '카리스마' 관점에서 생각해 보시오.
2. 시몬 수사에 대한 평가를 '카리스마' 관점에서 생각해 보시오.
3. 도널드 트럼프와 시몬 수사의 '카리스마'는 어떤 공통점과 차이점이 있는가?

사례연구 [2]

내가 신입사원 때 김봉철 팀장님은 모두가 두려워하는 존재였다. 나는 입사하자마자 팀 분위기에 압도당했으며 집에 못 들어가는 일이 허다했다. 매일 야근하며 그 유명한 LotusTM NXT Glass를 개발하는 데 3년을 올인하였다. 당시 우리 팀의 성과는 본부 내 최고였지만, 팀원들의 불만은 커져갔으며 일부는 퇴사까지 고려했다. 그런 가운데도 팀을 유지할 수 있었던 것은 김 팀장님의 강력한 리더십 덕분이었다. 그는 팀의 비전을 지속적으로 제시하고 실천하였다. 한때 부서에 인력감축계획이 내려왔고 팀 분위기가 엉망으로 된 적이 있었다. 그때 그는 우리 팀원 10명에게 "너희는 나만 믿으면 된다. 우리는 중요한 일을 하고 있다. 누구라도 너희를 건드리는 것은 내가 용서치 않는다."라고 말씀하셨다.

우리는 단 한 명도 구조조정 명단에 들지 않았다. 그때의 경험은 팀원들에게 팀장에 대한 큰 믿음을 가져다 주었고, 우리는 프로젝트에 몰입하여, 성과목표를 달성할 수 있었다. 겉으로 보이는 그의 강인함 뒤에는 따뜻한 배려도 있었다. 그는 연말에 팀원들 집으로(부모님이나 아내 앞으로) 케이크, 카드와 함께 꽃 배달을 보내서 팀원들은 물론 가족들까지 감동하게 하였다. "우리 팀에 꼭 필요한 인재를 보내 주신 ○○님께 진심으로 감사드립니다. 저희는 큰일을 하고 있습니다. 꼭 보답해 드리겠습니다."라는 카드내용은 우리들 모두의 힘겨움을 한방에 날려버렸다. 바쁜 중에도 우리는 일 년에 두세 번씩은 외부 세미나에 참석하여 업계의 동향과 신기술을 익혔다. 모두 팀장님의 독려에 의해서였다. 그는 일을 할 때 어떤 제안에 대해서도 일단 들어보고 결정하였다. 그리고 항상 "그래? 왜 그렇게 생각하지? 뭐 다른 방법은 없을까?"라는 질문을 하곤 했다. 그는 그 바쁜 와중에도 KAIST 테크노경영대학원에서 석사학위를 마쳤다. 그때 업무적으로는 어려운 3년을 보냈지만, 그가 팀을 떠난 지 7년이 지난 지금도 김 팀장(지금은 김 이사)님을 중심으로 멤버들이 주기적으로 만나고 있다. 그는 내 마음속의 '영웅'이다. 그와 함께했던 고생스러운 시간은 나의 직장생활에 많은 영향을 미치고 있다. 나는 이런 사람을 상사로 만났던 것에 대해 큰 행운이자 자산으로 생각한다. 그는 나의 역할모델이다.

1. 김봉철 팀장의 리더십을 카리스마리더십과 베니스와 나누스(1985)의 변혁적 리더십의 두 가지 관점에서 각각 설명하시오.
2. 김 팀장의 리더십에서 본받을 점은 무엇인가?
3. 김 팀장의 리더십스타일이 지닌 위험성을 카리스마리더십 실패의 관점에서 설명하시오.

자기인식과 성찰

다음의 각 항목을 읽고 평소 자신(또는 상사)의 행동에 대해, 아래의 판단기준에 따라 체크하시오.

0. 전혀 그렇지 않다. 1. 좀처럼 안 그렇다. 2. 때때로 그렇다. 3. 자주 그렇다. 4. 거의 항상 그렇다.

1.	구성원들은 나(상사)와 함께 있으면 기분이 좋아진다.	0 1 2 3 4
2.	나(상사)는 구성원들에게 가슴 설레는 비전과 목표를 제시한다.	0 1 2 3 4
3.	나(상사)는 예전에는 전혀 의문을 갖지 않았던 자신의 아이디어에 대해 다시 한 번 생각해 보도록 힌트를 제공한다.	0 1 2 3 4
4.	나(상사)는 구성원들이 자기개발을 하도록 지원한다.	0 1 2 3 4
5.	나(상사)는 구성원들이 성과에 따른 보상을 받기 위해서 무엇을 해야 하는지 알려준다.	0 1 2 3 4
6.	나(상사)는 업무목표를 달성하지 못했을 경우 원인과 대책을 요구한다.	0 1 2 3 4
7.	나(상사)는 구성원들이 늘 같은 방식으로 일하는 것에 대해 별로 신경 쓰지 않는다.	0 1 2 3 4
8.	구성원들은 나(상사)를 정말 신뢰한다.	0 1 2 3 4
9.	나(상사)는 구성원들이 일에 헌신(몰입)하도록 열정을 불러일으킨다.	0 1 2 3 4
10.	나(상사)는 구성원들에게 복잡하고 어려운 문제를 대하는 새로운 시각과 방법을 제시한다.	0 1 2 3 4
11.	구성원들이 하고 있는 일에 대한 나(상사)의 생각과 의견을 표현한다.	0 1 2 3 4
12.	나(상사)는 목표를 달성했을 경우 인정해 주고, 그에 합당한 보상을 한다.	0 1 2 3 4
13.	나(상사)는 업무수행 원칙과 기준에 어긋났을 경우 그에 따른 책임을 묻는다.	0 1 2 3 4
14.	나(상사)는 사람들이 무얼 하든 신경 쓰지 않는다.	0 1 2 3 4
15.	구성원들은 나(상사)와 함께 일하는 것을 자랑스럽게 생각한다.	0 1 2 3 4
16.	나(상사)는 사람들이 자신의 일에서 가치와 의미를 찾도록 돕는다.	0 1 2 3 4
17.	나(상사)는 지난 문제들에 대해서 새로운 방식으로 생각할 수 있도록 아이디어를 제시한다.	0 1 2 3 4
18.	나(상사)는 소외당하고 있는 사람에게도 개인적인 관심을 보인다.	0 1 2 3 4
19.	나(상사)는 성과에 따른 공정한 보상이 이뤄지고 있는지에 대해 주의를 기울인다.	0 1 2 3 4
20.	나(상사)는 업무수행에 필요한 원칙과 기준들에 대해 알려준다.	0 1 2 3 4
21.	나(상사)는 의사결정 해야 할 사항을 뒤로 미룬다.	0 1 2 3 4

자료: Bass, B. M.(1985), 207-220, 73개 문항 중 선택. 재정리.

체크한 내용을 다음 집계표에 옮겨 적고 각 범주별로 소계점수를 산정하시오. 아래의 평가기준에 따라 범주별 강도를 평가하시오.

집계표

요인	변혁적 리더십				거래적 리더십		자유방임형 리더십
	이상적 영향력	영감적 동기부여	지적 자극	개별적 배려	성과에 따른 보상	예외관리	
문항 번호	1.	2.	3.	4.	5.	6.	7.
	8.	9.	10.	11.	12.	13.	14.
	15.	16.	17.	18.	19.	20.	21.
소계							
강도							

평가기준(강도)

높음(H)	9~12점	중간(M)	5~8점	낮음(L)	0~4점

1. 각 요인별 점수와 강도를 팀원들과 공유하시오.

2. 설문서를 보고 각 범주별로 자신이 비교적 잘하고 있는 행동과 보완·개선해야 할 행동을 한 가지씩 확인하시오.

범주	잘하는 항목	보완·개선 항목
이상적 영향력		
영감적 동기부여		
지적 자극		
개별적 배려		
성과에 따른 보상		
예외관리		

3. 자유방임형 행동에 대한 응답 결과를 팀원들과 공유하시오.

저자 특강 5

가치혁신과 다나비채 행복행동 실천하기

작은 설렘이 있는 시간과 공간. 백운호수가 내려다 보이는 카페에서 세상 시름 다 내려놓고 마음 맞는 사람과 맛있는 음식에 곁들여 차 한 잔 하면서 지혜와 정서를 나누는 것. 행복을 한 폭의 그림에 담는다면 이 정도가 아닐까. 잔잔한 7080의 음률과 호수 물결은 마음을 평안히 해준다. 석양이 뉘엿뉘엿 운치를 더 해주면 더할 나위 없다. 일상과 다른 곳에서(다름) 평안한 사람과 유익함을 나누며(나눔) 잠시 근심 · 걱정 내려놓고(비움) 몸과 마음, 머리의 활력을 채우는 것(채움). 이 같은 다름 · 나눔 · 비움 · 채움의 구체적 행동경험을 통해 느끼는 작은 설렘이 행복이다.

삶의 가치와 다나비채

다르게 살기	나누며 살기	비우며 살기	채우며 살기
남과 다른 전문성을 쌓아 대체성이 희소한 전문가가 된다.	지식 · 정보 · 기술 · 경험 · 노하우를 나누며 함께 성장 · 발전한다.	남과 비교하지 않으며 세속적 욕심을 비운다(줄인다).	오롯이 자신에게 선물한다. 월급(수입)의 10%는 지금의 나만을 위해 쓴다.
과거와 다르게 산다. 삶에 변화를 준다. 못했던(유예했던) 것을 해본다.	소중한 사람들과 함께 하는 시간을 늘리고, 감정(마음)을 나눈다.	상대방에 대한 기대를 낮춘다. 남의 시선과 평가에 마음 쓰지 않는다.	여행, 연극, 독서, 글쓰기, 수다, 취미생활 등으로 마음의 활력을 채운다(힐링).
나만의 가치를 찾는다. 나만의 삶의 스토리를 만들며 남과 다르게(unique) 산다.	선물을 하고, 술과 밥을 사며, 물질과 노동을 나눈다(기부 · 봉사 · 헌신).	마음을 비운다. 가끔 다 잊고 아무것도 하지 않는다. 생각과 마음 · 몸의 자유를 누린다.	운동과 소식(小食), 꿀잠을 통해 몸의 활력을 채운다.

자기분야에 대한 꾸준한 학습과 자기개발을 통해 구루(Guru) 반열에 오른 전문가는 한 직장에 얽매이지 않는다. 직업에서의 전문성을 바탕으로 직장이동성(mobility, 오라는 데가 있다)을 확보하여 심리적 동요 없이 일한다. 가장 안정적인 직장을 가진 것이다. 사실 밖에서 보기에 안정적으로 보이는 직장(정부, 공단 · 공사, 대기업)도 속을 들여다보면 불안정한 곳이 많다. 마흔 살만 넘어도 미래에 대한 불안, 고용안정성에 대한 불안으로 좌불안석(坐不安席)인 경우가 대부분이다. 요즈음은 20대, 30대도 불안해 한다.

백규선 박사는 포스코와 SK텔레콤에서 인력개발, 리더십 전문가로 활동하던 중 클래식 음악에 심취하여 경영과 예술의 통섭에 관심을 갖고 연구하였다. 국민대학교에서 경영학 박사학위를, 이탈리아 가스파레 스폰티니 공립음악원에서 예술학 박사학위를 받았다. 그는 예술의 세계에서 경영의 지혜와 리더십을 발견하고, 이를 경영자에게 전파하며 음악으로 세상에 행복을 전하고자 ㈜아르테마니아를 설립하여 대표로 활동하고 있다. 끊임없이 진화하며 과거와 다르게 사는 중년의 삶. 멋있다.

김익택 박사는 한국생산성본부에서 경영컨설턴트로 삼십년 이상을 근무한 후 정년퇴직하였다. 그는 '직장 민주화(개인의 자율성을 바탕으로 한 창조적 조직의 실현)'라는 이슈에 몰입하고 있다. 여전히 식지 않는 학문적 탐구자세와 자신감 넘치는 모습으로 사람들에게 에너지를 전파한다. 더욱이 두주불사(斗酒不辭)의 호쾌한 술매너는 나와 코드가 맞는다. 같이 자리하면 기분이 좋다. 자신만의 시대적 가치를 발견하고 인생3막을 살아가는 모습. 멋지다.

보람이와 예슬이는 연휴가 생기면 해외여행을 가거나 특급호텔을 간다. 월급수준에 비해 적지 않은 지출이지만 직장생활에 지친 심신을 달래기 위해 과감히 투자한다. 늘 웃는 모습으로 자신들의 생활을 잘 꾸려가는 모습을 보는 것만으로도 행복하다. 청춘이어서 좋다.

다나비채의 삶의 가치목록을 본다. 이즈음 나에게는 과연 어떤 이슈가 결정적인 것일까. 열두 개의 이슈목록들을 곰곰 생각해 본다. '다르게 살기'의 두 번째 이슈(과거와 다르게 살기)를 선택한다. 인생의 3막은 지금까지와 다르게 살고 싶다. 고요한 어둠의 시간에 나만의 공간인 글방에서 조용한 음악을 들으며, 글을 읽고 글을 쓰는 재미가 이렇게 좋은 줄이야. 설렌다.

변혁(trans · form · ation)은 형태 · 구조(form)를 다른 형태 · 구조로 전환하는(trans) 것이다. 즉, 생각의 틀(프레임)과 가치체계를 바꾸는 것이다. 돈에 대한 욕구, 힘에 대한 욕구, 사회적 지위에 대한 욕구, 타인에 대한 의존욕구 등과 같은 외부지향적 욕구는 환경과 타인의 의지에 따라 달라지는 경우가 많다.

내 의지와 관계없이 상황변화에 따라 그 결과가 달라진다. 잘못되었을 경우 '상황 탓'을 하고 '남의 탓'을 하기 딱 좋다. 설혹 원하는 결과를 이루었다고 해도 성취에 따른 뿌듯함의 지속기간이 길지 않다는 특징이 있다. 더욱이 이런 욕구는 도대체 끝이 없어 탐욕이라는 괴물을 자라게 한다. 채워도 채워도 채워지지 않는 미진함과 공허함을 낳는다. 가끔은 오롯이 나의 의지에 따라 그 결과가 결정되는 내면의 욕구를 들여다보고 성찰하는 습관이 필요하다. 성장(Growth)욕구에 집중해 보는 것이다.

일상에서 변혁적 리더십의 실천. 그것은 세상을 대하는 나의 태도, 삶의 가치에 대한 재인식과 같은 영적, 정신적, 심적 변환을 출발점으로 한다. 내면적 욕구에 충실한 삶은 외부환경과 타인의 부정적 자극에 대한 적응력을 높여준다. 웬만한 자극에는 흔들리지 않는 수용성(acceptance)과 회복탄력성(resilience)을 가진다.

Chapter

06

팀과 공유리더십

관계의 미학(美學)
: 연결과 공유, 협력으로 함께 이룬다.

01 교환(LMX)이론
02 공유리더십
03 팀 리더십

[저자 특강 6]
사회적 관계와 다섯 가지 마음

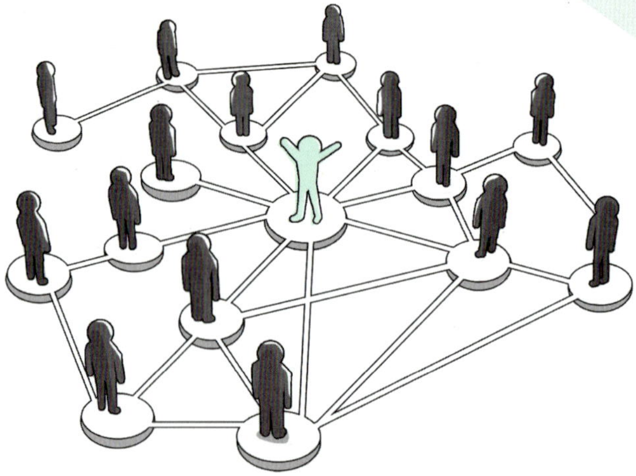

미리보기

보스톤 레드삭스의 선수였던 테드 윌리엄스는 미국 프로야구의 전설적인 타자이다. 그가 기록한 1941년의 타율(0.406)은 현재까지 깨지지 않고 있다. 통산타율 0.344(1939~1960), 홈런 521개, MVP 2회의 대기록을 남기고 '명예의 전당'에 입성했으며, 그의 등번호 9번은 레드삭스의 영구 결번이 되었다. 하지만 그는 기자들과 사이가 좋지 않았으며, 감독과 싸우고, 심판을 구타하고, 타율이 낮은 선수들을 조롱하거나 팬들에게 침을 뱉기도 했다. 윌리엄스의 이런 행동은 팀 분위기에 영향을 미쳤다. 레드삭스는 윌리엄스가 선수로 있던 기간 중에 단 한 번도 월드시리즈에서 우승하지 못했다.

혼자는 외롭다. 그리고 누구나 외롭다. 연결된 사회에서 혼자서 이룰 수 있는 것은 적다. 인류는 집단방어, 협업, 상호 부조 등의 다양한 교환과 협조체계들을 발전시켜 오늘날의 성숙된 사회에 이르렀다. 정보지식을 기반으로 한 네트워크사회가 진행되면서 교환의 대상과 빈도가 점차 확대되고 있으며, 상호 의존성도 심화되고 있다.

이 장에서 우리는 관계와 공유라는 두 가지 핵심개념을 중심으로, 이들과 연결된 리더십 주제들을 연구한다. 리더와 구성원 간의 관계의 질을 학습하고, 이들 관계가 어떤 단계를 거쳐 형성하게 되는지에 대해서 연구할 것이다. 사회적 연결망 이론과 집단지성에 대해 탐구하고, 공유리더십을 연구할 것이다. 팀 리더십의 개념과 팀 리더의 역할, 팀 우수성의 기준에 대해 학습한다.

연구 질문

1. 제5장에서 무엇을 느끼고 깨달았는가?
2. VDL이론과 교환(LMX)이론의 개념은 무엇인가?
3. LMX 발전단계와 내용은 무엇인가?
4. 사회적 네트워크이론과 조직관계망분석은 무엇인가?
5. 공유리더십(분산된 리더십)은 무엇인가?
6. 팀 리더의 역할과 팀 우수성 평가기준은 무엇인가?

특성이론과 행동이론, 상황이론, 그리고 변혁적 리더십이론의 스타는 늘 리더였다. 리더의 특성과 자질, 리더의 행동, 리더가 직면한 상황, 그리고 변혁을 이끌어내기 위한 리더의 카리스마와 지적 자극 등 리더십연구의 중심은 늘 리더였다. 조직의 성과는 리더 혼자서 '북 치고 장구 친다'고 해서 달성될 수 있는 성질의 것이 아닌데도 말이다. 사람과 사람, 정보와 정보, 사람과 정보를 실시간으로, 그리고 쌍방향으로 이어주는 이른바 연결(connectivity) 기술이 다양하게 진화 · 발전하면서 사회적 연결망을 기반으로 한 관계와 공유의 두 가지 개념이 리더십의 주요 이슈로 자리 잡고 있다. 그 중심에 교환이론과 공유리더십, 그리고 팀 리더십이 있다. 연결과 공유, 협력으로 함께 이룬다. 이 관계의 미학(美學)이 이들 이론의 핵심이다.

01 교환(LMX)이론

LMX(Leader-Member eXchange)이론은 리더와 구성원과의 관계의 속성을 분석한다. 즉, 리더와 구성원 간의 개별적인 상호관계가 리더십에 미치는 영향을 연구한다. 기존의 이론이 리더의 특성이나 행동, 상황에 연구초점을 맞춘 데 비하여, LMX이론은 분석대상을 리더와 구성원의 '1 : 1 관계(이를 짝dyad이라 함)'로 한다. LMX이론은 던서로우와 동료들(Dansereau et al., 1975), 그레이언과 캐시맨(Graen & Cashman, 1975) 등의 연구를 통해 제기되었다.

1. VDL이론

초기 교환이론은 수직짝 연계(Vertical Dyadic Linkage: VDL)이론이라고 불렀다. 조직에서 리더는 구성원들 각자와 개별적인 1 : 1의 관계(짝)를 형성한다. 예를 들어, 한 팀에 열 명의 직원이 있다고 하자. 리더는 이들 각자에 대해서 성격이나 능력, 출신학교, 됨됨이 등에 따라 각기 다르게 인식할 것이다. 이와 같이 리더와 구성원 한 명, 한 명의 친소(親疏)관계는 실질적으로 다르며 이런 관계의 차이가 리더십에 영향을 미친다.

구성원들은 리더와의 관계에 따라 내집단(in-group)과 외집단(out-group)으로 분류된다. 친밀한 관계를 갖는 짝을 내집단이라 하고, 소원한 관계를 갖는 짝을 외집단이라고 한다. 인지상정이라고 리더는 자신과 가까운 내집단 구성원한테는 더 많은 기회와 혜택을 제공하고, 더 많은 정서적 지원을 한다. 내집단의 구성원은 리더의 이러한 혜택에 보답하고자 리더의 성공을 위해 더 열심히 일하고, 더 충성을 하게 된다. 반면, 외집단 구성원에게는 공식적 수준에서의 최소한의 보상(혜택)만 주어지고 외집단의 구성원 역시 공식적으로 규정된 역할범위 내에서 일을 한다. 이런 관계의 흐름이 던서로우 등(1975)이 주장했던 VDL이론이다. 초기의 VDL연구들은 어떤 요인들이 리더-구성원 관계를 형성하는 데 영향을 미치는가를 탐구하였다. 연구결과 성격 · 가치관 · 욕구의 유사성 등과 같은 선행조건들이 밝혀졌다.

2. LMX이론

VDL이론은 리더와 구성원 간의 질적 관계가 조직성과에 미치는 영향을 주로 연구하는 LMX이론으로 발전되었다. 그레이언과 울 바인Graen & Uhl-Bien(1995)의 연구결과에 따르면 양질의 교환관계(내집단)가 성과 · 조직몰입 · 직무만족 · 참여 · 창의 등에 긍정적인 영향을 미치는 것으로 나타났다.

☑ LMX 발전단계

LMX이론에 따르면 리더가 가능한 많은 팀원들과 내집단의 관계를 만들려고 노력해야 한다. 그레이언과 울바인(1995)은 리더와 구성원 간의 관계 발전과정을 〈표 6-1〉에서와 같이 시간의 흐름에 따라 이방인단계, 친밀단계, 파트너십단계의 세 단계로 나누어 설명하였다.

표 6-1 LMX 발전단계

구분	이방인단계	친밀단계	파트너십단계
역할	공식적 역할	다양한 역할 실험	합의된 역할
영향력	일방적	혼합적	상호 의존적
교환의 질	낮음	중간	높음
관심 대상	자기 자신(이기적)	자신/타인	집단

자료 : Graen, G. B., & Uhl-Bien, M.(1995), 231.

먼저, 이방인(stranger)단계에서 리더와 구성원의 교류는 정해진 규정·규칙에 따른 공식적 관계에 머무른다. 규정된 일을 절차에 따라 실행하고 일반규범에 따라 상사를 대한다. 이 단계에서는 서로 자신의 이익을 우선시한다.

둘째, 친밀(acquaintance)단계에서는 일과 정보, 그리고 정서적 교환을 통해 보다 친밀한 관계를 형성해 간다. 업무수행과 관계에서의 밀고 당기는 다양한 실험과정을 통해 서로 도움이 되고 코드가 맞는다고 생각되면 상호 의존관계가 형성된다. 이 단계에서는 자신뿐만 아니라 다른 사람이나 집단의 이슈에 대해서도 관심을 가지게 된다.

셋째, 파트너십(partnership)단계에서는 상호 존중과 신뢰가 형성되어 서로에 대한 책임과 의무감을 갖는다. 일적인 측면에서 뿐만 아니라 삶의 전반에 걸쳐 긍정적 영향을 주고받으며, 자신의 이익보다는 집단의 이익을 우선시하는 이타적이고 공동체적인 의식을 가진다.

LMX연구자들은 리더가 1 : 1의 긴밀한 관계를 지속적으로 확대해 가다보면 관계중심의 네트워크 시스템을 형성하게 되고, 이것이 집단은 물론 자신의 성과에 긍정적 영향을 미치게 된다고 주장한다. 나인표 등(2004)의 연구결과에 따르면 리더-부하 간의 관계가 성숙될수록 협상에서의 허용범위가 넓어지고 직무만족도도 높으며, 조직시민행동을 더 보인다고 분석되었다.

LMX이론은 리더십연구에 몇 가지 공헌을 하였다. 먼저, LMX이론은 기존의 리더십연구의 관점을 확대하였다. 즉, 리더의 특성과 행동, 상황중심의 기존 리더십연구에 '리더-구성원(짝) 간의 관계'를 분석대상에 추가함으로써 연구관점의 확대를 가져왔다.

둘째, LMX이론은 내집단의 LM 관계를 확산하기 위한 의사소통의 중요성과 리더십 연결망(networking) 확대를 위한 소프트리더십의 필요성인식을 높이는 계기가 되었다. 셋째, LMX이론은 리더십에서의 차별화 이슈를 제기하였다. 즉, 학연이나 지연, 성격·가치관의 동질성과 같은 요인에 의한 차별적 관계의 형성(편애)과 이에 따른 영향을 연구하는 LMX 차별화(LMX Differentiation) 주제를 제공하였다. LMX 차별화는 공정성 지각 및 리더의 비인격적 감독(abusive supervision)과 연계된 이슈로 향후 추가적인 연구들이 이루어질 것으로 보인다.

토의 6-1

LMX이론에서는 리더와 구성원 간의 관계뿐 아니라 리더와 리더의 관계(Leader-Leader eXchange), 그리고 구성원과 구성원의 관계(Member-Member eXchange)도 중요한 역할을 한다. 다음 각 질문에 대한 자신의 아이디어를 정리하고, 그 내용을 팀원들과 토의하시오.

1. '리더'와 대칭되는 단어나 개념은 무엇인가? 그 이유는 무엇인가?
2. 내집단과 외집단은 어떻게 형성되는가? 누구는 왜 내집단에 속하게 되고, 누구는 왜 외집단에 속하게 되는가?
3. LMX, LLX, 그리고 MMX를 강화할 수 있는 방법은 각각 무엇인가?

02 공유리더십

1. 사회적 네트워크이론과 조직관계망 분석

(1) 사회적 네트워크이론

사회적 네트워크(Social network)이론은 사람들 간의 관계적 속성에 의거하여 사회구조와 인간행위를 설명하는 이론으로, 개인적 속성에서 관계적 속성으로 설명의 중심을 옮긴 이론이다. 그런데 대부분의 경우 개인의 속성과 관계적 속성은 상호작용의 효과를 갖는다. 예를 들어, 경제력이 있는 사람들은 '돈이 많다'는 개별적 속성도 갖고 있지만, 이로 인해 생기는 네트워크 확산에서 유리한 위치를 차지(관계적 속성)한다.

네트워크(연결망)의 확산은 사회구조가 수직적 위계에서 수평적 관계로 전환되는 것을 의미한다. 네트워크를 기반으로 한 수평적 사회에서는 다양한 교환관계가 형성된다. 김익택(2009)은 "교환관계에서의 권력은 의존의 역함수이다."라고 하였다. 즉, A에 대한 B의 의존성이 높을수록 A는 권력을 가지고, 반대로 B는 권력을 잃는다. 교환관계에서는 상대방에게 의존할수록 지는 것이다. 비대칭적 의존성은 지배-종속의 관계를 초래하기도 한다. 이런 관계에서의 의존성은 상호 갈등의 원인이 된다. 의존성은 사회 · 심리적 속성을 포함한다. 건강한 긴장관계를 유지하기 위해서 때로는 밀당이 필요하다. 의존도가 비슷한 교환관계에서는 권력은 발생하지 않는다.

(2) 조직관계망 분석

조직관계망(Organizational network) 분석은 설문이나 이메일, 통화내역 등의 자료를 통해 구성원들 간의 관계를 네트워크로 표현해 특징을 분석하는 기법이다. 사회관계망 분석을 조직관리에 적용한 조직관계망 분석은 조직의 공식 · 비공식 관계를 1 : 1 수준에서 분석한다. 이를 통해 직원 및 부문 간의 관계현황은 물론 의사소통현황과 문제점 등을 진단할 수 있으며, 관계망에서 중요한 역할을 하는 직원을 파악할 수도 있다. 조직관계망 분석을 통해 조직 내 영향력을 분석하면 공식적인 조직체계와 실제 영향력(상호작용)을 중심으로 형성된 네트워크가 다른 경우가 존재한다. 네트워크 분석은 네트워크 프로그램을 이용해 네트워크의 응집력, 하위집단 구분, 중심성 등을 산출한다. 대표적인 사회네트워크 프로그램은 UCINET이 있으며, 국내에서는 사이람에서 UCINET과 KrackPlot의 장점을 바탕으로 개발한 Nteminer이 대표적이다.

2. 집단지성과 공유리더십

(1) 집단지성

네트워크를 통한 예상치 못한 '생각의 연결'이 세상을 바꾼다. 집단지성(collective intelligence)은 다수의 개체들이 서로 협력하거나 경쟁을 통해 얻게 된 집단의 지적 능력을 의미한다. 〈대중의 지혜〉의 저자인 제임스 서로위키(James Surowiecki) 교수는 "소수의 전문가 집단보다 다수의 다양한 대중이 더 현명하다."고 주장하였다. 이는 개개인의 지식과 창의력이 모이면 훨씬 더 큰 성과를 창출할 수 있다는 의미이다. 집단지성의 대표적 사례로는 이노센티브(InnoCentive) 사례를 들 수 있다. 이노센티브는 기업과 정부들이 해결하지 못하는 문제에 대한 해결책을 제시해 주는 R&D 포털 전문기업으로, 집단지성을 통해 문제를 해결해 주는 서비스를 제공한다. 이노센티브의 문제해결전문가는 전 세계의 수많은 개인이다. 정부나 기업은 문제가 생겼을 때 이 사이트에 문제를 올리고 현상금을 건다. 그러면 전 세계 지식인, 과학자, 엔지니어들이 문제해결에 도전한다.

이노센티브가 위력을 떨쳤던 대표적 사례로는 알래스카 기름 유출사고의 해결이었다. 1989년 미국 알래스카에서 사상 최악의 기름 유출사고가 터졌다. 그 후 약 17년이 지난 시점에서도 문제를 해결하지 못하자 고민 끝에 국제기름유출연구소는 2007년에 이노센티브에 도움을 요청했다. 이노센티브에 '바지선에서 기름을 분리하는 해결방안'이 뜨자 2주 만에 수천 건의 아이디어가 올라왔고 문제를 올린 지 3개월 만에 시멘트회사 엔지니어의 아이디어로 문제를 해결할 수 있었다. 이와 같이 집단지성은 '공유'에서 시작된다.

(2) 공유(분산된)리더십

깁(Gibb, 1954), 카츠와 칸(Katz & Kahn, 1978)은 리더십이 팀원들에게 공유되는 것의 중요성을 이미 오래 전에 제기했다. 깁(1954)은 팀 리더십을 분산형과 집중형의 두 가지 형태로 분류하였다. 집중형(focused)은 한 사람에 의해 리더십이 발휘되는 것이다. 반면, 분산형(distributed)은 둘 이상의 사람들이 리더십의 역할과 책임, 기능을 공유하는 것을 말한다. 그는 "리더십은 집단(group)의 수준과 집단에 의해 수행되는 기능들을 보면 가장 잘 알 수 있다. 분산된 리더십(distributed leadership)은 중요한 개념이다."라고 하였다.

또한, 카츠와 칸(1978)도 "팀원들이 공동목표를 달성하는 과정에서 자발적이고 자율적으로 참여하여 다른 사람들에게 영향을 미칠 수 있을 때, 공유리더십(shared leadership)은 팀원들의 몰입, 정보공유, 상호 의존성과 개방성 등을 증진하여 조직의 경쟁력을 높일 수 있다."라고 하였다. 결국 팀에서의 '상호작용'이 매우 중요하다는 주장이다.

공유리더십은 영향력이 여러 사람들에게 분산되어 형성된 집단의 사회적 자산이다. 공유리더십은 공식적으로 임명된 관리자에 의한 수직적 리더십이라는 전통적 의미와 대비되는 개념으로 분산된 리더십과 비슷한 의미로 사용된다. 공유리더십의 수준을 소시오그램(sociogram)을 통해 표현하면 〈그림 6-1〉과 같다.

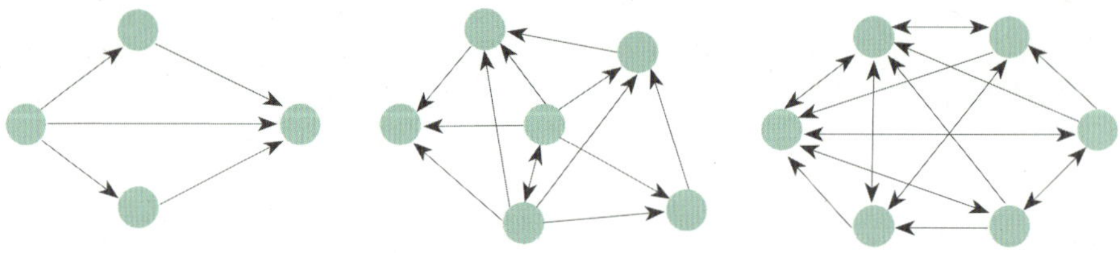

낮은 수준의 공유리더십 중간 수준의 공유리더십 높은 수준의 공유리더십

그림 6-1 공유리더십의 수준

분산된 리더십은 리더십이 어느 한 개인의 특성이나 소유개념이 아닌 조직구성원들 여럿에게 분산되어 있다는 것으로, 이슈를 중심으로 리더십이 발휘된다. 즉, 상황과 이슈에 따라 몇 사람의 구성원이 영향력을 발휘하다가 물러나고, 또 다른 필요(이슈)에 따라 다른 구성원이 리더로서의 역할을 한다. 공유리더십에 대한 다양한 의견은 〈표 6-2〉와 같다.

표 6-2 공유리더십의 개념

- 공유리더십은 조직 목표를 달성하기 위하여 집단 내에서 구성원들 간에 영향을 주고받으며 상호작용하는 역동적인 과정이다.
- 공식적으로 임명되든 자생적으로 나타나든(비공식적) 여러 사람의 리더에 의해 영향력이 공유되고 분산되는 현상이다.
- 공유리더십은 임명된 한 사람의 리더에 의해서가 아닌 팀 전체에 의해 리더십이 발휘되는 팀 프로세스이다.
- 공유리더십은 동료들 간에 영향을 주고받는 상호작용이다.
- 공유리더십은 팀 내에서 서로 집단적인 영향을 미치는 것이다.
- 공유리더십은 팀 내에 영향력이 분산된 것이다.

자료: Carson, J. B., et al.(2007), 1219.

카슨과 동료들(Carson, et al., 2007)의 공유리더십의 효과성에 대한 연구결과 공유목표, 사회적 지원, 의사표현 측면에서 구성원들 간의 상호작용이 높을수록 조직성과가 높은 것으로 조사되었다. 조직이 갈수록 네트워크화되면서 이질적인 사람들과의 파트너십은 더욱 중요해질 것이다.

토의 6-2

다음 자료를 읽고 아래의 질문에 대한 자신의 생각을 정리하시오. 팀원과 의견을 공유하시오.

신문사에서 기자 한 사람은 일종의 1인 기업이다. 신문사에서는 개인의 역량을 중요하게 생각한다. 기자는 자기가 맡은 분야에서 처음부터 끝까지 책임을 지고 결과물을 만들어 내야 한다. 아무리 신참 기자라 하더라도 특종을 '물어오면', 그 기사는 1면에 그 기자의 이름으로 실릴 수 있다. 기자는 자기주장이 강하고 비판의식이 있으며, 할 말은 하는 타입인 경우가 많다. 그래서인지 신문사의 회의문화는 적어도 기업보다는 참석자들이 할 말은 할 수 있는 분위기이다. 기업처럼 리더 혼자서 '주욱' 이야기한 후 회의를 마치는 분위기는 아니다.

1. 신문사에서 배울 수 있는 경영관리의 지혜는 무엇인가?
2. 기자의 특성을 공유리더십의 관점에서 설명하시오.
3. 기자의 특성을 일반조직에 적용할 경우의 한계점은 무엇이라고 생각하는가?

03 팀 리더십

프로젝트팀, 테스크포스팀, 자율관리팀, 업무개선팀 등 다양한 팀 활동이 증진되면서 팀 리더십에 대한 관심이 증대되고 있다. 팀 중심구조는 빠르게 변화하는 경영환경에 신속하게 대응함으로써 경쟁에서 살아남을 수 있는 중요한 방법으로 인식된다. 팀 리더십은 리더십의 연구 분석단위를 개인이 아닌 팀으로 한다.

팀은 공동목표를 공유하고, 목표달성을 위한 협력의지를 가진 상호 의존적인 조직 내의 소규모 집단으로 유연성과 자율성을 근간으로 한다. 팀 연구의 역사에 대해서 포터와 베이어레인(Porter & Beyerlein, 2000)은 1920년대와 30년대의 집단연구로부터 시작되었다고 한다. 집단연구의 간략한 발전과정은 〈표 6-3〉과 같다.

표 6-3 집단연구의 발전과정

1920년대, 30년대	과학적 관리법에 대응한 인간관계운동
1940년대	집단역학(Group Dynamics)

1950년대	감수성훈련과 T-그룹, 집단 내의 리더십 역할
1960년대, 70년대	조직개발(Organizational Development)
1980년대, 90년대	품질관리팀, 벤치마킹, 지속적 개선운동

그 동안의 팀 리더십에 대한 연구는 대부분 공식적인 팀 리더의 영향을 중심으로 이루어졌다. 이에 따라 구성원들이 리더십에 미치는 영향에 대한 부분이 경시되었다. 그러나 다음과 같은 현상으로 공유의 중요성이 제기되었다.

- 급변하는 경영환경 속에서 팀이 직면하는 복잡성과 모호성을 한 사람의 공식적 리더가 성공적으로 대응하기에는 한계가 따른다.
- 조직이 수평적으로 변화하고 유연성과 자율성이 강조되는 자율경영팀이 등장하면서 한 사람의 공식적인 리더에 따른 리더십보다는 내부 팀원들에 의해 주도되는 리더십을 강조한다.
- 전문성을 가진 지식근로자의 중요성을 강조한다.

팀 리더십은 개인역량이 아닌 공동체의 역량이다. 팀 성과는 한 사람의 노력이 아니라 다수의 노력에 의한 결실인 것이다. “one for all, all for one” 이것이 팀 리더십의 기본개념이다. 데이와 동료들(Day et al., 2004)은 공유리더십, 또는 분산된 리더십을 팀 리더십역량이라고 부른다. 성공하는 팀은 리더(상사)에 대한 의존도가 낮은 조직이다. 이는 팀원 모두가 리더십을 발휘할 수 있어야 한다는 의미이다. 의미 있는 변화가 지속적으로 유지되는 조직에서는 구성원 대다수가 변화의 과정에 참여한다. 최근 연구에 따르면 리더십이 공유되고 있는 팀들이 단일 리더의 팀들보다 우월한 성과를 보이는 것으로 나타났다.

1. 기능적 리더십모형

힐(Hill)의 기능적(functional) 리더십모형에서는 리더의 역할을 ‘팀을 관찰하고 팀 효과성을 증진하기 위해 필요한 조치를 취하는 활동’으로 규정한다. 이에 따르면 유능한 리더는 〈그림 6-2〉에서와 같이 팀의 문제점들을 해결하기 위해 어떤 리더십 개입이 필요한지를 효과적으로 결정하는 리더이다.

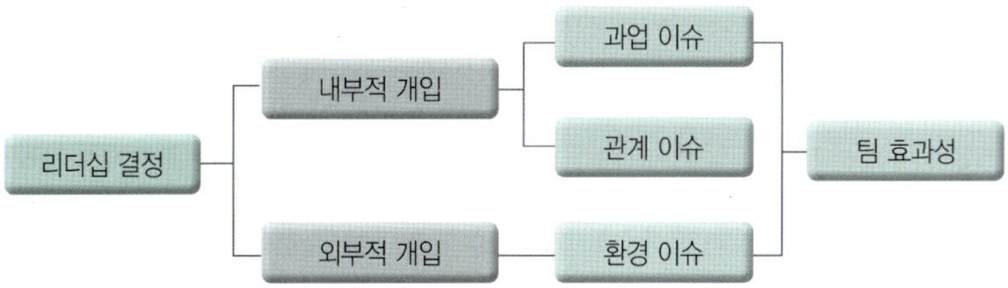

자료 : Northouse, P. E.(2013). 291. 모델단순화.

그림 6-2 Hill의 팀 리더십 모델

여기서 리더십 결정은 팀 성과달성을 위한 개입 여부의 결정, 개입 유형 및 수준에 대한 판단을 말한다. 이에 대해 자세히 살펴보자.

리더십 결정 1 개입 여부의 결정

리더십 결정의 첫 단계는 팀 활동을 계속 관찰하고 모니터링하는 것이 적절한가, 아니면 개입하여 조치를 취하는 것이 적절한가를 결정하는 것이다. 맥그레이스McGrath는 핵크만 등(Hackman et al., 1986)의 연구를 인용하여 팀 리더십의 핵심기능을 제시하였다. 그는 리더십행동을 감시(monitoring)와 조치, 내부와 외부의 두 차원으로 구분하여 〈표 6-4〉와 같이 네 가지 유형의 팀 리더십 핵심기능을 제시하였다.

표 6-4 McGrath의 팀 리더십의 핵심기능

구분	감시	조치
내부이슈	팀 내부문제점 진단 ①	문제점 해결을 위한 조치 ②
외부이슈	외부 환경변화 예측 ③	환경변화(악화)에 대한 예방적 조치 ④

자료 : North, P. E.(2013). 293. 재인용.

이와 같이 팀 리더의 핵심기능은 팀의 내부이슈를 확인하고, 문제점을 진단하여 이를 해결하기 위한 조치를 실행하는 것, 그리고 외부 환경변화 이슈를 확인하고 예측하여 환경악화이슈에 대한 예방적 조치를 취하는 것이다.

플레이시만 등(Fleishman et al., 1991)에 따르면 팀 리더의 핵심기능 수행을 위해 정보탐색과 정보구조화의 두 단계가 필요하다. 정보탐색은 팀원들과의 의견교환, 외부 네트워크 활용, 팀 서베이 실시, 성과평가 등을 통해 팀의 현재상태 판단을 위해 필요한 정보를 수집하는 단계이다. 정보구조화는 수집된 정보를 분석 · 평가 · 조직화하여 실행계획 수립을 위한 해석(의미부여)을 하는 단계이다. 정보탐색과 정보구조화단계에서는 팀원의 참여가 중요하다.

리더십 결정 2 개입 유형의 결정

리더십 결정의 두 번째 단계는 팀의 내부이슈에 개입할 것인가, 외부이슈에 개입할 것인가를 결정하는 것이다.

리더십 결정 3 개입 수준의 결정

리더십 결정의 세 번째 단계는 팀 과정의 어떤 수준에서 개입할 것인가를 선택하는 것이다. 이것은 내부적인 과업이슈, 내부적인 관계이슈, 그리고 외부적인 환경이슈로 구분하여 어느 이슈에 집중할 것인가를 결정하는 것을 말한다. 내부적 과업이슈와 관계이슈 간의 균형은 물론, 내부이슈와 외부환경이슈 간의 균형을 유지하여 상황변화에 따라 유연하게 대응하는 것이 필요하다. 개입은 팀 리더가 수행하는 구체적 리더십기능들을 의미한다. 유능한 리더는 상황에 따라 적절하게 개입할 필요가 있다. 〈표 6-5〉는 리더가 실행할 수 있는 개입행동의 유형들을 정리한 것이다.

표 6-5 개입행동의 유형

내부	과업 이슈	• 목표에 초점 맞추기 : 목표명확화, 목표에 대한 합의 도출 • 성과지향 구조 : 비전설정, 계획수립, 조직화, 역할명료화, 권한위임 • 문제해결을 위한 팀 토의와 의사결정 촉진 • 교육훈련 • 우수성 기준 설정과 유지 : 우수성 기준 설정, 성과측정 · 평가, 성과부진 대응

내부	관계 이슈	• 대인관계 코칭, 멘토링 • 협력과 협업, 참여 • 갈등관리 : 비판 회피, 건설적 대립 촉진 • 헌신 및 팀 정신(team spirit) 제고 : 낙관적 · 혁신적 사고, 사회적 책임 인식 • 욕구충족 : 신뢰 · 지원 · 후원 • 원칙 준수 : 윤리적, 원칙중심적 규범, 공정성, 일관성 유지
외부	환경 이슈	• 연결망 구축 : 조직 내외 연결망 구축과 제휴(정보수집과 영향력 확대) • 옹호 · 대변 : 외부(환경)에 대해 팀을 옹호하고 대변 • 지원을 위한 교섭 : 팀의 필요자원을 확보하기 위한 상부와의 협상 • 완충장치 : 외부 압력으로부터 팀원을 보호 • 팀의 외부공헌도 지표 측정 · 관리 • 환경정보 탐색과 공유

자료 : North, P. E.(2013). 295–298. 내용 정리.

2. 팀 우수성 기준

팀의 규모와 관계없이 우수한 팀은 공동목표(common goal), 역할과 책임, 우수성의 기준과 행동규범을 공유한다.

☑ 공동목표

미션과 비전 · 목표를 명확히 했을 때 다음과 같은 장점이 있다.

- 팀의 목적과 목표에 대한 방향, 중점사항을 이해할 수 있다.
- 누가, 무엇을, 어떻게, 왜 하는지를 명확하게 할 수 있다.
- 과업의 우선순위를 정할 수 있다.

☑ 역할과 책임

효과적인 팀은 개인별 역할과 책임을 명확하게 규정한다. 직무상의 역할을 규정하면 팀원 각자는 자신에게서 기대되는 바가 무엇인지를 인식하고, 동료의 역할도 잘 이해하게 된다.

☑ 우수성의 기준

구성원들의 성과평가를 위한 우수성 판단기준이 명확하게 규정되어 있어야 한다. 성과평가는 다음의 세 단계를 거쳐 이뤄진다.

- 성과목표 : 기대하는 성과목표가 무엇인지 명확히 제시한다.
- 과정관리 : 업무수행과정을 점검하고 필요한 자원을 지원하고 피드백한다. 문제가 있을 경우 해결방안을 함께 검토하며, 필요할 경우 조정을 한다.
- 성과보상 : 성과를 평가하고, 평가결과에 따른 공정한 보상을 실시한다. 성과평가 결과는 차기계획에 반영하고, 구성원의 역량개발을 위한 기초자료로 활용한다.

행동규범

행동규범은 팀 운영과 관련한 규칙을 말한다. 여기에는 의사결정방법, 우선순위결정기준, 성과평가기준, 회의운영규칙, 근태관리규칙 등이 포함된다. 한편, 라손과 라파스토(Larson & LaFasto, 1989)는 팀 우수성의 평가기준을 팀 성과와 유지 · 발전의 두 가지로 구분하여 〈표 6-6〉과 같이 제시하였다.

표 6-6 팀 우수성 평가기준

과업(성과) 관련 팀 우수성 특성	관계 · 유지 관련 팀 우수성 특성
• 명확하고 가치 있는 목표	• 원칙중심의 리더십
• 성과지향적 조직구조	• 유능한 팀원
• 우수성의 기준	• 헌신성, 일체성(팀정신), 정체성
• 외부의 지원과 인정	• 협동적 분위기

토의 6-3

독일의 심리학자 링겔만Max Ringelman은 줄다리기시합을 통해 집단에 속한 개인의 공헌도 변화를 측정하는 실험을 했다. 개인이 당길 수 있는 힘의 크기를 100으로 보았을 때, 2명, 3명, 8명으로 이루어진 각 집단은 200, 300, 800의 힘을 발휘할 것으로 기대하였다. 그러나 실험결과에 따르면, 2명으로 이루어진 집단은 잠재적인 기대치의 93%, 3명인 집단은 85%, 그리고 8명으로 구성된 집단은 겨우 64%의 힘만이 작용한 것으로 나타났다. 집단의 규모가 커질수록 집단성과에 대한 개인별 공헌도는 줄어들었다.

① 집단에 참여하는 사람의 수가 늘어날수록 성과에 대한 1인당 공헌도가 떨어지는 현상을 링겔만 효과라고 한다. 이와 관련된 개념으로 제노비스 신드롬(Genovese syndrome)과 방관자효과(bystander effect)가 있다. 이들 각각은 무엇인가?

2. 책임의 분산(diffusion of responsibility)은 여러 사람이 서로 책임을 미루는 현상을 말한다. 책임의 분산현상이 발생하는 이유는 무엇인가?
3. 책임의 분산을 방지하기 위한 방법은 무엇인가?

사례연구 [1]

어윤대 국가브랜드위원회 위원장은 "이명박 대통령은 지금 하는 일을 반으로 줄여야 한다."라고 말했다. 그는 "이 대통령에게 약점이 있다면 일을 너무 많이 한다는 것"이라며 이렇게 말했다. 어 위원장은 "이 대통령이 기업 CEO나 서울시장할 때는 '나를 따르라'는 식의 앞장서는 리더였지만, 지금은 뒤에서 밀어주는 리더십이 필요하다."면서 "(일을 줄이는 대신) 생각을 많이 해야 한다."라고 말했다. 그는 "지금 세계 경제 · 사회에서는 '블랙 스완(black swan, 검은 백조의 발견처럼 예측 못했던 사건)'이 일어나고 있다. 이런 상황에서 생각을 많이 하지 않고 대통령이 그동안의 경험만 갖고 결정하는 것은 굉장히 위험할 수도 있다."며 "많이 생각하고, 많이 듣고, 앞에 나서기보다는 권한을 이양하고 장관들한테 일을 많이 넘기는 방향으로 가야 한다."라고 했다.

1. '팀장'과 '팀 리더'의 차이는 무엇인가?
2. [미리보기]의 '테드 윌리엄스' 사례와 '이명박 전 대통령'의 사례가 시사하는 점은 무엇인가?
3. 직급이 낮아도, 나이가 어려도 구성원들에 의해 조직의 실세로 인식되는 사람이 있다. 그 이유는 무엇인가?

사례연구 [2]

심리학자 셰리프Sherif 교수는 집단행동연구를 위한 여름캠프를 운영했다. 그는 연구진과 함께 3주간의 캠프에 참가할 11세 소년 22명을 모집하고, 이들을 두 팀으로 나눈 후 각각 '독수리 팀'과 '방울뱀 팀'으로 이름을 붙였다. 첫 1주일 동안 두 팀은 개별적으로 공원에서 하이킹, 야간 답사, 카누 타기와 같은 체험을 했다. 둘째 주부터 실험이 시작되었다. 캠프 운영요원들은 두 팀이 일주간에 걸쳐 경기를 한 뒤에

이긴 팀에게 트로피를 수여한다고 발표했다.

첫 번째 야구경기에서 방울뱀 팀이 승리했다. 두 번째 줄다리기경기에서도 방울뱀 팀이 이겼다. 화가 난 독수리 팀은 경기가 끝난 후에도 경기장을 떠나지 못했다. 그들의 눈에 방울뱀 팀의 깃발이 보였다. 소년들은 그 깃발을 불태우고 타다 만 깃발을 다시 꽂아 두었다. 다음날 아침 타버린 깃발을 목격한 방울뱀 팀은 격분했다. 방울뱀 팀의 한 명이 독수리 팀 깃발을 뽑아 달아났고, 독수리 팀 소년들이 우르르 뒤쫓았다. 방울뱀 팀의 한 명이 독수리 팀의 소년을 때려 눕혔다. 어른들이 뜯어 말려서야 싸움이 끝이 났다. 싸움이 끝난 후 열린 줄다리기시합은 무려 45분간 계속되었다. 양 팀 선수들은 죽을힘을 다했고 독수리 팀이 승리했다. 갈등은 극에 달했다. 다음 날의 시합도 치열하였다.

경기 마지막 날 1점 차로 뒤지고 있던 방울뱀 팀은 '적군이 쳐 들어온다'는 응원가를 목이 터져라 외쳤지만, 독수리 팀이 승리하면서 트로피를 놓쳤다. 독수리 팀이 축하를 하러 간 사이 방울뱀 팀은 독수리 팀의 오두막에 침입해서 엉망으로 만들어 놓았다. 독수리 팀이 돌아오자 양 팀은 패싸움을 벌였고, 또 다시 어른들이 뜯어 말려야 했다.

셋째 주가 시작되어 연구진은 두 팀이 통합될 수 있는지 확인하는 실험에 들어갔다. 그들은 소년들에게 7개의 공동목표를 제시했고, 두 팀이 협력을 해야지만 목표를 달성할 수 있다고 했다. 연구진은 물탱크 급수밸브를 잠근 후 수도꼭지를 이물질로 막아 고장을 냈다. 소년들은 수도관이 고장 난 것을 발견했다. 그들이 고장 난 부분을 찾으려면 넓은 지역을 조사해야 했다. 모든 소년들은 함께 고장부위를 찾아 나섰고 마침내 잠겨 있던 밸브와 수도꼭지의 이물질을 발견했다. 뒤이어 야간 하이킹을 했는데, 캠프요원 몇 명이 먹을 것을 사러 갔다 오겠다며 트럭에 올라타 시동을 걸었지만 시동이 걸리지 않았다. 소년들 중 한 명이 "차를 밀자!"고 외쳤다. 다른 팀의 한 소년도 말했다. "우리 스무 명이 모두 밀면 될 거야." 소년들은 트럭 뒤에 로프를 묶고, '영차, 영차' 소리에 맞춰 트럭을 밀기 시작했다. 두 번의 시도 끝에 트럭은 다시 시동이 걸렸다. 연구진은 그 후 며칠간 나머지 공동목표들을 실행에 옮겼다. 두 팀 사이의 적대감은 급격히 사라졌고 대신 우정이 싹텄다. 캠프의 마지막 날 밤 두 팀의 소년들은 캠프파이어 주위에 앉아 돌아가며 노래를 불렀고, 돌아갈 때는 같은 버스를 타고 가자고 말했다(올 때는 양 팀이 다른 버스를 탔었다).

1. 셰리프 교수의 집단행동연구를 위한 여름캠프 실험이 시사하는 바는 무엇인가?
2. 셰리프 교수의 실험결과와 같이 인간의 행동은 조작될 수 있다고 생각하는가?
3. 셰리프 교수의 실험결과를 활용하여 팀을 설계할 때 어떤 점을 고려해야 하는가? 팀 우수성 기준에 입각해서 조직설계 아이디어를 정리하시오.

자기인식과 성찰

다음은 당신이 관계하고 있는 네트워크(인간관계)에 대한 설문이다. 설문에 해당되는 중요한 사람 순서대로 실명을 기재하고 빈도수 란에 체크한다. 조직(회사 · 공동체) 내 사람으로 한정하되, 직책과 관계없이 해당하는 사람의 이름을 기재한다.

1 (지식전문가) 과업수행에 결정적으로 중요한 지식 · 정보 · 기술을 누가 보유하고 있는가? 결정적으로 필요한 지식 · 정보 · 기술(예 시장조사 & 분석방법, 회로설계기술과 같이 구체적으로 기술)과 그것을 보유한 사람의 이름(본인의 경우, 본인이름 기재)을 기재하시오.

	결정적으로 중요한 지식 · 정보 · 기술의 내용	보유자의 이름
1		
2		
3		

2 (정보교류 네트워크) 당신은 과업수행과 관련된 문제가 있을 때 누구와 지식 · 정보 · 기술을 교환하는가? 도움이 많이 되는 사람 순서대로 작성하고, 만남의 빈도수에 해당되는 곳에 체크하시오.

	이름	만남의 빈도수				
		거의 매일	주 1~2회	월 1~2회	분기 1~2회	년 1~2회
1						
2						
3						

3 (혁신 네트워크) 당신은 조직 전체적으로 새로운 문제나 개선 아이디어가 생겼을 때 누구와 어느 정도 자주 이야기하는가? 도움이 많이 되는 사람 순서대로 작성하고, 만남의 빈도수에 해당되는 곳에 체크하시오.

	이름	만남의 빈도수				
		거의 매일	주 1~2회	월 1~2회	분기 1~2회	년 1~2회
1						
2						
3						

❹ (사회적 네트워크) 당신이 조직 내에서 인간적으로 도움을 주고받는 사람은 누구이며, 얼마나 자주 만나는가? 도움이 많이 되는 사람 순서대로 작성하고, 만남의 빈도수에 해당되는 곳에 체크하시오.

	이름	만남의 빈도수				
		거의 매일	주 1~2회	월 1~2회	분기 1~2회	년 1~2회
1						
2						
3						

❺ (관계의 질) 다음은 조직 내에서 중요한 사람과의 1:1 관계를 묻는 질문이다. 관계를 평가해 보고 싶은 사람을 생각하고 다음 기준에 따라 각 문항에 답하시오.

1. 전혀 아니다.　2. 아니다.　3. 보통이다.　4. 그렇다.　5. 정말 그렇다.

1.	나는 그(녀)가 무슨 일을 하는지 잘 알고 있다.	1 2 3 4 5
2.	나는 그(녀)가 직면한 직무상 문제점이나 필요사항을 잘 알고 있다.	1 2 3 4 5
3.	나는 그(녀)의 잠재능력(가능성)을 잘 알고 있다.	1 2 3 4 5
4.	나는 그(녀)의 업무상 문제를 해결하기 위해 내가 가진 공식권한의 범위 내에서 최대한 도울 것이다.	1 2 3 4 5
5.	내가 손해를 보더라도(위험에 빠지더라도) 그(녀)가 어려운 상황에서 빠져나올 수 있도록 도울 것이다.	1 2 3 4 5
6.	나는 그(녀)를 믿기 때문에 그(녀)의 결정을 존중할 것이다.	1 2 3 4 5
7.	나와 그(녀)의 관계는 매우 좋다.	1 2 3 4 5

자료: Graen & Uhl-Bien(1995), LMX7 수정 · 인용.

1~5번까지 진술한 내용을 중심으로 다음 각 질문에 대한 자신의 생각을 정리하시오.

1. 자신의 조직 내 사회적 관계망(조직망)의 수준은 각각 어떻다는 생각이 드는가?

① 지식전문가	매우 불만	불만	보통	만족	매우 만족
② 정보교류 네트워크	매우 불만	불만	보통	만족	매우 만족
③ 혁신 네트워크	매우 불만	불만	보통	만족	매우 만족
④ 사회적 네트워크	매우 불만	불만	보통	만족	매우 만족

2. 자신의 조직 내 사회적 관계망(조직망)의 강점과 약점은 무엇인가?

3. 자신의 조직 내 사회적 관계망(조직망) 확대를 위해 무엇을 실천해야 하는가?

저자 특강 6

사회적 관계와 다섯 가지 마음

사회적 교환관계에서 관계의 형성은 탐색단계, 확장단계, 그리고 몰입단계의 순으로 진행된다. 나인표 · 이홍 · 전상길(2004)은 이 세 단계의 속성을 다음과 같이 정리하고 있다.

탐색단계

탐색(exploration)단계는 서로가 상대방에 대한 정보를 가지기 위해 노력하는 단계이다. 이 단계에서 관계당사자들은 관계를 유지 · 발전시킴으로써 어떤 가치나 이익이 자신에게 올 것인가를 파악하려고 노력한다. 상호 의존성이 낮은 단계로 향후 관계형성에 따른 손익을 탐색한다.

탐색단계에서 중요한 것은 교환이다. 사람의 관계가 발생하려면 정신적, 영적, 물질적, 사회 · 심리적 교환이 전제되어야 한다. 이를 위해 가장 기본이 되는 것은 접촉이다. 즉, 만남이 전제되어야 한다. 설득심리에 단순접촉효과라는 것이 있다. 자주 만나 무언가를 주고받다 보면 자연스럽게 호감이 생기고 이에 따라 관계가 진전된다. 자주 만나야 한다. 눈에서 멀어지면 마음에서 멀어지고, 마음에서 멀어지면 잊혀진다.

확장단계

확장(expansion)단계는 탐색단계에서의 판단결과 관계형성에 따른 이익이 예상됨에 따라, 관계를 유지하면서 상호 의존성이 점차 커지고 신뢰가 쌓이기 시작하는 단계이다. 이 단계에서는 각자 개인적 만족 차원을 넘어 전체적 만족에 대한 관심이 증대되고 서로에 대한 의무감이 나타난다.

확장단계에서 중요한 것은 호혜(互惠)이다. 관계가 지속적으로 유지 · 발전하려면 서로에게 도움이 되는 상보(相補)적 교환이 일어나야 한다. 어느 한 편에 일방적으로 유리하거나 불리한 관계는 오래 가지 못한다. '주고받음', 즉 상호성은 관계발전의 기본이 된다. 호혜적 관계에서 중요한 것은 상대방이 원하는 것(니즈)을 충족시켜 주는 것이다. 상대방을 행복하게 하는 사랑의 언어 다섯 가지가 있다. 내가 원하는 사랑의 언어와 그(녀)가 원하는 사랑의 언어를 순서대로 서로 예상해 보고 확인해 보자.

내가 원하는 순위		다섯 가지 사랑의 언어		상대방이 원하는 순위	
상대예측	실제			나의 예측	실제
		인정하는 말 (Words of affirmation)	칭찬 · 지지 · 격려 · 감사의 말		
		함께하는 시간 (Quality time)	상대방에게 온전히 집중하며 경청 · 공감하는 것		
		선물 (Receiving gifts)	상대방이 원하는 선물을 하는 것		
		봉사 (Act of service)	상대방이 원하는 것(서비스)을 해 주는 것		
		스킨십 (Physical touch)	스킨십은 정서적 교감을 나누는데 매우 중요		

몰입단계

몰입(commitment)단계는 가장 높은 수준의 상호 의존성이 형성되는 단계이다. 몰입은 교환 당사자가 관계의 지속(영속)성에 대해 묵시적 또는 명시적 약속을 한 것을 의미한다. 고도의 신뢰와 의무감을 바탕으로 한다.

몰입단계에서 중요한 것은 존중과 신뢰이다. 삶을 오랫동안 함께 할 관계(부부 · 친구)가 되기 위해서는 서로 존중하고 신뢰하는 사이가 되어야 한다. 이를 위해 다섯 가지 마음을 새기고 실천한다.

- 초심(初心) : 처음 만나 좋았을 때의 설렘을 간직한다. '콩깍지'가 씌었을 때의 기억을 떠올린다.
- 중심(中心) : 마음의 중심을 잃지 않는다. 감정에 휩싸이지 않고 평정심을 유지한다. 이를 위해 중심이 되는 '관계의 룰(rule)'을 정해 놓는다. 어떤 경우에도 상대를 욕되게 하지 않는다.
- 진심(眞心) : 거짓이나 의도를 가지지 않고 진실한 마음으로 상대방을 대한다. 진심은 언젠가는 통한다.
- 충심(忠心) : 마음(心) 한 가운데(中)에 상대방을 놓고, 그(녀)의 자존감을 지켜준다. 좋을 때나 어려울 때나 한결같이 대한다.
- 성심(誠心) : 말(言)한 것은 정성을 다해 꼭 지킨다(成). 지키지 못할 약속은 하지 않는다.

PART

3

리더의 사회적 책무

SOCIAL OBLIGATION

윤동주(1917~1945)는
식민지배의 그 참담한
세월 속에서도 하늘을 우러러
한 점 부끄럼이 없기를,
잎 새에 이는 바람에도
괴로워했다.

CONTENTS

Chapter 07 정신적 리더십

Chapter 08 사회적 리더십

Chapter 09 여성적 리더십

Chapter 10 리더십 실패와 독극형 리더십

Chapter 07

정신적 리더십

01 윤리적 리더십
02 진성리더십

[저자 특강 7]
공공성과 존엄성

우리 사회는 보다 높은 수준의
도덕적 엄격성을 요구하고 있다.

미리보기

워런 버핏(Warren E. Buffett, 1930~)은 재산이 608억 달러, 우리 돈 약 70조원으로 세계에서 세 번째로 돈이 많다. 버핏은 1958년에 3만 1,500달러(약 3,600만원)에 구입한 낡은 집에서 50년 넘게 살고 있다. 그는 운전기사를 따로 두지 않고 출시한지 15년이 된 2001년식 중고링컨 타운카를 손수 몰아 자신의 회사 버크셔 해서웨이 본사로 출근한다. 이발요금은 12달러(약 1만 4,000원) 이상 지불하지 않는다. 검소하고 소탈한 세계적 갑부 버핏이 돈을 '펑펑' 쓰는 유일한 것은 기부다. 그는 재산의 99%를 기부하겠다고 약속했으며, 지난해에만 3조원이 넘는 주식을 사회에 내놓으며 이를 실천했다.

워런 버핏과 같은 품격 있는 리더가 더 많았으면 하는 바람이다. 바람과는 달리 국내외를 막론하고 리더십의 위기를 맞고 있다. 국외에서는 자본주의의 탐욕이 낳은 엔론, 월드콤, 타이코 등의 대형 부정 · 부패사건이 연이어 발생했고, 국내에서는 대한항공, 대림산업, 몽고식품, 미스터피자 등의 갑질 논란으로 온 사회가 불쾌감에 시달려야 했다. 국내기업의 경영자들이 저지르는 비윤리적 행태는 수행운전기사나 경비원과 같은 힘 없는 사회적 약자에 대한 폭언과 폭력행사라는 점에서 더욱 저질스럽고 역겹다. 이런 혐오스런 경제 · 사회적 맥락 속에서 진실된 리더십(bona-fide leadership)에 대한 요구가 점증하고 있다.

이 장에서 우리는 윤리의 개념에 대해 살펴보고 '윤리적' 여부를 판단하는 윤리관점에 대해 연구할 것이다. 윤리적 리더십의 원칙과 요인들을 살펴보게 된다. 그리고 진성리더십이 무엇이고, 진성리더십의 차원은 무엇인지에 대해서도 탐구할 것이다.

연구 질문

1. 제6장에서 무엇을 느끼고 깨달았는가?
2. 윤리적인지, 아닌지를 판단하는 윤리관점에는 무엇이 있는가?
3. 윤리적 리더십의 원칙은 무엇인가?
4. 공정성의 세 가지 차원은 무엇인가?
5. 분배정의의 원칙은 무엇인가?
6. 진성리더십의 정의와 네 가지 차원은 무엇인가?

오늘날 우리 사회는 보다 높은 수준의 도덕적 엄격성을 요구하고 있다. 윤리적 리더십, 진성리더십과 같은 정신적 리더십은 경제 · 사회 전반의 도덕성(morality) 상실에 따라 제기되었다. 하루가 멀다 하고 발생하는 각종 비윤리적 범죄와 비상식적 병리현상은 사회의 불안을 조성하고 공동체의식을 훼손하고 있다.

01 윤리적 리더십

리더십 윤리에 대한 초기연구는 켈로그재단(Kellogg Foundation)의 후원에 따라 수행된 연구결과인 〈윤리, 리더십의 핵심(Ethics, the Heart of Leadership)〉이라는 책자를 통해서이다(J. B. Ciulla, 1998). 이후 미국기업들의 연이은 부정부패사건을 계기로 리더십 윤리에 대한 관심이 커지면서 많은 연구가 이뤄지고 있다.

윤리적 리더십의 기초를 닦은 트레비노 등(Trevino et al., 2000)은 "윤리적 리더는 스스로 도덕적 인간(moral person)이면서 구성원들이 윤리적으로 행동하도록 관리하는 사람(moral manager)이다."라고 하였다. 여기서, 도덕적 인간이란 정직성, 진실성, 신뢰성 등의 윤리적 속성을 갖춘 리더를 말한다. 도덕적 관리자는 윤리의 중요성에 대해 구성원들과 소통하고 윤리기준을 설정하며, 이 윤리기준에 따라 구성원들이 행동하도록 관리하는 리더를 말한다. 브라운 등(Brown et al., 2006)은 "윤리적 리더십은 리더가 도덕적 개인으로서 또는, 윤리적 관리자로서 어떻게 사회적 권력을 사용하는가와 관련된 개념이다."라고 하였다. 윤리문제는 상사를 포함해 조직구성원 모두가 얼마나 '같은 기준을 가지고 같은 생각과 행동을 하느냐'가 중요하다.

토의 7-1

윤리적 리더십은 리더십에 대한 본질적 질문을 한다. 즉, 리더십에 대한 철학적 사유와 규범론적 접근을 요구한다. 다음 질문에 대한 자신의 생각을 정리하고, 그 내용을 팀원들과 토의하여, 토의결과를 발표하시오.

1. 리더십의 성과(leadership performance)는 무엇인가? 구체적으로 무엇을 달성한 리더를 훌륭하다고 평가할 수 있는가? 조직 전체 차원과 리더 차원, 그리고 구성원 차원으로 구분하여 생각해 보시오.

❷ 어떤 상황에서도 훼손되어서는 안 되는 리더십의 가치는 무엇인가?
❸ [미리보기]의 워런 버핏 사례와 한국사회의 '갑질논란'은 리더십 관점에서 어떤 시사점을 주는가?

1. 윤리이론

윤리는 개인이나 사회가 바람직하다고 여기는 가치나 도덕성과 관계가 있다. 윤리는 특정 상황에서 '무엇이 옳고 그른지'를 판단하는 지침을 제공한다. 윤리적 리더십과 관련하여 목적론 관점의 윤리이론과 의무론 관점의 윤리이론의 두 가지가 있다.

(1) 목적론 관점의 윤리이론

행동의 결과에 따라 리더십 행동의 윤리성을 판단하는 것이다. 즉, "무엇이 옳으냐?"라는 질문에 대해 그 결과(성과)를 가지고 판단하는 것이다. 여기에는 공리주의와 이타주의적 관점이 있다.

먼저, 공리주의(utilitarianism)는 '최대 다수를 위해 최선(최대 행복)이 되는 행동'을 윤리성의 판단기준으로 삼는다. 벤담(Jeremy Bentham, 1748~1832)에 따르면 옳은 행위는 '공리(公利)를 극대화'하는 행위이다. 이 관점에서 보면 윤리적 행동은 사회적 비용을 최소화하면서 사회적 편익을 최대화하는 행동이다(Schumann, 2001). 둘째, 이타주의(altruism)는 어떤 행동의 목적이 '타인의 이익'을 위한 것일 때 그 행동을 윤리적인 것이라고 본다.

(2) 의무론 관점의 윤리이론

의무론 관점의 윤리이론은 어떤 행위의 윤리성 기준을 '행위 자체가 선(善)한 것인가'의 여부에 따라 판단하는 것이다. 타인을 존중하고 공정하며, 약속을 지키는 등의 행위는 그 행위의 결과와 관계없이 윤리적이라는 것이다. 도덕적 의무와 책임에 초점을 맞추고 있는 이론으로, 덕성(德性)이론이라고도 한다.

2. 윤리적 리더십의 요인과 원칙

(1) 윤리적 리더십의 요인

레시크 등(Resick et. al, 2011)은 윤리적 리더십과 비윤리적 리더십 행동에 대한 국가 문화적 차이가 있는지를 규명하기 위해 중국문화권과 미국, 그리고 유럽문화권 관리자들 185명을 대상으로 〈표 7-1〉의 절차에 따라 질적 연구를 진행하였다. 연구자들은 이 과정을 통해 얻어진 스토리들을 내용분석하여 윤리적 리더십요인과 비윤리적 리더십요인을 〈표 7-2〉와 같이 추출하였다.

표 7-1 윤리적 리더십요인 추출을 위한 연구절차

1. 조직에서 윤리적 리더십과 가장 가깝다고 생각되는 리더의 특성이나 행동들을 기술하시오.
2. 조직의 리더가 윤리적 리더십을 발휘했다고 생각되는 상황을 떠올리고
   2.1 그 상황을 기술하시오.
   2.2 왜 리더가 그 상황에서 윤리적으로 행동했다고 생각하는지를 설명하시오.
3. 조직에서 비(非)윤리적 리더십과 가장 가깝다고 생각되는 리더의 특성이나 행동들을 기술하시오.
4. 조직의 리더가 비(非)윤리적 리더십을 발휘했다고 생각되는 상황을 떠올리고
   4.1 그 상황을 기술하시오.
   4.2 왜 리더가 그 상황에서 비(非)윤리적으로 행동했다고 생각하는지를 설명하시오.
5. 1, 2과정을 통해 나온 스토리와 특성을 정리하여 윤리적 리더의 특성을 추출하시오. 또한, 3, 4과정을 통해 나온 스토리와 특성을 정리하여 비윤리적 리더의 특성을 추출하시오.

표 7-2 윤리적 리더십요인과 비윤리적 리더십요인

윤리적 리더십요인	비윤리적 리더십요인
도덕적 책무감(accountability)	책무감 · 준법 · 투명성의 결여
배려와 다른 사람들에 대한 존중	도덕적 기준의 비시민성(incivility)
공정하고 차별 없이 대하려는 성향	권력남용 성향
개인특성(정직성 · 신뢰성 · 진정성 · 인성)	사기성(deception)과 부정직
집단지향성(집단이익 우선)	개인적 이익추구
개방성 · 유연성	좁고 단기적 관점

(2) 윤리적 리더십의 원칙

노스하우스(Peter G. Northouse, 2013)는 윤리적 리더십 개발을 위한 타인존중, 봉사, 공정성, 정직, 그리고 공동체 구축의 다섯 가지 원칙들을 제시하였다.

☑ 타인존중

칸트(Immanuel Kant, 1734~1804)는 다른 사람을 존경심을 가지고 대하는 것은 인간의 도덕적 의무라고 주장하였다. 이는 '인간 자체가 목적이어야 하고, 수단이 되어서는 안 된다'는 것을 의미한다. 키체너(Kitchener, 1984)는 "윤리적 리더는 모든 개인의 절대적 가치(존엄성)를 존중한다."라고 하였다.

☑ 봉사

윤리적 리더는 다른 사람의 필요에 유의하고 그들을 보호하며, 그들의 복지와 이익에 도움이 되는 방향으로 행동한다. 윤리적 리더는 권한위임, 멘토링, 팀 구축(team building), 그리고 조직시민행동 등에 앞장선다.

☑ 공정성

윤리적 리더는 공정성을 유지한다. 공정성은 어떤 행위에 대해 '공정한가'를 결정하는 구성원의 주관적 판단(지각)으로, 비교(상황비교, 과거비교, 타인비교) 인식을 통해 이루어진다. 공정성은 행위의 결과가 공정한가, 결과를 산출하는 과정에서 적용된 절차나 규칙이 공정한가, 그리고 결정 · 실행과정에서의 인간적 처우방식이 공정한가 등에 의해 종합적으로 지각된다. 이와 같이 공정성은 〈표 7-3〉에서와 같이 분배공정성, 절차공정성, 그리고 상호작용공정성의 세 가지로 구분된다.

표 7-3 공정성의 세 가지 차원

차원	내용
분배공정성 (distributive justice)	행위의 결과에 대한 구성원의 공정성 인식. 예를 들어, 임금 · 승진 · 인사고과 등과 같은 보상결과에 대한 구성원의 공정성 인식
절차공정성 (procedural justice)	결정과정에서의 절차 · 규칙에 대한 구성원의 공정성 인식으로, "어떻게 결정되었는가?"가 중요
상호작용공정성 (interactional justice)	정책 · 보상 · 절차의 결정과정이나 실행과정에서의 인간적 처우에 대한 구성원의 공정성 인식. 공정성의 사회 · 심리적 측면을 중시

제한된 자원을 분배할 때는 공정성의 원칙에 따라 명확한 기준과 규칙을 가지고 평가 · 실행한다. 뷰어챔프와 보위(Beauchamp & Bowie, 1988)는 리더가 조직에서 이익과 책임을 공정하게 배분하는 데 지침이 될 수 있는 분배정의의 원칙을 〈표 7-4〉와 같이 제시하였다. 상황에 따라 하나의 원칙을 적용할 수도 있고, 여러 개의 원칙을 동시에 고려해 적용할 수도 있다.

표 7-4 분배정의의 원칙

1. 개인에게 동일한 몫(기회)으로 분배한다.
2. 개인의 필요(욕구)에 부합하도록 분배한다.
3. 개인적 권리(right)에 맞추어 분배한다.
4. 개인적 노력에 부합하도록 분배한다.
5. 개인의 사회적 공헌도(social contribution)에 부합하도록 분배한다.
6. 개인의 공과(merit or performance)에 부합하도록 분배한다.

자료 : Beauchamp & Bowie(1988).

정직

정직은 마음을 열고 진실을 있는 그대로 표현하는 것이다. 코스타(Dalla Costa, 1998)는 저서 〈윤리적 책무(The Ethical Imperative)〉에서 정직한 것은 '속이지 않는 것' 이상을 의미한다고 하였다. 리더들에게 있어 정직함은 〈표 7-5〉와 같은 내용을 포함한다.

표 7-5 정직함

1. 이행할 수 없는 것을 약속하지 않는다.
2. 잘못 대변하지 않는다.
3. 발뺌하고 둘러대면서 숨기거나 회피하지 않는다.
4. 책임을 은폐하지 않는다.
5. 의무를 회피하지 않는다.
6. 생존이나 성과달성이라는 이유로 인간의 존엄성을 훼손하지 않는다.

공동체 구축

윤리적 리더는 공동선이나 공공의 이익에 관심을 두어야 한다. 윤리적 리더는 조직구성원들의 목표와 욕구를 세심하게 고려한다. 로스트(Rost, 1991)는 윤리적 리더는 시민적 덕성(civic virtue)에 주의를 기울여야 한다고 주장한다. 윤리적 리더는 지역사회에도 관심을 기울여야 한다는 뜻이다.

토의 7-2

다음 사례들을 읽고 윤리적 관점에서 자신의 생각을 정리하고, 팀원과 의견을 공유하시오.

A. 대선에서 정권교체를 위해 정치에 개입할 것이다. 나는 정치참여를 해 왔고, 앞으로도 할 거다. 그러나 전업(정치인)할 생각은 없다. 교수의 정당 가입과 정치활동은 법으로 보장된다. 조국 교수가 참여적 지식인인지, 폴리페서인지는 보는 이에 따라 다르다.

B. 최근 유관협회에 재취업한 공무원은 "29년간 아무런 잘못 없이 공무원으로 일하다가 후배를 위해 용퇴했다. 이후 재취업하려 했지만 심사에서 한 번 떨어질 정도로 다시 일자리를 구하는 게 쉽지 않았다."라고 했다.

C. 세종문화회관 3급 공무원인 정씨는 삼청각에서 가족 등 10명과 함께 한우육회 · 전복 · 바닷가재 등 1인당 20만원이 넘는 고급요리를 무려 230만원어치나 처먹은 뒤 1인당 3만원씩 총 33만원만 현금으로 냈다.

D. "소방차에 양보하지 않으면 처벌받을 수도 있습니다." 수차례 안내방송을 한 뒤에야 차들은 느릿느릿 길을 비켜 주었다. 소방차들은 '길이 열리면 생명이 열립니다'라는 플래카드를 달고 있었지만 승용차와 시내버스의 끼어들기는 계속됐다.

E. 제시된 단어나 문장을 행동으로만 표현해 알아맞히는 이 게임에서 성행위를 연상시키는 단어들이 튀어나와 참가자들을 곤혹스럽게 했다. 어느 대학교 신입생 오리엔테이션에서 진행된 '25금(禁). 몸으로 말해요'라는 게임사례이다.

① 각각의 사례를 목적론 관점의 윤리이론과 의무론 관점의 윤리이론을 적용하여 설명하시오.

② 각각의 사례를 윤리적 리더십의 원칙과 윤리적 리더십요인을 적용하여 설명하시오.

③ 비윤리적 사건이나 행동에 대해 자신이 경험한 사례를 공유하시오. 경험사례를 통해 느낀 점을 이야기하시오.

02 진성리더십

진성리더십은 루산스와 아볼리오(Luthans & Avolio, 2003)의 진성리더십(authentic leadership) 개발에 관한 논문을 통해 제기되었으며, 2004년 네브래스카 리더십 컨퍼런스를 통해 소개되면서 리더의 진정성에 대한 관심이 확산되었다. 진정성은 개인이 '자신의 내면세계에 대해서 주인이 된다'는 의미를 갖는다(Kernis & Goldman, 2006). 최고의 진정성은 자신을 속이지 않는 것이다. 이러한 개념은 진성리더십 이론의 기반이다.

와룸브와 등(Walumbwa et al., 2008)은 "진성리더십은 윤리적 분위기(ethical climate)를 만들고 긍정적인 심리적 능력(positive psychological capacities)을 촉진하는 리더의 행동패턴이다."라고 하였다. 한편, 윤정구 교수(2014)는 진성리더를 다음과 같이 다양하게 정의하고 있다.

- 진정성 있는 품성을 갖춘 사람
- 진정성이 담긴 자신만의 삶의 목적을 설정하고 이를 바탕으로 현재를 성찰하며, 성찰한 바를 실천하는 사람
- 구성원의 가슴을 뛰게 하는 사명으로 구성원들을 임파워시켜 그들과 함께 사명이 현실로 구현되도록 선한 영향력을 행사하는 사람

1. 진성리더십의 구성요소

와룸브와 등(2008)은 진성리더십의 네 가지 차원으로 자기인식, 내면화된 도덕적 신념, 관계의 투명성, 균형잡힌 정보처리를 제시하였다. 각 차원에 대한 내용을 〈표 7-6〉에 정리하였다.

표 7-6 진성리더십의 네 가지 차원

자기인식 (self-awareness)	자신에 대한 성찰을 의미한다. 이는 자신의 가치관, 정체성, 목표, 동기, 강점과 약점에 대하여 명확히 인식하는 것을 말한다. 체면과 같은 사회적 자아, 즉 가면(페르소나)을 벗고 진정한 자신을 발견하는 것이다. 여기에는 자신이 다른 사람에게 미치게 될 영향을 이해하는 과정도 포함한다.
내면화된 도덕적 신념 (internalized moral perspective)	자기규제(self-regulation)의 과정을 의미한다. 진정성 있는 리더는 자신의 가치관 · 신념과 일치하는 행동을 한다. 정직성을 최고의 가치로 설정하고 이를 지키기 위해, 남들보다 높은 도덕적 기준을 내면화하고 실행한다.
관계의 투명성 (relational transparency)	자신의 참된 모습을 정직하게 표현하고 다른 사람을 존중하고 배려하는 것을 의미한다. 자신의 긍정적인 측면뿐 아니라 부정적인 측면도 진솔하게 알리고 소통한다. 다른 사람의 감정을 살피고 존중하며 성장을 지원한다.
균형잡힌 정보처리 (balanced information process)	의사결정을 할 때 객관적으로 정보를 분석하고, 다른 사람의 다양한 의견을 수집 · 반영하는 것을 말한다. 선입견이나 편견 · 편애를 배제하는 능력이다.

2. 진성리더십에 영향을 미치는 요인

진성리더십에 영향을 미치는 세 가지 선행요인으로 긍정적인 심리적 능력, 도덕적 분별력, 그리고 생애의 중대사건이 있다. 먼저, 긍정적인 심리적 능력은 〈표 7-7〉과 같이 자신감, 희망, 낙관주의, 그리고 복원력으로 이루어진다.

표 7-7 긍정적인 심리적 능력

자신감 (confidence)	자신감이 있는 리더는 성공을 위해서 더욱더 동기유발되고 장애물이 나타나도 포기하지 않는다.
희망 (hope)	희망을 가진 리더는 목표달성에 대한 의지를 가지고 구성원들을 동기부여하여 리더를 믿고 따르게 한다.
낙관주의 (optimism)	낙관주의적 리더는 자신의 능력과 결과에 대해 긍정적이다. 그들은 삶을 결핍감보다는 풍요감을 가지고 접근한다.
복원력 (resilience)	복원력은 불리한 상황에서 평상심을 되찾는 능력이다. 역경에도 긍정적으로 적응하는 능력을 포함한다.

자료 : Luthans, F., & Avolio, B. J.(2003).

둘째, 도덕적 분별력(moral reasoning)은 '옳고 그름'에 대한 윤리적 결정을 내릴 수 있는 능력으로, 이는 개인의 이익을 초월하여 공동목표를 지향하게 하는 역할을 한다. 끝으로, 생애의 중대사건(critical life event)은 삶에 큰 영향을 미치는 사건을 말하며, 이는 변화의 촉매제 역할을 한다. 샤미어와 에이람(Shamir & Eilam, 2005)은 "진성리더십은 그들의 인생경험에서 얻은 통찰에 크게 의존한다."라고 하였다. 지금까지의 논의내용을 요약하면 〈그림 7-1〉과 같다.

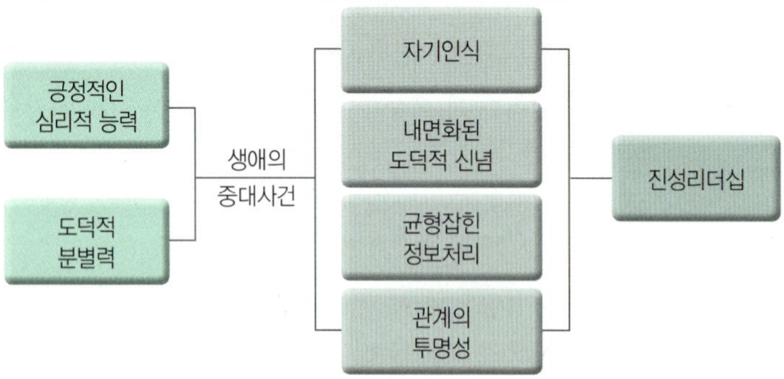

자료 : Northouse, P. G.(2013), 263.

그림 7-1 진성리더십 모델

토의 7-3

지금까지의 삶을 돌이켜 보면서 인생에 대한 통찰을 준 '생애의 중대사건' 세 가지를 떠올려보자. 그 중대사건들은 무엇이었는지, 그리고 그 사건들을 통해 어떤 통찰을 얻게 되었는지에 대해 팀원들과 의견을 공유하시오.

1. 가장 최근에 경험한 중대사건과 그를 통해 얻은 통찰은 무엇인가?
2. 일을 하면서 경험한 중대사건과 그를 통해 얻은 통찰은 무엇인가?
3. 사람과의 관계를 통해서 경험한 중대사건과 그를 통해 얻은 통찰은 무엇인가?

사례연구 [1]

당신은 비전그룹 패션사업본부 본부장이다. 패션사업본부 제품라인 중 가장 수익성이 좋고 매출신장률도 높은 숙녀복 코너에 목 좋은 매장이 새로 나왔다. 비전그룹에서는 이 매장을 금번에 명예퇴직을 신청한 직원들 중 한 사람에게 사업운영권을 주기로 결정하였다. 초기 투자비용이 들어가는 관계로 명예퇴직 신청자 25명 중 다섯 명 만이 사업운영권 지원신청을 했다. 그룹에서 최종적으로 확정하기 전에 본부장인 당신은 다섯 명의 사업운영권 지원신청자 중 두 명을 1위, 2위로 순서를 정해 추천해야 한다. 보안유지를 위하여 인명은 알파벳 기호로 하기로 했다.

A는 흙수저 출신으로 직장생활 하면서 번 돈은 집 장만하고, 자식들 교육시키느라 거의 다 써버린 55세의 가장이다. 퇴직금을 제외하면 딱히 소득원이 없어 퇴직 후에도 안정적인 소득원이 필요하다.

B는 자신의 정당한 권리를 내세우고 있다. 그는 스톡옵션을 받기로 하고 3년 전 입사한 40대 중반의 경력직원이다. 회사에서 근무기간 중에 스톡옵션 지급규정을 변경하여 최초 계약조건과 다르게 지급했으므로, 손실부분에 대한 보상차원에서 자신이 사업운영권을 받아야 한다는 입장이다.

C는 그야말로 비전맨이다. 그는 비전그룹에 평생을 헌신한 직원으로 정년을 2년 앞두고 있지만, 가정에 목돈 쓸 일이 생겨 이번에 퇴직신청을 했다. C는 나와 입사 동기로 임원이 되지는 못했지만 30년을 오로지 비전그룹을 위해 성실하게 일해 온 직원이다. 아직도 가끔 만나 술 한 잔하며 살아가는 얘기를 하는 막역한 사이이다.

D는 은수저 출신으로 비교적 생활이 넉넉한 편이다. 배우자도 초등학교 교사로 근무하고 있으며 경제적 어려움은 없다. 그는 퇴직 후 여유롭게 살면서 사회에 봉사하고자 하는 마음이 강하다. 이번에도 사업운영권을 받으면 수익금의 50%를 비전그룹 명의로 사회에 기부하겠다는 약속을 내세우고 있다.

E는 좀 억울한 면이 있다. 그는 비전그룹에서 잔뼈가 굵은 간부급 직원으로 최근 불미스러운 일에 연루되어(직접적인 연관은 없지만 누군가 책임을 져야 하는 상황) 퇴직하게 된 경우이다. 정치적 희생양이라고 볼 수 있다. 그는 비전그룹의 성장에 많은 공헌을 했다. 경영층에서도 그동안의 공헌을 인정하고 있으며, 미안함도 가지고 있다.

1. 당신은 누구를 추천(1순위, 2순위)하겠는가? 추천이유는 무엇인가?
2. 분배공정성을 유지하기 위해 결정과정에서 지켜야 할 것은 무엇인가?
3. 절차공정성과 상호작용공정성을 유지하기 위해 지켜야 할 것은 무엇인가?

사례연구 [2]

최민혁 주임은 강철민 부장과 함께 신제품 패키지제조공장에 갔다. 제품디자인을 검토하고 하청업체 사장과 이야기를 나누는 강 부장을 기다리는 동안 그 공장의 영업부장이 손에 두툼한 봉투 하나를 들고 최 주임에게 다가왔다.

"약소하지만 가는 길에 식사라도 하시라고 조금 넣었습니다."

"저, 이러시면 안 되는데...."

"여기까지 오셨으니 저희가 대접을 해야 하는데, 여의치 않아서 드리는 겁니다. 사양하시면 저희 사장님한테 제가 혼나요. 저 잘립니다. 한 번만 봐주세요."

"그, 그럼 저희 부장님께 드리시죠. 이건 아무래도 제 권한 밖인 것 같네요."

"그, 그럴까요, 그럼?"

멀리서 강 부장이 돈 봉투를 주머니에 넣는 것을 지켜보았다. 강 부장 주머니로 들어간 그 돈 봉투는 끝내 열리지 않았다. 그 후로 그의 행동을 유심히 살펴보게 되었는데 이상한 점이 한둘이 아니었다. 영업부로 배정된 업무추진비의 일부는 강 부장 가족의 외식비용으로 지출되고 있었고, 부서에서 사용하는 것보다 훨씬 많은 회사비품이 사용되고 있었다. 더욱이 김 과장이 제출한 보고서의 작성자는 모두 강 부장의 이름으로 바뀌어 있었고, 다른 직원들의 좋은 아이디어도 모두 강 부장의 제안으로 둔갑해 있었다. 더 큰 문제는 영업부의 분기별 영업실적이 달라져 있었던 것이다. 적당하게 조절한 숫자장난으로 그동안 강 부장은 위기를 극복한 대단한 리더의 이미지를 세워온 것이다. "나중에 뒷감당을 어떻게 하려고 저러나?"

파고들수록 끝없이 벗겨지는 강 부장의 비밀을 밝혀가던 최 주임은 심각한 고민에 빠졌다. 강 부장이 패키지공장 외에 다른 곳에서도 몇 차례 더 뇌물을 받은 정황까지 포착한 것이다.

1. 윤리적 리더십 관점에서 강민철 부장의 행동을 분석하시오.
2. 강 부장은 자신의 행동이 비윤리적이라는 사실을 알면서도, 부정부패 행위를 반복하는 이유가 무엇이라고 생각하는가?
3. 윤리적 리더십 관점에서 최 주임은 어떻게 해야 하는가? 당신이 최 주임이라면 어떻게 할 것인가?

자기인식과 성찰

다음의 각 항목을 읽고 평소 자신의 행동에 대해, 아래의 판단기준에 따라 체크하시오.

1. 전혀 그렇지 않다. 2. 안 그렇다. 3. 보통이다. 4. 그렇다. 5. 정말 그렇다.

1. 나의 삶의 목적과 사명을 명확히 알고 있다.	1 2 3 4 5
2. 나의 가치관 · 신념과 일치하게 행동한다.	1 2 3 4 5
3. 나의 개인적 감정까지도 솔직하게 표현한다.	1 2 3 4 5
4. 의사결정을 할 때 모든 정보를 공유한다.	1 2 3 4 5
5. 나의 3년 내지 5년 후의 비전을 명확히 알고 있다.	1 2 3 4 5
6. 윤리에 어긋나는 행동은 하지 않는다.	1 2 3 4 5
7. 나의 좋은 점뿐 아니라 나쁜 점에 대해서도 솔직하게 이야기한다.	1 2 3 4 5
8. 다른 사람들의 의견과 피드백을 구한다.	1 2 3 4 5
9. 나는 명확한 가치관과 신념을 가지고 있다.	1 2 3 4 5
10. 어려움에 처해서도 나의 가치관 · 신념과 일치하도록 행동한다.	1 2 3 4 5
11. 다른 사람을 인격적으로 존중한다.	1 2 3 4 5
12. 나의 입장 · 생각과 다른 관점의 의견도 존중하고 수용한다.	1 2 3 4 5
13. 나의 성격과 능력상의 강점 · 약점을 잘 알고 있다.	1 2 3 4 5
14. 나의 비전을 달성하기 위하여 꾸준히 노력한다.	1 2 3 4 5
15. 다른 사람의 이야기를 경청하고, 공감을 잘한다.	1 2 3 4 5
16. 변명이나 핑계(구실)를 대지 않는다.	1 2 3 4 5
17. 다른 사람들이 나를 어떻게 생각하는지를 잘 알고 있다.	1 2 3 4 5
18. 나의 가치관과 명확한 기준에 따라 의사결정한다.	1 2 3 4 5
19. 다른 사람의 성장과 학습을 격려하고 지원한다.	1 2 3 4 5
20. 모든 일을 공정하게 처리한다.	1 2 3 4 5

자료 : 윤정구(2014), 부록. 진정성 측정도구 참고, 저자 개발.

집계표

요인	문항					소계
자기인식	1.	5.	9.	13.	17.	
내면화된 도덕적 신념	2.	6.	10.	14.	18.	
관계의 투명성	3.	7.	11.	15.	19.	
균형잡힌 정보처리	4.	8.	12.	16.	20.	

① 진성리더십 모델의 각 요인별 평가결과와 함께, 이에 영향을 미치는 두 가지 요인에 대한 자신의 생각을 다음 평가기준에 따라 정리하시오.

평가기준: 높다(H), 중간(M), 낮다(L)

자기인식	내면화된 도덕적 신념	관계의 투명성	균형 있는 정보처리	긍정적인 심리적 능력	도덕적 분별력

② 자기성찰 진단결과를 바탕으로 비교적 잘하고 있는 점과 보완 · 개선이 필요한 점에 대한 내용을 각각 한 가지씩 확인하시오.

요인	잘하고 있는 항목	보완 · 개선이 필요한 항목
자기인식		
내면화된 도덕적 신념		
관계의 투명성		
균형 있는 정보처리		

③ 잘하고 있는 항목을 유지 · 강화하고, 보완 · 개선이 필요한 항목을 개발하기 위해 무엇을 어떻게 할 생각인가? 중요성에 따른 우선순위를 생각하여 세 가지만 자신의 계획을 밝히시오.

저자 특강 7

공공성과 존엄성

"인류 역사상 가장 획기적인 사건은 무엇인가?, 혹은 인류 역사상 가장 중요한 발명품은 무엇인가?" 한스 요아힘 브라운Hans-Joachim Braun(2006)은 저서 〈세계를 바꾼 가장 위대한 101가지 발명품〉에서 문자(시간의 제약을 넘어서는 정보전달체계), 인쇄술(종교와 지식대중화의 주역), 그리고 인터넷(분산네트워크가 만들어 내는 또 하나의 세상)을 101가지 발명품에 포함시켰다.

내게는 1960년 10월 25일. 인류 역사상 가장 획기적인 사건이며, 가장 중요한 발명품인 ○○이 세상에 그 모습을 드러냈다. 그 날은 내가 출생한 날이다. 내게 있어 역사상 가장 획기적인 사건은 '내가 이 세상에 태어난 것'이며, 역사상 가장 중요한 발명품은 바로 '나'이다. 영겁(永劫)의 시간이 있고, 헤아릴 수 없이 많은 위인들이 있지만 모든 현상과 대상을 인식하는 존재로서의 '내'가 없다면, 그게 다 무슨 소용 있단 말인가. 세상의 삼라만상(森羅萬象)이 의미를 가지는 건 오감(五感)을 통해 그것을 느끼고 향유하는 '내'가 바로 지금, 여기에 있기 때문인데 '나'보다 더 소중한 존재가 어디 있을까. 불기 2557년 부처님 오신 날(2013.5.17.)에 법륜스님께서 대중들에게 설법한 내용의 일부이다.

'천상'이라는 것은 신들의 세계를 말합니다. '천하'라는 것은 인간의 세계를 말합니다. 부처님께서는 "신들의 세계와 인간의 세계를 통틀어서 자신의 존재보다 더 소중한 것은 없다."라고 선언하신 것입니다. 우리 자신이 이 우주의 주인이고 자기 운명의 주인입니다. 부처님은 신도 어쩌지 못하는 인간존엄의 절대성을 선언한 것입니다. 자아상실의 시대에 자기를 되찾는 길, 자기의 존엄을 회복하는 길, 이것이 '천상천하 유아독존(天上天下 唯我獨尊)'의 의미입니다.

가만히 '나'를 바라본다. 가장, 남편, 아빠, 아들, 형, 오빠, 작가, 선생, 멘토, 컨설턴트 등 사회적 역할에 따라 규정된 수많은 '나'가 존재한다. 직업인으로 살아오면서 많은 일을 했고 경험을 쌓아왔다. 적지 않은 시간과 노력과 돈을 공부하는 데 쓴 거 같기도 하다. 복잡다단한 역할과 양태로 구성된 현재의 나. 자기복잡성(self complexity)을 띤 오늘의 내 모습이 있기까지 꽤 많은 사회적 자원이 동원된 듯하다. 그동안 막대한 사회적 자원이 동원되어 만들어진 '내'가 쓰러지면 사회적 손실이다. 지금의 '나'와 같은 존재를 다시 만들려고 하면 엄청난 사회적 자원이 또 다시 투입되어야 하기 때문이다. 나는 스스로를 '공적 자산(公的 資産)'이라고 부른다. 나는 한국사회를 구성하는 자산으로 소중한 존재이다. '천상천하 유아독존(天上天下 唯我獨尊)'이다.

나는 개개인 모두가 우리 사회의 공적 자산이라고 생각한다. 오늘의 우리 모습은 많은 사람들의 바람과 지원 속에 엄청난 사회적 자원이 투입된 결과이다. 사회적 자산인 우리는 '공공성'과 '존엄성'을 스스로 인정하고, 더불어 다른 사람의 '공공성'과 '존엄성'을 존중해 주어야 마땅하다. 서로 훼손하지 말자. 서로 예의를 지키자. 스위스 철학자 페터 비에리Peter Bieri는 저서 〈삶의 격〉에서 존엄성을 유지하는 삶의 형태는 '내가 타인에게 어떤 취급을 받느냐', '내가 타인을 어떻게 대하느냐', 그리고 '내가 나를 어떻게 대하느냐'의 세 가지 차원이 모아져 형성된다고 한다.

존엄성을 결정짓는 세 가지 차원 중에서 첫 번째 잣대로 보면 우리 사회는 거칠고 무례하여 수시로 개인의 존엄성이 타인에 의해 위협받는다. 다행히 나머지 두 가지 잣대는 개인이 자유의지로 선택할 수 있다. 겸손한 태도로 다른 사람의 존엄성을 인정(존중)해 주면 나의 존엄성이 훼손되는 경우도 줄어들 것이다. '나' 자신을 사랑하고 존중하는 나, '내 인생'에 대해 예의를 지키는 나, 이런 '나' 역시 타인에 의해 존엄성이 훼손되는 경우가 줄어들 것이다. 거꾸로, '나'를 함부로 대하는 나를 존중해 주는 사람은 드물 것이다. 더욱이 '남'을 무례하게 막 대하는 사람은 똑같이 그런 대접을 받는다. 존엄성을 유지하는 삶의 출발은 '나'를 소중히 여기는 것이다. 내 영혼에 대하여, 내 이성에 대하여, 내 마음에 대하여, 내 몸에 대하여 깍듯이 예의를 지킬 일이다. 존엄한 나. 그 소중한 나에게 맑고 따뜻한 '친구'가 있었으면 좋겠다. 존엄한 내가 더 행복하도록.

사랑하는 별 하나

이성선

가슴에 사랑하는 별 하나를 갖고 싶다.
외로울 때 부르면 다가오는 별 하나를 갖고 싶다.
마음 어두운 밤 깊을수록
우러러 쳐다보면
반짝이는 그 맑은 눈빛으로
나를 씻어
길을 비추어주는 그런 사람 하나 갖고 싶다.

Chapter

08

사회적 리더십

그냥 같이 있으면 힘이 되고,
평안한 사람이 있다.

01 서번트리더십

02 커뮤니티리더십

[저자 특강 8]

엄지리더십 : 엄지가 최고인 이유

미리보기

젊은 시절에 나는 미래의 삶에 깊은 영향을 준 리더를 만난 적이 있다. 학생이던 나는 잠시 학업을 중단하고 장기간에 걸친 자원봉사에 나서기로 결심했다. 마침 영국의 한 단체에서 초청장이 날아왔다. 영국에 온 지 막 넉 달 반이 지났을 때 내가 속한 단체의 회장이 오더니 "새로운 일을 맡기겠네. 앞으로 전국을 돌면서 지역 책임자들을 교육시켜주게."라고 말했다. 나는 놀라지 않을 수 없었다. '어떻게 내가' 나보다 훨씬 나이 많은 분들을 가르칠 수 있단 말인가? 나의 불안한 낌새를 눈치 챈 회장이 나를 똑바로 보며 말했다. "나는 자네를 굳게 믿고 있네. 자네는 할 수 있어. 책임자들을 가르치고 서로 모범 사례를 공유하도록 내가 필요한 지원을 해주겠네."

나에 대한 그의 믿음, 내가 인식한 것보다 더 많은 것을 내게서 찾아내는 그의 능력, 나의 잠재력을 최대한 발휘할 수 있도록 책임을 맡기고자 하는 그의 의지가 내 안에 잠들어 있던 무언가를 깨웠다. 나는 그 일을 받아들였고, 최선을 다했다. 그 일은 정신적으로, 정서적으로 나를 성장시켰다. 나는 다른 사람들이 성장하는 모습을 지켜보았다. 귀국할 무렵, 나는 평생 바칠 일을 발견할 수 있었다. 그것은 사람들의 잠재력을 일깨우는 일이었다.

혼자서 행복한 사람, 혼자서 성공한 사람은 없다. 사람으로부터 상처받고 사람 때문에 힘들어도, 그래도 사람이 답이다. 연결되고 연결된 사람들의 오밀조밀한 그 망 속에서 우리는 서로 부대끼며 그렇게 살아간다.

이 장에서 우리는 최근 리더십 연구대상으로 관심을 끌고 있는 서번트리더십의 개념과 특성, 그리고 리더십 임재에 대해 학습할 것이다. 그리고 지역공동체의 삶의 질 향상을 위한 커뮤니티리더십에 대해 사회적 자본 형성을 중심으로 살펴볼 것이다.

연구 질문

1. 제7장에서 무엇을 느끼고 깨달았는가?
2. 서번트리더십의 개념은 무엇인가?
3. 서번트 리더의 특성은 무엇인가? 서번트 리더의 전형(典型)은 누구인가?
4. 리더십 임재(presence)는 무엇인가?
5. 커뮤니티리더십의 개념과 핵심역량 세 가지는 무엇인가?
6. 사회적 자본의 구성요소는 무엇인가?

"만약 현재의 인구통계비율을 반영해 지구를 100명밖에 살지 않는 마을공동체로 축소하면 80명은 적정수준 이하의 주거환경에서 살고 있고, 70명은 문맹, 50명은 영양부족, 1명은 빈사상태, 그리고 겨우 단 한 명만이 대학교육을 받았습니다. 우리가 사는 현실은 우리가 생각하는 것보다 좀 더 심각합니다." 우리는 통계수치에 준해 보면 절대적인 풍요를 누리고 있다. 사회적 책무(social obligation)를 생각하는 서번트리더십과 커뮤니티리더십은 인간의 존엄성 인정과 덕성실천을 기본이념으로 한다.

01 서번트리더십

서번트리더십은 그린리프(Robert K. Greenleaf, 1970)의 경험을 바탕으로 한 리더십으로 학문적 연구에 기초한 것은 아니었다. 그린리프는 헤르만 헤세(Herman Hesse, 1877~1962)의 〈동방순례〉라는 소설을 통해 아이디어를 얻었다.

> 레오(Leo)는 여행단의 잡일을 도맡아 처리하는 서번트로서 여행단의 일원이다. 그는 여행단이 지치고 힘들어 할 때마다 노래를 불러 활기를 불어넣는다. 그 덕분에 여행길은 순조로웠다. 그러나 레오가 사라지면서 여행단은 혼란에 빠지고 결국 여행 자체를 포기하기에 이른다. 레오가 없이는 여행을 계속할 수 없었다.

여행단의 일원이자 이 소설의 화자(話者)는 몇 년을 방랑한 끝에 마침내 레오를 만나고, 그 여행을 후원한 교단을 찾는다. 그는 그때 서번트로만 알던 레오가 실제로는 그 교단의 정신적 지도자라는 것을 알게 된다.

1. 서번트리더십의 철학과 정의

서번트리더십은 정부 · 대학 · 기업 · 종교단체 등 제도화된 거대기관의 리더들이 "사회를 위해 무엇을 할 수 있을까?"에 대한 성찰의 결과로 노블레스 오블리주(Noblesse oblige)를 실천해야 한다는 도덕적 · 규범적 관점을 유지한다. 노블레스 오블리주는 사회지도층에게 요구되는 '높은 도덕성과 사회적 책임'을 이르는 말이다. '고귀하게 태어난 사람은 고귀하게 행동해야 한다'는 뜻의 이 말은 로마 귀족들의 불문율이었다. 로마에서는 병역의무를 실천하지 않은 사람은 호민관이나 집정관 등의 고위공직자가 될 수 없었다.

14세기 백년전쟁 당시 프랑스의 도시 '칼레'는 영국군에게 포위당하고, 결국 항복하게 된다. 점령자인 영국 왕 에드워드 3세는 "모든 시민의 생명을 보장하는 조건으로 누군가가 그동안의 반항에 대해 책임을 져야 한다. 이 도시의 대표 6명이 처형받아야 한다."라고 명(命)했다. 모두가 머뭇거리는 상황에서 칼레시(市)의 가장 부자인 '외스타슈 드 생 피에르(Eustache de St Pierre)'가 처형을 자청하였고 이어서 시장 · 법률가 등의 귀족들도 처형에 동참했다. 그들은 다음날 처형을 받기 위해 교수대에 모였다. 그러나 임신한 왕비의 간청을 들은 영국 왕은 죽음을 자처했던 시민 여섯 명의 희생정신에 감복하여 살려주게 된다. 이 이야기는 역사가에 의해 기록되었고 높은 신분에 따른 도덕적 의무인 '노블레스 오블리주'의 상징이 되었다.

그린리프(2006)는 저서 〈서번트리더십 원전〉에서 "올바른 삶을 살겠다. 이 사회의 혜택을 받은 만큼 혼신의 힘을 다해서 사회를 섬기겠다."라고 다짐하며, "문명사회는 혜택받은 사람에게 더 많은 책임을 요구하는 법이다. 또한, 이런 원칙을 지킬 때 더욱 큰 성취를 이룰 수 있는 법이다. 재산이나 교육이나 어떤 형태로든 이점(利點)을 지닌 사람이라면 그 이점이 공공의 이익증진을 위해 쓰여야 한다."라고 주장하였다.

서번트리더십은 인간존중을 바탕으로 구성원의 욕구를 충족하고 그들이 잠재력을 발휘할 수 있도록 봉사와 헌신으로 솔선수범하는 실천의 리더십이다. 상대적으로 많은 지식이나 경험 · 명예 · 부 등을 가진 혜택받은 사람들이 자신보다 사회적 약자들을 섬김으로써 공동체의 행복과 번영을 이루자는 것이다. 서번트리더십은 이타심을 핵심으로 한다.

2. 서번트 리더의 특성

서번트 리더의 특성에 대한 기존의 연구내용을 제시하면 〈표 8-1〉과 같다.

표 8-1 서번트 리더의 특성

Liden et al.(2008)	Hunter(2005)	S주식회사(2010)
• 개념화 • 인간존중과 구성원 최우선 • 구성원의 성장과 성공지원 • 정서적 치유 • 윤리적 행동 • 공동체를 위한 가치 창조 • 임파워먼트	• 인내 • 친절 • 겸손 • 존중 • 이타주의 • 용서 • 정직 • 헌신	• 비전제시 • 솔선수범 • 경청과 공감 • 구성원 육성

(1) 라이든과 동료들의 서번트 리더 행동

라이든과 동료들(Liden et al., 2008)은 서번트 리더의 행동특성으로 인간존중과 구성원 최우선, 구성원의 성장과 성공지원, 개념화, 정서적 치유, 윤리적 행동, 공동체를 위한 가치창조, 그리고 임파워먼트를 제시하였다.

☑ 인간존중과 구성원 최우선

유엔인권선언 제1조는 "모든 인간은 태어날 때부터 자유로우며 그 존엄과 권리에 있어 동등하다. 인간은 천부적으로 이성과 양심을 부여받았으며 서로 형제애의 정신으로 행동해야 한다."라고 정하고 있다. 서번트 리더는 구성원을 최우선으로 생각한다(Putting Followers First). 능력의 크기를 떠나 서로를 존중하고 섬기는 것. 이것이 서번트리더십의 기본철학이다.

☑ 구성원의 성장과 성공지원

서번트 리더의 진정한 관심은 다른 사람의 성공을 돕는 것이다. 서번트 리더는 구성원의 성장과 성공을 지원한다(Helping Followers Grow and Succeed). 사회를 변화시키는 가장 확실한 방법은 사회를 변화시킬 인재를 길러내는 것이다. 서번트 리더의 성과를 판단하는 방법은 구성원들이 얼마나 성장 · 성공하고 있는지를 확인하는 것이다. 일본 속담에도 있듯이 부하가 당신을 위해 일하면 당신도 그를 위해 일해야 한다.

개념화

개념화는 조직의 사명과 비전 · 목표 · 상황에 대하여 명확하게 이해하는 것을 말한다(conceptualizing). 서번트 리더는 미래를 예측하고 비전을 만들고 공유한다. 장기적 전략을 세워 실행하며, 조직의 문제를 다양한 관점에서 파악하여 창의적으로 해결한다.

정서적 치유

정서적 치유는 다른 사람의 욕구와 복지에 관심을 가지고 필요할 때 그들을 지원하고 돕는 것을 말한다(Emotional Healing). 서번트 리더는 경청과 공감을 통해 치유를 돕는다. 서번트 리더는 문제를 해결하기 위해 주변의 소리에 귀를 기울이고 공감한다. 서번트 리더는 "지혜는 듣는 것에서 오고, 후회는 말하는 것에서 온다."라는 이태리 속담을 명심한다.

윤리적 행동

윤리적 행동은 올바른 일을 올바르게 하는 것이다(Behaving Ethically). 서번트 리더는 양심에 따라 행동한다. 양심은 '옳고 그름'을 판단하는 도덕적 기준의 역할을 한다. 서번트 리더는 정직하고 공정하며, 원칙과 규범을 따른다.

공동체를 위한 가치창조

서번트 리더는 공동체를 지원하고 지역사회 발전을 위한 가치를 창조한다(Creating Values for the Community). 리더는 소외된 자, 못가진 자들(have-nots)에 대해 관심을 갖고 보살펴야 한다. 또한, 사회적 불평등과 불공정성이 있을 때 그것들을 제거할 책임도 있다. 서번트 리더는 사회적 약자에 대한 책임을 실천한다. 그들은 공동체적 삶의 회복, 부정과 불의에 대한 비판적 활동을 통해 모두에게 희망과 용기를 주는 사회를 만든다.

임파워먼트

임파워먼트는 구성원들에게 자율성을 부여하여 능력을 개발하고 자신감을 높여주는 것이다(Empowering). 서번트 리더는 권한위임을 통해 상호 신뢰를 쌓고 영향력을 공유한다. 임파워먼트는 서번트리더십의 중요 사상이므로 자세히 살펴본다. 임파워먼트는 심리적 접근법과 조직구조적 접근법의 두 가지 차원이 있다. 심리적 접근은 스프라이저(Spreitzer, 1995)에 의해서 활발히 연구되었다. 심리적 임파워먼트는 〈표 8-2〉와 같이 의미성(meaningfulness), 역량감(competence), 자기결정감(Self-Determination), 그리고 영향력(impact) 등의 네 차원으로 구성된 개념이다.

표 8-2 심리적 임파워먼트의 구성요소

의미성	일이 자신의 신념 · 가치관 · 기준과 부합하는 정도
역량감	주어진 일을 잘 해낼 수 있다는 자신의 능력에 대한 믿음
자기결정감	자신의 일과 행동에 대한 자유결정권(재량권)의 정도
영향력	자신의 일이 조직성과에 미치는 영향의 정도

한편, 조직구조적 접근법에서의 임파워먼트는 구성원들의 자기효능감과 결정감을 높이는 조건들을 강화하고, 무력감(powerlessness)을 조장하는 요인들을 제거하는 것이다. 이는 주로 참여적 의사결정 촉진이나 관료주의를 완화시키는 것과 같이 조직의 정책이나 제도를 통해 이루어진다.

장과 조(Zhang, & Zhou, 2014)는 심리적 임파워먼트와 조직구조적 임파워먼트 개념에 입각하여 임파워링리더십(Empowering Leadership)을 "상사가 구성원들의 능력을 칭찬해주고 그들이 하는 일의 중요성을 인정하며, 의사결정과정에 참여시키고 관료적 장애요인들을 제거해주려고 노력하는 것(정도)이다."라고 정의하였다.

(2) 기업의 서번트 리더 특성

S주식회사는 서번트 리더의 특성으로 비전제시, 솔선수범, 경청과 공감, 구성원 육성의 네 가지를 제시하고 있다.

☑ 비전제시

서번트 리더는 조직의 과거와 현재, 미래를 분석하고 객관적 상황을 판단하여 조직의 나아갈 방향과 달성해야 할 목표를 제시한다.

☑ 솔선수범

서번트 리더는 앞장서서 실천하는 사람이다. 리더라는 말은 인도유럽어의 'leit'에서 유래한다. 이 단어가 이름에 들어가 있는 사람은 전쟁터로 나가는 병사들 앞에서 깃발을 들고 앞장서며, 제일 먼저 죽는다. 그의 희생은 위험한 상황을 나머지 다른 병사들에게 미리 알리는 것이다.

☑ 경청과 공감

경청과 공감은 존중과 배려를 바탕으로 진정성을 가지고 상대방의 감정과 의견을 가슴으로 느끼고 머리로 이해하는 것이다. 서번트 리더는 경청과 공감을 통해 구성원의 욕구가 무엇인지 정확히 이끌어 낸다.

☑ 구성원 육성

구성원 육성은 자신보다 나은 후임자를 키우는 것이다. 서번트 리더는 구성원의 특성을 고려해 업무를 부여하고 코칭과 피드백, 공정한 평가를 통해 개인의 성장과 조직의 비전을 함께 달성한다. 서번트 리더의 특성별 구성요소는 〈표 8-3〉과 같다.

표 8-3 서번트 리더의 특성별 구성요소

비전제시	솔선수범	경청과 공감	구성원 육성
• 업무목표와 방향 제시	• 자기희생	• 측은지심	• 의미 있는 업무부여
• 업무 추진과정 지원	• 언행일치	• 질책과 달래기	• 코칭과 피드백
	• 책임감	• 냉철한 머리	• 공정한 평가와 인사
	• 긍정적 사고	• 따뜻한 가슴	

토의 8-1

[미리보기] 사례는 스티븐 코비(Steven R. Covey)의 이야기이다. 그는 〈성공하는 사람의 7가지 습관〉의 저자이다. 다음은 과학부문 노벨상 수상자를 다수 배출한 나고야대학 총장과의 인터뷰 내용 중 일부이다. [미리보기] 사례와 인터뷰 자료를 토대로 다음 질문에 대한 자신의 생각을 정리하고, 자신의 의견을 팀원과 공유하시오.

"나고야대 사제관계는 수평적이다. 제자 두 명이 노벨상을 받은 사카타 쇼이치(1911~1970) 교수는 제자들에게 '선생'이라는 말도 쓰지 못하게 했다. 연구 앞에서는 모두 동등하다는 이유 때문이었다. 시모무라 오사무 교수의 스승인 히라타 요시마사(1915~2000) 교수는 월급을 털어 제자의 실험준비를 도와줄 정도로 헌신적이었다. 제자들의 재능을 찾아내 능력을 발휘하도록 도와주는 것이 스승의 역할이다. 연구성과는 실패에 좌절하지 않는 끈기와 유행에 흔들리지 않는 둔감력(鈍感力)이 중요하다. 아마노 교수는 1,000번 이상 실험에서 실패했지만 좌절하지 않고 밤낮으로 계속 실험했다."

1. 스티븐 코비 사례의 핵심내용과 시사점은 무엇인가?
2. 인터뷰의 핵심내용과 시사점은 무엇인가?
3. 두 가지 사례를 토대로 할 때 서번트리더십의 개념과 핵심은 무엇인가?

(3) 리더십 임재

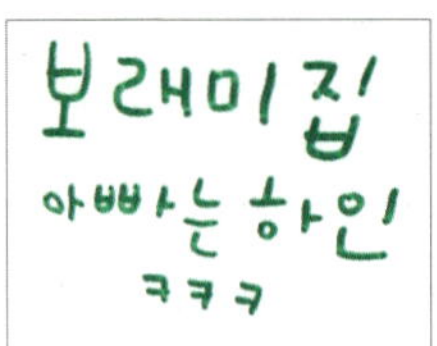

그냥 같이 있으면 힘이 되고, 평안한 사람이 있다. 리더십 임재(任在)는 리더가 굳이 권력을 과시하기 위해 노력하지 않아도, 그(녀)가 존재하는 자체만으로 다른 사람에게 선(善)한 영향력을 행사하는 현상이다. 리더십 임재(leadership presence)는 우리네 어머니(가끔 아버지)를 생각하면 딱 일치한다. 선한 영향력은 봉사와 희생에 바탕을 두며, 다른 사람의 욕구를 파악하고 충족시켜 줌으로써 발휘된다.

어머니가 그렇다. 어머니는 가족을 위해 봉사하고 희생한다. 어머니는 가족의 욕구를 파악하고 충족시켜 준다. 어머니는 가족들을 보살피고 섬김으로써 선한 영향력을 발휘한다. 여성의 가정 내 영향력이 시간이 흐를수록 확대되는 이유도 바로 섬김에 있다. 서번트 리더의 전형은 바로 어머니이다. 자식들이 부모의 삶보다 더 행복하고, 더 나은 사람이 됐으면 하는 바람은 모든 부모들의 공통된 소망이다. 서번트 리더가 그렇다. 구성원들의 성장과 발전을 최우선으로 하는 사람이 서번트 리더이다.

영화 '인턴'의 줄거리이다. 인터넷 의류업체 "About the Fit"의 창업자인 줄스 오스틴(앤 해서웨이)은 열정적인 30세의 여성 CEO이다. 그녀는 기업의 사회공헌 차원에서 과거 전화번호부 회사의 임원으로 재직하다가 은퇴한 70세의 벤 휘태커(로버트 드니로)를 인턴으로 채용하게 된다. 줄스는 벤의 풍부한 인생경험에서 묻어나는 각종 노하우들을 배우며 그를 점점 신뢰하게 된다. 벤은 줄스의 개인 운전기사 역할도 하며 베스트 프렌드가 된다. 그는 나이 어린 회사동료들에게는 연애상담, 클래식스타일의 코디 등을 알려주며 친근한 아버지와도 같은 관계를 맺어 나간다. 벤은 리더십 임재의 전형적인 사례이다.

토의 8-2

정치적 올바름(political correctness)은 성 차별이나 인종 차별적인 언어, 소수자나 사회적 약자에게 불쾌감을 주는 표현 등을 바로 잡으려는 사회운동이다. 1980년대 미국 대학가를 중심으로 시작되었다. 도널드 트럼프는 자신이 정치적 올바름을 거부하는 후보임을 강조하며, 그동안 금기시돼왔던 말들을 쏟아내었다. 그를 지지하는 한 60대 여성은 "나 때문에 누가 상처받을까 걱정하는데, 정작 내가 상처받는 걸 걱정해 주는 사람은 아무도 없었다."라고 말했다.

"이 장관, 혹시 저의 좌우명을 아시나요. 참용기입니다. '참자. 용서하자. 기다리자.' 그렇게 평생 하다 보니 이 자리까지 왔습니다." 의기양양한 이어령 전 문화부장관에게 '물태우'라고 불리던 노태우 전 대통령이 미소 지으며 한 말이다.

서번트리더십이 좋은 줄은 알겠는데 너무 이상적이다. 부모도 자식을 외면하는 현실인데 하물며 사회에서, 직장에서 서번트리더십을 실천하다가는 속병나기 십상이다. 믿었던 사람에게 배신당하고, 잘해준다고 성심을 다했는데 은혜를 모르고 오히려 맞먹으려 하고 얕잡아보기도 한다. 다음 질문에 대한 자신의 생각을 정리하고, 팀원과 토의하시오.

1. 정치적 올바름이라는 사회적 제약 때문에 하고 싶은 말을 제대로 하지 못하는 사례에는 무엇이 있는가?
2. 참용기도 좋지만 '참고 참으려 해도 못 참을 때'가 있다. 이럴 때는 어떻게 해야 하는가?
3. 평소 스트레스를 어떻게 푸는가? 길티 플레저(Guilty Pleasure)의 의미와 이에 대한 자신의 의견을 제시하시오.

02 커뮤니티리더십

비대칭적 사회구조는 불안을 야기한다. 함께 잘 살아야 사회적 안전망이 구축되고 평안함도 느낄 수 있다. 우리 자신의 행복을 위해서라도 우리가 사는 지역공동체가 함께 잘 살아야 한다. 사회적 약자에 대한 배려와 공공의 삶의 질 개선을 위한 사회적 책임(social responsibility)이 현안과제로 제기되면서 많은 기업들이 이를 경영의 우선순위로 다루게 되었다. 정부에서도 점진적으로 비영리 부문에 공공서비스 기능을 맡기고 있다. 지역공동체(community)는 사회균열과 사회불안을 예방함으로써 사회적 비용(social cost)을 감소시키는 역할을 한다.

커뮤니티리더십은 지역공동체에서 어떤 목적(성과)을 달성하기 위하여 사업을 기획하고 사회적 네트워크를 형성하며 외부로부터 인적 · 물적 자원을 동원하는 과정에서 발생한다. Krile, Curphy, & Lund(2006)는 커뮤니티리더십의 세 가지 핵심역량으로 프레이밍, 사회적 자본 형성, 그리고 동원을 들었다.

1. 프레이밍

프레이밍(Framing)은 커뮤니티의 존재목적과 비전을 설정하고, 이를 달성하기 위한 이슈를 발굴하는 역량이다. 현안과제(이슈)에 대한 2W1H(What, Why, How)를 기획하는 능력을 포함한다. 즉, 이슈선정의 배경과 중요성, 프로젝트의 목적과 목표, 실행과제 선정, 예산 · 일정 · 인원계획 수립을 포함하여 공동체의 사업을 기획하는 역량이다. 아이디어들의 밑바탕에는 공동의 가치, 특히 공공성과 도덕성에 대한 욕구가 깔려 있어야 한다. 다음은 공공기관 등에서 일반대중과 지역주민을 대상으로 프레이밍한 사례이다.

사례 1. 기부하는 건강계단

> 계단을 걸으면 10원의 기부금이 적립되며, 하지장애아동의 재활훈련도구 지원금으로 쓰입니다.
> Step up and down for children with paraplegia. You can donate 10 Won(1 cent) by using stairs for rehabilitation training tools.

생명보험사회공헌재단이 서울특별시, 종로구, 서울메트로, 그리고 삼성생명, 교보생명 등 기업의 지원을 받아 운영하는 사업이다(지하철 3호선 경복궁역).

사례 2. 행복충전소 영등포마루아카데미

- 강의대상 : 영등포구민(강좌별 선착순 70명)
- 강의장소 : 영등포구 평생학습센터 문래정보문화도서관 5층

– 강좌 내용 –

유럽미술과 기행	소설의 미로 속으로
1강. 피렌체의 미술관들	1강. 괴테_젊은 베르테르의 슬픔
2강. 로마의 미술관들	2강. 카프카_변신
3강. 파리의 미술관들	3강. 헤밍웨이_노인과 바다
4강. 독일의 미술관들	4강. 카뮈_이방인
5강. 런던과 마드리드	5강. 한드케_왼손잡이 여인
6강. 그리스의 유적과 박물관들	6강. 톨스토이_이반일리치의 죽음

지역사회를 위한 한 기초단체의 인문학 소양 프로그램으로 지역주민들의 관심과 호응도가 높다.

사례 3. 행복한 책 나눔 : "도서관의 봄, 책을 봄, 미래를 봄"

내 삶의 행복리스트에 책 나눔을 더하다. 이미 다 읽었거나 오랫동안 읽지 않아서 잠자고 있는 책을 꺼내어 누군가에게 주는 순간, 그 책은 읽는 이의 꿈을 깨우는 작은 씨앗이 될 것입니다.

도서 기증자

8월 28일	9월 4일	9월 6일	9월 18일
하영 님! 〈긍정의 한 줄〉 등 5권 기증해 주셔서 감사합니다. 행복하세요.	최은진 님! 〈고구려 사진관〉 1권 기증해 주셔서 감사합니다. 행복하세요.	정혜진 님! 〈친절한 복희씨〉 등 117권 기증해 주셔서 감사합니다. 행복하세요.	김이환 님! 〈홍길동전〉 등 22권 기증해 주셔서 감사합니다. 행복하세요.

지역 정보문화센터에서 운영하는 중고도서 기부 프로그램이다.

2. 사회적 자본 형성

사회적 자본(Social capital)은 사람과 사람 사이의 협력과 사회적 거래를 촉진시키는 일체의 신뢰 · 규범 · 연결망 등의 사회적 자산을 포괄하는 개념이다. 사회적 자본은 개인 간에, 개인과 그룹 간에, 또는 그룹 간에 공유되는 관계로부터 오는 힘을 말하며, 사회적 참여(social engagement)를 통해 형성 · 강화된다. 사회적 자본 형성은 구성원들 간의 차이점과 갈등을 극복하고 공동체 내에서 함께 일할 수 있도록 관계를 개발하고 유지하는 데 있어 매우 중요한 역량이다.

사회적 자본은 크게 네트워크(연결망), 신뢰, 그리고 사회규범의 세 가지 요소로 이루어진다. 먼저, 네트워크(network)는 개인이나 집단 등 행위자들 간의 전체적인 연결 형태를 말한다. 이는 누가 누구에게 어떻게 접근하는지에 대한 관계구조를 의미한다. 네트워크를 통해 행위자들은 신뢰를 형성하고 사회 · 심리적 안정성을 높일 수 있다. 두 번째로, 신뢰는 사회적 거래비용을 낮출 수 있는 수단이다. 신뢰에는 과정 의존적 신뢰, 특성 의존적 신뢰, 그리고 제도 의존적 신뢰가 있다. 각 유형별 신뢰가 형성되는 원인(근거)과 예, 그리고 신뢰 형성을 위한 방법을 간략하게 설명하면 〈표 8-4〉와 같다.

표 8-4 신뢰의 유형

유형	근거	예	신뢰 형성방법
과정 의존적 신뢰	반복되는 교환	평판 · 친분	시간 · 돈 · 노력 등 신뢰에 대한 투자
특성 의존적 신뢰	개인이나 집단의 귀속적 특성	혈연 · 지연 · 학연 · 성	신뢰는 주어진 것(동질성과 유사성)
제도 의존적 신뢰	공식적인 사회제도	신뢰를 보증하는 제도나 조직	참여, 구성원으로 진입

끝으로, 사회적 규범은 기본적으로 사회적 시스템 내에서의 합의(consensus)의 정도를 의미한다. 내면화 혹은 외부적 제재를 통해 지탱되는 규범은 공공의 문제를 해결하는 데 중요한 역할을 수행한다. 이러한 사회규범은 교육을 포함하는 사회화,

상호작용, 처벌과 같은 기제에 의해 유지되고 강화된다. 푸트남(Putnam, 1993)은 규범에서 가장 중요한 요소는 '호혜성(互惠性)'이라고 한다. 지금까지 논의한 사회자본 구성요소 간의 관계를 그림으로 나타내면 〈그림 8-1〉과 같다(김용학, 2010).

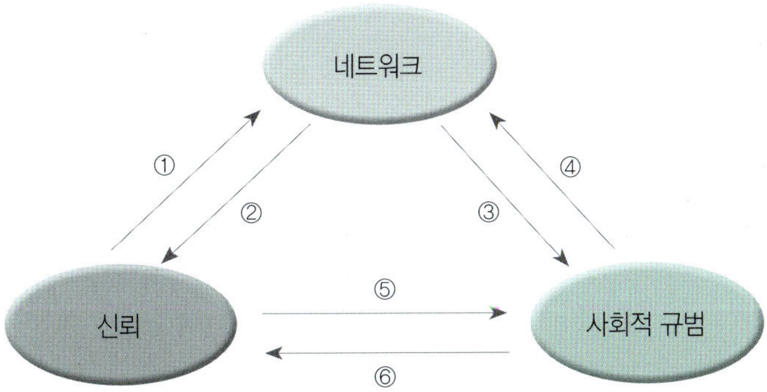

① 신뢰의 축적은 네트워크의 결속을 강화하고 불신 대상자는 연결망에서 배제하거나 제재를 가해 네트워크 내의 위험요인을 제거한다.
② 네트워크는 신뢰가 축적되는 중요한 장으로서, 연결망 안에서의 누적적인 상호작용의 경험을 통해서 신뢰가 생겨나고 안정화된다.
③ 사회규범이나 규약은 반복적인 상호작용의 네트워크 안에서 빠르게 형성된다.
④ 사회규범은 일탈행위를 억제함으로써 연결망의 결속을 다져서 생산성을 증가시키고, 공공재화를 비교적 쉽게 만들 수 있도록 한다.
⑤ 신뢰는 장기적으로 공동체구성원들이 사회 전체의 이익에 헌신하도록 하는 규범을 내면화하도록 한다.
⑥ 사회규범은 제재를 통하여 혹은 개인에게 내면화된 규범을 통하여 신뢰를 유도한다.

그림 8-1 사회자본 구성요소 간의 관계

3. 동원

동원(Mobilization)은 공동체 사업수행에 필요한 사람 · 자본 · 장비 · 시설들을 조달할 수 있는 역량을 말한다. 동원역량은 사회적 자본 형성 역량과 밀접하게 연관되어 있다. 비영리단체들은 보통 지역적 연고에 바탕을 두고 독립적으로 운영되기 때문에 필요한 인재를 개인적 인맥이나 공동체의 네트워크로부터 충원한다. 여기에는 자원봉사자를 포함한다. 일반조직에 비해 여러 가지 보상체계가 미흡한 공동체의 인사시스템에서 예측 가능하고 효율적인 인재확보 기반(인재풀)을 구축해 놓는 것이 필요하다.

특히, 공동체운영에 필요한 자금을 확보하는 일이 중요하다. 비영리단체의 리더들에게 가장 큰 과제 중의 하나는 다양한 후원자들을 상대하는 일이다. 그들은 모든 기회를 통해 모금활동에 최선을 다한다. 그리고 후원단체(후원인)는 물론, 주민, 심지어 공동체 사이에서도 비영리단체(공동체)는 비용을 적게 쓸수록 좋다는 인식이 자리 잡고 있어, 무엇보다 비용집행의 효율성과 회계의 투명성이 요구된다. 동원역량에는 정보접근 및 활용능력이 중요하다. 국경 없는 행동에서 운영하는 '이상주의자' 사이트는 전 세계의 비영리단체들이 올리는 채용공고 · 자원봉사 · 인턴십 · 행사정보 등을 제공하고 있다(http://www.idealist.org/).

한편, 커뮤니티 리더들이 직면하는 상황특수성이 있다. 이들은 일반조직에 비해 지위가 주는 권력이 미미하다. 그들에게는 업무를 소홀히 하는 구성원들에게 영향력을 행사할 수 있는 수단이 별로 없으며, 가용자원이나 보상이 부족한 경우가 많다. 이런 열악한 환경에서 커뮤니티리더십의 성공요인은 사회적 지위나 학력, 재능, 나이 그리고 성별 등과 같은 리더의 개인적 특성이 아니라 공동체를 위해 헌신하고자 하는 사회적 책무감이다. 커뮤니티리더십은 내면으로부터 발현된 가치와 신념이 요구되는 리더십이다. 커뮤니티 리더는 다음 사항을 유념해야 한다.

먼저, 무엇보다 세상을 보다 더 나은 곳으로 만들겠다는 강한 의지와 따뜻한 마음이 중요하다. 일과 능력에 비해 적은 보상, 다양한 갈등 등의 어려움을 극복하기 위해서는 공동체에 대한 헌신적인 태도는 필수적이다. 둘째, 커뮤니티 리더들은 지속적으로 지역주민과 접촉하여 그들의 말에 귀를 기울이고, 공동관심사를 파악해야 한다. 또한, 현안이슈에 대해 설득하고 참여를 유도해야 한다. 셋째, 자원봉사자 조직에서는 특히 그들이 맡은바 책임을 다해 주는 것에 대해 지속적인 감사표현을 해야 한다. 끝으로, 커뮤니티 리더는 정치에 관여하지 않고 철저히 중립을 유지하면서, 순수하게 생활조건 개선 등과 같은 지역현안에 힘을 집중해야 한다.

토의 8-3

사회적 자본 형성을 위한 다음 질문에 답하시오. 자신의 생각과 의견을 팀원들과 공유하시오.

① 자신의 스마트폰에 저장되어 있는 사람은 모두 몇 명인가? 이들 중에 한 달 이내에 실제로 통화를 하거나, SNS 등을 통해 연락한 사람은 누구인가?

② 자신이 어려움에 처했을 때 연락하면 낮밤을 가리지 않고 나타나 줄 사람은 누구라고 생각하는가?

③ 다음의 네트워크 규칙을 이해하시오. 그리고 네트워크 규칙을 적용하기 위한 구체적 방법을 팀원과 토의하고, 그 결과를 발표하시오.

네트워크 규칙	구체적 적용방법
1. 내부가 아니라 외부지향적으로 구축하라.	
2. 규모가 아니라 다양성을 추구하라.	
3. 강한 유대가 아니라 다수의 약한 유대관계를 구축하라.	
4. 익숙한 얼굴이 아니라 브리지(허브)를 이용하라.	
5. 혼자가 아니라 목표대상을 무리지어 공략하라.	
6. 약한 유대관계를 강한 유대관계로 전환하라.	

자료 : 모텐 한센, 이장원,김대환,안정호 옮김(2011), 192-214.

사례연구 [1]

렌 호프만은 대학졸업 얼마 후 일본이 진주만을 공습하면서 절친했던 유년기의 친구를 잃었고, 당시의 수많은 젊은이들과 마찬가지로 징병대상에 포함되었다. 호프만은 해군에 장교로 입대하였고, 빠른 승진을 거듭한 끝에 초계어뢰정의 함장으로 임명되어 필리핀 제도를 순찰하는 임무를 맡게 되었다.

어느 날 그의 순찰구역 안에 있는 섬에서 격렬한 전투 끝에 항복한 장교 3명을 포함하여 일본인 포로 12명을 체포하라는 임무가 떨어졌다. 그가 받은 명령의 내용은 일본군 장교와 그의 부하들을 알몸으로 수갑을 채우고 초계어뢰정에 태운 후 해안에서 몇 마일 떨어진 구축함으로 이송하는 것이었다. 호프만은 절친했던 친구 목숨을 앗아간 일본군에 대해 가진 적개심에도 불구하고, 일본군 장교와 병사들에게 알몸을 드러내게 하는 치욕적인 행위를 강요하지 않았다. 그는 적군이 군복을 착용하고 양팔을 머리 위로 올린 채 정글에서 투항하도록 했으며, 더욱이 일본군 장교는 말을 타고 선두에 서도록 하였다. 호프만은 상사명령에 불복종한 죄로 곤경에 처했지만 큰 문제 없이 수습되었다. 그 사건에 대해 호프만은 이렇게 말했다. "다른 사람을 대할 때는 그 사람으로부터 대접받고자 하는 대로 대접해야 한다."

1. 렌 호프만의 사례를 서번트리더십 관점에서 분석하시오. 어떤 점이 그가 서번트 리더임을 보여주는가?

2. 렌 호프만의 행동을 〈표 8-1〉의 서번트 리더 특성 중 헌터(James C. Hunter)의 목록을 적용하여 분석하시오.

3. 그의 행동은 일본군 포로들에게 어떤 영향을 끼쳤을 것이라고 생각하는가?

사례연구 [2]

쌍문동 주민센터 건물 2층을 주민들을 위한 복합문화공간으로 만들려고 한다. 지역주민 누구나, 언제나 와서 편안하게 쉴 수 있는 쉼터. 고된 삶에 지친 마을공동체 주민을 위한 소통의 공간, 공감 · 공유의 공간, 주민이 주인인 공간이면 좋겠다. 주민센터에서는 건물 공간과 보유 장서 2천권을 지원하기로 했다. 주민들의 왕래가 드문 썰렁한 이 공간을 사람의 따스한 향기와 생기가 느껴지는 그런 살맛 나는 공간으로 탈바꿈시키고 싶다. 당신은 의미 있는 이 공동체사업을 꼭 성공시키고 싶다.

1. 이 공동체사업을 성공시키기 위한 프레이밍의 방향과 전략을 어떻게 할 것인가?

2. 이 프로젝트를 성공시키기 위해 사회적 자본 형성을 어떻게 할 것인가?

3. 이 프로젝트를 성공시키기 위한 인적 · 물적 자원을 어떻게 동원할 것인가?

자기인식과 성찰

다음은 서번트리더십을 구성하는 특성목록이다. 여기에서는 특성이 대칭조합으로 구성되어 있다. 각 항목을 읽고, 평소 자신(상사)의 행동에 비추어 어느 특성에 가까운지 체크하시오.

평가		나(상사)는 어느 특성에 가까운가?			평가	
나	상사				나	상사
		인내	자기 통제력을 발휘한다(감정컨트롤).	폭발		
		친절	관심을 가지고 칭찬 · 지지 · 격려한다.	무시		
		겸손	진실하고 가식이 없으며 거만하지 않다.	오만		
		존중	타인을 소중한 존재로 대한다.	모멸		
		이타주의	타인의 욕구를 충족시키며, 성장 · 발전하도록 돕는다.	이기주의		
		용서	잘못하더라도 비난하지 않고, 기회를 준다.	복수		
		정직	자신의 감정과 의견을 솔직하게 표현한다.	은폐		
		헌신	자신의 선택에 최선을 다한다.	방관		
		나(상사)는 왼쪽, 오른쪽에 각각 몇 개씩 체크되었는가?				

❶ 다음은 삶을 풍요롭게 해 주는 덕성목록이다. "오늘은 자신에게 어떤 덕성이 필요한가?" 각자 덕성목록 중에서 하나를 선택하고, 그 의미를 음미한다(이 목록에 없는 다른 덕성을 선택해도 된다).

감사	결의	겸손	관용	근면	기뻐함	기지	끈기	너그러움
도움	명예	목적의식	믿음직함	배려	봉사	사랑	사려	상냥함
소신	신뢰	신용	열정	예의	용기	용서	우정	유연성
이상품기	이해	인내	인정	자율	절도	정돈	정의로움	정직
존중	중용	진실함	창의성	책임감	청결	초연	충직	친절
탁월함	평온함	한결같음	헌신	협동	화합	확신		

❷ 팀원들은 차례대로 자신이 선택한 덕성과 덕성에 대해 부여한 의미를 소개한다. 그 덕성을 선택한 이유에 대해서도 이야기한다.

❸ 서번트리더십 특성목록에 대한 평가결과와 함께, 덕성목록에 대한 공유활동을 통해 서로의 감정과 느낀 점을 나눈다.

저자 특강 8

엄지리더십 : 엄지가 최고인 이유

왼손을 곧게 펴고 손목을 직각으로 하여 다섯 손가락을 찬찬히 살펴보자. 가운데 중지를 중심으로 약지와 소지, 검지와 엄지가 좌우로 나란히 서있다. 가운데 손가락은 가장 길 뿐 아니라 중심에서 좌우 균형점의 역할을 한다. 만형의 역할이다. 그래서 '당신이 최고다'라는 의미를 전달할 때 나 같으면 중지를 곧게 편 후 나머지 손가락들은 모두 접은 상태에서 '당신이 최고'라고 말하며 상대방을 향해 힘차게 내뻗을 것이다(지금 옆에 앉아있는 동료에게 한 번 해보라).

신중현은 기타연주자로 가수, 싱어송라이터, 음악프로듀서이다. 기타교본을 가지고 독학으로 공부한 그는 미8군 쇼단에서 음악생활을 시작하였다. 트로트 일색이던 시절에 로큰롤과 흑인음악을 창조적으로 수용해 한국적 록을 탄생시킨 그는 '커피 한 잔' 같은 곡을 만들어 센세이션을 불러일으키기도 했다. 1970년대 전후로 '미인', 김추자의 '님은 먼 곳에' 등 많은 히트곡을 내며 가요계의 정상에 올랐던 그는 대통령을 위한 곡을 만들어 달라는 청와대의 부탁을 거절하였다. 이후 불후의 명곡인 '아름다운 강산'을 포함하여 그의 곡들은 금지곡으로 지정되었고, 1987년이 되어서야 해금되었다. 그는 음악의 불모지였던 대한민국에 록음악을 도입한 시대를 앞서간 음악인으로 평가받고 있다. 그는 기타의 고수이다.

포크기타 실력은 운지법(코드 잡는 법)과 반주법(고고, 왈츠, 슬로우 록, 셔플, 스윙, 룸바, 트로트, 폴카 등)에 의해 결정된다. 코드(chord)는 왼손으로 잡는데 검지는 1번, 중지는 2번, 약지는 3번, 소지(새끼손가락)는 4번으로 왼손가락마다 번호가 부여되어 있다. 왼손 네 손가락은 Am, Dm, E7 등 각 코드마다 담당하는 기타 줄이 정해져 있다. 줄을 누르는 손가락이 기타의 프렛(Fret)과 수직에 가깝도록 눌러야 소리가 제대로 나는데 이게 쉬운 일이 아니다. 초보에게는 손가락 끝에 전해지는 아픔이 대단하다. 그런데 왼손 엄지는 정해진 번호도 없을 뿐더러, 담당하는 기타 줄도 없다. 다른 네 손가락이 고통을 감내하며 열심히 코드를 잡는 동안 엄지는 네크(Neck) 뒷면에 숨어서 편하게 지낸다. 불공평하다. 과연 그럴까?

사실 한 번 더 생각해보면 네 손가락이 지판(앞면, Finger Board)의 프렛을 자유자재로 움직일 수 있는 것은 엄지가 네크 뒤편에서 그들과 같이 움직이며 뒷받침해주기 때문이다. 엄지는 보이지 않는 곳에서 다른 손가락들이 각기 자기의 역할을 수행할 수 있도록 서포트한다. 난

이도가 있는 곡을 연주할 때는 드물게 엄지를 사용하여 '둥둥'하는 저음을 내기도 하는데 이는 아무나 할 수 있는 기술이 아니라고 한다.

리더의 역할이 엄지의 역할과 같다. 리더는 평상시 구성원들이 각자의 재능과 역할을 발휘할 수 있도록 보이지 않는 곳에서 묵묵히 지원하고 도와준다. 나서지 않는다. 뽐내지 않는다. 그러나 결정적 순간에 직면하거나 중요한 일일 경우에는 리더가 스스로 앞장서 의사결정하고 문제를 해결하며 어려움에 대처해 나간다. 그리고 결과에 대한 책임을 진다. 그래야 리더이다.

문명학자들은 인류에 의해 문명이 생겨난 이유를 '손' 때문이라고 한다. 인간의 손은 엄지가 다른 손가락들과 쉽게 맞닿을 수 있어 도구를 사용할 수도 있고, 글을 쓸 수도 있다. 엄지로 인해 다른 손가락들끼리도 잘 어울릴 수 있다. 엄지를 접은 상태에서는 다른 손가락들끼리 잘 만나지 못할 뿐 아니라 제 기능을 발휘하지도 못한다. 모든 게 어색하다. 맞닿을 수 있다는 것, 연결된다는 것은 생각보다 더 큰 힘을 가지고 있다.

다시 한 번 왼손을 곧게 펴고 손목을 직각으로 하여 다섯 손가락을 찬찬히 살펴보자. 엄지가 가장 낮은 곳에 자리하고 있다. 우리는 누군가에게 '최고'라고 할 때는 엄지를 곧게 세우고 다른 손가락들을 접은 상태에서 상대방을 향해 힘껏 손을 내민다. 가장 길고 높은 곳의 중지가 있음에도 불구하고 말이다. 엄지가 최고인 이유는 명백하다.

주의할 것이 있다. "나는 ~에 서투르다(재주가 없다)."를 영어로 표현하면 "I am all thumbs with ~."라고 한다. 모든 손가락이 엄지라고 하면, 즉 모든 손가락이 굵기와 길이에 차이가 없고 더욱이 굵고 짧다면(대부분의 동물들이 그렇다) 세밀한 작업은 물론 글도 쓸 수 없다. 엄지는 각기 다른 굵기와 길이를 지닌 나머지 손가락들과 함께함으로써 다양하고 세밀한 작업을 할 수 있다. 다양성이 중요한 이유이다. 조직과 사회는 각기 다른 성격과 재능을 가진 사람들의 집합일 때 더 아름답다. 마지막으로, 어찌되었든 다섯 손가락이 다 있어야 온전하다. 그들은 모두 함께 할 때 가장 아름답다. 검지와 중지 · 소지 · 약지가 없으면 엄지도 없다. 우리는 하나다.

Chapter 09

여성적 리더십

01 여성리더십
02 감성리더십

[저자 특강 9]
관계형성의 원리

인공지능 시대라지만 감정이 없으면 우리도 로봇이 된다.

미리보기

"유리천장? 두들기면 깨지니까 유리다. 앞을 가로막는 천장이면 두드려 깨버리라." 김영란 전 대법관의 이야기이다. 사회 각 분야에서 '최초'의 역사를 쓴 여성들은 짧아도 20년 이상 한 분야에서 분투해 왔다. '대한민국 1호' 여성들이 후배들에게 전하는 말을 들어보자.

"내게 일은 목숨이다. 실패는 있어도 후회는 없어야 한다. 이토록 복잡하고 어려운 세상에서 실패야 할 수 있지 않은가. 그러나 후회는 없어야 한다는 각오로 열정을 갖고 덤볐다. 열정도 습관이다. 우리 때와 달리 요즘 여자 후배들에게는 '포기'도 옵션 중에 하나로 들어있는 것 같다. 출산 때, 아이가 학교에 진학할 때 등 고비마다 그만둘까를 고민하는데, 일하는 것을 부동의 사실로 보고, 효과적인 해결책을 찾아야 한다. (손병옥 프루덴셜생명 사장)"

"조직 전체를 보라. 항상 큰 그림을 보고 주변 동료와 부서와 협업해야 한다. 여성들은 본인 일 처리는 깔끔한데 협력이 부족하다는 지적을 종종 받는다. 리더로 올라갈수록 경계해야 할 부분이다. 밥 짓는 시간도 분단위로 계산해 밀린 일을 했다. 산후조리 때를 빼면 휴일에 낮잠을 자 본 기억이 없다. 기회가 왔을 때 놓치지 않을 능력을 키우라. (권선주 IBK기업은행장)"

"나를 만든 것은 '주전자' 정신이었다. '주'인 정신으로 어떤 일이든 쭈뼛쭈뼛하지 말고 적극적으로 맡아야 하고, 자기 분야에서 최고의 프로로 인정받는 '전'문성이 있어야 하며, 자기가 하는 일에 '자'긍심이 필요하다는 뜻이다. (이배용 한국학중앙연구원장)"

"본립도생(本立道生)이 내 철학이다. 기본이 바로 서야 나아갈 길이 보인다는 논어의 말씀이다. 교과서적인 말이지만 교과서를 잊지 않을 때 교과서 너머도 보이지 않나. (김양숙 서울역장)"

"남이 안 된다는 말에 포기하는 게 첫 번째 포기다. '여자는 이 분야 일을 아무리 열심히 해봤자 안 된다'는 말을 수없이 들었다. 그토록 꿈꾸는 미래를 만드는 것은 바로 오늘 이 하루가 아닌가. 하루하루 포기는 없다는 각오를 다지며 공부하고 일했다. (최연혜 한국철도공사 사장)"

"같은 조건에서 사회는 남성보다 여성을 더 주목한다. 2~3배 잘해야 동등한 대우를 받으니 부당하다고 생각할 수도 있지만, 조금만 잘해도 눈에 띄기 쉽다는 장점으로 해석할 수도 있는 것 아닌가. 긍정적이고 적극적일 때 기회도 열렸다. (이성숙 석유공사 처장)"

"전환기를 맞긴 했지만 아직은 우리 사회가 여성이 더 노력해야 하는 사회이다. 나는 남자 후배보다 여자 후배에게 엄격하다. 강하게 키워야 한다. (최은주 포스코A&C 상무)"

"여성이 어떤 조직의 리더로 산다는 것은 불덩이 하나를 가슴에 품고 사는 것이라는 말이 와 닿더라. 그 불덩이를 어떻게 조절하면서 사는 지가 삶을 좌우하는 것 같다. (이미애 한국공항공사 지사장)"

"여성은 남자보다 조직문화에 약하다는 것을 인정해야 한다. 군대를 안 가본 여성이 조직에 약한 것은 어쩔 수 없는 일이지만 적극성으로 그 벽을 넘을 수 있다. (이인선 경상북도 정무부지사)"

"처절함 속에 아름다움이 있다. 일상에서도 무대에서도 처절할 때 꽃이 핀다. (성시연 경기필하모니오케스트라 단장)"

"인생은 종합예술이고, 시대의 흐름을 알아야 예술을 할 수 있다. (김혜련 서울시극단 단장)"

"멀리 보라. 시간이 해결해 줄 것이라고 믿고 마음을 다져라. (서영경 한국은행 부총재보)"

대한민국 1호 여성들에게도 '가정과 일의 조화'는 네버엔딩 스토리였다. 그들도 육아는 시집과 친정에서 골고루 도움을 받았다. 여성 1호들의 경험담.

"딸을 낳기 전날에도 야근을 했다." "집안일 해야지, 경쟁에서 밀리지도 말아야지, 그래서 집에서 아기 업고 서서 책을 보며 공부했다." "입학 · 졸업 때 아이에게 신경 쓰려면 평소 전력을 다해 일에 매진해야 한다."

전인미답(前人未踏)의 길을 헤쳐 온 1호 여성들의 평균적 특성은 다음과 같다.

나이	자녀수	기상시간	운동	휴일활동	전화번호수	통화수	연중휴가	독서
54	2명	6시	주 2회	걷기 · 집안일	769개	일 30회	4일	월 3권

"세상에, 여자를 뽑는대!" 1990년 10월 포항제철(현 포스코)의 공채 공고는 세상을 떠들썩하게 했다. 신문에 대서특필된 큰 뉴스였다. 불과 한 세대도 지나지 않은 시절의 이야기이다. 미국보다 먼저 여성대통령을 선출한 나라가 한국이다. 가정에서도 여성의 입지는 확고하다. 대낮의 지역 상권은 여성이 지배한다. 직업세계에서는 어떨까?

이 장에서 우리는 젠더와 성역할을 중심으로 여성리더십 현안 이슈들을 연구할 것이다. 한국의 여성리더십 상황을 알아보고, 그 동안의 여성리더십 연구결과에 대해 학습할 것이다. 그리고 여성적 리더십의 한 축인 감성리더십의 개념과 구성차원에 대해서도 탐구할 것이다.

연구 질문

1. 제8장에서 무엇을 느끼고 깨달았는가?
2. 여성적 리더십은 무엇인가?
3. 여성리더십은 (남성)리더십과 차별적 특성을 가지는가?
4. 한국의 여성리더십 상황은 어떤 수준인가?
5. 남 · 녀 간에 성의식과 여성리더십 인식에 차이가 있는가?
6. 감성리더십의 개념과 네 가지 차원은 무엇인가?

"인공지능 시대라지만 감정이 없으면 우리도 로봇이 된다. 21세기가 어떻게 더 진화할지 모르지만 음악 · 발레 등 예술을 통해 서로의 감정을 공유하고 사랑하고 배려하면서 살아가는 삶이 중요하다. 요즈음은 단원이 성장하는 모습을 지켜보는 데서 굉장한 보람을 느낀다. 직접 무대에 설 때의 행복보다 더 큰 것 같다." 강수진 국립발레단 예술감독이 최근 한 언론과의 인터뷰에서 한 이야기이다. 일그러진 그녀의 아름다운 발 모양을 기억한다. 그 발은 그녀의 청춘의 삶을 대변하며 많은 이들에게 감동을 주었다. 그녀는 또 다른 별을 조각해 내기 위해 중년의 아름다운 삶을 살고 있는 듯하다. 그녀는 길을 보여주는 여성 리더이다.

01 여성리더십

국내 20대 그룹의 여성임원비율이 〈표 9-1〉에서 보듯이 2006년 43명(0.9%)에서 2016년 189명(2.2%)으로 두 배 이상 증가했다.

표 9-1 국내 주요 그룹 여성임원 비중 변화

	삼성	SK	LG	포스코	한진	한화	KT	신세계	CJ
2006년	14(0.9)	2(0.5)	11(1.8)	0(0.0)	2(0.9)	1(0.5)	5(1.6)	1(1.8)	1(0.7)
2016년	58(2.9)	17(2.8)	15(1.9)	4(1.1)	6(2.6)	3(0.5)	26(6.0)	9(6.7)	12(5.1)

자료 : 동아일보(2016.1.4.), 단위: 명, ( )는 여성임원비율

여성의 경제 · 사회활동이 늘어나고 여성지위가 상승함에 따라 여성리더십에 대한 관심이 증가하고 있다. 1990년 17편에 불과했던 '리더십과 성별(gender)의 관계'에 대한 연구논문이 2012년에는 346편으로 증가하였다. 리더십 학술지인 'Leadership Quarterly'에서도 2016년 여름호 발행을 목표로 '리더십과 성'에 대한 특별호를 준비 중에 있다. 〈표 9-2〉에서 보는 바와 같이 특별호가 제시하는 연구주제는 이 분야 연구의 방향을 가늠할 수 있다.

표 9-2 여성리더십 연구주제

- 여성이 리더가 되는데 성별 스테레오타입이 장애가 되는가?
- 리더 역할수행에 있어 남성이 여성보다 더 야망이 강한가?
- 남성과 여성 리더들에 대한 기대와 평가기준이 다른가?
- 여성 리더를 갖는다는 것이 다른 여성 리더들의 리더십 전망을 촉진하는가, 방해하는가?
- 성별과 인종은 어떻게 상호작용하면서 리더 역할에의 접근과 리더에 대한 반응에 영향을 미치는가?
- 여성은 리더가 되는 데 있어 남성과 다른 경로를 따르는가?
- 여성 리더는 남성 리더와 다른 목표를 갖는가?
- 리더 직위에 여성 지분(quota)을 따로 두는 것은 어떤 효과가 있는가?
- 정치적 자리를 차지했을 때 여성은 남성과 다른 정책을 지지하는 경향이 있는가?
- 여성 리더들에 대한 미디어 노출이 최근 몇 십 년 동안 바뀌었는가?
- 어떤 상황에서 여성이 국가의 수반으로 등장하는가?

자료 : Eagly & Heilman(2014).

여성리더십(female leadership; woman leadership)은 성적(sexual) 측면에서 여성리더가 발휘하는 리더십을 말한다. 여성리더십 연구의 전통적 이슈는 "남성과 여성 중 리더로서 누가 더 적합한가?"였다(Eagly, Karau, & Makhijani, 1995). 그런데 여성리더십은 성(sex)뿐만 아니라 여성성(femininity)과 관련된 사회 · 문화적 측면의 성적(gender) 이슈를 포함한다. 이때 여성리더십 연구의 관점은 "리더(남 · 여를 불문하고)에게 요구되는 여성적 요소(여성성)가 무엇인가?"이다. 이는 경쟁과 소외 · 단절의 시대에 "여성성이 지니는 관계지향성, 참여적, 민주적 성향의 리더십이 과업지향적, 지시적, 권위적 성향의 남성성 리더십보다 유용하다."는 인식을 배경으로 하고 있다. 여성리더십은 일반적으로 두 가지 측면을 모두 포함한다.

토의 9-1

다음의 [자료 1]과 [자료 2]를 참고로 하여 각각의 질문에 대한 자신의 생각을 정리하시오. 정리한 의견을 팀원들과 공유하고 토의하시오.

[자료 1] 다음은 저자의 스마트폰에 저장된 지인(직장인 한정)들에게 카카오톡을 통해 수집한 여성 리더에 대한 의견을 정리한 자료이다.

요청사항. "과장급 이상 여성 매니저(혹은 사회 · 경제적으로 성공한 여성 리더)의 실제 특성을 '세 가지~다섯 가지' 이야기해 주세요."

표 9-3 여성 매니저의 특성

특성	비율(%)	포함된 응답내용
관계지향성	35.9	협력 · 조화 · 배려 · 경청 · 인간관계 · 인내 · 긍정성 · 봉사 · 헌신
성취지향성	23.4	목표의식 · 주도성 · 적극성 · 자신감 · 강한 자의식 · 도전
명확한 의사표현	15.6	철학 · 소신 · 당당함 · 단호함
업무능력	9.5	똑똑함 · 세세함 · 꼼꼼함 · 신속함, 보고(협상)능력, 전체적 사고
철저한 자기관리	7.8	학습 · 자기개발, 후배 자기개발 지원
책임감	7.8	성실, 일과 가정에서의 완벽 추구, 공사 구분

기타 의견(부정적)

- 치마만 두른 여자(남성적 리더십 구사)
- 강박적 자기억압이 있다(피해의식 · 고군분투).
- 기가 세다. 이기적이다.
- 까칠하다. 신경질적이다.
- 구성원들이 힘들어 한다.
- 여성 부하직원들과 갈등이 있다.
- 외모도 경쟁력이라고 생각한다.
- 회사 일에 대한 열정이 부족하다.
- 업무적으로 소심하다.
- 남자들보다 위계질서가 명확하다.
- 힘든 일은 남자에게 미룬다.
- 돈쓰는 것을 아까워 한다(돈은 리더십의 요체).
- 자격지심이 있다(내가 '여자'라고 무시하나?).
- 나쁜 엄마, 슈퍼맘 콤플렉스가 있다.

[자료 2]

표 9-4 현 직장에서 오르고 싶은 목표 직위(여성)

규모	최고경영자	고급관리자	초급관리자	직위에 무관심
전체	18.3	49.4	10.7	21.6
100~299인	9.7	48.0	13.8	28.5
300~999인	14.3	49.2	10.1	26.4
1,000~1,999인	24.6	41.5	14.7	19.2
2,000인 이상	24.9	52.4	8.1	14.6

자료 : 한국여성정책연구원(2012).

1. [미리보기]의 '대한민국 1호' 여성들의 특성과 제2장 [사례연구 1]의 대한민국 베스트 CEO 특성 간에 차이가 있는가? 여성리더십과 남성리더십 간에 차이가 있다고 생각하는가? '차이가 있다'고 생각하면 구체적으로 무엇인가?
2. '대한민국 1호' 여성들의 특성과 [자료 1]에 나타난 여성 리더(주로 중간관리자급)들의 특성 간에 차이가 있는가?
3. [자료 2]가 시사하는 점은 무엇인가? 남 · 녀 간에 꿈의 차이가 있다고 생각하는가?

1. 젠더와 성 역할

젠더(gender)는 사회화 과정과 학습을 통해 후천적으로 습득한 남성, 여성에 대한 일종의 고정관념으로 사회 · 문화적 특성에 따른 남녀의 차이를 뜻한다. 즉, 성(sex)은 남자(male), 여자(female)를, 젠더(gender)는 남성성(masculinity), 여성성(femininity)을 말한다. 젠더는 '섹스에서 젠더로'라는 슬로건과 함께 1995년 중국 베이징에서 열린 제4차 여성대회에서 처음으로 사용되었다. 젠더주류화(gender main-streaming)는 성적 차별을 극복하고 여성의 능력을 사회발전에 기여하도록 하자는 국제적 노력을 말한다. 이것은 그동안 소외되었던 계층을 배려하는 정책적 대안으로 여성뿐 아니라 장애인, 소수민족 등과 같은 소외계층을 모두 포함한다. 사회구성원 모두에게 균등한 기회를 주어 이들의 잠재능력을 찾아서 사회 전체의 역량을 키우겠다는 전략이다. 여성성과 남성성의 대표적 특성은 〈표 9-5〉와 같다.

표 9-5 여성성과 남성성

여성성	남성성
부드러움	확신
공감능력	경쟁심
민감성	독립심
연민	용기
보살핌	통제
배려	성취지향
공동체적 속성	권력대리인

남성의 무의식 속에 있는 여성적 요소를 아니마(anima)라 하고, 여성의 무의식 속에 있는 남성적 요소를 아니무스(animus)라고 하듯이, 모든 사람은 남성성과 여성성을 일부씩 내포하고 있다.

(1) 성 역할 스테레오타입

성 역할(gender-role)은 사회 · 문화적으로 남녀에게 적절하다고 판단되는 기대를 말한다. 기대되는 성역할이 제도나 관행 · 문화를 통해 강화(학습)되면서 조직생활에서도 각각의 성에 맞는 성 역할 고정관념(stereotype)이 생긴다. 이는 여성들이 상위지위에 오르는 것을 방해하는 눈에 보이지 않는 장벽의 역할을 한다. 이를 유리천장(glass ceiling) 혹은 승진장벽이라고 한다. 여성의 역할에 대한 고정관념은 여성 리더들에게 교차압력(cross pressure)으로 작용한다. 즉, 여성 리더에게 여성다운 부드러움과 유능(강인)함을 동시에 요구하는 것이다. 여성 리더에 대한 이 같은 상반된 기대는 성 정체성에 혼란을 겪게 하며, 그 결과 여성이 남성에 비해 보다 상위의 리더 지위로 승진하는 것을 덜 선호하게 만든다(바울스와 맥긴 Bowles & McGinn, 2005).

성 역할 스테레오타입은 남성과 여성 각자에게 사회적 압력으로 작용하여 현실적인 행동이나 지각에 영향을 미치는 다양한 심리적 콤플렉스(complex)를 초래하기도 한다. 〈표 9-6a〉와 〈표 9-6b〉는 대표적인 남성과 여성의 콤플렉스이다. 자신에게도 이런 유형의 콤플렉스가 있는지 여부를 체크해 보자.

표 9-6a 남성 콤플렉스 유형

유형	콤플렉스 내용	있다	없다
사내대장부 콤플렉스	남자는 성공해서 사회적 인정을 받아야 한다. 남자는 강하고 대범하며, 박력이 있어야 한다. 감정을 표출하거나 우는 것은 여자들이나 하는 유약한 행동이다.		
슈퍼맨 콤플렉스	무엇이든 완벽하게 잘 해내야 한다는 강박관념이 있다. 어떤 결정을 내릴 때 실패해서는 안 된다는 생각 때문에 어려움을 겪는다.		
장남 콤플렉스	집안의 맏이로 부모를 모셔야 한다. 크고 작은 일을 주도하고 경제적인 책임을 져야 한다. 동생들에게는 모범을 보이고 너그러워야 한다. 체면을 중시한다.		
카사노바 콤플렉스	영웅호색이다. 성은 남자가 주도해야 한다. 미혼남성들은 동정을 지키고 있다는 것을 부담스러워 하기도 하며, 성경험이 많은 것을 자랑스럽게 여기기까지 한다.		
지적 콤플렉스	남자는 이성적이고 합리적인 데 비해 여자는 감정적이고 비논리적이라고 생각한다. 남성우월주의적 사고와 태도를 가지고 있다.		
온달 콤플렉스	능력이 뛰어난 여성을 배우자로 만나 신분상승을 하려는 열망을 말한다. 아내의 성공을 곧 자신의 성공이라고 여긴다.		
외모 콤플렉스	남자는 키가 커야 하고, 근육이 발달한 람보 스타일의 건장한 체격을 가져야 한다.		

표 9-6b 여성 콤플렉스 유형

유형	콤플렉스 내용	있다	없다
착한 여자 콤플렉스	인내와 희생을 미덕으로 여기는 강박관념이 있다. '여자는 여자다워야 한다'는 생각으로 자기 주장을 내세우지 않으며, 주변의 기대에 부응하려고 한다.		
슈퍼우먼 콤플렉스	이것은 만점 엄마, 만점 아내, 만점 직장여성 등을 원하는 심리적 갈등을 말한다. 모든 역할을 완벽히 수행하지 못하면 불안감, 초조감, 죄책감 등으로 어려움을 겪는다.		
맏딸 콤플렉스	맏딸은 '살림 밑천'이라는 생각이다. 맏딸은 맏이이면서 딸이라는 이유로 장남만한 대우를 받지 못하지만 가정문제와 가사에 누구보다도 더 간여를 하게 된다.		
성 콤플렉스	여성의 성적 욕망과 성에 대한 흥미를 억제하는 심리적 갈등현상이다. '정숙하고 교양 있는 여자는 성적 쾌감을 느껴서는 안 된다'는 생각이 있다. 여성의 성은 성적 의무일 뿐이라고 생각한다.		
지적 콤플렉스	암탉이 울면 집안이 망한다. 여자가 남자보다 많이 알거나 똑똑한 것은 바람직하지 않다고 여기는 것으로, 이런 생각을 여성 스스로 내재화하는 것을 말한다.		
신데렐라 콤플렉스	삶의 목표가 안정된 결혼과 평안함으로 타인의 보호 아래 있고자 하는 심리적 의존상태를 말한다. 결혼을 취집이라 생각하고, 가정의 틀 속에서 남편에 의존하며 살아간다.		
외모 콤플렉스	여자의 최대 무기는 미모와 젊음이라는 생각이다. 외모에 대한 심리적 부담감이 우월감으로 표현되든 열등감으로 나타나든 이는 여성들의 의식과 생활 전반에 영향을 미친다.		

(2) 양성성

전통적으로 남자는 남성성을, 여자는 여성성을 지니는 것을 바람직하게 여겼다. 이렇게 전통적인 성 역할 정체감(sex role identity)을 보이는 사람들을 성 정형화(sex typed) 되었다고 한다. 성 정형화가 성 역할 고정관념으로 굳어져 남녀 간의 차이를 왜곡하는 등의 문제가 발생하면서 양성성(androgynous)의 개념이 등장했다. 양성성은 남성을 뜻하는 그리스어 'andro'와 여성을 뜻하는 'gyn'을 합성한 단어이다.

벰(Sandra L. Bem)은 심리적 양성성에 대해 언급하면서 전통적인 성 역할 개념을 변화시켰다. 기존의 이론들은 남성성과 여성성이 연속선상의 양 극단에 위치한다고 보았지만 벰은 남성성과 여성성이 한 사람 안에 공존한다고 보았다. 남성성과 여성성이 둘 다 높은 사람을 양성성을 가진 사람으로 분류한다. 양성적인 사람들은 고정관념화된 성 역할 제한으로부터 자유롭기 때문에 남성성만 높거나(masculine sex typed) 여성성만 높은(feminine sex typed) 사람들보다 심리적으로 더 건강하고, 적응적이다.

(3) 역할 간 갈등

네테미어 등(Netemeyer et al., 1996)은 가정과 직장생활을 병행함에 따른 갈등을 역할 간 갈등(inter-role conflict)이라고 하였다. '직장 → 가정 역할갈등(work-family conflict)'은 직장에서의 역할(야근 등)로 야기되는 긴장이 가정에서의 역할수행을 방해하는 갈등이다. 여성의 직급이 높을수록 높아진다. 한편, '가정 → 직장 역할갈등(family-work conflict)'은 가정에서의 역할로 야기되는 긴장이 직장에서의 역할수행을 방해하는 갈등을 말한다. 여성의 경우 고용안정성이 남성보다 낮은데, 이는 주로 자녀양육과 가사노동 과잉에 따른 여성의 역할갈등에 기인한다.

기혼여성 리더는 직업과 가정역할을 양립해야 하는 무거운 부담감과 함께 자신에게 요구되는 역할기대와 실제수행 사이에서 역할갈등을 경험하고 있다. 대부분의 직장여성은 〈표 9-7〉에서 보는 바와 같이 과중한 다중역할로 인해 가족, 특히 자녀에게 충실하지 못하다는 죄책감을 느끼기도 한다. 이러한 역할과중 현상은 사기저하, 피로유발을 가져온다.

표 9-7 기혼여성의 가족구성원으로서의 역할수행 관련 문제

가정관리사 역할	어머니 역할	아내 역할	딸, 며느리 역할
가정 경제관리 가족 건강관리 의(衣)생활관리 식(食)생활관리 주(住)생활관리 가사노동 대외관리(가족대표)	출산 · 육아 · 양육 가정교육 정서관리 자녀와의 시간 공유 생활지도 · 시간관리 간식 및 식생활관리 진학 · 진로지도	부부간의 시간공유 정서적 지원(애인 · 친구) 사회적 지원(외부 활동) 경제적 지원 스킨십(성적 영역)	가족행사 참여 부양의 의무 방문 문안인사

	학업 준비물 지원 학업 및 숙제 지도 학원 및 특기교육 지원 교우관계 지도 안전사고 예방 유해환경 노출 방지 교내외 행사 참여 학부모모임 참여 정보교류 TV및스마트폰사용자제		

자료 : 강형철 외(2005), 128, 수정 정리.

2. 한국의 여성리더십 상황

(1) 성불평등지수 현황

유엔개발계획(UNDP)에서 발표하는 '성불평등지수(GII)'에서 한국은 〈표 9-8〉에서와 같이 2014년 기준 전 세계 155개국 중 23위를 차지해 비교적 상위권에 올랐다. 성불평등지수(Gender Inequality Index)는 UNDP가 각국의 성불평등성을 측정하기 위하여 도입한 지수로 생식건강(reproductive health), 여성권한(empowerment), 노동참여(labor market) 3개 부문에서 모성사망률, 여성의원 비율 등 5개 지표를 통해 성불평등을 측정하는 지표이다.

표 9-8 성불평등지수(GII) 현황

연도			2010	2011	2012	2013	2014
순위/대상국가			20/138	11/146	27/148	17/152	23/155
GII 점수			0.31	0.111	0.153	0.101	0.125
생식건강	모성사망률		14	18	16	16	27
	청소년 출산율		5.5	2.3	5.8	2.2	2.2
여성권한	여성의원비율		13.7	14.7	15.7	15.7	16.3
	받은 인구비율	여성	79.4	79.4	79.4	77.0	77.0
		남성	91.7	91.7	91.7	89.1	89.1
노동참여	경제활동참가율	여성	54.5	50.1	49.2	49.9	50.1
		남성	75.6	72.0	71.4	72.0	72.1

자료 : UNDP, Human Development Report(각 년도).

(2) 유리천장지수

임금이나 승진 등 직장 내 여성차별을 나타내는 '유리천장지수(Glass-ceiling index)' 에서 2016년 기준으로 한국은 〈그림 9-1〉에서 보는 바와 같이 경제협력개발기구(OECD) 29개국 가운데 최하위를 기록했다.

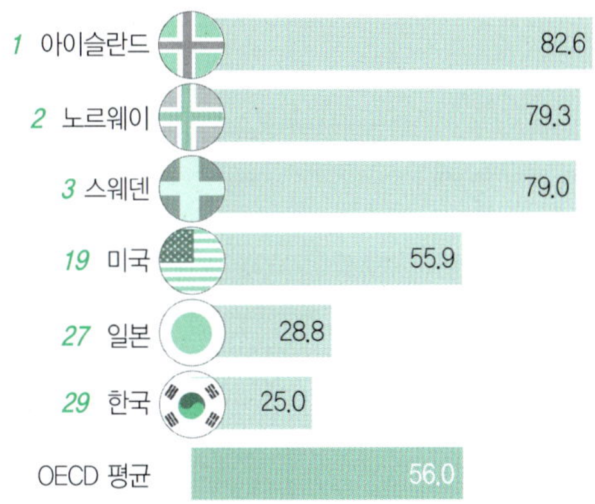

자료 : 영국 이코노미스트(2016).

그림 9-1 유리천장지수

한국은 일본, 터키(28위, 27.2점)에 이어 25.0점으로 OECD 평균(56.0점)의 절반에도 미달한다. 이코노미스트는 노동시장 참여도, 소득, 기업고위직 비율, 자녀양육 비용, 육아휴직 기간을 고려해 유리천장지수를 산정한다.

(3) 성별 · 연령별 경제활동참가율

한국은 신규취업을 중심으로 20대까지는 여성의 경제활동참가율이 남성보다 미미하게나마 앞서다가, 30대에 들어 남성의 경제활동참가율에 비해 급격히 뒤지는 현상을 보인다(〈표 9-9〉 참고). 40대 이후로는 남녀 간의 경제활동참가율 차이가 다소 줄어들어 〈그림 9-2〉에서 보듯이 전체적으로 M자(M-curve) 형태를 나타내고 있다. 이는 30대 여성들이 출산 · 육아 및 가사부담 등으로 경제활동을 포기하기 때문이다. 이처럼 여성고용률이 M자 형태인 국가는 OECD국가 중 한국과 일본의 두 국가뿐이다. 이와 같은 여성의 경력단절(경단녀)에 따른 손실은 국가경쟁력에 마이너스 요인으로 작용한다.

표 9-9 성별 · 연령별 경제활동참가율

구분	전체	15~19	20~29	30~39	40~49	50~59	60 이상
남성(A)	73.0	8.1	62.0	93.8	93.9	88.7	50.1
여성(B)	51.2	9.8	64.5	59.5	67.8	62.6	27.6
A-B	21.8	-1.7	-2.5	34.3	26.1	26.1	22.5

자료 : 통계청, 경제활동인구연보(2015). 단위 : %

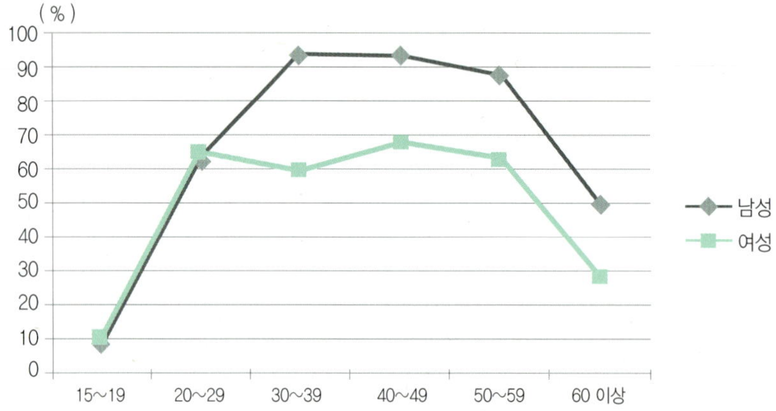

그림 9-2 한국 고용시장의 M-곡선

(4) 고용률 국제비교

한국은 〈표 9-10〉에서 보듯이 선진 13개국에 비해 경제활동참가율이 전체적으로 떨어지는 현상을 보인다. 특히, 15~24세의 청소년 · 청년의 고용률이 선진국에 비해 현저한 차이(30.5%포인트)를 나타내고 있다. 여성은 선진국 대비 16.0%포인트의 차이를 보인다.

표 9-10 고용률 국제비교

구분	상위 13개국(A)	한국(B)	차이(A-B)
전체(15~64세)	73.7	63.9	9.8
남성	78.3	74.5	3.8
여성	69.1	53.1	16.0
15~24세	53.6	23.1	30.5
중장년	83.6	75.2	8.4
노년	63.3	62.1	1.2

자료 : 고용노동부(2013). 단위 : %.

토의 9-2

드라마 '미생'은 현실감 있는 직장생활을 묘사해 많은 인기를 끌었다. 미생 5화에서는 워킹맘의 힘겨운 현실이 나온다. 선지영. 슈퍼워킹맘으로 영업1부 차장이다. 그녀는 아이문제로 남편과 실랑이를 한다. 늘 바쁜 엄마의 뒷모습만 보아온 아이의 그림에는 엄마의 얼굴이 없다.

"세상이 아무리 좋아졌다 해도 육아와 일을 병행하는 건 쉽지 않아. 워킹맘은 늘 죄인이지. 남편이 도와주지 않으면 불가능한 일이야." "답이 없다. 답이! 우릴 위해 열심히 사는 건데 우리가 피해를 보고 있네."
대기업에 다니는 한 여직원의 인터뷰 내용. "많이 좋아지기는 했지만 그래도 잦은 야근으로 몸도 힘들고 불규칙한 생활로 인해 가정생활에도 영향을 받고 있습니다. 특히 육아문제가 어렵습니다. 애가 아프다고 집에서 갑자기 연락이 올 때면 정말 난감합니다. 퇴근해서 집안일도 해야 하고, 주말에도 쉴 틈이 없습니다."
트로피(trophy) 남편. 1980년 비즈니스 전문지인 〈포춘(Fortune)〉에서 처음 보도하면서 알려졌다. 사회 · 경제적으로 성공한 아내를 대신하여 가사와 육아 등의 집안일을 책임지는 남편을 말한다. 트로피 와이프는 경제적 능력이 뛰어나고 사회지위가 높은 중년 이상의 남성들이 새로 맞아들이는 젊고 아름다운 여성 반려자를 일컫는 말이다. 트로피 와이프의 전형은 트럼프(1946년생) 와이프인 멜라니아 트럼프(Melania Trump, 1970년생)인 듯싶다.

위의 내용을 읽고 다음 질문에 대한 자신의 생각을 정리하고, 팀원들과 의견을 공유하시오.

1. 사회생활의 꿈, 즉, 어떤 직업을 갖고 싶은지, 무엇을 이루고 싶은지(직업적 사명), 어느 지위까지 승진하고 싶은지 등에 대한 자신의 생각을 정리하시오.
2. 트로피 남편과 트로피 와이프에 대하여 어떻게 생각하는가? 자신은 트로피 남편, 또는 트로피 와이프가 될 의사가 있는가?
3. 행복한 가정생활과 성공적인 직장생활을 병행하기 위해서 어떻게 해야 하는가?

3. 여성리더십 연구결과

코에닝과 동료들(Koening et al., 2011)은 69편의 실증연구들을 활용한 메타분석에서 '리더는 남성'이라는 스테레오타입(고정관념)이 존재함을 확인하였다. 역할일치론(role congruity theory)에 따르면 '역할속성과 개인의 특성이 일치할 때 좋은 평가를 받는다'고

한다. '남성은 강하고 여성은 약하다'는 스테레오타입은 '여성이 강한 리더십을 발휘하게 되면 역할불일치가 발생하여 부정적 평가를 받게 된다'는 것이다.

이글리와 동료들(Eagly et al., 1995)의 연구 결과에서도 남녀 리더 모두 그들의 성에 기대되고 있는 것과 일치된 리더십 역할에서 더 효과적으로 나타났다. 여성 리더가 군 조직에서는 남성보다 덜 효과적이었으나, 정부 · 교육 · 사회 · 복지 분야 조직에서는 약간 더 효과적이었다. 그리고 대인관계기술이 요구되는 중간관리자 직위에서도 여성 리더가 보다 효과적으로 나타났다. 여성 리더를 둔 남성 부하직원들은 여성 리더에 대한 만족도가 낮은 것으로 나타나는데, 특히 구조주도적 성향을 보이는 여성 리더에 대해 불만족한다. 전통적인 태도를 지닌 남성 부하직원은 리더가 여성이면 사기가 떨어졌지만, 개방적인 남자 부하직원에게는 리더의 성별이 중요하지 않았다.

연구결과에 따르면 여성 리더가 남성 리더에 비해 과소평가되는 경우는 다음과 같다. 여성 리더가 남성성이 강한 스타일(권위적 · 지시적)로 리더십을 발휘하는 경우(바르톨과 버터필드 Bartol & Butterfield, 1976), 스포츠 팀의 코치 역할이나 제조공장의 관리자 역할 같이 전형적으로 남성 리더가 하는 역할을 여성이 수행하는 경우(나이트와 사알 Knight & Saal(1984)이다. 그리고 평가자(상사)가 남성일 때나 남성 부하일 경우 여성 리더에 대해 평가절하하는 것으로 나타났다(에이만, 코라빅과 모리스 Ayman, Korabik & Morris, 2009). 이는 남녀 성 역할에 대한 고정관념이 반영된 결과이다.

양성성(androgyny)이 남성성이나 여성성에 비해 리더십 유효성과 더 관련이 있다는 연구 결과들이 있다. 카크 등(Kark et al., 2012)은 양성성을 가진 관리자들이 여성성이나 남성성 등 어느 한 성향을 가진 관리자들보다 변혁적 리더십과 더 큰 관련성을 갖는다는 연구 결과를 발표했다. 이는 여성 리더이든 남성 리더이든 '때로는 부드럽고, 때로는 강한 행동'을 보이는 양성성 리더십의 적용이 효과적이라는 것을 말한다.

여성 리더는 멘토링의 기회가 적을 뿐 아니라 비공식적 멘토 관계를 형성하는 데 있어서도 남성보다 더 높은 장벽을 경험한다(파웰과 그레이브스 Powell & Graves, 2003). 이는 여성 리더가 멘토를 갖기 어렵다는 것과 다양한 비공식적 네트워크에 속하기 어렵다는 점을 시사한다. 실제로 여성이 남성에 비해 사회적 네트워크 역량이 부족한 것으로 나타났다. 동일 직급의 남녀 리더에 대한 관계망구조 분석 결과 승진이 늦은 여성은 업무와 직접적인 관련이 있는 작업집단에만 관계망을 집중시키는 것에 비해, 승진이 빠른 여성은 수직 · 수평적 직위의 다양한 관계망을 구성하고 있는 것으로 나타났다.

강형철 등(2005)의 저서 〈여성리더십의 재발견〉에 따르면 고위직에 있는 여성 리더들 중 장녀가 많다. 남성 중심적인 직종에 종사하는 여성인 경우 맞벌이 가정에서 성장한 경우가 많다. 어머니의 취업은 딸에게 하나의 역할모델이 됨으로써 직장 내 성공요인이 될 수 있다. 가구의 사회 · 경제적 지위는 기혼여성의 직업 지위를 결정하는 중요한 요인이다. 대체로 남편의 사회적 지위가 높을수록 여성의 사회적 지위도 높다. 남편의 소득이 높을 경우 아내의 경제활동참여율이 낮다.

어린 자녀의 존재 유무 및 자녀 수는 기혼여성의 취업을 중단시키는 주요 원인이 될 뿐 아니라, 어머니로서의 역할을 수행하는 데 긴장과 갈등을 초래한다. 가족구성원의 지지는 직장생활 만족에 긍정적인 영향을 미친다. 아내는 '내 안의 해'라고 한다. 남편의 지지는 여성의 이중역할에 대한 심리적 긴장감을 덜어주고, 역할갈등 및 스트레스 감소에 중요한 영향을 미친다. 남편의 가사참여는 가사역할 수행 그 자체보다 정서적 지원으로 작용하기 때문이다. 전문직의 경우 비전문직에 비해 남편의 지원이 풍부한 편이다.

표 9-11 여성 리더 출현에 영향을 미치는 가정환경 특성

• 장녀	• 가족구성원의 지지
• 어머니의 취업	• 부모의 지원
• 가구의 사회 · 경제적 지위	• 가족형태
• 자녀의 유무 및 수	• 학력

자료 : 강형철 외(2005), 116, 재정리.

토의 9-3

김정봉. 장남. 가난하던 집안을 복권 당첨으로 일으켰고 부자 집 딸과 결혼한다. 매사 어수룩해 보이지만 넓은 마음과 우직함을 지녔다. 김정환. 둘째 아들. 무뚝뚝하고 시크(까칠)하지만 이면에 섬세함을 가지고 있다. 공군사관학교에 진학했다. 리더십이 있고 남자다운 면모를 보인다. 성선우. 모범생. 전교 회장으로 모든 엄마들의 워너비 아들이며, 모두에게 인기 많은 젠틀맨이다. 다정하고 살가운 성격으로 의사가 된다. 최택. 사랑을 위해 대국마저 포기하고 달려간 남자. 일상에서는 어리버리한 순둥이지만, 바둑을 둘 때는 냉철한 판단력과 승부욕을 보인다. 류동룡. 쌍문동의 카운슬러이자 동네의 연결고리. "요즘 애들은 근의 공식만 알지, 인생을 몰라요."라고 외친다. 유쾌 발랄한 성격으로 춤으로 학교를 평정한다. 장미옥(만옥). 원단 도매상을 하는 부유한 집안의 딸로 쾌활한듯 하면서도 마음이 여리다. 운명을 믿는다. 안영이. 정치외교학을 전공한 알파걸로 모든 부문의 실력이 뛰어나고 자기관리가 철저하다. 드라마 '응답하라, 1988'과 '미생'에 등장하는 인물이다. 남자는 정봉, 정환, 선우, 택, 동룡. 여자는 보라, 덕선(보라, 덕선에 대한 자료는 〈토의 3.1〉을 참고), 미옥, 안영이(미생). 이들을 두고 다음 질문에 대한 자신의 생각을 정리하시오. 팀원들과 의견을 공유하고 토의하시오.

1. 가능하다면 자신의 배우자감으로 누구를 선택하고 싶은가? 위의 인물들로 가정을 이룬다면 어떤 조합이 바람직하다고 생각하는가? 이유는 무엇인가?
2. 결혼의 조건은 무엇인가? 직업선택의 기준은 무엇인가? 각각 세 가지씩 선정하시오. 결혼조건과 직업선택 기준에 있어 남자와 여자 간에 의견차이가 있는가?
3. 여성 리더로서 성공하기 위한 전략(특성과 행동)은 무엇인가?

02 감성리더십

리더의 감정과 행동은 자신뿐 아니라 구성원들에게 직·간접적인 영향을 미친다. 자신의 감정을 인식하고 자신의 정서가 다른 사람들에게 미칠 영향에 대해 생각하는 사람은 보다 효과적인 리더십을 발휘할 수 있다. 감성리더십(Primal Leadership)은 리더 스스로 자신의 내면을 인식하고, 구성원의 감성을 이해하며, 그들과의 관계를 형성하여 조직의 감성역량을 높이는 리더십을 말한다.

감성리더십은 감성지능(Emotional Intelligence)과 관련이 높다. 감성지능은 1990년대에 등장한 개념으로, 왜 똑똑한 사람들이 실패하게 되는지를 연구한 심리학자 사로베이와 마이어(Peter Salovey & John Meyer, 1990)에 의해 제기되었다. 이들은 대부분의 리더들이 대인관계 스킬이나 감성의 부족으로 인해 문제에 직면하게 된다는 것을 발견하였다. 감성지능은 다니엘 골맨(Daniel Goleman, 1996, 1998)에 의해 폭넓은 연구가 이뤄졌다. 감성지능은 자기 자신과 인간관계를 효율적으로 관리할 수 있는 능력을 말한다. 골맨에 따르면 감성지능은 일련의 개인적 능력과 사회적 능력으로 이루어진다. 개인적 능력은 자기인식과 자기관리 능력으로 이루어지며, 사회적 능력은 사회적 인식, 사회적 스킬의 두 가지 능력으로 이루어진다. 이를 나타내면 〈표 9-12〉와 같다.

표 9-12 감성지능의 구조

구분	인식	스킬
자기	① 자기인식 자신의 감정을 이해하라. Know your emotions.	② 자기관리 자신의 감정을 관리하라. Manage your emotions & motivate yourself.
사회	③ 사회적 인식 다른 사람의 감정을 인식하고 이해하라. Recognize & understand other people's emotions.	④ 사회적 스킬 다른 사람과의 관계를 관리하라. Manage relationships (others'emotions).

(1) 자기인식

자기인식(self awareness)은 자신의 가치 · 목적 · 능력 · 강점 · 약점 및 감정 등을 헤아릴 줄 알고 무엇을 하고자 하는지에 대해 명확하게 이해하는 것이다. 자기인식은 감성적 자기인식, 자기평가, 자기확신 역량으로 이루어진다.

- 감성적 자기인식 : 자신의 감정을 이해하고, 이러한 감정이 업무성과와 인간관계에 미치는 영향을 인식하는 역량
- 자기평가 : 자신의 강점과 약점을 현실적으로 평가할 수 있는 역량
- 자기확신 : 자신의 가치를 긍정적으로 인식하는 자아존중감

(2) 자기관리

자기관리(self management)는 자신의 감정과 충동을 제어함으로써 안정을 유지할 수 있는 능력으로 우리가 감정의 노예가 되지 않도록 지켜주는 역할을 한다. 자기관리는 자기통제, 신뢰성, 성실성, 적응력, 성취지향성, 주도성, 낙천성으로 이루어진다.

- 자기통제 : 혼란스러운 감정과 충동을 통제하는 능력
- 신뢰성 : 정직함과 진정성을 보여주는 것

- 성실성 : 맡은 바 역할과 책임을 다하는 것
- 적응력 : 상황 변화에 유연하게 대처하는 능력
- 성취지향성 : 설정한 목표를 달성하고자 하는 의지
- 주도성 : 기회를 포착하고 적극적으로 행동하는 능력
- 낙천성 : 현상과 사물을 긍정적으로 인식하는 것

(3) 사회적 인식

사회적 인식(social awareness)은 감정이입(empathy) 능력으로 다른 사람의 관점에 귀를 기울이고, 그(녀)의 얼굴과 목소리를 통해 감정을 읽고 공감하는 능력을 말한다. 사회적 인식은 공감, 조직인식, 서비스 지향성 역량으로 이루어진다.

- 공감 : 다른 사람의 감정을 헤아리고, 그들의 생각과 욕구, 입장을 이해하는 역량
- 조직인식 : 조직 내 힘의 역학관계를 알고, 관리와 의사결정구조를 이해하는 역량
- 서비스 지향성 : 내 · 외부 고객의 욕구를 인식하여 충족시키는 역량

(4) 사회적 스킬

사회적 스킬(social skill)은 비전, 설득력, 육성, 커뮤니케이션, 변화주도, 인맥형성, 팀워크와 협력 역량으로 이루어진다.

- 비전 : 신념에 찬 비전으로 사람들을 이끌고 동기를 부여하는 역량
- 설득력 : 다양한 설득 기술을 활용하는 역량
- 육성 : 코칭과 피드백으로 다른 사람의 능력을 개발시키는 역량
- 커뮤니케이션 : 다른 사람의 의견을 경청하고, 자신의 생각 · 감정을 명확하게 전달하는 역량
- 변화주도 : 새로운 방향과 아이디어를 제시하고, 변화를 이끌어 내는 역량
- 인맥형성 : 인간관계 네트워크를 만들고 유지하는 역량
- 팀워크와 협력 : 팀워크를 촉진하고 협력을 이끌어 내는 역량

다른 사람의 마음을 얻고 행동의 변화를 촉진하기 위해서는 리더 자신이 먼저 자신의 강 · 약점을 명확히 인식하고, 자기감정을 컨트롤할 수 있어야 한다. 자기 동

기부여(self motivation)를 통해 활력을 유지하는 것도 필요하다. 그래야 긍정의 감성에너지가 타인에게 전파되어 함께 성장할 수 있다. 감성리더십은 지피지기(知彼知己)가 아니라 지기지피(知己知彼)이다.

사례연구 [1]

쉰 넘어 유학을 떠나 미국 터프츠대학 '플레처 스쿨'에서 인도적 지원학 석사학위를 받았다. 현장전문가로는 처음으로 유엔 중앙긴급대응기금 자문위원으로 발탁돼 3년간 활약했다. 교수라는 직함도 생겼다. 1년의 절반은 이화여대 국제대학원에서 강의하고, 절반은 남수단 · 말리 · 필리핀 등 해외 현장을 다니며 국제구호전문가로 일한다. "국제구호와 개발협력에 대해 가르쳐요. 봄 학기 직전 다녀온 따끈따끈한 현장을 사례로 토론하고 연구결과물을 만들어가죠."

인생을 설계할 때 가장 중요한 것이 무엇인지 귀띔한다. "생각하고 또, 생각해야죠. 그래야 자기가 어떤 사람인지, 어떤 일에 가슴이 뛰는지 알 수 있어요. 모든 것의 사단은 공부를 안 해서가 아니라 생각을 안 해서 생깁니다. 남이 만든 답을 찾는 '검색' 대신, 스스로 답을 찾는 '사색'을 해야 합니다." 생각나무를 키우는 첫 번째 방법은 일기 쓰기란다. "혼자 글 쓰고, 혼자 책 읽고, 혼자 걷는 시간을 가져야 합니다."

어느새 쉰일곱. 호락호락하지 않은 세상, 수없이 절망하는 젊은이들에게 1그램의 용기, 한 줌 햇살을 비춰주는 든든한 '곁'이 되고 싶단다. 독자들을 위해 매일 아침 기도한다고도 했다. "내 책을 읽고 무언가 결심하고 중요한 결정을 내리는 사람들이 잖아요. 오늘 사인회에도 멀쩡히 은행 다니다가 내 책을 읽고 박봉의 사회복지사로 변신해 내일부터 출근한다는 여성이 찾아왔어요. 그러니 제가 매일매일 그분들을 위해 기도할 수밖에요." 인터뷰 내내 싱글벙글이다.

다른 이야기. "매일같이 긴 일기를 씁니다. 어렴풋이 생각했던 것도 글을 쓰면 또렷해집니다. 일기를 쓸 때 꼭 재작년과 작년의 오늘 날짜 일기를 읽어보고 나서 씁니다. 그래야 제 생각이 후퇴하고 있지 않나 살펴볼 수 있기 때문입니다." 1920년생으로 올해 96세인 김형석 연세대 명예교수의 이야기이다. 그는 여전히 강연 · 집필과 같은 지적 작업을 계속하고 있다.

1. 이 스토리(처음)의 주인공은 누구인가?
2. 이 스토리 주인공의 성공포인트는 무엇인가? 이 스토리를 여성적 리더십 관점에서 분석하시오.
3. 이 글을 통해서 리더십의 어떤 특성과 행동을 배우고 실천할 생각인가?

사례연구 [2]

김수진 팀장은 전자제품을 생산 · 납품하는 중소기업의 생산팀장이다. 회사 조직은 관리부 · 연구소 · 영업부 · 생산부의 네 개 부문으로 구성되어 있다. 연구소는 전기 · 전자를 전공한 대졸 남성 중심으로 구성되어 있다. 생산부는 사오십 대의 고졸 기혼여성 중심으로 구성되어 있고, 공장장은 육십 대의 대기업 부장 출신이다.

김 팀장은 입사 10년 만에 생산팀장으로 승진한 최초의 여성매니저이다. 고졸인 그녀는 전기 · 전자부문에 대해서는 문외한이지만 간부직원 회의나 시제품 평가 미팅에서 누구보다 아이디어를 많이 제시한다. 김 팀장은 이해능력이 뛰어나 아이디어 단계에서의 제품콘셉트(concept)를 시제품으로 잘 구현해 낸다. 처음에는 생산부에 대한 연구소의 눈에 보이지 않는 차별의식이 있었으나 김 팀장의 활약에 힘입어 그런 의식이 많이 없어졌다. 사장은 물론 연구소장, 공장장도 제품 설계단계부터 김 팀장의 의견을 적극적으로 반영한다. 가끔 회사가 김 팀장을 중심으로 돌아가고 있는 듯한 느낌이 든다. 김 팀장은 팀원들로부터도 높은 신뢰를 받고 있다. 그녀는 전문성을 바탕으로 생산팀의 업무 전반을 체계적으로 운영 · 관리하는 한편 팀원들의 애로사항을 경청하고 해결해 준다.

김 팀장은 완벽주의 경향이 있고 공사가 분명하다. 사회성도 뛰어나 팀원은 물론 주변에 따르는 사람들이 많다. 문제는 그녀에게 너무 많은 일이 집중된다는 데 있다. 일주일에 서너 차례의 야근은 물론이고, 주말에까지 출근하여 일처리를 해야 한다. 다른 직원에게 몇 번 일을 맡겨보았지만 그때마다 문제가 발생하여 위에서도 김 팀장에게만 의존하는 상황이다. 처음 일 년 동안은 성취감으로 일에 몰두하던 김 팀장도 요즘 들어 가끔 회의감이 든다. 우선 체력적으로 옛날 같지 않다. 개인시간이 없다 보니 여가활동도 줄어들고 늦게 퇴근하여 집에 가면 피곤해서 씻고 자기도 바쁘다. 김 팀장은 뭔가 변화가 필요하다고 생각하고 있다.

1. 김수진 팀장의 리더십 역량은 무엇인가? 김 팀장의 리더십은 (남성)리더십과 비교했을 때, 어떤 차별적 특성 · 행동이 존재하는가? '있다면' 그것은 무엇인가?
2. 김 팀장에 대한 조직구성원(상사 · 동료 팀장 · 부하직원)들의 의견(평가)은 각각 어떨 것이라고 생각하는가?
3. 김 팀장의 문제는 무엇인가? 행복한 삶, 성공적인 직장생활을 위해 김 팀장이 해야 할 일은 무엇인가?

자기인식과 성찰

1. 다음의 각 성격 특성들을 보고 자신의 성향을 어느 정도 잘 표현하고 있는지 아래 기준에 따라 평가하고, 그 결과를 집계표에 옮겨 적으시오.

① 전혀 아니다(never) ② 거의 아니다(rarely) ③, ④ 보통이다(neutral) ⑤ 가끔 그렇다(often) ⑥ 대부분 그렇다(almost) ⑦ 정말 그렇다(always)

1. 자립심이 있는	①②③④⑤⑥⑦	31. 결정을 쉽게 내리는	①②③④⑤⑥⑦
2. 순응하는	①②③④⑤⑥⑦	32. 동정심이 있는	①②③④⑤⑥⑦
3. 협조적인	①②③④⑤⑥⑦	33. 진실한	①②③④⑤⑥⑦
4. 소신 있는	①②③④⑤⑥⑦	34. 평정심을 유지하는	①②③④⑤⑥⑦
5. 명랑한	①②③④⑤⑥⑦	35. 아픈 마음을 달래주는	①②③④⑤⑥⑦
6. 변덕스러운	①②③④⑤⑥⑦	36. 자만심이 있는	①②③④⑤⑥⑦
7. 독립적인	①②③④⑤⑥⑦	37. 지배적인	①②③④⑤⑥⑦
8. 수줍어하는	①②③④⑤⑥⑦	38. 부드럽게 이야기하는	①②③④⑤⑥⑦
9. 양심적인	①②③④⑤⑥⑦	39. 호감이 가는	①②③④⑤⑥⑦
10. 강건한	①②③④⑤⑥⑦	40. 남성적인	①②③④⑤⑥⑦
11. 다정한	①②③④⑤⑥⑦	41. 따스한	①②③④⑤⑥⑦
12. 과장된(오버하는)	①②③④⑤⑥⑦	42. 엄숙한	①②③④⑤⑥⑦
13. 주장이 강한	①②③④⑤⑥⑦	43. 기꺼이 맞서는	①②③④⑤⑥⑦
14. 남의 기분을 잘 맞추는	①②③④⑤⑥⑦	44. 부드러운	①②③④⑤⑥⑦
15. 행복한	①②③④⑤⑥⑦	45. 친절한	①②③④⑤⑥⑦
16. 성격이 강한	①②③④⑤⑥⑦	46. 공격적인	①②③④⑤⑥⑦
17. 충성스러운	①②③④⑤⑥⑦	47. 속기 쉬운	①②③④⑤⑥⑦
18. 예측할 수 없는	①②③④⑤⑥⑦	48. 비효율적인	①②③④⑤⑥⑦
19. 강압적인	①②③④⑤⑥⑦	49. 리더 역할을 하는	①②③④⑤⑥⑦
20. 여성스러운	①②③④⑤⑥⑦	50. 어린아이 같은	①②③④⑤⑥⑦
21. 믿음직스러운	①②③④⑤⑥⑦	51. 적응을 잘하는	①②③④⑤⑥⑦
22. 분석적인	①②③④⑤⑥⑦	52. 개인주의적인	①②③④⑤⑥⑦
23. 공감하는	①②③④⑤⑥⑦	53. 심한 말을 하지 않는	①②③④⑤⑥⑦
24. 시기심이 있는	①②③④⑤⑥⑦	54. 체계적이지 않은	①②③④⑤⑥⑦
25. 리더십이 있는	①②③④⑤⑥⑦	55. 경쟁적인	①②③④⑤⑥⑦
26. 타인의 욕구에 민감한	①②③④⑤⑥⑦	56. 아이들을 좋아하는	①②③④⑤⑥⑦
27. 정직한	①②③④⑤⑥⑦	57. 재치 있는	①②③④⑤⑥⑦
28. 위험을 감수하는	①②③④⑤⑥⑦	58. 야망이 있는	①②③④⑤⑥⑦
29. 이해심이 많은	①②③④⑤⑥⑦	59. 우아한	①②③④⑤⑥⑦
30. 감정 · 의도를 숨기는	①②③④⑤⑥⑦	60. 보수적인	①②③④⑤⑥⑦

자료 : http://garote.bdmonkeys.net/bsri.html

집계표

1	4	7	10	13	16	19	22	25	28	31	34	37	40	43	46	49	52	55	58	합계
2	5	8	11	14	17	20	23	26	29	32	35	38	41	44	47	50	53	56	59	합계
3	6	9	12	15	18	21	24	27	30	33	36	39	42	45	48	51	54	57	60	합계

해설

벰(Bem, 1971)은 남성성 20항목, 여성성 20항목, 그리고 남성성과 여성성 측정을 숨기기 위한 20개 항목으로 구성된 성 역할 목록(Bem Sex Role Inventory)을 개발했다. 집계표의 범주별 평균점수에 따라 자신의 성향을 파악해 본다. 집계표에서 첫 번째 범주의 20개 문항(1,4,~58번)은 남성성(masculinity)을 나타내며, 두 번째 범주의 20개 문항(2,5,~59번)은 여성성(feminity)을 나타낸다. 세 번째 범주의 20개 문항(3,6,~60번)은 특정 성(gender)과 관계없는 특성으로 측정오류를 낮추기 위해 제시되었다. 남성성과 여성성의 평균점수가 각각 평균 4.9점 이상이면 해당 성향을 가진 것으로 판단한다.

성(gender) 유형 판단기준

유형	기준
양성성(androgynous person)	남성성과 여성성 점수가 모두 4.9점 이상
남성성(male sex-typed person)	남성성 점수 4.9점 이상, 여성성 점수 4.9점 미만
여성성(female sex-typed person)	남성성 점수 4.9점 미만, 여성성 점수 4.9점 이상
미분화(undifferentiated person)	남성성과 여성성 점수가 모두 4.9점 미만

남성성과 여성성을 동시에 가진 양성성의 사람이 상황에 대한 적응력이 뛰어나며 사회적으로 건강하고 정서적으로 안정되어 있다. 양성성의 사람들은 긍정적이고 자신감과 자존심이 강하다. 미분화 유형의 사람은 남성성과 여성성이 모두 약한 성향을 나타낸다.

1. 당신은 어떤 유형의 사람인가? (예 양성성을 띤 남자, 남성성을 띤 여자)

2. 생물학적 성(sex)과 사회적 성(gender)이 일치(남성성을 띤 남자, 여성성을 띤 여자)하는 경우, 사회생활에 어떤 영향을 끼친다고 생각하는가?

3. 생물학적 성(sex)과 사회적 성(gender)이 불일치(여성성을 띤 남자, 남성성을 띤 여자)하는 경우, 사회생활에 어떤 영향을 끼친다고 생각하는가?

Ⅱ. 다음의 각 항목들을 읽고 자신의 현재 모습을 어느 정도 표현하고 있는지 아래 기준에 따라 평가하고, 그 결과를 집계표에 옮겨 적으시오.

① 전혀 아니다 ② 아니다 ③ 보통이다 ④ 그렇다 ⑤ 정말 그렇다

1. 나는 소중한 가치를 지닌 존엄한 존재이다.	①②③④⑤
2. 나는 낙천적이고 긍정적으로 생각한다.	①②③④⑤
3. 나는 다른 사람의 감정상태나 흐름을 잘 이해한다.	①②③④⑤
4. 나는 비전과 신념, 아이디어를 통해 변화를 이끌어 낸다.	①②③④⑤
5. 나는 나의 감정상태나 흐름을 잘 이해한다.	①②③④⑤
6. 나는 혼란스러운 감정과 충동을 통제할 수 있다.	①②③④⑤
7. 나는 다른 사람의 생각과 욕구, 관심사항을 잘 이해한다.	①②③④⑤
8. 나의 생각과 감정을 명확하게 표현한다.	①②③④⑤
9. 나의 성격 · 능력상의 강점과 약점을 정확히 알고 있다.	①②③④⑤
10. 미래기회를 탐색하고 적극적으로 행동한다.	①②③④⑤
11. 나는 사내정치의 흐름과 조직 내 힘의 역학관계를 잘 이해한다.	①②③④⑤
12. 나는 사회성이 있으며 협력(팀워크)을 이끌어 낸다.	①②③④⑤
13. 나의 감정이 다른 사람과의 관계나 업무에 미치는 영향을 인식한다.	①②③④⑤
14. 나는 솔직하고 진실(성실)하다.	①②③④⑤
15. 나는 고객의 욕구와 관심사항을 잘 인식한다.	①②③④⑤
16. 나는 다른 사람의 능력개발(교육 · 코칭 · 피드백)을 지원한다.	①②③④⑤

자료 : 저자 개발(2016).

집계표

역량	응답 내용				합계
자기인식	1.	5.	9.	13.	
자기관리	2.	6.	10.	14.	
사회적 인식	3.	7.	11.	15.	
사회적 스킬	4.	8.	12.	16.	

1. 감성리더십 평가결과에 대한 자신의 생각과 느낌을 정리하시오.
2. 감성리더십 평가결과 자신의 강점과 약점은 무엇인가?
3. 감성리더십을 개발하기 위하여 앞으로 무엇을, 어떻게 할 것인가?

저자 특강 9

관계 형성의 원리

'구글 딥마인드 챌린지 매치'에서 알파고(AlphaGo)가 이세돌 9단을 이김에 따라 인공지능(Artificial Intelligence)에 대한 논의가 뜨겁다. 천재 물리학자 스티브 호킹(Stephen W. Hawking)은 "100년 안에 인류가 인공지능을 갖춘 기계에 종속되고, 결국 멸망에 이를 것"이라고 경고했다. 마크 주커버그(Mark Zukerberg) 페이스북 최고경영자는 AI가 사람을 살리고, 우주와 지표 아래를 탐사할 수 있게 해줄 것이라고 주장했다. 같은 사실을 놓고 사람마다 다른 생각을 한다. 같은 사람을 두고 다른 감정을 느낀다. 같은 사실, 같은 사람을 놓고 어떤 때는 감정이 앞서고 어떤 때는 생각이 앞서기도 한다. 복잡하다.

일반적으로 사실과 관련된 이슈는 생각(판단)이 앞서고, 사람과 관련된 문제는 감정이 앞서는 듯하다. 사실은 이성의 영역이고 사람은 감성의 영역이 많이 작용하는 까닭이다. 생각과 감정은 상호작용을 하면서 판단과 느낌의 변화를 가져오기도 한다. 생각과 감정은 행동으로 표출되고, 두 사람 이상이 관련되었을 때는 행동의 결과가 그들의 관계에 영향을 미친다. 그리고 관계의 질에 따라 결과도 달라진다.

사실에 대한 긍정적 감정과 생각은 긍정적 행동으로 나타나고 긍정적 행동은 긍정적 관계를 가져온다. 긍정적 관계에서 좋은 결과가 나올 가능성이 높다. 반대로, 부정적 감정과 생각은 부정적 행동으로 나타나고 부정적 행동은 부정적 관계를 가져온다. 부정적 관계에서 좋은 결과가 나올 가능성은 낮다.

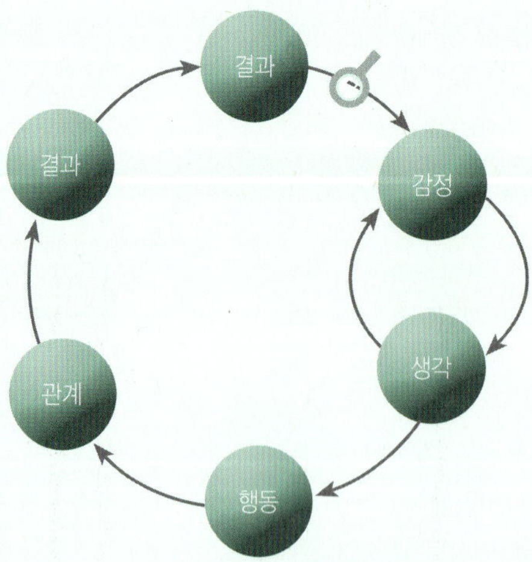

관계 형성 사이클

동물들은 같은 자극(사실)에 대해 같은 반응을 보이는데, 사람은 같은 자극에 대해서 다른 반응(생각 · 감정)을 보이는 이유는 무엇일까?

이는 성격, 가치관과 태도가 영향을 미치기 때문이다. 지식과 정보 또한 판단과 감정 형성에 영향을 미친다. 성격, 가치관과 태도, 지식과 정보 등에 의해 형성된 개인의 생각 프레임(frame)과 감정 프레임은 사실(사람)에 대한 생각과 감정의 선택(選擇)에 영향을 미친다. 어떤 선택의 프레임을 가지느냐는 삶에 매우 중요한 역할을 한다. 삶을 살아감에 있어 긍정적 선순환의 루프(loop)를 선택하는 것도 지혜이다.

관계 형성 사이클을 거꾸로 적용해 보자. 좋은 결과는 좋은 관계를 가져오고, 좋은 관계는 좋은 행동을 낳는다. 좋은 행동은 좋은 생각과 감정을 가져온다. 좋은 생각과 감정은 상황을 좋은 방향으로 변화시키기도 한다. 한편, 나쁜 결과는 나쁜 관계를 가져오고, 나쁜 관계는 부정적 행동을 낳는다. 부정적 행동은 부정적 생각과 감정을 가져온다. 부정적 생각과 감정은 상황을 나쁜 방향으로 변화시키기도 한다. 이와 같이 거꾸로 가는 경로모형을 '실천을 통한 상황변화 루프(Praxis loop)'라고 한다. "행복해서 웃는 것이 아니다. 웃으니까 행복하다."라는 말이 일리가 있는 까닭이다.

생각과 감정의 프레임을 바꾼다는 것은 사실 쉽지 않다. 반면, 행동을 바꿔보는 것, 무언가 작은 것이라도 실행해 보는 것은 그나마 쉬운 편이다. "경험 · 추억 쌓기, 소소한 물건 사기, 좋은 글 읽기, 다양하게 살기, 나만의 공간 마련하기, 나만의 시간 허락하기, 비교 · 비난 · 불평 줄이기, 기대감 낮추기, 남의 평가에 신경 덜 쓰기…" 생활에 활력을 주는 소소한 관계와 활동들을 통해서 생각과 감정의 프레임을 바꿔보자. 삶은 선택이고, 선택이 곧 삶이다. 순 방향으로 가든, 역 방향으로 가든 우리는 그저 '긍정적 선택'을 통해 긍정적 변화를 가져오는 삶을 지향하는 것이 좋다.

Chapter 10

리더십 실패와 독극형리더십

01 리더십 실패
02 독극형리더십

[저자 특강 10]
결정적 순간의 별 대화법

부장이 '이 새끼 저 새끼' 하는 모습을 보면 내가 당하는 게 아닌데도 자괴감이 든다. 부장은 화가 나면 물건을 던진다. 보는 것만으로도 짜증이 난다.

미리보기

스티브는 광고회사인 맥키너의 사무실로 찾아가 애플의 비전과 '컴퓨터로 세상을 바꿀 꿈'을 설명한 뒤 애플을 고객으로 맞아줄 때까지 사무실에서 버티겠다고 고집을 부려 결국 승낙을 받아냈다. 제록스의 팔로앨토연구소를 방문했을 때는 열의에 가득 찬 대학 신입생처럼 모든 것을 묻고 또 물었다. 스티브는 트렌드를 읽는 훌륭한 안목을 가지고 있었다.

리사프로젝트 팀원들은 스티브의 완벽주의에 희생돼야 했다. 성격이 불같았던 스티브는 모두 앞에서 마음에 들지 않는 팀원을 '바보', '멍청이'라며 모욕주기 일쑤였다. 그는 밤 10시까지 파김치가 돼 야근 중인 직원들에게 '게으름뱅이'라고 소리를 질러댔고, 일요일 오전 7시에 프로젝트 팀 회의를 소집하곤 했다. 리사 팀원들은 일주일에 90시간을 일했다. 그는 "나의 할 일은 사람들을 잘 대해 주는 것이 아니라 그들을 더 나은 사람으로 만드는 것이다."라고 말했다. 그는 인정사정 없었다.

맥킨토시 프로젝트팀은 특이했다. 팀원들은 일주일에 100시간 이상을 일해야 했지만 불만을 늘어놓는 사람은 별로 없었다. 이들은 능력만큼이나 독특한 성격으로도 유명했다. 스티브의 터무니없는 강요는 이들에게 사명감을 불태우는 연료로 작용했다. 그들은 스티브의 비전(우주에 영향을 미칠 만큼 아주 중요한 컴퓨터를 만들겠다)에 매료되어 그의 무리한 요구도 현실로 만들어 냈다. 팀원들은 돈 때문에 일한 게 아니었다. 세상을 바꾸기 위해 일했다.

1985년 애플 경영진과의 갈등으로 존 스컬리와 이사회에 의해 애플에서 쫓겨난 스티브는 애플의 핵심인재 상당수를 빼내어 넥스트(NeXT)를 창업했다. 1986년에는 조지 루카스와 끈질긴 협상을 통해 초기 제시금액의 1/3로 컴퓨터그래픽 부문을 인수해 픽사(Pixar)를 설립했다.

스티브는 회의 때 화이트보드를 독점하고 전문가들 앞에서 강의하는 버릇이 있었다. 스티브가 컴퓨터그래픽 기술에 대해 잘못된 설명을 늘어놓자 컴퓨터그래픽 전문가 앨비는 그의 주장에 조목조목 반박했다. 스티브는 자신보다 11살이나 나이가 많은 그에게 무례한 언사와 모욕적인 폭언을 쏟아 부었다. 깊은 상처를 받은 앨비는 결국 픽사를 떠났다.

1997년 12년 만에 애플에 복귀한 스티브가 가장 먼저 했던 것은 전임자의 흔적을 지워 버리는 것이었다. 맥킨토시를 만들면서 스티브 워즈니악의 흔적을 지워 버리고 싶어 했던 것처럼, 스티브는 존 스컬리와 스컬리의 후임자들이 남겨 놓은 흔적을 하나씩 지워가기 시작했다. 스티브는 늘 간결한 슬로건으로 애플의 비전을 제시하곤 했다. "미치도록 위대한!(Insanely Great!)", "다르게 생각하라(Think Different)" 등이 대표적이다. 2011년 10월 5일, 반기(半旗)로 내려진 성조기와 애플의 깃발이 그가 떠났음을 알렸다. "스티브는 오직 그만이 만들 수 있었던 회사를 남기고 떠났으며, 그의 정신은 애플의 근간이 되어 영원히 남을 것입니다." 한 시대를 풍미한 천재에 대한 애플의 헌사이다. 컴퓨터로 세상을 바꾸고자 했던 그의 꿈은 이루어졌다.

스티브 잡스를 두고 하는 말은 아니지만, 세상에는 다른 사람을 불행하게 하는 리더들이 너무 많다. 그들은 비난과 폭언을 일삼으며 강압과 통제, 그리고 위협을 통해 무조건적 복종과 충성을 요구한다. 눈에 보이는 단기적 성과가 전부다. 그들은 현장은 전쟁터라고 말한다. 힘 없는 사람들은 뚜렷한 대안이 없으므로 이겨내야 한다. '이 또한 지나가리'를 되뇌이며. 자존심 따위는 출근할 때 집에 놓고 나온다.

이 장에서 우리는 리더십 실패와 독극형리더십에 대하여 연구할 것이다. 리더십 실패의 개념과 원인, 리더십 탈락의 개념과 원인에 대해 살펴본다. 그리고 독극형리더십에 대해 탐구한다. 특히, 독극형 리더가 주는 폐해의 심각성을 고려하여 이 주제를 심층연구할 것이다. 독극형리더십의 유형과 특성, 기존 연구결과를 살펴볼 것이다.

연구 질문

1. 제9장에서 무엇을 느끼고 깨달았는가?
2. 리더십 실패와 리더십 탈락의 개념은 무엇인가?
3. 리더십 실패와 리더십 탈락의 원인은 무엇인가?
4. 독극형리더십의 개념은 무엇인가?
5. 독극형리더십의 유형과 특성은 무엇인가?
6. 독극형리더십의 원인은 무엇인가?

많은 리더들이 말로는 인간존중을 이야기하고 인적 자원의 중요성을 표방하지만 그걸 곧이곧대로 믿는 사람은 없다. 여전히 사람(인력)이 필요하긴 하지만 노동시장에서 언제든지 교체할 수 있는 대상(경영요소)에 불과하다. 이것이 현실이다.

01 리더십 실패

우리는 실패경험을 통해서도 배울 수 있다. 실패한 리더를 연구함으로써 성공적인 리더 만들기에 초점을 두는 일반적 리더십연구에 도움을 줄 수 있다. 리더십 실패는 반면교사의 역할을 하기 때문이다.

리더십 실패는 부정적 결과를 초래하는 리더의 행위뿐만 아니라, 긍정적인지 부정적인지 그 결과를 평가하기 애매모호한 경우, 그리고 아무 결과도 없는, 또는 실패가 두려워 아무 것도 하지 않은 무(無)결과 행위를 포함하는 포괄적 개념이다. 즉, 긍정적 결과를 가져오는 리더십 성공을 제외하면 모두 리더십 실패에 해당한다고 볼 수 있다. 리더십 실패는 리더 개인의 실패로 끝나지 않고 〈표 10-1〉에서와 같이 조직구성원, 집단, 그리고 조직에 다양한 영향을 미친다.

표 10-1 리더십 실패의 영향

구분	영향	영향
개인	• 리더십 직위에서의 탈락(권력 · 명예 상실) • 리더에 대한 부정적 평가 · 평판 형성	• 개인적 좌절과 자신감 저하 • 추종자 상실
집단	• 집단성과 하락 • 구성원 간의 불신과 파괴적 갈등	• 구성원 이탈, 만족도와 몰입 저하 • 감정적 소진, 자존감 상처, 자괴감
조직	• 조직문화 · 비전에 악영향 • 조직경쟁력 약화	• 조직성과에 악영향 • 조직구성원의 불신 · 불만 증가

1. 기존 리더십이론에서의 리더십 실패연구

기존의 리더십이론들은 성공적 리더의 모습들을 연구했다. 따라서 기존 리더십이론을 뒤집어 생각하면, 리더십 실패의 원인을 〈표 10-2〉와 같이 추정할 수 있다.

표 10-2 리더십 연구관점별 리더십 실패의 원인

이론	리더십 실패의 원인
특성론	무능(인지적 역량 부족), 무욕(성취동기 부족), 무심(인간적 배려 · 사회성 부족)
행동론	리더십스타일의 고착(경직), 리더십행동 쏠림(과업행동이나 관계성행동 편향)
상황이론	리더-상황 간의 부적합한 리더십스타일 적용(미스매칭), 대체요인의 존재
변화이론	현실안주, 리더의 비전실패, 거래지향성 리더십
슈퍼리더십	구성원 육성 소홀, 후계구도 부재
전략적 리더십	전략선택 · 실행 실패, 인지역량 한계, TMT나 BOD와의 관계 실패

2. 리더십 탈락

리더십 탈락(derailment, termination)은 리더로 인정받던 사람이 해고, 중복배치(대기발령), 이동, 조기퇴직, 중요성이 떨어지는 부서로의 이동, 조직에서의 고립화 등을 통하여 비자발적으로 조직의 핵심라인에서 멀어지게 되는 경우를 말한다. 맥콜과 롬바르도(McCall & Lombardo, 1983)의 연구결과에 따르면, 성공적인 리더와 한때 성공했다가 탈락한 리더들은 지적 능력, 포부, 기술적 역량, 성실성과 희생정신 측면에서 매우 유사하였지만 대인관계에 있어 큰 차이를 보이는 것으로 나타났다. 즉, 탈락한 리더들은 냉정하고, 오만하고, 위협적이어서 사람들과 마찰을 빚었다. 롬바르도 등(Lombardo et al., 1989)은 탈락하는 리더의 특성을 〈표 10-3〉에서와 같이 여섯 가지로 제시하였다.

표 10-3 리더십 탈락원인

인간관계 기술 부족	• 과욕, 마찰, 자만, 자기도취, 지나친 독립성, 분노조절 실패
팀 구축 실패	• 초기 성공에 대한 자만(유연성 결여) • 과도한 통제, 갈등 방치, 위임 인색
전략적 사고 · 능력 결핍	• 복잡하거나 모호한 상황에서의 대처능력 부족 • 사소한 것까지 스스로 처리(세세 · 꼼꼼)
실천 지원 미흡	• 용두사미식 일처리 • 불신, 인적 · 물적 지원 소홀
과도한 의존성향	• 한 가지 강점에 지나치게 의존, 약점 보완을 위해 타인에게 의존 • 같은 상사 밑에서 장기간 안주
윗사람과의 불화	• 자신과 다른 스타일의 상사에 적응하지 못함 • 설득력 부족

토의 10-1

[미리보기]에 제시된 스티브 잡스의 사례를 토대로 다음 질문에 대한 자신의 생각을 정리하시오. 그 결과를 가지고 팀원들과 토의하시오.

1. 스티브 잡스의 리더십의 부분적 실패에 대해 리더십 실패원인과 리더십 탈락원인 측면에서 설명하시오.
2. 스티브의 폭압적 행동에도 불구하고, 그가 성공한 리더로 칭송받는 이유는 무엇인가? 그가 역할모델이 되어 기업현장에서 스티브의 리더십스타일이 확산될 수 있다. 보통의 CEO나 리더들이 그의 리더십스타일을 모방하는 것에 대해 어떻게 생각하는가?
3. 초경쟁사회에서 살아남기 위해서 리더는 그 어떤 행동을 해도 괜찮다고 생각하는가? 인간을 몰아붙여 긴장감을 조성하고 성과를 달성하고자 할 때, 그 한계는 어디까지 용인될 수 있다고 생각하는가?

02 독극형리더십

독극형리더십은 리더십의 어두운 측면(dark side of leadership)에 대한 것이다. 비인격적 행동에 대한 리더십 실패연구, 즉 독극형리더십은 이슈의 중요성이 크므로 심층적으로 다루고자 한다. 생존, 성과달성 혹은 카리스마라는 미명(美名) 아래 인격모독, 폭언 등의 비상식적 행동들이 지금 이 시각에도 여전히 이루어지고 있다.

> "당신, 이 따위를 보고라고 하는거야? 당신 머리는 폼으로 달고 다녀? 에휴, 대체 뭔 생각으로 사는건지…. 야! 우리 밥 값 좀 하자, 어?"

H사 경영전략회의 석상에서 전략기획실장이 보고를 마친 오십 살이 넘은 어느 간부직원에게 한 말이다. 미루어 짐작하건데 한두 번이 아니었을 터, 일상화된 언어폭력과 비인격적 감독(abusive supervision) 속에서 생계를 걱정하고 눈에 아른거리는 처자식 때문에 찍소리 한 번 못하고 일방적으로 당할 수밖에 없었을 많은 간부직원들의 모습은 안 봐도 비디오이다.

전략기획실장은 이삼 년의 임기를 마치고 떠나면 그만이지만 거기서 살아남기 위해 온갖 수모를 감내할 수밖에 없었던 직원들의 그 실추된 자존감(그들은 서로 목격했을 것이다. 사람이 먹고살기 위해 얼마나 치사해질 수 있는지를. 그리고 그 한가운데 자신도 있었음을)은 어떻게 회복할 것인가? 한 사람으로 인해 수많은 사람들의 직장생활 품격(品格)이 훼손당하고 있다. 누가 누구에게 그렇게 할 수 있는 권한을 부여했는지, 무엇이 그렇게 하도록 용인했는지 모르겠지만 21세기 문명사회에도 조직에서는 여전히 리더들의 비상식적 행동이 자행되고 있다.

리더에 대한 존경심? 없다. 이 같은 주장은 LG경제연구원의 조사자료에서도 잘 나타난다. 〈표 10-4〉에서 보는 바와 같이 국내기업 직장인들의 상사에 대한 만족도는 100점 만점에 전 항목에 걸쳐 47점 미만으로 나타나 매우 낮은 수준이며, 외국계 기업 직장인들에 비해서도(그들도 높지는 않다) 모든 항목에 걸쳐 10점 이상씩 차이가 난다.

표 10-4 리더 만족도 인식비교

	국내기업	외국계기업	차이
전반적 리더 만족감에 대한 인식	39.4	52.7	13.3
현재 리더와 다시 일하고 싶다는 인식	39.5	55.1	15.6
리더십역량 만족수준	44.7	55.4	10.7
직장상사의 정직 · 도덕성 수준	46.9	57.4	10.5

자료: 노용진 · 김현기(2008.1.28.), n=843, 단위: 점(100점 만점 기준)

이와 같은 리더에 대한 불신은 〈표 10-5〉의 서베이 결과에도 잘 나타나 있다. 이 자료는 백기복 교수(2011)가 KBS와 함께 한국 성인 1,348명(남성 686, 여성 662)을 대상으로 설문조사한 결과 중 일부이다(표본오차: 95% 수준, ±2.67).

표 10-5 한국 리더에 대한 유형인식

문항. 다음 중 귀하가 평소에 우리 사회에서 가장 많이 보고 들은 리더는 어떤 유형의 리더입니까?			
자기만 옳다며 떼쓰는 리더	28.9	가진 게 많다고 잘난 체 하는 리더	8.8
자신의 잘못을 다른 사람에게 전가하는 리더	21.7	소통하고 배려하며 포용하는 리더	8.4
목표를 제시하고 밀어붙이는 리더	16.6	비전을 제시하고 영감을 주는 리더	5.4
다른 사람의 이익을 가로채는 리더	10.2	계	100.0

자료 : 백기복(2011.12.26.), 단위 : %

1. 독극형리더십의 특성과 원인

독극형 리더(toxic leader), 또는 전제형 리더(tyrant)는 애쉬포스(Ashforth, 1994)가 처음 제시한 개념으로 '자기 잘났다고 뽐내고(self-aggrandizement), 제멋대로 행동하며, 구성원들을 배려할 줄 모르고, 무시하며 자존감에 상처를 주는 등 구성원들에게 권력을 마구 휘두르는 리더'를 말한다. 독극형리더십은 부하와 같이 불균형 권력관계에 있는 사람들에 대한 공격적 행위로서, 문화적으로 수용할 수 있는 한계를 넘는 리더의 행위를 뜻한다. 이와 같이 독극형리더십은 리더가 부하에게 지속적으로 언어적, 비언어적으로 모멸감이나 좌절감을 느끼게 하는 등의 적대적인 행동을 하는 것을 의미한다. 위커Whicker(1997)는 독극형 리더를 〈표 10-6〉과 같이 강요형(enforcer)과 거리의 투사형(street fighter), 그리고 패배자형(bully)의 세 가지로 구분하여 제시하였다.

표 10-6 독극형 리더의 유형과 특징

유형	특징
강요형	이들은 철저히 윗사람에게 복종하고, 그의 의중을 실천하여 그로부터 좋은 평가받는 것을 제일의 목표로 삼는다. 구성원들에게는 윗사람의 의견을 강요하고 무조건적 복종을 요구한다. 계층을 중시하고 비굴한 면을 보인다.
거리의 투사형	이들은 갱(gang)의 논리로 조직을 지배하려 한다. 형식적으로는 팀을 중시하고 응집력을 강조하나, 항상 집단을 내편(충성 요구)과 네 편(적으로 인식)으로 나눈다. 자신에 대한 충성 정도로 상벌을 결정한다. 배짱은 있다.
패배자형	이들은 분노조절장애자들이다. 약간의 잘못에도 자제력을 잃고 화를 내거나 폭언(욕지거리)을 버릇처럼 일삼는다. 사람들을 믿지 못하고, 세세한 것들까지 간섭한다. 상대방의 자존감을 철저히 무너뜨린다. 단기적으로 높은 성과를 내기도 한다.

켈러만(Kellerman, 2004)은 저서 〈배드리더십(Bad Leadership)〉을 통해 나쁜 리더의 7가지 특성을 제시하였다. 독극형 리더의 비인격적 특성에 대한 내용은 〈표 10-7〉에서 보는 바와 같이 연구자들마다 대동소이(大同小異)하다.

표 10-7 독극형 리더의 특성 비교

Kellerman (2004)	Sutton (2010)	Tepper (2000)	최병권 외 (2008)	김현기 외 (2010)
무능	인신공격	비웃고 조롱	무능	부하공 가로채기
경직	개인영역 침범	무시 · 폄하	불신	감시와 통제
무절제	불쾌한 신체접촉	부정적 말 옮김	독단	무조건적 근면성
무감각	위협 · 협박	사생활 침해	자만	공사구분 모호
부패	냉소 · 약 올리기	무례 · 모욕 · 비난	비겁	편애
편협	불쾌한 이메일	노력에 대한 불인정	가식	독단
사악함	수치심 유발	화풀이	가혹	책임전가 · 회피
	공개적 모욕	약속 불이행	획일	무능
	무례한 간섭	소외시킴	편애	해바라기형
	뒤에서 공격	무능하다고 힐난	일중독	감성파괴형
	경멸하는 표정	거짓말		비윤리
	투명인간 취급			

에이나센 등(Einarsen et al., 2007)은 파괴적 리더십에 해당하는 용어들이 〈표 10-8〉에서와 같이 다양하게 사용되고 있다고 하였다.

표 10-8 독극형리더십에 대한 다양한 표현

비인격적 감독(abusive supervision)	건강에 유해한 리더(health endangering leader)
옹졸한 폭군(petty tyrant)	독극형 리더(toxic leader)
탈락한 리더(derailed leader)	참기 힘든 보스(intolerable bosses)
사이코패스(psychopaths)	괴롭히는 리더(harassing leader)
나쁜 보스(bad bosses)	나쁜 리더(bad leader)
또라이(asshole)	깡패(bully)

* 주 : 일부 항목 저자 추가

모르핀(morphine)은 향정신성의약품으로, 다른 진통제가 효과 없을 때 쓰는 최후의 진통제이다. 이름의 유래는 그리스로마 신화에 등장하는 꿈의 신 모르페우스(Morpheus)이다. 모르핀은 말기 암환자와 같이 가망은 없으나 심각한 고통을 동반하는 환자에게만 사용한다. 과량투여하면 호흡곤란으로 사망할 수도 있다. 그만큼 위험하다. 일시적으로는 고통을 잊게 해주지만 결국 죽음에 이르게 하는 강력한 독이다. 강력한 독은 인체에 치명적인 손상을 입힌다.

파괴적 리더십을 의미하는 많은 용어들 중에서 어느 것을 선택할까 고민을 거듭하다가 모르핀의 특성과 폭군형 리더의 특성이 유사하여 독극형리더십이라고 부르기로 했다. 독극형 리더는 단기성과가 나기도 하지만 결국 조직과 구성원들에게 치명적인 손상을 입히기 때문이다. 저자는 '또라이'라는 용어를 사용한다. '또라이' 인근에는 늘 '똘마니'들이 있고, 이들이 '또라이'의 특성을 강화한다. 똘마니들은 또라이가 듣기 좋은 말만 하거나(yes-man), 자신에게 불리한 말은 누락함으로써 정보왜곡현상을 초래한다. 똘마니들은 또라이의 권력 품 안에서 사내정치를 통해 자신과 자신이 속한 소집단의 유익을 유지 · 강화하려는 행태를 보인다. 모르핀을 끊으면 금단증상이 나타나기도 하며, 한 번 중독되면 모성애도 망각할 정도로 중독성이 강하다고 한다. 독극형 리더도 그 행태를 고치기 어렵다. 또라이와 똘마니들을 보면 딱 이런 생각이 든다. "대단한 거, 인정. 그런데 그렇게 살고 싶진 않다. 꼭 저렇게까지 하며 살아야 할까? 근처에 가고 싶지 않다."

배드 리더의 특성에 대한 켈러만(2004)의 분류를 기본으로 하여 본서에서는 독극형리더십의 특성을 독단, 무능, 부패, 편협, 무절제, 그리고 무감각의 여섯 가지로 분류하였다.

먼저, 독단(self-righteousness)은 권위적 · 독재적 스타일로 업무를 수행하는 것이다. 결과를 중시하며, 반론을 곧 자신(상사)의 권위에 대한 도전으로 받아들인다. 상처 주는 말이나 행동으로 구성원의 자존감을 떨어뜨린다. '자기 방식'을 고집하거나 소통의 탈을 쓰고 설교만 한다. 결론을 이미 내려놓고 구성원의 의견을 구하는 경우가 많다. 보통 권력이나 성취욕구가 강한 사람일수록 독단적 리더가 될 가능성이 크다. 조직의 단기 성과주의 같은 환경적 요인도 독선적으로 행동하게 만든다.

둘째, 무능(Incompetence)은 비전 · 전략과 전문성(지식 · 기술 · 경험)이 부족한 것을 말한다. 멍부형(멍청하고 부지런함) 상사로 일은 열심히 하지만 성과가 없다. 일관성 없는 지시 등의 업무처리 미숙으로 구성원들만 고생한다. 이들은 무능함을 상사에 대한 아부로 벗어나려고 해보지만 보기 안쓰럽다. 리더들 중에는 자기 뜻과 관계없이 생소한 업무를 맡거나, 한 번도 일해 보지 않은 부서의 장이 되는 경우도 있다. '비자발적 무능'에 놓여 고생하는 경우이다.

셋째, 부패(Corrupt)한 사람은 공사(公私)를 구분하지 못하고 개인적 이익을 추구한다. 뇌물을 받고 부탁을 들어주거나 횡령을 한다. 지름길로 가기 위해 편법을 자행하고 규칙과 절차를 무시한다. 성과를 부풀려 과장하기도 한다. 비겁하다. 부하의 공을 아주 당연하듯이 자신의 공으로 돌린다. 문제가 생기면 발뺌을 하며 잘못을 부하에게 돌린다. 책임을 미루고 회피한다. 강자에게 약하고 약자에게 강하다. 아랫사람을 대할 때는 고압적인 자세를 취하지만, 윗사람 앞에 가면 겸손해진다.

표 10-9 가장 싫어하는 상사의 특성 조사

주제: "가장 싫어하는 상사 한 명을 정하고, 그 상사의 특성을 정리하시오."

나쁜 특성 · 행동		빈도	비율	포함 내용
독단 352 (34.4)	독단적	352	34.4	• 권위적, 독재적 스타일 • 상처 주는 말이나 행동 • 결과(실적)만 중시 • 자존심 짓밟음 • 권력남용 • 혼자 잘났음
무능 282 (27.5)	업무처리능력 부족	154	15.0	• 주먹구구식 업무지시 • 일관성 없는 업무지시 • 퇴근 무렵 업무지시 • 불합리한 업무배분 • 비효율적 회의 • 과도한 보고
	전문성 부족	67	6.5	• 노하우 전수, 정보 공유 안함 • 설득력 부족
	결단력 부족	25	2.4	• 우유부단
	아부	14	1.4	• 능력 없으니 윗사람에게 아부
	비전 · 목표의식 결여	12	1.2	• 소명의식 부족 • 상충되는 목표
	불공정한 인사평가	10	0.9	• 승진자 우선
부패 282 (27.5)	책임전가	132	12.9	• 책임전가 및 회피 • 무책임
	공사구분 모호	94	9.2	• 언행불일치
	공 가로채기	56	5.5	• 이기적 • 자기 성과만 챙김
편협 56 (5.5)	간섭 · 잔소리	26	2.5	• 미주알고주알 참견 • 몇 시간 동안 잔소리
	성격(가치관)차이	17	1.7	• 갈등 표출 • 의견 대립
	학연 · 지연	13	1.3	• 특정인 편애
무절제 29 (2.8)	술자리	19	1.9	• 음주 강요 • 술주정
	성추행	10	0.9	• 스킨십(어깨나 머리를 쓰다듬음) • 야한 농담, 여성 차별
무감각 23 (2.2)	무감각	23	2.2	• 무관심 • 칭찬에 인색
계		1,024		

넷째, 편협(Insular)한 사람은 소심하고 구성원을 믿지 못하여 일일이 감독 · 간섭하려고 한다. 다양성과 개인차이를 인정하지 않아 자신과 다른 성향이나 의견에 대해 민감하게 반응한다. 특히 학연 · 지연에 따라 편 가르기를 하고 자기 사람을 편애하여 조직 갈등을 조장한다.

다섯째, 무절제(Intemperate)는 욕망이나 욕구, 감정을 조절하지 못하는 것이다. 욕망을 억제하지 못해 스캔들에 휩싸이거나 구설수에 오르내린다. 감정기복이 있고 화를 잘 낸다. 물러날 때를 모른다.

끝으로, 무감각(Callous)한 사람은 대인감수성이 떨어져 다른 사람들의 욕구에 무관심하거나 무시를 한다. 칭찬에 인색하며, 지지 · 격려와 같은 정서적 인정의 표현에 서투르다. 〈표 10-9〉는 저자가 기업체 직원들을 대상으로 한 리더십 교육 중에 실시한 워크숍 결과를 정리한 자료이다(2013~2015년 실시교육).

〈표 10-10a〉, 〈표 10-10b〉, 그리고 〈표 10-10c〉는 저자가 카카오톡을 통해 "왜 또라이 상사가 되는 걸까요? 다음〈표 10-10〉의 원인 항목을 보고 순서대로(1위 · 2위 · 3위) 배열해 주세요. 기타 요인이 있으면 첨가 부탁드립니다."라는 요청사항에 대한 지인들의 응답내용을 정리한 것이다(직장인 한정, 2016.4.).

표 10-10 또라이 상사가 되는 이유

1. 경쟁 · 성과지향 환경
2. 성격(원래 모난 놈)
3. 학습 부족(지식 · 기술진부화 적응 실패)

표 10-10a 항목별 우선순위 응답 현황

우선순위	남		여		합계	
	빈도	비율(%)	빈도	비율(%)	빈도	비율(%)
1-2-3	15	17.4	13	17.8	28	17.6
1-3-2	13	15.1	11	15.1	24	15.1
2-1-3	27	31.4	23	31.5	50	31.4
2-3-1	13	15.1	19	26.0	32	20.1
3-1-2	7	8.2	2	2.8	9	5.7
3-2-1	11	12.8	5	6.8	16	10.1
계	86	100.0	73	100.0	159	100.0

표 10-10b 항목별 점수 환산표

구분	항목	1위	2위	3위	항목점수	항목비교
계 (159)	1	52	59	48	322	87.7
	2	82	44	33	367	100
	3	25	56	78	265	72.2
남 (86)	1	28	34	24	176	91.7
	2	40	26	20	192	100
	3	18	26	42	148	77.1
여 (73)	1	24	25	24	146	83.4
	2	42	18	13	175	100
	3	7	30	36	117	66.9

* 주 : 항목점수 = (1위 × 3점) + (2위 × 2점) + (3위 × 1점).
항목비교는 항목점수 1위를 100으로 했을 경우의 상대비교 점수.

표 10-10c 기타 추가 의견

구분		
환경	• 또라이가 인정받는 조직의 관습	• 타 부서와의 경쟁
	• 조직이 또라이를 (상사로) 선발	• 살아남기 위해(안 그러면 살아남을 수 없다)
	• 자리가 사람을 그렇게 만듦	• 과다한 업무
	• 성장환경(아동기의 애정결핍과 나르시시즘)	• 상하 간의 목표 불일치
본인 (상사)	• 개인 욕심(승진욕구), 이기심(인간본성)	• 자기인식(self awareness) · 자존감 결여
	• 부하직원을 성공을 위한 도구로 인식	• 인생목적 · 목표 부재
	• 자기실적만 챙기기 위해	• 인성(도덕성, 사회성) 부족
	• 회사에 대한 맹목적 충성	• 인격 결함 : 콤플렉스, 자격지심
	• 심리적 갑(甲) 의식 : 을의 입장 몰이해	• 소시오패스(sociopath)
	• 또라이 상사한테 배운 대로 답습	• 스트레스, 상사 자신의 무능력
	• 아랫사람에게 다 떠넘기기 위해	• 소통 부족
부하	• 상사가 듣기 좋은 말만 하는 직원(똘만이)	• 피드백의 부재로 자신이 잘하는 줄 착각
	• 본인에게 유리한 말만 하는 부하직원	• 무능력한 부하직원

토의 10-2

조직의 책임 있는 자리에 올랐을 때 리더로서 하지 말아야 할 행동에 대해 알아보시오. 자신의 의견을 팀원과 공유하시오.

1. 가장 싫어하는 상사의 특성에 대한 〈표 10-9〉의 조사결과를 토대로 워크숍 자료가 시사하는 바를 분석하시오.
2. 〈표 10-10c〉 또라이 상사가 되는 이유(기타 의견)에 대한 조사결과를 참고하여, 현실에서 또라이 리더가 왜 많은지에 대해 토의하시오.
3. 독극형 리더의 비상식적 행동에 대해 어떻게 대응하는 것이 효과적일지 '독극형리더십의 특성별(독단 · 무능 · 부패 · 편협 · 무절제 · 무감각) 대응전략'을 토의하고, 그 결과를 정리하여 발표하시오.

궁금했다. 능력을 인정받아 남보다 한 자리라도 높은 직위에 오른 사람들이 그 자리를 차지하고 나면, 왜 자신의 사회적(직업적) 성공과 직접 관계가 있는 사람들을 괴롭히는지 알고 싶었다. 우수인재가 많다는 그룹계열사에도 왜 그에 걸맞은 모범적 리더의 전형(prototype)이 드문지, 소위 전문지식인이라는 사회지도층 인사들은 왜 또라이 행태를 보이는지, 역시 궁금했다. 여전히 의문이다.

여러 가지 사연이야 많겠지만 세 가지 요인이 가장 먼저 머리에 떠올랐다. 사회생활을 시작하면서 귀에 딱지 앉을 만큼 지겹게 들어온 생존과 경쟁. 그랬다. 세계화 · 정보화 · 다양화, 그리고 급속한 지식(기술)의 진부화에 대응하기 위해서는 '독(毒)한 정도로 일해서는 안 된다. 죽도록 일해야 한다'는 그 정신, 한때 한국경제의 견인차 역할을 했던 사상이 먼저 떠올랐다. 이는 여전히 유효한 듯하다. 경쟁 · 성과지향의 환경은 또라이를 양산하는 중요 요인 중의 하나임에 틀림없다.

또 하나, 경험상 사람의 천성(天性)은 웬만해서는 바뀌지 않는다. 사십 여년 지나 만난 고등학교 동창들 얼굴은 흔적만 남아있을 뿐, 서글픈 생각이 들 정도로 변해 있건만 하는 행동이나 말투, 마음 씀씀이는 그때 그대로인 녀석들이 많다. 그때 그 성격 그대로이다. 천성이 남을 괴롭히기에 상대적으로 유리한(?) 성향이 있는 듯하다. 대표적인게 성취지향성이 아닌가 싶다. 원래 DNA가 모난 사람도 있다. 여러 가지 대물림 중의 하나임에 틀림없다.

학습 부족도 또라이가 되는 또 하나의 요인임이 틀림없다. 매일 비슷한 시간에, 똑같은 곳으로 출근하여, 같은 사람들과 비슷한 일을 하며 다람쥐 쳇바퀴 돌 듯 반복되는 일상에 매몰되다 보면 그 생활도 습관이 될 듯싶다. 창의적인 생각을 하라지만 튀는 것을 잘 용납하지 않는 권위주의적 문화와 지시적 상사가 엄존하는 현실에서 내 목소리 내기가 쉽지 않다. 비상식적 행태에 지속적으로 노출되다 보니 그것도 내성이 생겨 단련이 되었나 보다. 웬만한 자극에는 끄덕도 않는다.

바쁘게 돌아가는 일상 속에서 다른 거 생각할 겨를 없다. "생각하는 거?, 지인 만나 교류하는 거?, 훌쩍 여행 떠나 보는 거?, 교육에 참여하는 거?, 책 읽는 거?" 잊은지 오래다. 그저 어제와 같은 오늘, 오늘과 같은 내일의 연속일 뿐이다. 학습된 무기력 현상이 코끼리만의 얘기는 아니다.

강한 자극은 무의식 속에 잠재된다. 상사들의 또라이 행태는 자신도 모르게 우리 의식의 저 편에 자리 잡는다. 내심 심리적 저항을 하면서도 오랜 시간 또라이의 강한 자극에 지속적으로 노출되다 보니 자신도 모르게 자극의 모든 행태가 머리와 몸에 기억된다. 그 잠재되어 있던 또라이 자극이 여건이 조성되면 자기도 모르게 표출된다. 바로 자신이 그 자리에 올라, 그런 상황이 되었을 때 그 또라이 자극이 자신의 몸을 통해 표출된다.

또라이 행태의 대물림 현상. 이것을 낙수효과(cascading effect)라고 한다. 마치 아동 · 청소년기에 폭력에 지속적으로 노출되었던 사람이 강한 심리적 저항을 하며, 자신은 커서 절대로 그렇게 행동하지 않겠다고 단단히 다짐을 함에도 불구하고, 성인이 되었을 때 자기가 당했던 것과 똑같이 폭력을 행사하게 될 가능성이 매우 높은 것과 같은 현상이다.

리더십을 개발하고 단련할 기회 없이 그냥 또라이 상사의 자극만 보고 듣고 느꼈으니, 다른 것을 생각할 수도 없을 터이다. 그 세상에서는 그게 보이는 것의 전부이니 별 수 없다. 그래서 환경을 극복할 의지와 힘도, 성격을 통제할 의지와 힘도 없다. 환경이 지배하는 대로, 성격이 지시하는 대로 할 뿐이다. 알면 상황을 통제할 수 있는 의식과 힘이, 성격을 제어할 수 있는 의식과 힘이 생길 수도 있다.

내심 직업이 선생인지라 학습 부족을 기대했다. 또라이가 되는 핵심원인으로 조사 결과 학습 부족으로 나타났으니 '공부해라, 자기개발해라' 하는 그런 꼰대 같은 귀결을 기대했다(개인적으로 꼰대라는 느낌이 좋다). 기대와 달리 간단한 SNS 서베이 결과 남녀에 따른 차이 없이 '성격-경쟁 · 성과지향 환경-학습 부족(2-1-3)'에 가장 많이 응답하였다. 또라이가 되는 주 원인으로 성격요인을 든 것이다. 다만, 여성이 남자보다 상대적으로 학습 부진보다는 성격 측면을 더 강조한 점이 특이하다. 원자료(raw data)를 순위에 따른 가중치를 부여하여 분석한 결과에서도 '성격-경쟁 · 성과지향 환경-학습 부족'의 순으로 나타났다. 과학적 엄격성(scientific rigor)에 비추어 일반화하기에는 다소 무리가 따르지만 참고할 만한 자료라고 생각한다.

2. 독극형 리더의 비인격적 특성이 미치는 영향에 관한 연구들

리더의 비인격적 감독과 부정적 영향에 관한 연구들에는 다음과 같은 것들이 있다. 테퍼(Tepper, 2000)는 시간차를 두고 직장인 362명에 대해 조사한 결과 비인격적 감독은 부하들의 직무만족도를 떨어뜨리는 것으로 나타났다.

아스랜드 등(Aasland et al., 2010)은 노르웨이의 조직에 근무하는 4,500명을 대상으로 한 설문 연구조사에서 "파괴형 리더들도 파괴적 행동만 보이는 것이 아니라, 조직 목적에 충실하면서도 구성원들에게 호의적인 행동을 하는 건설적 리더십을 보인다."라고 하였다. 아무리 나쁜 파괴적 리더라고 해도 때로는 좋은 리더의 행동을 보인다는 것이다.

그리고 리우 등(Liu et al., 2012)의 연구결과에 따르면, 상사의 비인격적 감독이 중간관리자에게 영향을 미치고, 이를 통해 구성원들의 창의성에 부정적 영향을 준다고 한다. 이는 부하직원들이 리더의 비인격적 감독을 답습하고 동시에 조직 전체적으로 전이될 가능성이 있다는 것을 시사한다. Xu, Loi, & Lam(2015)의 연구결과 리더의 비인격적 행동은 구성원들을 감정적으로 소진(emotional exhaustion)되게 만들어 침묵(silence)하게 만든다고 밝혀졌다.

한때 세계 휴대폰시장점유율 40%에 육박하던 노키아의 몰락에 대한 핀란드 알토대와 프랑스 인시아드 경영대학원의 연구자료는 시사하는 바가 크다. 연구에 따르면 위기에 봉착한 노키아의 최고경영진은 중간관리자들을 압박했고 관리자들은 자신의 미래와 지위에 대한 공포를 느꼈다. 중간관리자들은 수동적이 되고 상하로의 정보전달이 왜곡되는 현상이 심화되었다. 사태를 타개해 나갈 협력과 단결이 이뤄질 수 없었다. 결국 노키아는 혁신이나 기술력이 뒤처져서 몰락했다기보다는 위기를 알고도 각 계층의 관리자가 자신이 살 궁리만 하고 책임전가만 하느라 제대로 대응을 못한 결과이다. 자유로운 소통의 중요성을 보여주는 연구결과이다.

국내에서는 한주원 등(2009)이 40개 기업의 271명을 대상으로 비인격적 감독과 부하의 일탈행동의 관계를 분석한 연구가 있다. 분석결과 비인격적 감독은 조직 및 상사에 대한 일탈행동에 영향을 미치는 것으로 나타났다. 일탈행동은 조직의 규범을 위반하여 조직에 피해를 주거나, 상사로부터 부당한 대우를 당했을 때 상사에게 해를 입히거나 보복하는 행동을 하는 것을 뜻한다. 또한, 233쌍의 상사-부하를 대상으로 한 한주원 등(2011)의 연구에서는 상사의 비인격적 감독을 부하가 높게 지각할수록, 상사와의 접촉을 피하거나 지시를 무시하고 수동적으로 반응하는 등의 저항행동이 증가하는 것으로 나타났다. 독극형리더십에 대한 연구는 최근 많이 이뤄지고 있는 추세이다. 특히, 윤리적 리더십과 대비시켜 독극형리더십을 설명하려는 연구들도 많다.

토의 10-3

다음 내용을 읽고 질문에 대한 답변 내용을 정리하시오. 자신의 생각을 팀원들과 토의하고 공유하시오.

리차드 페이만(Richard P. Feynman)은 1996년 챌린저 폭발 사건을 조사하였다. 그가 미항공우주국(NASA)의 연구원들에게 우주선 엔진이 폭발할 확률에 대해 질문하자, 연구원들은 약 1/200~1/300의 확률이었다고 말하였다. 그러나 동일한 질문을 연구원들의 상사에게 묻자 1/100,000이라고 대답했다고 한다. 침묵효과에 따른 결과이다.

1. 같은 질문에 대한 연구원들과 상사들의 답변 내용에 있어 왜 큰 차이가 나타났다고 생각하는가?
2. '침묵효과(mum effect)'는 무엇인가?
3. 침묵효과를 예방하기 위해 평소 어떤 조치가 취해져야 한다고 생각하는가?

사례연구 [1]

기업평판 사이트인 잡플래닛은 '직원들이 기업을 제대로 평가해 보자'는 것을 목표로 2014년 4월 오픈했다. 기업의 승진기회 및 가능성, 복지 및 급여, 업무와 삶의 균형, 사내문화, 경영진 등 다섯 가지 항목을 1~5점으로 평가한다. 그리고 장 · 단점과 경영진에게 바라는 점까지 적은 뒤 이 회사를 다른 사람에게 추천할지 결정하도록 한다. 이 과정을 거치면 다른 사람의 평가를 볼 수 있다. 세계 최대의 취업정보 사이트인 미국 '글래스도어(Glassdoor)'와 비슷한 방식이다. 기업평판 사이트에 올라온 평가와 글들은 취업이나 이직을 준비하는 사람들에게 보물과 같은 정보를 제공한다. 이 사이트는 대학생들을 위해 개별 대학들과 업무제휴를 맺고 학교 이메일로 인증할 경우 기업별 평가를 볼 수 있도록 하는 서비스를 제공한다. 기업별 익명 게시판을 제공하는 '블라인드'는 직장인들이 '맘껏 회사 얘기를 할 수 있는 공간'으로 인기를 끌고 있다. 이곳에서는 회사에 대한 불만, 구내식당, 상사 비리, 통근버스 등 모든 얘기가 돌고 돈다. 회사 단위가 아니라 업종 단위(IT, 은행, 자동차 등)로 운영되는 게시판도 있다. 이곳에서는 이직에 관련된 정보나 사내분위기 등을 주고받을 수 있다.

잡플래닛의 주요기업 내부평가

기업	평가	평균 별점	지인에게 추천비율
삼성전자	연봉이 적은 편은 아니지만, 업무와 생활 중 하나는 포기해야 한다. 비인기 사업부의 경우 심한 박탈감을 느낀다.	3.5	64.6%
현대자동차	대부분의 부서는 어느 정도 평균은 하고, 몇 개 부서는 답이 없음	3.9	78.5%
포스코	업계 최고회사에서 근무한다는 자부심을 무색하게 하는 경직된 회사문화	3.5	59.7%
LG전자	무난하게 정년까지 갈 수 있는 건 장점. 평생직장으로는 비추천. 가족 · 건강 · 자기개발 등에 대해 희생을 강요	3.2	48.7%
대한항공	상사 지시에 무조건 따라야 하고 자유로운 의견 개진이 어려움. 경영층에서 직원을 대하는 일부 태도는 보수적이다 못해 하인 취급하는 정도임. 위에서 찍어 누르는 식의 지시나, 성질대로 소리지르는 임원들의 행태는 사라져야 함	-	-

1. '기업평판 사이트'가 확산되는 사회현상은 어떤 의미를 담고 있는가?
2. '기업평판 사이트'가 경영에 미치는 영향은 무엇인가?
3. 잡플래닛 외에 '기업평판 사이트'에는 어떤 것이 있는가? 팀원들과 정보를 공유하시오.

사례연구 [2]

중앙정부의 사무관이 산하기관의 임원을 우습게 여긴다. 국회의원 보좌관이 산하기관장을 '오라 가라' 한다. 대기업의 구매담당 대리가 하청업체의 사장보다 권한이 더 크다. 권한을 남용하면 이른바 '갑질' 논란에 휩싸이게 된다. 사회 전반에 걸쳐 부정부패와 비리가 발생하는 이유는 그 자리가 영원히 자기 자리인 줄 알고 의식적으로나 무의식적으로 권한을 남용하기 때문에 발생한다. 그 자리는 당신의 전용석이 아니다. 언젠가는 다른 사람이 채운다. 사람은 떠나간 자리(흔적)가 아름다워야 한다. 특히, 자리에 따르는 권한을 자신의 사리사욕을 위해 남용하는 사람은 반드시 뒤에서 욕먹게 되어 있다. 리더는 평판(評判)을 관리해야 한다. 다음 사례들을 읽고 질문에 답하시오.

A. 딴 소리하는 상사 때문에 피곤하다. 얼마 전에 A방향으로 준비하라고 해서 그렇게 보고서를 만들어 임원에게 보고하는데, 임원의 반응이 안 좋으니까 바로 "왜 이렇게 했어? 내가 B로 하라고 했잖아!"라며 발뺌을 하는데 얼마나 황당하던지. 그는 부하 직원이 만든 보고서를 표지만 바꿔 본인이 직접 만든 것처럼 보고하기도 한다.

B. 야! 넌 온 지 얼마나 됐다고 이렇게 설치냐? 인턴 주제에 뭘 안다고 기존의 업무방식이 어쩌고저쩌고 떠드는 거야. 앞으로 나대지 말고 시키는 일이나 열심히 해.

C. 부하 직원에게 개인적 부탁이나 사적인 심부름을 시킨다. 은행심부름은 물론 자녀의 숙제, 본인의 대학원 과제 번역, 심지어 대리운전 기사까지 시키기도 한다.

D. 부장이 '이 새끼 저 새끼' 하는 모습을 보면 내가 당하는 게 아닌데도 자괴감이 든다. 부장은 화가 나면 물건을 던진다. 보는 것만으로도 짜증이 난다.

E. 상사가 경영진에게 잘 보이기 위해 하지 않아도 될 업무를 받아온다. 위나 다른 부서로부터의 외풍을 전혀 막아주지 않는다.

F. 우리 이사는 별명이 '김 대리'이다. 이사면 이사다운 일을 하고 이사답게 행동해야 하는데 시시콜콜 하나부터 열까지 일일이 간섭하고 확인한다. 자기보다 잘하면 보복을 하기도 한다.

G. 새벽까지 끌고 다니면서 술 마시는 상사 때문에 미치겠다. 회식에 참여해 오래 남는 것으로 직원의 충성도를 평가한다. 다음날은 늦게 출근하거나 아예 결근한다. '1/n' 하자던 술값도 안준다.

H. 상사가 자기 자리를 보전하기 위해 부하 직원의 프로젝트 진행을 방해한다. 대외적으로 표시가 나는 일만 중요하게 여긴다. 자신에게 불리한 보고는 위 상사에게 절대로 하지 못하게 한다.

1. 'A~H'의 각 사례는 독극형리더십의 어떤 특성을 나타내는가?
2. 각 사례와 유사한 경험을 한 적이 있는지, 자신의 경험을 팀원과 공유하시오.
3. 'A~H'의 각 사례 상황에 직면했을 때, 어떻게 대응해야 하는가?

자기인식과 성찰

1. 다음은 리더십 실패와 리더십 탈락을 초래할 수 있는 행동들이다. 자신(상사)은 몇 개나 해당되는지 체크해 보시오.

나(상사)는...		나		상사	
		Y	N	Y	N
1.	비전과 전략수립능력이 부족하다.				
2.	복잡하거나 모호한 상황에서의 대처능력이 부족하다.				
3.	업무능력이 부족하다.				
4.	구성원에게 지나치게 의존한다.				
5.	설득력이 부족하다.				
6.	자기개발을 소홀히 한다.				
7.	욕심이 없다.				
8.	성취동기가 부족하다.				
9.	자신감이 지나치다.				
10.	다른 사람의 공헌을 인정하지 않는다.				
11.	위임에 인색하다. 사소한것 까지 스스로 처리해야 한다.				
12.	구성원들의 의견을 수렴하지 않는다.				
13.	특정인을 소외시킨다.				
14.	후계자를 양성하지 않는다. 구성원 육성에 소홀하다.				
15.	인간적 관심과 배려가 부족하다.				
16.	사회성이 부족하다.				
17.	구성원들과 마찰이 자주 있다.				
18.	욕설과 분노를 표출한다.				
19.	한 가지 리더십스타일을 고집한다.				
20.	한 가지 강점에 지나치게 의존한다.				
21.	같은 상사 밑에서 너무 오래 있다.				
22.	상사와의 관계가 좋지 않다.				
23.	용두사미식으로 일을 처리한다.				
24.	현실에 안주한다.				
25.	리더십 대체요인이 존재한다.				

자료 : 저자 개발(2016).

Ⅱ. 다음 문항은 내(또는 상사)가 조직 내에서 일반적으로 느끼는 감정과 동료와의 상호관계를 표현한 것이다. 각 문항에 '예(Y), 아니오(N)'로 답하시오.

나(상사)는 다음 각 항목에 대해 어떻게 생각하는가?		나		상사	
		Y	N	Y	N
1.	우리 팀에는 무능한 사람들이 많다. 그들에게는 뭐가 옳고, 그른지 알려주어야 한다.				
2.	현재 팀원들과 함께 일하기 전까지는 나(상사)도 괜찮은 사람이었다.				
3.	나(상사)는 주변 사람들과 잘 어울리지 않는다. 우리(그들)는 서로 신뢰하지 않는다.				
4.	동료들은 어차피 경쟁자이다.				
5.	성공(출세)하기 위해서는 다른 사람을 끌어내리거나 제거해야 한다.				
6.	다른 사람들의 어려움이나 고통을 은근히 즐긴다.				
7.	동료들에 대해 질투심을 느끼고, 동료가 일을 잘했을 때도 흔쾌히 기뻐하지 않는다.				
8.	친한 친구는 별로 없고, 적이 많다.				
나(상사)는 다른 사람을 어떻게 대하는가?		**나**		**상사**	
		Y	**N**	**Y**	**N**
9.	성과를 달성하지 못하거나 무능한 사람들을 경멸한다.				
10.	무능한 사람들은 질책하고 자존심을 건드려 놔야 그나마 발전이 있다.				
11.	팀 성과에 대한 공을 가로챈다(공치사한다).				
12.	회의석상에서 다른 사람들을 곤란하게 하거나 창피 주는 말을 자주 한다.				
13.	다른 사람의 실수에 대해 바로 지적한다.				
14.	일이 뭔가 잘못되면 항상 핑계거리를 찾거나 희생양을 찾는다.				
15.	다른 사람의 말을 끊고 자기 얘기를 한다.				
16.	상사나 권력을 가진 사람에게 아첨한다. 아랫사람에게는 절대적 충성(복종)을 요구한다.				
17.	농담이나 행동이 도를 지나칠 때가 있다. 그런 것을 은근히 즐긴다.				
18.	내편, 네 편으로 편을 나누고, 같은 편끼리는 강한 응집력을 보인다.				

	다른 사람들은 나(상사)를 어떻게 대하는가?	나		상사	
		Y	N	Y	N
19.	사람들이 나(상사)와 이야기할 때 눈을 마주치지 않거나 어색해 한다.				
20.	사람들끼리 나(상사)와 관련된 얘기를 할 때는 아주 조심스러워 한다.				
21.	사람들은 내(상사)가 보낸 이메일이나 문자, SNS에 대해 회신이 늦다.				
22.	사람들은 나(상사)에게 자신의 사적인 이야기하는 것을 꺼려 한다.				
23.	사람들은 재미있는 이야기를 하다가도 내(상사)가 나타나면 바로 멈춘다.				
24.	사람들은 내(상사)가 나타나면, 나가봐야 한다며(일이 있다며) 자리를 피한다.				

자료 : 로버트 서튼, 서영준 옮김(2007), 284-287, 재정리.

평가기준

'예'가 5개 이하	'예'가 6~10개	'예'가 11~15개	'예'가 16개 이상
완전히 정상	약간의 또라이 기질	가끔 또라이 행동	완전 또라이

1. 리더십 실패와 리더십 탈락을 초래할 수 있는 행동에 몇 개나 해당하는가?

2. '또라이' 성향 테스트에 대한 스스로의 평가결과는 어떤가?

3. 어떤 상황에서도 또라이 리더가 되지 않겠다는 다짐과 함께 자기 자신만의 모범적 리더 전형(prototype)을 기술하고, 이를 팀원들과 토의하시오.

저자 특강 10

결정적 순간의 별 대화법

리더와 구성원은 대화를 통해 소통한다. 업무적 소통뿐만 아니라 정서적 교류도 대화를 통해 이루어진다. 그런데 이해관계가 첨예하거나 의견 대립, 또는 격한 감정 등의 결정적 순간(crucial moment)에서 사람들은 쉽게 폭발(흥분하여 소리를 지르고, 나중에 후회할 말을 내뱉음)하거나 침묵·회피함으로써 성과에 나쁜 영향을 미치고 관계가 악화되는 결과를 초래한다. 결정적 순간에서 유능한 리더는 별(STAR) 대화법을 통해 문제를 해결하고 긍정적 결과를 이끌어 낸다. 별 대화법은 '멈춤(Stop)-대화목적(Target) 인식-자문자답(Ask)-대화규칙 다짐(Remind)'의 대화 단계를 실행하는 것이다.

멈춤

유능한 리더는 감정컨트롤을 잘한다. 감정컨트롤을 잘하기 위해서는 결정적 순간에서 우선 반응을 멈추고(Stop) 화를 가라앉히는 것이 최우선이다. 감정이 격한 상태에서 내뱉는 말은 최악의 결과를 가져온다. 대화에 감정이 개입되면 좋은 결과를 얻을 수 없기 때문이다. 호흡을 가다듬고 잠시 대화를 멈추거나(시간벌기), 도저히 화를 가라앉힐 수 없다고 생각되면 대화를 다음 기회로 미루고 자리를 뜨는 것(공간이탈)도 방법이다. 최악의 상황만은 피하기 위해서이다.

대화목적 인식

유능한 리더는 대화의 과정에서 어떤 일이 일어나든 처음의 대화목적(Target)과 동기를 잊지 않는다. 모든 대화는 선의(善意, 좋은 목적과 의도)에서 출발한다. 처음부터 일이 잘못되는 방향이나 관계악화를 목적으로 하는 대화는 없기 때문이다. 문제가 생기면 초심(初心)을 잊지 말고, 스스로 질문을 통해 대화목적을 다시 한 번 확인한다. 화가 났을 때는 먼저 자신과 대화하는 것이 필요하다.

- 내가 얻고자 하는(바라는) 것은 무엇인가?
- 상대방이 얻고자 하는(바라는) 것은 무엇인가?
- 상대방에게 전달하고(영향을 미치고) 싶은 것은 무엇인가?
- 상대방과의 관계를 어떻게 가져가고 싶은가?
- 내가 원하지 않는 것(최악의 상황)은 무엇인가?
- 원하는 것을 얻으려면(원하지 않는 것을 피하려면) 어떻게 행동해야 하는가?

자문자답

대화의 선(善)한 목적을 인식하였다면 이제 '상대방이 왜 이렇게 감정적으로(적대적으로) 반응하는지'에 대해 자문자답해 본다(Ask). 사람은 다음과 같은 경우에 부정적 반응을 보이거나 적대적으로 행동한다.

- 상대방의 말이나 행동에서 존중받고 있다는 느낌을 받지 못할 때
- 상대방으로부터 자신의 의견에 대해 부정적 답변을 들었을 때
- 상대방으로부터 마음의 상처를 받았을 때
- 그냥 싫을 때(주는 것 없이 미울 때)
- 상대방을 신뢰하지 못할 때
- 안 좋은 일이 있을 때
- 오해가 있을 때

대화규칙 다짐

평소 소통을 원활하게 하기 위한 자신만의 대화규칙을 정해 놓는다. 특히, 격앙된 마음을 가라앉히고 다시 대화에 나설 때에는 대화규칙을 한 번 더 다짐(Remind)하고 난 후에 시작한다. 다음과 같은 대화규칙을 들 수 있다.

- 천천히 부드럽고 겸손한(Soft, slow & smile) 어투로 대화한다.
- 대화에 앞서 무슨 말을 할지에 대해 준비한다.
- 어떤 경우에도 논쟁하거나 공격하지 않는다.
- 지시적, 단정적인 표현을 사용하지 않는다.
- 내가 항상 옳다는 생각을 버린다.
- 이기려는 욕구에서 벗어난다.
- 상대방의 말을 끊지 않는다.
- 스마트폰을 보지 않는다.

PART 4

글로벌 사회경쟁력과 리더십

SOCIETAL COMPETITIVENESS

건강한 시민사회가
글로벌 문화선진국의
기본이다. 개인과 집단,
사회의 품격이 곧
사회경쟁력이다.

CONTENTS

Chapter 11 글로벌 리더십

Chapter 12 프로페셔널 리더십

Chapter 13 리더의 길, 美來路 가기

Chapter
11

글로벌 리더십

01 글로벌 리더십
02 한국의 기업문화와 한국형리더십

[저자 특강 11]
글로벌 경제의 G형 인재

글로벌 리더는 국가와 문화적 기대, 지리적 거리를 넘나들며
다양성을 가진 구성원들을 리드하는 사람이다.

미리보기

스탠퍼드대 신기욱 교수는 "미국사회를 이끄는 혁신의 힘은 '다양한 국적의 인재'에서 나온다. 삼성그룹 사장단에 외국인, 여자는 없고 한국인, 남자만 있다는 소리를 듣고 충격을 받았다. 전 세계 인재들이 모이는 애플 · 구글과 경쟁하려면 인종을 섞어야 한다."라고 말한다. 스웨덴 에릭손 본사 직원의 국적은 10여 개가 넘는다. 네덜란드 혁신기업 미디어몽크도 직원 400여 명의 국적이 26개나 된다.

2014년 인시아드(유럽경영대학원)가 발표한 '글로벌 인재경쟁력지수'에서 한국은 이민자들에 대한 관대성 분야에서 48위였다. 10위권 경제규모에 비하면 부끄러운 수준이다. 외국 석학들은 "한국처럼 단일민족이 만들어 내는 성장모델은 한계를 맞았다."라고 경고했다. 저출산 · 고령화에 따른 생산인구 감소를 극복하려면 2060년까지 736만 명의 이민자를 받아야 한다는 분석도 있다. 이민자들이 뿌리내릴 수 있게 피부색이나 문화의 다름을 포용하지 못하면 인재가 한국을 찾아올 리도 없고, 온다 해도 능력발휘를 할 수 없다. 밖으로는 글로벌 환경에 대처하자고 말하지만, 안으로는 본국 출신의 사람만 임원이 될 수 있다면 이것은 또 다른 형태의 유리천장이다.

자본과 정보가 실시간으로 국경을 넘나든다. 인력이동은 물론 산업이전도 국경을 초월한다. 정보통신기술의 발달과 함께 공간과 시간의 개념은 경계가 불분명해지고 장벽 또한 낮아졌다. 기업은 글로벌 시장을 상대로 비즈니스를 한다. 글로벌 시장은 복잡성과 다양성, 그리고 격변성을 내포하고 있다. 글로벌 리더에게는 글로벌 시장에서 요구하는 리더십 역량이 요구된다.

이 장에서 우리는 글로벌 리더십 이슈에 대해 주요 문화권별 문화특성 차이와 글로벌 리더십역량을 중심으로 연구할 것이다. 최근의 실증연구 자료를 중심으로 한국 기업문화를 분석하고, 한국형리더십에 대해 연구할 것이다.

연구 질문

1. 제10장에서 무엇을 느끼고 깨달았는가?
2. 문화와 문화차원은 무엇인가?
3. 주요 문화권별 문화특성은 어떠한가?
4. 글로벌 리더십 핵심역량은 무엇인가?
5. 한국의 기업문화 특성은 무엇인가?
6. 한국형리더십의 개념과 구조는 어떤가?

중국 · 미국 · 유럽연합의 경제상황 변동은 한국에 직접적으로 영향을 미친다. 세계경제는 연결 연결되어 서로 영향을 주고받는다. 기업은 단일화된 세계시장에서 국경을 초월한 약속이나 규범에 따라 국제거래를 해야 하는 글로벌 스탠더드(global standard)로의 전환을 요구받고 있다.

01 글로벌 리더십

글로벌 리더십(Global Leadership)은 멘델홀 등(Mendenhall et al., 2012)이 개념적 차원에서 이론 정립을 시도하였다. 이에 따르면 글로벌 환경에서는 맥락적 복잡성(contextual complexity), 관계의 흐름(relational flow), 그리고 시간과 공간(spatial-temporal presence)의 세 가지 중요 변수가 있다.

표 11-1 글로벌 리더십의 세 가지 변수

구분	내용
맥락적 복잡성	해외 비즈니스의 문화적, 정치 · 사회적, 지리적, 다기능적 이질성 다양성 · 상호 의존성 · 모호성 · 유동성 개념을 포함
관계의 흐름	공간의 경계를 넘나드는 산업 · 자본 · 인력 · 정보 · 기술 등의 흐름
시간과 공간	지리적, 국가적, 문화적, 물리적 위치

딕슨 등(Dickson et al., 2012)은 글로벌 리더십은 누가 글로벌 리더이며, 그들이 무엇을 하고, 어떤 글로벌 환경 아래에서 어떻게 행동하는가를 통합적으로 이해하는 것이라고 하였다. 이들은 지적 자본, 심리적 자본, 사회적 자본을 핵심으로 하는 '글로벌 마인드셋 목록(global mind-set inventory)'을 활용하여 글로벌 리더십을 설명한다. 또한, 리더십의 이문화 비교(cross-cultural leadership)는 국가문화 차이에 따라 리더십 관행이나 행동이 어떻게, 얼마나 다른지를 연구하는 것이라고 하며, 두 개념 간의 차이를 구별하였다. 그들은 리더의 행위가 세계보편적 요소들도 있지만, 문화특수 요인들도 존재한다고 결론을 내리고 있다.

1. 문화

문화는 한 사회집단이 공유하고 있는 전통 · 관습 · 가치관 · 신념 · 규범 및 상징으로 사회화 과정을 통해 학습된다.

(1) 문화의 차원

문화의 차원에 관한 연구 중에서 가장 많이 인용되고 있는 연구는 호프스테드 Hofstede(1980, 2001)의 연구이다. 호프스테드는 50여 국가의 10만 명 이상의 응답자들을 대상으로 한 설문지 분석결과를 토대로 각 문화의 차이를 낳게 하는 다섯 가지의 문화차원을 〈표 11-2〉와 같이 제시하였다.

표 11-2 호프스테드의 다섯 가지 문화차원

1. 권력중심성
2. 불확실성 회피성
3. 개인주의-집단주의성
4. 남성-여성 중심성
5. 단기-장기 지향성

문화와 리더십연구에서는 하우스와 동료들(House et al., 2004)의 GLOBE 연구결과가 많이 인용되고 있다. GLOBE 연구자들은 자신들의 연구결과와 다른 연구자들의 연구결과를 기초로 하여 다음과 같은 '9가지 문화차원'을 제시한다.

☑ 불확실성 회피성

불확실성 회피성(uncertainty avoidance)은 특정 사회나 조직이 예측가능성을 높이고 불확실성을 회피하기 위해 기존의 사회적 규범 · 의식 · 관습 · 절차에 의존하는 정도를 말한다. 불확실성 회피성이 높은 사회일수록 사회규범이나 질서, 일관성을 중시하며 개인에 대한 역할기대가 명확하다.

☑ 권력중심성

권력중심성(power distance)은 사회구성원들의 권력분포에 대한 인식을 말한다. 즉, 권위 · 명예 · 신분 · 물질 등에 따라 사회계층을 구분하고, 각 계층에 권력이 어떻게 배분되어야 하는지에 대한 생각을 나타낸다. 권력중심성이 높을수록 권력이 일부 상위계층에 집중되어 사회가 힘의 불균형 상태에 있으며, 사회지도층과 리더에 대한 순응성이 높은 사회이다.

사회 · 제도적 집단주의

사회 · 제도적 집단주의(institutional collectivism)는 사회적으로나 제도적으로 개인의 목표나 성취보다는 공공의 이익을 우선시하는 정도를 말한다. 사회 · 제도적 집단주의성이 높을수록 개인의 이익보다는 집단이나 사회 전체의 이익을 우선시한다.

소속집단주의

소속집단주의(in-group collectivism)는 자신이 소속한 집단이나 가정에 대한 충성심과 자긍심을 말한다. 소속집단주의성이 강할수록 소속집단에 대한 소속감과 자긍심 · 충성심이 높고 응집력이 강하다.

양성평등성

양성평등성(gender equalitarianism)은 사회의 성차별에 대한 인식수준을 말한다. 사회가 성차별을 최소화하고 양성평등을 촉진하고 있는 것과 관련이 있다. 양성평등성 점수가 높을수록 남성중심적 사회이며, 점수가 낮을수록 여성중심적 사회이다. 중간 정도의 점수는 양성평등성 사회임을 의미한다.

자기주장성

자기주장성(assertiveness)은 사회구성원들이 얼마나 자기주장이 강하고, 자신감이 있으며, 사회적 관계에서 공격적인가를 말한다. 자기주장성이 강할수록 가부장적, 독단적, 지시적 성향의 문화가 팽배한 사회이다.

미래지향성

미래지향성(future orientation)은 현재보다는 미래를 준비하는 것에 가치를 두는 것이다. 즉, 미래를 위한 계획을 세우고, 미래를 위해 투자하며, 만족을 뒤로 지연(즐거움의 유예)시키는 등의 미래지향적 행동을 선호하는 정도를 말한다. 미래지향성이 강한 사회는 현재보다는 미래의 가능성에 우선가치를 두며, 안정보다는 도전과 변화를 추구한다.

성과지향성

성과지향성(performance orientation)은 사회가 개인의 성과와 우수성을 인정 · 고무하고 그에 따라 차별적으로 보상을 하는 것이다. 성과지향성이 높은 사회는 개인의 능력을 중시하고, 분배보다는 성장에 관심을 가진다. 성과에 따른 보상의 차이를 인정하고 공평성보다는 공정성을 우선시한다.

☑ 인간지향성

인간지향성(human orientation)은 다른 사람에 대한 관심과 배려, 사회적 지원, 그리고 공동체적 가치를 얼마나 강조하는가를 말한다. 인간지향성이 높은 사회는 다른 사람의 복지와 안녕에 대한 관심이 높고, 다른 사람의 욕구와 감정에 민감하다. 다른 사람과의 관계를 중시한다.

(2) 세계의 주요 문화권

GLOBE 연구자들은 62개국으로부터 수집한 자료를 토대로 언어, 종교, 지리적 여건, 역사적 사건 등을 고려하여 〈그림 11-1〉과 같이 10개의 주요 문화권으로 분류하였다. 이는 문화와 리더십에 대한 일반화의 가능성을 제시하고 있다.

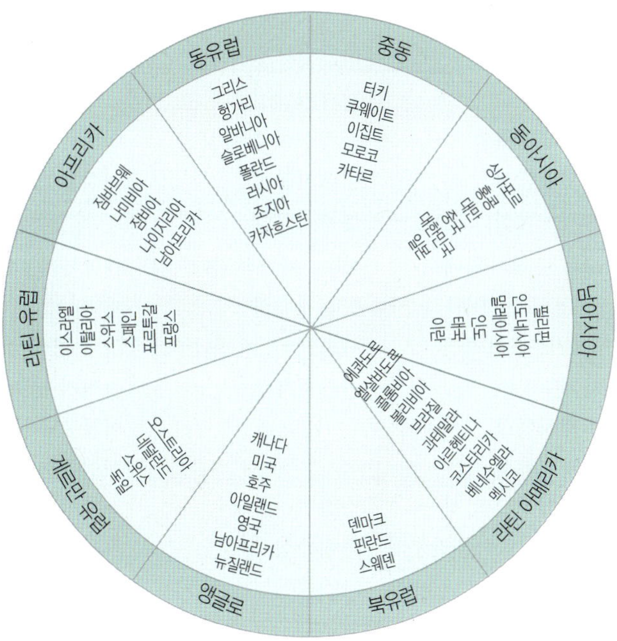

자료 : House, R. J., Hanges, P. J., Javidan, M., Dortman, P. W., & Gupta, V.(Eds.), Culture, Leadership, and Organization: The GLOBE study of 62 Societies, ©2004, Sage Publications.

그림 11-1 GLOBE에 따른 지역문화권

한국이 속한 유교아시아권(Confucian Asia)은 연구결과 소속집단주의, 사회 · 제도적 집단주의, 그리고 성과지향성 점수가 높은 것으로 나타났다. 각 문화권별 특성을 정리하면 〈표 11-3〉과 같다.

표 11-3 문화권별 특성

문화권	높은 점수	낮은 점수	문화적 특성
중동	소속집단주의	불확실성 회피성 양성평등성 미래지향성	가족 · 소속집단에 대한 자부심과 헌신 현재 중시, 성차별
유교아시아	소속집단주의 사회 · 제도적 집단주의 성과지향성	-	가족에 헌신 협력 중시 집단 활동 중시
남아시아	소속집단주의 인간지향성	-	가족에 헌신 지역사회에 관심
앵글로 (영어사용지역)	성과지향성	소속집단주의	경쟁 지향
라틴아메리카 (중남미)	소속집단주의	불확실성 회피성 사회 · 제도적 집단주의 미래지향성 성과지향성	가정 헌신 동류(同類)집단에 충성
동유럽	소속집단주의 양성평등성 자기주장성	불확실성 회피성 미래지향성 성과지향성	법 · 규칙 중시 여성평등
라틴유럽 (서남유럽)	모든 문화차원에서 중간 정도 점수	사회 · 제도적 집단주의 인간지향성	개인목적 · 자율성 중시 자기성찰
게르만유럽	불확실성 회피성 자기주장성 미래지향성 성과지향성	사회 · 제도적 집단주의 인간지향성	경쟁 지향 정력적, 저돌적 법률 · 규칙 준수 개인주의
노르만 유럽 (북유럽)	불확실성 회피성 사회 · 제도적 집단주의 양성평등성 미래지향성	소속집단주의 권력중심성 자기주장성	장기적 성공 추구 질서 · 규칙 · 일관성 겸손 · 온유함 · 협동 중시 권력(영향력) 공유
사하라이남 아프리카	인간지향성	-	타인에 대한 관심

자료 : Peter G. Northhouse(2013), 391–394, 재정리.

이 같은 문화적 전형(culture prototype)은 국가나 지역을 이해하기 위한 기본틀로 사용할 수 있다. 또한, 다른 문화권에 속한 사람들의 행동방식을 예측할 수도 있다. 그러나 문화적 전형은 한 국가나 지역의 평균적인 특성을 대변할 뿐이므로 주의해야 한다.

토의 11-1

흔히 '독일은 하지 말라는 것은 하지 마라. 반면, 프랑스는 하지 말라는 것을 제외하고는 다 하라'는 문화적 특성을 가지고 있다고 한다. 한국은 어떤 문화적 특성을 가지고 있다고 생각하는지, 다음 질문에 대한 자신의 의견을 정리하고 이를 팀원들과 공유하시오.

1. [미리보기]의 사례를 참고할 때 한국의 문화적 특성은 어떻다고 생각하는가?
2. GLOBE 연구자들의 '9가지 문화차원'에 대한 한국인들의 수준은 각각 어떨 것이라고 판단하는가? (H : 높음, M : 보통, L : 낮음)

문화차원	정도	문화차원	정도	문화차원	정도
불확실성 회피성	H M L	소속집단주의	H M L	미래지향성	H M L
권력중심성	H M L	양성평등성	H M L	성과지향성	H M L
사회 · 제도적 집단주의	H M L	자기주장성	H M L	인간지향성	H M L

3. 한국은 1996년 경제협력개발기구(OECD)에 가입하였다. 한국이 경제적 국제위상에 걸맞는 세계시민국가로서의 역할을 하려면 무엇을 갖추어야 한다고 생각하는가?

그리스	독일	스위스	호주	터키	칠레
네덜란드	룩셈부르크	스페인	오스트리아	포르투갈	슬로베니아
노르웨이	멕시코	슬로바키아	이탈리아	폴란드	이스라엘
뉴질랜드	미국	아이슬란드	일본	프랑스	에스토니아
대한민국	벨기에	아일랜드	체코	핀란드	
덴마크	스웨덴	영국	캐나다	헝가리	

2. 문화권과 리더십 행동

GLOBE 연구자들은 각기 다른 문화권의 사람들이 리더십 행동에 대하여 어떤 생각을 가지고 있는가(암묵적 신념)를 규명하는 연구를 진행했다. 이를 위해 리더십을 '6가지 글로벌 리더십 유형'으로 구분한 뒤 각 유형별 리더십 특성과 행동을 제시하였다. 이를 정리하면 〈표 11-4〉와 같다.

표 11-4 리더십 유형별 특성과 행동

리더십 유형	리더십 특성과 행동	
카리스마/가치중심 리더십 (charismatic/ value based leadership)	• 비전 설정 • 핵심가치 추구 • 성과(업적)지향 • 결단력	• 영감(활력) 고취 • 동기부여 • 신뢰 • 자기희생적
팀지향 리더십 (team oriented leadership)	• 공동목표 중시 • 팀 구축(team building) • 통합 · 협동을 위한 노력	• 협상(절충) 능력 • 행정 능력 • 악의 없는 행동
참여적 리더십 (participative leadership)	• 의사결정 과정에 구성원 참여 • 실행 과정에 구성원 참여	• 참가적 행동 • 비독재적 행동
인간지향적 리더십 (human oriented leadership)	• 배려 · 겸손 · 관대함 • 지원적 행동	• 타인의 생각 · 감정에 민감 • 동정적 행동
자율적 리더십 (autonomous leadership)	• 자주(자율)적 행동 • 창의적 행동	• 독자적 행동 • 독특함
자기방어적 리더십 (self-protective leadership)	• 안전(안정) 지향 • 자기중심적 행동 • 절차 존중	• 지위 · 신분 유지 • 체면 유지 • 갈등 유발

GLOBE 연구에서 확인된 6가지 리더십 유형들은 각 문화권에서의 리더십에 대한 '내재된 신념'을 측정하기 위해 사용되었다. 이를 통해 각 문화권의 리더십 특성을 확인할 수 있었다. 이는 각 문화권의 사람들이 리더십 특성들 중에서 상대적으로 더 중요하다고 여기는 특성들을 말한다. 문화권별 리더십 특성을 정리하면 〈표 11-5〉와 같다.

표 11-5 문화권별 리더십 특성

문화권	높은 특성	중간 특성	낮은 특성
중동	자기방어적	인간지향적 자율적	카리스마/가치중심 팀 지향 참여적
유교아시아	자기방어적 팀 지향	인간지향적 카리스마/가치중심	자율적 참여적

문화권	높은 특성	중간 특성	낮은 특성
남아시아	자기방어적	카리스마/가치중심 인간지향적 팀 지향 자율적	참여적
앵글로 (영어사용지역)	카리스마/가치중심 참여적 인간지향적	팀 지향 자율적	자기방어적
라틴아메리카 (중남미)	카리스마/가치중심 팀 지향 자기방어적	참여적 인간지향적	자율적
동유럽	자율적 자기방어적	카리스마/가치중심 팀 지향 인간지향적	참여적
라틴유럽 (서남유럽)	카리스마/가치중심	팀 지향 참여적 자기방어적	인간지향적 자율적
게르만유럽	자율적	카리스마/가치중심 참여적 인간지향적 팀 지향	자기방어적
노르만유럽 (북유럽)	카리스마/가치중심 참여적	팀 지향 자율적	인간지향적 자기방어적
사하라이남 아프리카	인간지향적	카리스마/가치중심 팀 지향 참여적	자율적

자료 : Peter G. Northhouse(2013), 395-403, 재정리.

☑ 보편적 리더십 특성

GLOBE 연구에서는 문화권에 관계없이 모든 리더에게 요구되는 긍정적 리더십 특성(22가지)과 부정적 리더십 특성(8가지) 목록을 제시하였다.

표 11-6 긍정적 리더의 보편적 특성

• 믿을 만한	• 공정한	• 정직한
• 선견지명	• 사전계획	• 격려
• 긍정적인	• 역동적인	• 동기를 일깨우는
• 자신감을 주는	• 동기부여 하는	• 기댈 수 있는
• 똑똑한	• 결단력 있는	• 교섭력
• 윈 · 윈 문제해결	• 소통을 잘하는	• 정보통인
• 행정적 기술	• 조정자	• 팀 구축
• 우수성 지향		

자료 : House et al.(2014).

표 11-7 부정적 리더의 보편적 특성

• 외톨이 · 독불장군	• 비사교적인	• 비협동적인
• 성급한	• 불분명한	• 자기중심적
• 무정한	• 독재적인	

3. 글로벌 리더의 핵심역량

글로벌 리더는 지리적 거리, 국가, 문화적 기대를 넘나들며 다양성을 가진 구성원들을 관리하고 리드(lead)하는 사람이다. 그들은 다양한 정치제도, 경제제도, 법과 규제, 관행, 규범, 그리고 경영인프라 속에서 일한다. 가상환경(virtual reality)에서 컴퓨터와 디지털 매체를 통해 공간과 시간대를 넘나들며 일한다. 그들은 훨씬 광범위하고 복잡한 환경에서 다양한 역할을 수행해야 한다.

글로벌 리더는 지리적으로 떨어져 있는 타문화권 사람들과 성공적으로 일하는 방법을 배워야 한다. 아들러와 바소로뮤Adler & Bartholomew(1992)는 글로벌 리더는 〈표 11-8〉과 같은 다문화적 역량(cross-cultural competence)을 개발할 필요가 있다고 한다.

표 11-8 다문화적 역량

1. 전 세계적 정치 · 경제 · 경영 · 사회 · 문화적 환경에 대한 이해
2. 다문화적 시각과 문화적 취향, 추세에 대한 학습
3. 타문화권 출신의 사람과 같은 공간에서 일할 수 있는 능력 습득
4. 다른 문화권과의 의사소통능력
5. 현지생활 적응능력
6. 다른 문화권 사람들과 문화적 차이를 넘어 친밀한 관계를 형성할 수 있는 능력

글로벌 리더는 자신들이 일하게 될 나라의 역사 · 지리 · 문화 · 정치 · 사회에 대한 지식을 가지고 있어야 한다. 맥신 돌턴 등(2004)은 글로벌 리더가 갖추어야 할 네 가지 핵심역량으로 국제 비즈니스지식, 문화적응능력, 관점수용능력, 그리고 혁신자역할 수행능력을 들고 있다.

국제 비즈니스지식

국제 비즈니스지식은 담당 국가의 역사, 법규, 관습에 대한 지식을 포함해 해당 사업과 경영방식에 대한 이해를 말한다.

문화적응능력

문화적응능력은 문화적 기대에 맞게 지식을 확장시키고 행동양식을 바꾸는 것을 말한다.

관점수용능력

관점수용능력은 자신의 의미구조를 바꾸는 능력이다. 즉, 타문화환경에 있는 그들(현지인)의 관점으로 문제를 보고, 그들의 문화체계를 이해하는 것을 말한다.

혁신자역할 수행능력

혁신자역할 수행능력은 새로운 것을 시도하고, 새로운 기회를 포착하고, 새로운 정책 · 절차 · 방법과 서비스를 창출하고, 다른 이들의 참여를 이끌어 내는 능력이다, 글로벌 리더의 핵심역량을 정리하면 〈표 11-9〉와 같다.

표 11-9 글로벌 리더의 핵심역량

구분		
국제 비즈니스지식	• 역사 · 종교 · 관습 • 지역 실세 · 사업관행 • 비즈니스 실무지식 • 협상 · 의사결정방식 차이	• 정치 · 법규 · 공공규제 조항 • 국제적 · 지역적 정보 • 경영 · 관리스타일 차이 • 글로벌 경영윤리
문화적응능력	• 국가 · 지역의 문화적 특성 • 팀워크 · 정보공유 촉진	• 다문화적 관점 • 상대성(relativity) 인정
관점수용능력	• 타인의 관점 경청 · 공감 • 상대방의 기대 · 감정 · 관심 파악	• 시각 차이 인정 • 상호 이해 도출
혁신자역할 수행능력	• 기존의 사고와 규범을 탈피 • 새로운 비전 창출 • 새로운 아이디어	• 기업가 정신 • 새로운 기회 포착 • 새로운 접근방식

4. 글로벌 리더가 되는 길

글로벌 리더가 되기 위해서 자신이 어느 정도의 인적 자원이며, 무엇을 학습하고, 어느 곳에서 학습할 수 있는지에 대한 기초지식과 데이터를 알고 있어야 한다. 글로벌 리더가 되기 위해서 꼭 외국에 나갈 필요는 없다. 우리는 다양한 방법을 통해서 글로벌 리더의 역량을 개발할 수 있다. 〈표 11-10〉은 글로벌 리더가 되기 위한 다양한 방법을 탐색할 수 있는 아이디어를 제공한다.

표 11-10 글로벌 리더의 핵심역량 개발방법

핵심역량 개발방법	국제 비즈니스 지식	문화적응 능력	관점수용 능력	혁신자역할 수행능력
몇 개 외국어를 할 수 있는가?	○	○		○
몇 개국에서 살아 보았는가?	○	○	○	
유학이나 교환학생 경험이 있는가?		○	○	
몇 개국을 여행해 보았는가?		○	○	
해외주재원 경험이 있는가?	○	○	○	○
다른 문화권 사람들과 일해 본 경험(프로젝트 · 봉사)이 있는가?	○	○	○	○
국제업무팀에서 근무해 본 경험이 있는가?	○	○	○	○
해외출장이나 국제세미나에 참여한 경험이 있는가?				
타국 사람과 교류해 본 적이 있는가?		○	○	
다른 나라 종교 · 역사 · 문학 · 예술을 공부하는가?		○	○	
기타 다른 이문화 경험이 있는가?				

토의 11-2

다음 각각의 이슈에 대한 자신의 생각을 정리하시오. 자신의 의견을 팀원과 공유하시오.

"글로벌 비즈니스가 전 세계적 성장개발의 기회를 제공할 것이다. 세계화의 경제적 영향은 세계의 빈곤층에 고용기회를 창출하고, 개발도상국 경제에 절실히 요구되는 인프라 건설에 일조할 것이다. 민주화 과정과 글로벌 사회의 문제 교정에도 기여할 것이다.

아니다. 반대로, 글로벌 비즈니스로 인해 외국인 노동자들은 지속적인 착취를 당하고, 선진국과 개도국 사이에는 종속의 악순환이 계속되며, 천연자원과 지역문화의 파괴가 가속될 것이다."

1. 세계화에 대한 두 가지 상반된 주장에 대해 어느 의견을 지지하는가?
2. 한국은 단일민족국가로서의 전통을 유지해 왔으나 앞으로는 이를 지속하기가 쉽지 않을 것 같다. 3D업종을 중심으로 외국인노동자의 유입이 급증함에 따라 불법체류자 문제 및 인권문제, 그리고 다문화가정의 증가 등 여러 가지 사회적 이슈가 제기되고 있다. 외국인근로자 및 다문화가정 이슈에 대해 어떻게 대처해야 한다고 생각하는가?
3. 남북경제협력의 상징인 개성공단은 정치 · 경제 · 사회 · 문화적으로 다양한 의미를 갖는다. 정치적 이해관계에 따라 부침을 거듭하고 있는 개성공단 문제를 어떻게 해야 한다고 생각하는가?

02 한국의 기업문화와 한국형리더십

전쟁위협이 상존하는 분단국가 상황에서도 단기간에 경제적 고도성장과 민주화를 동시에 이룬(여전히 혼란스러운 상황이긴 하지만) IT강국 한국, 그 주인이 바로 한국인이다. 한국인으로 태어나고 살아낸다는 거, 자랑스럽기도 하지만 쉽지 않은 일 같다.

1. 한국의 기업문화

대한상공회의소와 맥킨지(2016)는 국내기업 100개사, 임직원 4만여 명을 대상으로 9개월간 실시한 '한국기업의 조직건강도와 기업문화 종합보고서'를 발표했다.

(1) 조직건강도 진단

조직건강도 진단은 맥킨지 조직건강도(Organizational Health Index) 분석기법을 활용했다. 리더십 · 업무시스템 · 혁신분위기 · 책임소재 등 조직경쟁력에 영향을 미치는 제반 사항을 평가 · 점수화해 글로벌 1,800사와 비교 · 분석했다. 조사결과 〈표 11-

11〉에서 보듯이 조사대상 100개 기업 중 글로벌기업보다 약체인 기업은 최하위수준 52개사 포함 77개사로 나타났다. 특히, 중견기업은 69개 기업 중 63개 기업인 91.3%가 하위수준으로 평가돼 조직건강에 적신호가 켜졌다.

표 11-11 글로벌기업 대비 한국기업의 조직건강도 수준

구분	최상위 수준	중상위 수준	중하위 수준	최하위 수준	계
대기업	7	10	11	3	31
중견기업	3	3	14	49	69
계	10	13	25	52	100

글로벌기업 대비 한국기업 조직의 강점과 약점에 대한 세부항목별 진단결과를 보면 〈그림 11-2〉에서 보듯이 리더십, 조율과 통제(시스템), 역량 및 외부지향성의 4개 영역이 취약했고, 책임소재 · 동기부여의 2개 영역은 우수한 것으로 나타났다.

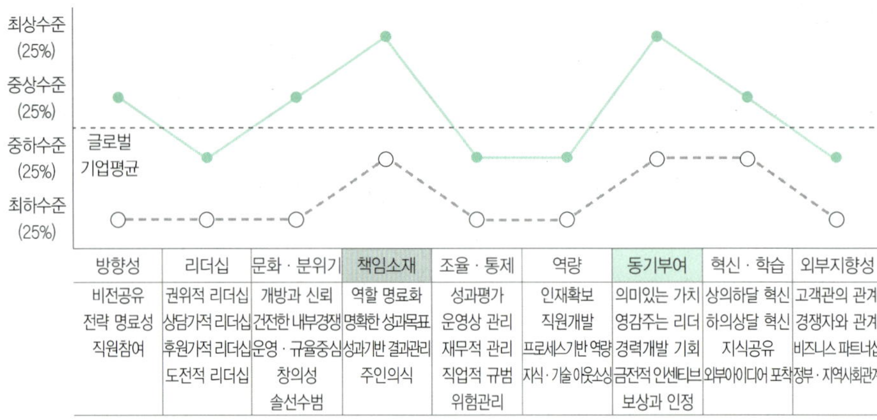

방향성	리더십	문화 · 분위기	책임소재	조율 · 통제	역량	동기부여	혁신 · 학습	외부지향성
비전공유 전략 명료성 직원참여	권위적 리더십 상담가적 리더십 후원가적 리더십 도전적 리더십	개방과 신뢰 건전한 내부경쟁 운영 · 규율중심 창의성 솔선수범	역할 명료화 명확한 성과목표 성과기반 결과관리 주인의식	성과평가 운영상 관리 재무적 관리 직업적 규범 위험관리	인재확보 직원개발 프로세스기반 역량 지식 · 기술 아웃소싱	의미있는 가치 영감주는 리더 경력개발 기회 금전적 인센티브 보상과 인정	상의하달 혁신 하의상달 혁신 지식공유 외부아이디어 포착	고객관의 관계 경쟁자와 관계 비즈니스 파트너십 정부 · 지역사회관계

자료 : ●은 대기업, ○은 중견기업

그림 11-2 글로벌기업 대비 한국기업 조직의 강점과 약점

조직건강을 바라보는 경영진과 직원 간 시각차이가 뚜렷했다. 〈표 11-12〉에서 보듯이 경영진은 자사의 조직건강을 최상위 수준으로 판단(71점)한 반면, 직원들은 최하위 수준(53점)으로 판단하여 상반된 결과를 보였다. 특히 문화 및 분위기, 리더십, 방향성 부문에서 큰 의견 차이를 나타냈다.

표 11-12 조직건강도에 대한 경영진과 직원 간의 인식 차이

구분		경영진(CEO/임원)	일반직원	격차
종합점수		71점	53점	18점
부문	리더십	76점	53점	23점
	문화 · 분위기	73점	42점	31점
	방향성	76점	54점	22점

지속적인 성과창출을 가능하게 하는 차별적인 조직운영 모델을 뜻하는 '지속성장 DNA' 확보 여부를 조사한 결과에서는 '지속성장 DNA'를 갖고 있는 기업은 50%(50개사)로 글로벌 기업의 66%보다 16%포인트 낮은 수준으로 집계되었다.

〈표 11-13〉에서 보듯이 50개사를 대상으로 조사한 결과 대다수 기업(대기업 100%, 중견기업 97%)이 '실행중심형(전사적 개선 · 혁신활동) DNA'를 갖고 있는 것으로 나타났다. 반면, 글로벌 기업은 실행중심, 시장중심, 리더십중심, 지식중심 등 유형이 다양하게 나타났다. 이는 '한국기업은 제조혁신 역량을 중시하고, 선도기업 캐치업(catch-up)을 도전목표로 설정해 빠른 실행을 강조하는 전략을 활용하고 있다'는 것을 시사한다.

표 11-13 지속성장의 DNA 유형 및 글로벌기업-한국기업 비교

구분	내용	글로벌	한국	대표기업
실행중심	지속적, 전사적 업무방식 개선을 통해 조직의 실행력을 확보	64%	98%	월마트
시장중심	시장트렌드를 주도적으로 형성하고 고객가치에서 혁신의 원천을 발굴	23%	2%	애플 · 구글
리더십중심	미래의 리더 육성을 최우선 과제로 삼고 직원역량 육성과 팀 플레이 추진	7%	0%	GE · 펩시코
지식중심	인재와 지식이 가장 중요한 자산으로 지속적 역량향상과 지식공유를 촉진	6%	0%	골드만 삭스

(2) 기업문화 진단

기업문화 진단결과 〈표 11-14〉에서 보듯이 습관적 야근이 31점으로 가장 낮은 점수를 받았다. 야근의 단초를 제공하는 비효율적 회의(39점)와 과도한 보고(41점), 소통 없는 일방적 업무지시(55점)도 낮은 점수를 받았다. 실제조사에서는 퇴근 전 갑작스런 업무지시나 불명확한 업무분장으로 한 사람에게 일이 몰리는 경우, 업무지시

과정에서 배경설명이나 소통이 부족해 일이 몇 갑절 늘어나서 야근하는 사례 등이 수시로 확인됐다. 국내기업의 임원으로 재직한 바 있는 한 외국인의 메시지는 한국기업의 현실을 대변하고 있다.

> 한국기업의 임원실은 마치 엄숙한 장례식장 같다. 임원 앞에서 정자세로 서서 불명확하고 불합리한 리더의 업무지시에 왜(Why)도, 노(No)도 하지 못하고 고개만 끄덕이는 것을 보고 이해할 수 없는 한국기업의 업무방식이 쉽게 개선되지 않겠구나 하는 생각이 들었다.

또한, 저성장 · 고령화 극복의 핵심과제로 여성근로 활용 제고가 이슈로 부각되고 있지만 직장인들은 여전히 '여성이 승진 · 평가 등에서 불리하다(49점)'고 응답했다. 한동안 구태문화로 지적받던 회식문화는 77점으로 크게 개선된 것으로 나타났다. 여기서 점수는 긍정적으로 응답한 비율을 말한다.

표 11-14 한국 기업문화 실태

야근	회의	보고	업무지시 (소통)	여성인재	규범준수	상생협력	회식
야근을 거의하지 않는다.	불필요하고 비효율적인 회의가 거의 없다.	형식적이고 불필요한 보고가 거의 없다.	업무배경을 알려주거나 자유롭게 물어본다.	여성이 평가 · 승진에서 불리하지 않다.	업무상 규범을 대체로 잘 지킨다.	거래처의 희생을 강요하지 않는다.	업무나 일상생활에 지장이 거의 없다.
31	39	41	55	49	61	61	77

규범준수와 상생협력 수준은 모두 61점으로 다른 부문에 비해 긍정적인 응답이 많았다. 그러나 〈표 11-15〉에서 보듯이 글로벌 기업과의 비교를 위한 설문에서 국내기업은 직업윤리 준수 75점, 비즈니스 파트너십 59점, 지역사회 공헌 52점으로 3개 항목 모두 글로벌 기업 대비 하위수준에 머물렀다.

표 11-15 기업의 사회적 책임 관련 조직건강도 진단 결과

구분	직업윤리 준수	비즈니스 파트너십	지역사회 공헌
한국기업 평균점수	75점	59점	52점
글로벌 대비 수준	중하위 수준	최하위 수준	최하위 수준

2. 한국형리더십

한국에서도 문화적 특수성과 상황을 고려한 한국형리더십에 대한 연구가 시도되었다. 그 중에서도 신유근(1996) 연구와 백기복 등(2010)의 연구가 대표적이다. 먼저 신유근(1996)의 연구는 한국기업의 리더들을 성공한 리더와 실패한 리더로 구분한 후, 각각 세 가지 유형으로 분류하였다. 성공한 리더들을 야전사령관형, 대인관계중시형, 그리고 'Can do spirit'형으로 분류하였고, 실패한 리더들을 노동지배형, 우유부단형, 그리고 불가근형으로 구분하였다.

표 11-16 한국기업의 리더 유형

성공한 리더	• 야전사령관형 • 대인관계중시형 • 'Can do spirit'형
실패한 리더	• 노동지배형 • 우유부단형 • 불가근형

백기복 등(2010)은 한국인들의 가치체계에 입각하여 국내 실정에 맞는 한국형리더십 요인 8가지를 도출하였다. 이 연구는 리더 개인 · 상사 · 동료 · 부하 및 조직 차원에서 과학적 절차에 따라 설문을 개발한 후, 2,000명의 한국기업 종사자들을 대상으로 웹기반 설문조사를 실시하였다. 그 결과 한국형리더십은 리더 개인 차원에서 자기긍정, 솔선수범, 성취열정의 세 요인과 관계차원에서 상향적응, 수평조화, 하향온정 등의 세 요인, 그리고 조직차원에서 환경변화, 미래비전의 두 요인 등 모두 여덟 가지 요인을 갖는 것으로 밝혀졌다. 이들 각 요인에 대한 정의는 〈표 11-17〉에 나타나 있다.

표 11-17 한국형리더십 8요인의 개념

요인		정의
개인 요인	자기긍정	자기 확신과 결단력에 기초하여 어떤 어려움도 이겨내려는 도전정신
	솔선수범	사심 없이 인내하며 집단을 위해서 궂은일도 마다하지 않는 윤리적 태도
	성취열정	높은 자부심과 책임의식을 바탕으로 일을 수행함에 있어 난관을 극복하고 끝까지 성취해내는 강한 정신

관계 요인	상향적응	윗사람이 편안함을 느끼도록 잘 모심으로써 불필요한 갈등을 피하고 최고의 성과를 내는 데 밑거름이 되려는 후원적 행동
	수평조화	동료들과 신의와 존중을 바탕으로 적극적으로 협력하고 소통하며, 모나지 않게 행동함으로써 조화를 이루려는 태도
	하향온정	하급자들과의 끈끈한 정에 기초하여 관용을 베풀며 희생하고 보호해 주고 키워주려는 애틋한 마음
조직 요인	환경변화	다양한 외부의 인적 네트워크를 바탕으로 환경의 변화를 민감하게 파악하여 적절히 대응할 줄 아는 역량
	미래비전	미래지향적 경영철학을 바탕으로 미래를 예측하여 비전을 제시하며 체계적으로 계획을 수립하여 그를 실천할 줄 아는 역량

자료 : 백기복 등(2010), 46-47.

이들 여덟 가지 요인들은 환경변화 요인을 제외하고 모두 리더십 효과성에 유의한 영향을 미치는 것(p<.10 수준)으로 나타났다. 5점 척도에 따른 각 요인별 평균점수를 순서에 따라 제시하면 다음 〈표 11-18〉과 같다.

표 11-18 한국형리더십 요인별 평균점수

성취열정	상향적응	환경변화	자기긍정	수평조화	솔선수범	미래비전	하향온정
3.45	3.43	3.42	3.34	3.28	3.25	3.19	2.99

여기서 성취열정, 상향적응은 리더 개인의 이익과 관련된 요인들이며, 하향온정, 미래비전, 솔선수범은 구성원들의 이익을 대변하는 요인들이라고 볼 수 있다. 이 연구 결과에 따르면 한국 리더들은 리더 개인의 이익과 관련된 행동은 강하게 하는 반면, 구성원들의 이익과 관련된 행동은 상대적으로 약하게 한다는 것으로 판단할 수 있다. 이는 한국 리더들은 개인적 욕심과 이기적 행동에 따른 리더십을 행사하고 있다고 판단할 수 있다. 이런 리더십 행동으로는 구성원의 존경을 받을 수 없다.

한국형리더십은 최근의 리더십이론이다. 이 이론은 상사-부하의 단순관계를 다루는 서양적 연구 관행에서 진일보한 것이다. 한국형리더십은 상향적응, 수평조화, 하향온정 등 상사 · 부하 · 동료 등의 전방위 관계에 관련된 리더의 행동은 물론 리더 자신에 관련된 특성(성취열정 · 자기긍정 · 솔선수범)과 조직 차원의 리더 역할(환경변화 · 미래비전)도 동시에 고려하는 포괄적 리더십이론이다. 많은 한국 리더십연구자들의 후속연구를 기대한다.

토의 11-3

한국의 기업문화 진단결과와 한국형리더십 연구결과를 토대로 다음 내용에 대한 자신의 생각을 정리하고 팀원과 토의하시오.

1. 한국의 기업문화 중에서 긍정적인 면과 부정적인 면은 각각 무엇이라고 생각하는가?

2. 다음 자료와 같이 인의예지(仁義禮智)의 덕성을 갖춘 사람을 한국형리더십의 전형으로 하는 것은 어떻다고 생각하는가? 이를 토대로 한국적 특수성을 반영한 리더십에 대한 의견을 제시하시오.

> "남을 아끼고 사랑하며(仁), 해야 할 일은 하고 하지 말아야 할 일은 하지 않으며(義), 진심으로 남을 배려할 줄 알고(禮), 옳고 그름을 명확히 판단할 줄 아는 사람(智)이면 된다. 이런 사람은 사회와 체제에 협조적이겠지만 잘못된 상황에는 반기를 들 줄 안다. 윗사람을 공경하고 존중하지만 그의 잘못을 지적할 줄도 안다. 규칙을 준수하고 예의바르지만 상황에 따라서는 규칙보다 더 중요한 가치를 위해 융통성을 발휘한다."

3. 통계청 2015년 자료에 따르면 취업준비생 63만 3,000명 중 22만 명(34.9%)이 일반직 공무원 준비생이라고 한다. 다음 글을 읽고 공시생 과잉현상의 원인과 해결방안을 중심으로 자신의 생각을 정리하시오.

> 도대체 재수 · 삼수는 기본에, 십수까지도 한다는 공무원시험준비생(공시생)의 과잉현상을 무엇으로 설명이 가능한가. 아까운 청춘에 세상과의 연을 끊고, 학원과 고시원의 그 좁은 공간에서 수년간을 성공확률도 적은 공무원시험에 매달리는 이 병리현상은 꼭 치유되어야 한다. 실제로 공시생들의 우울증 및 자살생각위험률이 일반인들보다 3배 이상 높다고 한다. 공무원시험에 몰입하는 그 시간과 노력, 학원에 갖다 바치는 그 돈이면 더 멋진 미래를 더 높은 확률로 맞이할 기회가 있다고 생각한다. 공시실패는 좌절감밖에 남는 게 없지만, 공시 아닌 다른 도전은 최악의 경우 실패하더라도 경험과 추억은 남는다. 저자 개인적 생각으로는 공직의 안정성이 가져다주는 진부화와 무료함의 위험도 생각해야 한다. 안정 못지않게 소중한 것은 도전과 알참, 그리고 설렘이다. 공직은 일부 보직을 제외하고 이 세 가지가 부족하다는 느낌이다. 한 가지만 더, 삶은 각본대로 전개되지 않는다.

사례연구 [1]

한국과 중국 · 일본은 지정학적으로나 역사적으로 뗄래야 뗄 수 없는 애증(愛憎)의 관계를 유지해 오고 있다. 역사적으로 중국의 수도와 지리적으로 근접한 한국이 막강한 국력을 지닌 그들에게 흡수 · 통합되지 않고 독립된 국가와 민족으로 남을 수 있었다는 사실은 정말 놀랍다. 일본은 한국이 방패막이 역할을 하고 바다가 천혜(天惠)의 군사적 방어기지 역할을 한 덕에 독립국가로서의 지위를 유지할 수 있었는지도 모른다.

한국의 지식인은 오랜 동안 중국어를 배우기 위해 노력했다. 근 · 현대에는 일본어를 배우고, 영어를 배우느라 많은 에너지를 소진했다. 최근에는 영어와 더불어 다시 중국어를 습득해야 하는 이중고(二重苦)를 겪고 있다. 그래도 참 대단한 민족이다. 자신감과 '하면 된다'는 저돌성은 짱이다. 중국과 일본을 얕잡아보는 민족은 한국밖에 없다고 한다.

문화적 차이에 대한 긴장된 반응에 대해서 라즈브 나랑과 데비카 드바이어Rajiv Narang & Devica Devaiah(2000)의 연구결과에 따르면, 문화적 배경이 다양한 팀이 식민지였던 국가에서 근무할 경우 의사소통의 오류가 발생할 가능성이 크다고 한다. 반제국주의적 태도나 반식민적인 반작용이 나타난다는 것이다. 글로벌 이슈를 다루면서 한 번쯤 유념해 보아야 할 연구결과가 아닌가 하는 생각이 든다.

한국 · 중국 · 일본 3개국의 국가경쟁력 비교

국가	인구(2015)	국토면적(2013)	GDP(2014)	국방비(2014)
한국	51백만	97,470km²	14,104억US$	344억US$
중국	1,402백만(27.5)	9,424,700km²(96.7)	103,548억US$(7.3)	1,294억US$(3.8)
일본	127백만(2.5)	364,560km²(3.7)	46,015억US$(3.3)	477억US$(1.4)

*주: ( )는 한국 기준 중국 · 일본의 항목별 상대적 규모

1. 한국 · 중국 · 일본의 역사적 사건을 비교 · 탐색해 봄으로써 세 국가 간의 역사적 애증관계에 대해 살펴보고, 이들 3국의 문화적 특성을 비교분석하시오.
2. 한국 · 중국 · 일본의 리더십스타일은 어떤 차이를 보일지에 대한 의견을 제시하시오.
3. 앞으로 한국 · 중국 · 일본을 둘러싼 동북아 정세는 어떻게 전개될 것인지에 대한 생각을 해 보시오. 한국인, 어떻게 살아야 할까요?

사례연구 [2]

프랑스 파리지사로 주재원 발령이 난 김용미 파트장은 현지적응에 대한 불안으로 걱정이 많다. 준비기간이 좀 남아있어 김 파트장은 다양한 루트를 통해 현지적응능력을 기르고 있다. 김 파트장은 먼저 해외주재원 경험이 있는 옛 동료를 찾아가 이야기를 나누었다. 동료는 자신이 저지른 온갖 실수를 들려주었다. 나라마다 다른 문화를 가지고 있고, 문화차이를 인정하는 것이 정말 중요하다는 것을 알게 되었다. 다음으로 인터넷에서 프랑스 역사 · 문화 · 소설책을 주문했다. 또한 온라인 방송과 신문을 보며 국제뉴스와 비즈니스 기사를 요약하여 보고 있다. 또, 프랑스어 MP3파일을 구해 직장과 집을 오가며 차에서 듣고 있다. 집중해서 들을 수는 없지만 꾸준하게 반복해서 듣다보니 구문과 강세, 리듬이 익숙해지면서 내용도 조금씩 귀에 들리기 시작했다. 그리고 국내에 주재원으로 와있는 프랑스 동료들에게 도움을 청하기도 했다. 그들은 "프랑스인들은 지적 능력, 전문지식과 고상한 것을 중시한다."라고 했다. 프랑스인과 일을 할 때 주의할 점에 대해서도 알려주었다. 페이스북을 통해 프랑스 사람들과 연락을 주고받다가, 이메일로 더욱 많은 이야기를 공유하게 되었다. 이번 여름휴가에는 그들이 프랑스로 초대해서 그 곳에서 지낼 계획이다.

스무 살의 대학생 김주비는 홍콩에서 열린 '스타벅스 아시아태평양 리더십 콘퍼런스'에서 가장 나이 어린 연사였다. 발표가 끝나자 참석자 600여 명은 일제히 기립 박수를 보냈다. 스타벅스는 예비 대학생 중 경제적 여건이 좋지 않지만 성장가능성이 큰 청년을 선발해 4년 동안 연간 500만 원의 장학금을 지원한다. 그녀는 지난해 영어영문학과에 합격했지만 등록금 때문에 걱정이 많았다. 그때 '스타벅스 청년인재 1기 선발' 소식을 듣게 됐고, 80 대 1의 경쟁률을 뚫고 합격했다. 지난 겨울방학에는 스타벅스 홍보사회공헌팀에서 인턴으로 일하기도 했다. 그녀의 적극적인 모습을 높이 산 스타벅스는 아시아태평양 리더십 콘퍼런스에 그녀를 초대했다. 그녀는 "1년간의 활동 중 가장 의미 있었던 것은 초등학교 학생들의 체험학습을 돕고 멘토가 된 것이었다. 꿈을 찾지 못하는 친구를 위해 도움이 될 수 있었다는 게 행복하다."며 활짝 웃었다.

1. 위의 두 사례를 읽고 글로벌 리더로 성장 · 발전하기 위한 다양한 방법에 대해 탐색해 보시오.
2. 글로벌 역량과 관련된 자신의 경험(해외연수 · 여행, 국제교환학생 등)을 공유하시오.
3. 무역협회, KOTRA, KOICA, 동아일보 청년드림 챌린지 등 글로벌 리더십 역량 개발을 지원하는 기관이나 프로그램에 대한 정보를 탐색하고, 그 결과를 팀원들과 공유하시오.

자기인식과 성찰

각 문항의 주어를 '우리사회'로 한 후, 그에 대한 자신의 생각을 체크하시오. 1은 '전혀 아니다'이고 7은 '정말 그렇다'를 나타낸다.

* 우리사회에서는…

1.	새로운 것에 도전하기보다는 질서와 일관성이 강조된다.	1 2 3 4 5 6 7
2.	시민들이 각자 자신들이 해야 할 일을 잘 알고 있다.	1 2 3 4 5 6 7
3.	리더(지도자)의 말에 이의 없이 순종한다.	1 2 3 4 5 6 7
4.	권력이 상위계층에 집중되어 있다.	1 2 3 4 5 6 7
5.	개인의 이익이 손해를 보더라도 조직(집단)에 충성하기를 장려한다.	1 2 3 4 5 6 7
6.	경제시스템은 집단의 이익이 최대화되도록 되어 있다.	1 2 3 4 5 6 7
7.	자녀들은 부모의 개인적 성취(업적)를 자랑한다.	1 2 3 4 5 6 7
8.	부모들은 자녀들의 개인적 성취(업적)를 자랑한다.	1 2 3 4 5 6 7
9.	고등교육의 기회에 있어서 성에 따른 차별이 없다.	1 2 3 4 5 6 7
10.	고위직에 임명되는 데 있어 성에 따른 차별이 없다.	1 2 3 4 5 6 7
11.	일반적으로 사람들은 자기주장이 강하다.	1 2 3 4 5 6 7
12.	일반적으로 사람들은 성격이 강(인)하다.	1 2 3 4 5 6 7
13.	현상을 유지하는 것보다는 미래를 준비하도록 장려한다.	1 2 3 4 5 6 7
14.	현실의 문제를 해결하는 것보다 미래를 위해 계획하는 것을 더 강조한다.	1 2 3 4 5 6 7
15.	학생들이 성적 향상을 위해 계속해서 노력하도록 독려한다.	1 2 3 4 5 6 7
16.	사람들이 자신들의 뛰어난 성과에 대해 보상을 받는다.	1 2 3 4 5 6 7
17.	사람들은 다른 사람에 대한 관심이 많다.	1 2 3 4 5 6 7
18.	사람들은 다른 사람들의 욕구에 대하여 민감하다.	1 2 3 4 5 6 7

자료 : House, R. J. et al.(2004).

집계표

문화 차원	불확실성 회피성		권력 집중성		사회제도적 집단주의		소속 집단주의		양성 평등성		자기 주장성		미래 지향성		성과 지향성		인간 지향성	
문항	1	2	3	4	5	6	7	8	9	10	11	12	13	14	15	16	17	18
응답																		
평균																		
GLOBE	4.16		5.17		4.25		5.13		3.37		4.14		3.85		4.10		4.09	

1. 각 문화차원별 평균점수는 GLOBE 연구결과에 비추어 어떻게 나타났는가?
2. 자신의 평가결과를 팀원들과 비교하시오.
3. 한국문화는 문화차원별로 GLOBE 평균에 비해 어떤 특성을 가지고 있는가?

저자 특강 11

글로벌 경제의 G형 인재

시대에 따라 인재상도 변한다. 산업사회에서는 I형 인재가 대세였다. I형 인재는 특정 분야에 대한 지식 · 기술 · 경험 · 노하우를 바탕으로 담당 직무에 대해 전문가적 자질을 발휘하는 인재이다. 대한민국 명장 등 숙련기술자를 비롯하여 의사, 변호사, 회계사와 같은 분야별 전문가가 대표적인 I형 인재이다. 이른바 한 우물만 파는 전문가(specialist)를 말한다.

경영환경이 지식기반사회로 이행됨에 따라 인재상도 I형 인재에서 T형 인재로 변하였다. T형 인재는 특정 분야의 전문가적 자질(I형)은 물론 인접 분야에 대한 지식과 경험, 그리고 인문 · 사회학적 소양(ㅡ형)을 겸비한 인재(T형)를 말한다. 이석우 전 카카오 대표는 21세기 인재상으로 '르네상스형 인재'를 들었다. 르네상스형 인재는 어느 한 분야에 대한 전문성뿐 아니라 다양한 방면의 지식을 융 · 복합해 성과를 내는 사람이다. 화가이면서 의사 · 과학자였던 레오나르도 다빈치와 미술가이자 조각가 · 건축가 · 시인이었던 미켈란젤로가 바로 전형적인 융 · 복합형 인재이다. 대표적인 현대의 르네상스형 인재로는 애플의 스티브 잡스Steve Jobs를 꼽을 수 있다. 잡스는 고등학생 시절 휴렛패커드(HP)에서 인턴을 하면서 컴퓨터에 대한 지식을 쌓은 뒤 리드대 철학과에 입학하여 인문학적 소양도 길렀다. 대학 중퇴 이후에는 서체학 강의를 청강하면서 디자인에 대한 안목도 넓혔다. 이 모든 경험들이 융합된 덕분에 전 세계인의 사랑을 받는 아이팟, 아이폰 등의 제품이 탄생할 수 있었다. 르네상스형 인재는 안정보다는 변화를 추구하며 다양성과 새로움에 가치를 둔다. 르네상스형 인재는 바로 T형 인재를 말한다.

최근의 경영환경은 ICT(Information & Communication Technology)를 기반으로 한 네트워크 사회, 초복잡성(super complexity) 사회로 이행되었다. 네트워크로 연결된 고도의 복잡계 경영환경(다양성 · 급변성 · 분절성)에서는 G형 인재가 필요하다. G형 인재는 T형 인재의 자질과 함께 소통(Communication) 능력을 갖춘 인재를 말한다. G형 인재는 사회적 소통능력을 바탕으로 조직 내 · 외의 다양한 T형 인재들과 교류 · 협력하여 시너지(synergy) 효과를 창출한다. 이외에 C의 의미를 달리하여 G형 인재를 다양하게 정의할 수 있다. 먼저 대화(Conversation) 능력을 들 수 있다. 외국어 능력을 갖춘 T형 인재는 다양한 국가의 T형 인재들과 교류함으로써 문화적 다양성을 경험할 뿐 아니라 높아진 정보접근성을 바탕으로 지식의 범위와 깊이를 확장해 나간다.

C를 연결(Connection) 능력이라 할 수도 있다. G형 인재는 다양한 분야의 T형 인재를 연결하는 네트워크상의 허브(Hub) 역할(중심축, 많은 사람들과 활발한 관계를 유지하여 자전거 바퀴의 중심부처럼 관계·정보가 집중)을 통해 지식생태계를 번성시키고 새로운 비즈니스 모델을 창출한다. T형 인재풀(pool)을 만들고, 연결된 다수의 힘을 바탕으로 보다 의미 있는 일을 수행한다.

C를 공헌(Contribution)의지라 할 수 있다. G형 인재는 공동체에 대한 사회적 책임을 중요하게 인식한다. G형 인재는 T형 자질을 자신과 가족의 안위를 책임지는 범위에 국한하지 않고 조직과 사회, 더 나아가 인류의 번성에 공헌하고자 한다. 시대적 가치와 대의(大義)를 위해 자신을 희생한다. 공동체를 위해 기부·봉사하고 헌신한다. 자신을 태워 세상을 밝게 빛내는 불꽃같은 삶. G형 인재는 삶의 가치를 추구한다.

C를 도전(Challenge)정신이라 할 수 있다. G형 인재는 거안사위(居安思危, 평안할 때 위기를 생각하여 대비함)의 자세로 현실에 안주하지 않고 더 멋진 미래를 설계한다. 새로운 도전과제를 설정하여 성취해 나감으로써 자신의 삶을 다양한 색깔로 장식해 나간다. G형 인재는 공간의 개념이 희박해진 글로벌 공동체시대에 요구되는 글로벌(Global) 인재를 말한다. 국내 주요 기업의 인재상을 보면 다음과 같다.

국내 주요 기업의 인재상

	도전 혁신	협력 소통	도덕성 인간성	전문성 학습	창의	고객 지향	책임감 헌신	열정	글로벌 지향	실행력	개방성
삼성그룹	●		●	●	●			●			
현대자동차	●	●		●		●			●		
LG	●	●	●		●	●					
SK그룹	●						●	●		●	
포스코					●				●	●	
한화	●		●				●				
한국전력공사	●	●			●						
KT	●	●		●							
국민은행	●					●	●				●
농협	●	●	●	●		●					
계	9	5	4	4	4	4	3	2	2	2	1

Chapter 12

프로페셔널 리더십

01 팔로워십
02 슈퍼리더십
03 셀프리더십

[저자 특강 12]
두부, 그리고 자유의지

누군가의 길이 되는 빛나는 별

미리보기

1953년 어느 봄 날. 불문과 학생이었던 그는 일본어 책 한 권을 집어 들었다. 사르트르의 '존재와 무'에 담긴 실존주의를 해설한 책이었다. 식민지와 전쟁이라는 부조리에 분노를 느끼던 그는 생의 부조리를 철학적으로 풀어내는 사르트르의 논리에 소름이 끼쳤다. 지적 여정은 그때 시작되었다.

이화여대 교수를 하던 1961년. 그는 교수직을 던졌다. 번역해서 번 돈으로 마련한 방 두 칸짜리 단독주택도 팔았다. 자신이 모시던 노모는 형님 댁에 모셨다. 어머니의 눈물을 뒤로 하고 김포공항을 떠나 홍콩에 도착했다. 그곳에서 프랑스 여객선에 올랐다. 프랑스 마르세유까지 가는 한 달간의 뱃길을 그는 '지적 출가'라고 말했다. 그의 이후 여정은 서구 철학자들에 대한 지적 열등감을 극복하고 자신만의 철학을 일구는 과정이었다.

미국 보스턴 시먼스 대학에서 교수를 했다. 그의 경험담. "처음엔 강의실에 들어가려면 무릎이 후들거렸어요. 서툰 영어로, 완전히 이해하지 못한 철학을 가르쳐야 했으니까요. 가르치면서 내가 얼마나 무식한지, 내 교양이 얼마나 박약한지 알게 됐어요." 그가 택한 건 무모할 정도의 정공법이었다. "새 학기마다 일부러 새로운 과목을 개설해 가르쳤지요. 1년에 다섯 과목씩 가르쳤어요. 스스로 공부를 하지 않으면 안 되는 상황으로 나 자신을 몰아간 것이지요. 노장사상과 같은 동양철학, 힌두교와 종교철학, 과학철학 등 철학의 모든 분야를 강의했지요. 그때의 공부를 바탕으로 지금 스테디셀러가 된 책들을 썼어요. 그 시기를 지나니 세계적인 석학 누구를 만나도 주눅이 들지 않았어요."

박이문(朴異汶). 그의 목소리는 나직하고 어눌하다. 대가(大家)를 만든다는 1만 시간의 법칙을 훌쩍 뛰어 넘어 4만 시간, 5만 시간을 진리의 문제에 천착해 온 그와의 대화. "어떻게 살아야 합니까?" "우리는 누구나 한 번밖에 못 삽니다. 남들의 삶을 반복해서 살아서는 안 됩니다. 그건 자신의 삶이 아니죠. 인생이란 결국 살아 있는 동안 내가 하는 구체적인 행동의 총합입니다. 마지막 순간까지 어떤 사람이 될 것인지 누구도 말할 수 없습니다."

"인생 살아가는 것을 소설 쓰기에 비유하셨죠." "우리 각자는 오직 나만이, 내가 죽는 날 끝을 내야 하는 소설의 책임자입니다. 어떤 이야기를 써서 어떻게 끝을 맺을까 하는 문제는 각자 자신의 결단에 따라 어떤 주제를 선택해서 실천에 옮기느냐에 달려 있는 거지요. 내 인생의 창작자로서 각자 '나'를 긴장하게 만들어야 합니다. 그래야만 창작자로서 자부심을 체험할 수 있습니다."

"젊은이들이 왜 이렇게 멘토를 갈망하는 걸까요?" "우리 젊은이들이 자신만의 생각으로 어떤 길을 가는 것을 두려워하는 게 아닌가 싶어요. 주체적이고 독립적인 삶에는 크든 작든 실패가 따를 수밖에 없어요. 주체적으로 살려면 용기가 있어야 합니다. 답은 외부가 아니라 내 안에 있어요."

다시 옛날 얘기. 생활의 모든 것을 최소화했다. 1982년. 그와 결혼한 유영숙씨는 처음 보스턴 집을 찾았을 때의 풍경을 잊을 수가 없다. "사람이 정말 꼭 필요한 것만 갖고 살 수 있다는 것을 처음 알았어요. '기역(ㄱ)'자 책장, 주방엔 접시 몇 개, 거실엔 흑백TV가 전부였죠." 그 해 박이문의 오른쪽 눈이 '사실상 실명' 진단을 받았다. 쉰둘일 때였다. 한쪽 눈만으로 불어와 영어, 한국어로 된 텍스트를 읽고 쓰기를 한 것이 지금까지 30년. "글쎄, 사르트르도 눈을 잃었었지. 시몬 보부아르가 곁에서 그를 대신해 읽고 써줬지요."

부인 유영숙씨는 "그 뒤로도 남편은 매일 초인적으로 읽고 썼어요. 한 번 책을 잡고 앉으면 3~4시간 미동도 하지 않아요."라고 전한다. 그는 배움에 체면을 따지지 않는 겸손함과 맞닿아 있다. 대학에서 교수를 할 때도 하버드나 다른 교수의 강의를 청강했다. 그의 본명은 인희(仁熙)로 이문은 필명이다. 작명 사연. "뛰어난 글쟁이가 되겠다는 생각에 문(文)자를 넣은 필명을 짓고 싶었다. 독창적이라는 의미에서 이(異)자를 쓰기로 했는데, 한 지인이 이문(異文)은 너무 노골적이니 '문'자에 삼수변을 붙여 조금 완화하자고 했다." 박이문은 철학자이자 시인이다. 서울대 대학원을 나와 프랑스 소르본 대학에서 불문학 박사를 했고, 미국 남캘리포니아대학에서 철학박사를 했다. 미국과 한국에서 43년간 철학을 가르쳤다. 철학과 문학 분야에서 100권이 넘는 저서를 펴냈다.

삶을 스스로 디자인해 가는 사람들의 모습은 아름답다. 그들은 한 번뿐인 삶에서 자신의 존재가치를 인식하고 그것을 실현하기 위해 현실적인 상황에 안주하지 않고 끊임없는 담금질로 자신의 삶을 조각해 간다. 박이문 교수는 이름까지 바꿔가면서, 자기 삶의 예술작품을 완성하였다.

이번 장에서 우리는 리더십의 연구초점이 리더에서 추종자로 옮겨진 이론들에 대해 학습할 것이다. 팔로워의 유형과 유형별 특성에 대해서 연구한다. 그리고 슈퍼리더십과 셀프리더십의 개념과 실행전략에 대해 탐구할 것이다. 슈퍼리더는 구성원이 홀로 설 수 있도록 육성하는 리더를 말한다. 셀프리더는 스스로 홀로 서는 구성원을 말한다. 셀프리더십 STAR 모형은 심층 연구할 것이다.

연구 질문

1. 제11장에서 무엇을 느끼고 깨달았는가?
2. 팔로워 유형 판단을 위한 두 가지 요인과 행동은 무엇인가?
3. 팔로워 유형별 특성과 행동은 무엇인가?
4. 슈퍼리더십의 개념과 실천전략은 무엇인가?
5. 셀프리더십의 개념과 실행전략은 무엇인가?
6. 셀프리더십 STAR 모형의 단계별 내용은 무엇인가?

"남을 따르는 법을 알지 못하는 사람은 좋은 지도자가 될 수 없다."라는 아리스토텔레스(Aristoteles, BC 384~BC 322)의 말처럼 좋은 팔로워가 된다는 것은 좋은 리더가 되기 위한 선행조건이다. 리더(상사)의 입장이 되어 그(녀)의 관점에서 생각하고, 행동하는 팔로워가 리더에게 도움이 된다.

01 팔로워십

켈리(Kelly, 1992)에 의해 제기된 팔로워십(Followership)은 최근 들어 많은 학자들과 실무자들의 관심을 끌고 있다. 사실 조직에는 팔로워들의 숫자가 리더와 비교가 안 될 만큼 많고, 조직의 성과에 기여하는 바에 있어서도 전체 성과의 80% 이상이 되므로 리더십보다는 팔로워십을 더 연구해야 한다는 것이 켈리의 주장이다.

켈리는 팔로워의 특성을 구분하는 두 가지 기준을 제시했다. 첫 번째 기준은 팔로워의 '사고(思考)'요인으로 구성원이 '독립 · 비판적인 사고(independent, critical thinking)를 하느냐, 의존 · 무비판적인 사고를 하느냐'를 말한다. 두 번째 기준은 팔로워의 '행동'요인으로 구성원이 일에 '적극적(active)으로 참여하는가, 수동적(passive)으로 참여하는가'를 말한다. 그는 '사고'와 '행동'의 두 가지 기준을 토대로 4가지 팔로워 유형을 구분하고, 이 두 가지의 속성이 뚜렷하지 않은 중간 유형의 사람들을 별도로 구분하여 모두 5가지의 팔로워 유형을 제시하였다. 이를 그림으로 나타내면 〈그림 12-1〉과 같다.

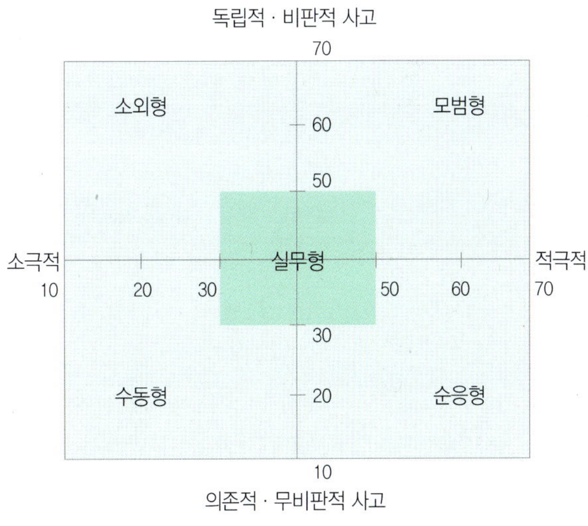

자료 : Kelly, R. E.(1992), 97.

그림 12-1 팔로워의 유형

켈리가 제시한 팔로워의 두 가지 사고와 행동 요인을 실무적 관점에서 구체적으로 설명하면 〈표 12-1〉과 같다.

표 12-1 팔로워의 사고와 행동

독립적 · 비판적 사고	적극적(참여적) 행동
현장의 이슈 · 문제에 대해 상세히 파악한다(5W1H 데이터 유지).	주인의식(ownership)을 가지고 의사결정 과정에 적극적으로 참여한다.
이슈 · 문제의 원인분석과 해결을 위한 새로운 아이디어를 제시한다.	이슈 · 문제해결을 위한 실행과정에 주도적으로 참여한다.
다양한 소통 채널을 통해 자신의 의견을 표명한다. 아이디어를 공유하고 건설적 비판을 한다.	목표는 꼭 달성한다. 한 번 시작한 일은 끝을 본다.

팔로워의 유형별 특성과 행동을 정리하면 〈표 12-2〉와 같다.

표 12-2 팔로워 유형별 특성과 행동

유형	특성과 행동	
모범형 (effective follower)	• 조직의 미션과 비전 · 목표를 이해 • 조직성과에 기여 • 리더의 부족한 측면을 보강 • 가치 · 목표에 어긋나는 리더의 결정에 건설적 비판(리더와 협력관계 유지)	• 조직목표와 개인목표 일치(정렬) • 적극적 참여와 자발적 협력 • 새로운 도전 • 아이디어뱅크로 새로운 관점 제시 • 솔선수범(star형)
실무형 (pragma-tists)	• 실패에 따른 후회보다는 안전을 선택 • 사고와 행동에 있어 중간 성향 • 모험 · 갈등 · 대립 회피	• 성실하나 창의성 부족 • 실패 · 실수에 대한 변명 • 적당주의 · 생존형(survivors)
순응형 (adaptive follower)	• 리더의 판단과 지시에 순응 • 적극성 · 헌신 • 담대함(배포) 부족	• 리더와 사적 친밀관계 유지(학연 · 지연) • 부정적 정보 차단 • 리더가 듣기 좋은 말만 전달(Yes-man)
소외형 (alienated follower)	• 비판만 하고, 제안과 실행 부재 • 무조건적 비판, 불만스런 침묵 • 행동의 적극성 부족	• 유능함 · 자신감 · 자존감 • 냉소적 • 피해의식
수동형 (passive follower)	• 리더의 판단과 지시가 있어야 행동 • 생각 · 참여 모두 부족 • 주어지는 일만 소극적으로 수행	• 책임감 결여, 방관자적 입장 • 조직에 있는 듯 없는 듯 • 비효율적

토의 12-1

〈표 12-2〉를 통해 팔로워 유형에 대한 이해를 한 후, 다음 각 질문에 답하시오. 그 결과를 팀원과 토의하시오.

1 자신의 팔로워 유형은 어떻게 변화하였는가? 그리고 그 이유는 무엇인가?

☞ 과거 (　　　)형에서 현재 (　　　)으로 변하였다. 그 이유는 … 이다.

2 어떤 유형의 팔로워가 조직에서 오랫동안 살아남는다고 생각하는가? 그 이유는 무엇인가?

3 조직에서 사람들이 다음 각각의 팔로워 유형으로 변화하는 이유는 무엇이라고 생각하는가? 그리고 각 유형의 사람들이 모범형 팔로워가 되기 위해 개발해야 할 특성과 행동은 무엇이라고 생각하는가?

유형	이유	개발해야 할 특성과 행동
실무형		
순응형		
소외형		
수동형		

02 슈퍼리더십

슈퍼리더십(super leadership)은 구성원들이 스스로 자신들을 리드해 갈 수 있도록 만드는 리더십이다. 즉, 슈퍼리더십은 종업원들이 셀프리더가 되도록 육성하는 과정을 말한다. 슈퍼리더십의 기본 개념은 물고기를 주는 것이 아니라, 고기 잡는 방법을 가르쳐 주는 것이다. 여기서 수퍼(super)란 말은 리더 자신뿐만 아니라 다른 사람들의 잠재능력과 최선의 노력을 끌어내는 것을 가리키는 말이다. 슈퍼리더는 미래의 리더를 양성한다. 맨즈와 심스(Manz & Sims, 1989)는 슈퍼리더에 이르는 7단계를 〈표 12-3〉과 같이 제시하였다.

표 12-3 슈퍼리더가 되는 7단계

1. 스스로 셀프리더가 된다.
2. 셀프리더십의 모범을 보인다.
3. 스스로 목표를 설정하도록 촉진한다.
4. 긍정적 사고패턴을 창안한다.
5. 보상과 건설적 비판을 통하여 셀프리더를 육성한다.
6. 팀워크를 통하여 셀프리더십을 촉진한다.
7. 셀프리더십 문화를 조성한다.

슈퍼리더십은 역할모델링, 지도에 의한 참가, 내적 보상의 활용, 그리고 실행전략을 통해 이뤄진다.

역할 모델링

역할 모델링(role modeling)은 구성원의 역할모델이 되는 것이다. 구성원들에게 셀프리더십의 개념과 과정, 행동을 솔선수범을 통해 보여주는 것이다.

지도에 의한 참가

지도에 의한 참가(guided participation)는 코칭과 피드백, 학습지원 등을 통해 구성원의 역량을 개발하는 것이다. 이 단계에서 슈퍼리더는 솔루션을 제시하기보다는 질문을 통해 스스로 답을 찾도록 지적 자극을 주는 것이 중요하다.

내적 보상의 활용

내적 보상은 즐거운 작업환경, 흥미롭고 도전적인 과업수행에 따른 유능감, 자기 통제감, 책임감 등을 통해 스스로 성장 · 발전하고 있다는 느낌을 갖도록 하는 것이다.

슈퍼리더십의 실행전략

❶ 파트너십

슈퍼리더는 권위에 의한 상의하달식(top-down) 관계를 청산하고 구성원과 파트너십을 이루는 것은 상호작용을 촉진할 뿐 아니라, 리더와 구성원 모두의 성과증진에 긍정적 영향을 미친다.

❷ 구성원에게 요청하기

슈퍼리더는 부하 직원에게 배우는 것을 주저하지 않는다. 그들이 잘 알고 있는 사항, 잘 하는 것에 대해 질문을 한다. 리더가 모든 것을 다 알 수는 없다. 자리가 높아질수록 현장에서 멀어지기 때문에 이는 당연한 현상이다. 만일 리더가 자신의 약점이나 부족한 점에 대해 오픈(open)하고 그들에게 도움을 요청한다면 그들은 리더의 요구사항에 집중할 수 있고 실질적인 방법을 찾아내 실행으로 옮길 것이다.

❸ 예스맨을 경계

슈퍼리더는 이슈에 대한 다양한 관점과 생각을 촉진한다. 리더는 집단사고의 위험성을 늘 경계하고 문제에 대한 다양한 가능성과 의견을 수용하는 열린 마음을 유지한다. 리더는 듣기 좋은 말만 하고, 부정적 정보는 차단하는 왜곡된 정보흐름을 경계해야 한다. 소통이 불통(不通)인 리더는 결국 실패한다.

❹ 자유로운 소통환경 조성

리더는 자신의 생각과 의견을 구성원들에게 솔직하게 표현하고, 구성원들도 그들의 생각과 의견을 자유롭게 표현할 수 있도록 환경을 조성해야 한다. 리더의 의견에 반대되는 의견이나 부정적 내용이라도 이야기할 수 있는 분위기를 만드는 것이 중요하다.

❺ 핵심가치 공유

슈퍼리더는 조직의 핵심가치를 구성원들에게 지속적으로 공유하고 그들이 일상의 업무에서 핵심가치(윤리 · 규칙 · 기준 등)를 준수하도록 장려한다. 조직의 목표와 행동을 정렬(align)하도록 노력한다.

❻ 정보공유

슈퍼리더는 구성원들과 중요 정보를 공유한다. 이렇게 하면 구성원들도 현장의 정보를 리더와 공유하게 된다. 한 연구결과에 따르면 정보공유에 대한 만족, 특히 경영정보 공유에 대한 만족도는 구성원의 조직몰입도를 높이는 결정적 요소로 나타났다. 미국의 자동차 부품 공급업체 델파이(Delphi)는 파산 직전의 경영상황과 구조조정에 대한 내부정보를 직원들과 공유함으로써 위기를 극복할 수 있었다.

❼ 실패학습 장려

슈퍼리더는 구성원들의 실패에 대해 질책하지 않고, 그들이 실패를 통해 학습하고 계속 도전할 수 있도록 용기를 준다. 아이디어 창출과 실행을 가로막는 가장 큰 장애는 실패에 대한 두려움이다. 일반적으로 도전하고 위험을 감수하는 사람이 안전지향적인 사람보다 비난받을 가능성이 높다. 따라서 실패에 대한 불이익 없이 위험을 감수할 수 있도록 조직 차원의 지원시스템을 구축하는 것이 필요하다. 일본의 자동차 회사인 니덱(Nidec)은 종업원들의 사기를 떨어뜨리는 마이너스 시스템 대신에 새로운 도전을 촉진하기 위해 플러스 시스템을 적용했다.

❽ 아이디어 실행 지원제도

아이디어가 아이디어 단계에서 끝나지 않기 위해서는 아이디어 개발 지원시스템이 제도적으로 보장되어야 한다. 구글(Google)에서는 일주일에 하루는 자신의 업무와 관련은 없지만 관심 있는 주제에 대해 자유롭게 연구할 수 있는 시간을 준다. 이를 통해 만일 믿을 만한 아이디어가 제시되면 직급이 낮은 일반직원도 프로젝트 리더의 역할을 할 수 있다.

토의 12-2

다음 각 질문에 대한 자신의 생각을 정리하고, 그 결과를 팀원과 토의하시오.

1. 슈퍼리더십은 어떤 리더십이론과 유사하다고 생각하는가?
2. 구성원들을 셀프리더로 육성한 사례를 제시하시오.
3. 구성원들을 셀프리더로 육성하기 위한 구체적인 실행방법은 무엇인가?

03 셀프리더십

셀프리더십(self-leadership)은 리더가 구성원에게 영향력을 행사하는 거래적 관점의 전통적 리더십과 달리 리더십을 자기 스스로에게 영향력을 행사하는 과정(Manz, 1986)으로 인식하며, 자기성찰을 중요시한다. 셀프리더십은 1980년대 이후 급격한 경영환경 및 구성원의 가치관 변화 등에 따라 맨즈와 심스(Manz, & Sims, 1980)가 커와 제르미어(Kerr, & Jermier, 1978)의 리더십 대체요인 이론에 근거하여 제시한 리더십 이론이다.

셀프리더십은 구성원의 가치관, 정서, 윤리, 행동규범 등의 변화를 통해 조직과 개인을 변혁시키고자 하는 변혁적 리더십과도 맥락을 같이 한다. 즉, 셀프리더십은 고차원적 욕구를 스스로 자극함으로써 자기 자신에게 영향력을 행사하는 과정을 말한다. 셀프리더십은 리더십의 주체와 대상이 일치하는 이론으로, 자기 자신에게 초점을 맞춘(focused on oneself) 리더십이다.

셀프리더십에 대한 다양한 정의를 살펴보면 다음과 같다. 맨즈와 심스(1980)는 셀프리더십을 '성공적 과업수행에 필요한 자기지시(self-direction)와 자기동기부여(self-motivation)를 향상시키기 위하여 스스로에게 영향력을 행사하는 과정'이라고 하였다. 스튜워트 등(Stewart et al., 1996)은 "셀프리더십은 개인 스스로가 자신을 관리하는 것으로 자기관찰, 목표설정, 자기강화, 자연적 보상, 건설적 사고 등의 개념을 포함한다."라고 하였다. 피어스와 맨즈(Pearce & Manz, 2004)는 '셀프리더십은 자기관리를 포함하는 개념으로, 스스로 자신을 리드하기 위해 자율과 책임을 가지고 행동하는 독특한 태도'라고 정의하였다.

1. 셀프리더십 실행전략

셀프리더십은 행동지향전략과 인지전략을 통해 발휘할 수 있다.

(1) 행동지향전략

행동지향전략은 자기인식(self-awareness)의 수준을 높여 스스로 영향력을 확대하는 것으로, 자기관찰, 자기비판, 자기설정목표, 리허설, 단서에 의한 관리, 그리고 자기보상을 통해 이뤄진다.

☑ 자기관찰

자기관찰(self-observation)은 변화가 필요한 자신의 행동에 대한 정보를 관찰하고 수집 · 분석하는 것이다. 이를 통해 업무활동의 효율성을 평가하고, 무엇을, 어떻게 바꿔야 할지에 대한 단서를 발견한다.

☑ 자기비판

자기비판(self-punishment)은 바람직하지 못한 행동을 했을 때 스스로 비판하거나 자기에게 벌칙을 가하는 것이다. 이를 통해 같은 실수를 반복하거나 습관적 실패에 빠지지 않도록 한다. 지나친 자기비판은 의욕을 저하시키므로 조심한다.

☑ 자기설정목표

자기설정목표(self-setting goal)는 자신의 업무목표와 일의 우선순위를 스스로 결정하고 실행하는 것이다. 목표는 도전적이고 달성가능하며, 구체적이어야 한다.

☑ 리허설

리허설(rehearsal)은 업무를 실행하기에 앞서 예행연습을 하는 것이다. 이를 통해 업무의 효과성을 높이고 장애를 발견하여 예방할 수 있다.

☑ 단서에 의한 관리

단서에 의한 관리(management of cue)는 목표달성과 업무수행에 도움이 될 만한 단서들을 업무현장에 배치하거나 유해환경을 제거하는 것이다. 예를 들어, 목표나 일정계획표를 부착하여 눈에 보이도록 관리하거나, 주변 환경을 깔끔하게 정리 · 정돈하는 것이다.

☑ 자기보상

자기보상(self-reward)은 바람직한 행동을 했을 때 자기에게 선물(가치 있는 보상)을 하는 것이다. 이를 통해 스스로 정서적 안정감과 의욕을 유지 · 강화할 수 있다.

(2) 인지전략

인지전략은 내재적 동기유발이론에 근거를 두고 있다. 내재적 동기유발이론은 사람들은 자신의 일이나 활동을 통해 가치와 보람을 찾고 자기효능감(self efficacy, 자신의 일에 대한 자신감)과 자기결정력을 높이며, 이를 통해 스스로 내적 보상을 이끌어 낸다는 것이다(Deci & Ryan, 1985). 사람은 좋아하는 일이나 활동을 할 때, 그 자체만으로도 행복을 느끼고 만족해 한다는 것이다. 인지전략은 셀프리더십을 위한 바람직한 사고 형성과 관련되며, 자연적 보상전략과 건설적 사고패턴전략으로 구성된다.

☑ 자연적 보상전략

자연적 보상전략은 업무를 통해서 자연스럽게 얻을 수 있는 보상의 활용과 관계된다. 이는 자신의 업무를 즐기고, 그 자체를 통해 동기유발하는 것을 의미한다. 이는 업무 재설계와 업무환경 재설계로 이루어진다.

업무 재설계는 내적 보상수준을 높이기 위해 무슨 일을 어떻게 할 것인가를 자신이 재설계하는 것이다. 업무환경 재설계는 내적 보상을 높이기 위해 업무장소의 변화, 시간활용, 새로운 시스템 도입 등을 하는 것이다.

☑ 건설적 사고패턴전략

건설적 사고패턴전략은 바람직한 방향으로 사고패턴과 습관을 바꾸어 성과에 긍정적인 영향을 주는 전략을 말한다. 사고패턴을 바꾸기 위해 네 가지 전략이 사용되는데 자기분석, 역기능적 신념과 가정의 수정, 긍정적 상상체험, 그리고 자신과의 대화 등이 그것이다. 셀프리더십 실행전략을 정리하면 〈표 12-4〉와 같다.

표 12-4 셀프리더십 실행전략

행동지향전략	인지전략
• 자기관찰 • 자기비판 • 자기설정 목표 • 리허설 • 단서에 의한 관리 • 자기보상	• 자연적 보상전략 - 업무 재설계 - 업무환경 재설계 • 건설적 사고패턴전략 - 자기분석 - 역기능적 신념과 가정의 수정 - 긍정적 상상체험 - 자신과의 대화

이와 같이 셀프리더십은 행동지향전략, 자연적 보상전략, 건설적 사고패턴전략으로 나누어지며 대다수 실증적 연구에서 셀프리더십의 세 가지 전략을 활용하는 개인들은 그렇지 않는 개인들에 비해 성과가 높은 것으로 나타났다(Houghton & Neck, 2002).

2. 누군가의 길이 되는 빛나는 별 되기

조직이 어느 누구도 평생을 보호해 주지 않는 시대이다. 셀프리더십은 이 시대의 모든 사람들이 직면한 '홀로서기' 이슈와 관련된 리더십연구이다. 홀로서기를 위한 셀프리더십 관점의 STAR 모형이 있다. 누군가의 길이 되기 위한 별(STAR)의 삶을 지향하는 모형이다. 이에 대해 자세히 살펴보자.

표 12-5 셀프리더십 STAR 모형

S	Self-talk (자기대화)	가끔 바쁜 일상에서 멈추어 자신과 대화한다. 이를 통해 변화의 필요성을 인식한다.
T	Targeting (미션 · 비전 · 목표 설정)	미션과 비전, 목표를 글로 써서 늘 마음에 새긴다.
A	Action (자기개발계획 수립 · 실행)	미래를 위한 자기개발계획을 수립하고, 꾸준히 실행한다.
R	Rewards (자기보상)	열심히 살아가는 자신에게 행복 이벤트를 선물한다.

☑ 자기대화

셀프리더십의 첫 단계는 바쁜 일상에서 벗어나 잠시 멈추고, 자기 자신과 대화하는 것(Self-talk)이다. 이를 통해 자신의 과거와 현재, 그리고 미래를 분석하고 규명함으로써 자기성찰을 하는 것이다. 이것은 셀프리더십 실행을 위한 디딤돌이 된다. 자기와의 대화주제는 상황에 따라 다르지만 자신의 삶과 연계된 본질적인 질문이면 좋겠다. 자신과의 대화주제 예로는 다음과 같은 것들이 있다.

- 내가 가장 자신 있게 할 수 있는 일은 무엇인가?
- 나의 인생에 영향을 주고 있는(준) 멘토(사람)는 누구인가?
- 올해 영감을 준 교육과 책은 무엇인가?

미션 · 비전 · 목표 설정

셀프리더십의 두 번째 단계는 삶의 방향성을 명확히 규정하는 것(Targeting)이다. 이는 "왜 사는지?", "무엇을 위해 사는지?"를 명확히 하는 것이다. 현재의 내가 상상할 수 있는 5년 후의 가장 멋진 하루를 적어보자. 내가 원하는 대로 일이 풀렸을 때 "5년 후 오늘, 나는 어디에서, 누구를 만나 무엇을 하고 있을까?" 만일 우리가 이 질문에 대한 답을 할 수 있다면 우리는 5년 후의 명확한 비전을 가지고 있는 것이다.

자기개발계획 수립 및 실행

셀프리더십의 세 번째 단계는 자기개발계획을 수립하고 이를 실행하는 것(Action)이다. 이 단계에서는 '중요하지만 긴급하지 않은 이슈'를 선정해서 꾸준하게 실행하는 것이 중요하다. '중요하지만 긴급하지 않은 이슈'는 우리의 미래 삶에 있어 매우 중요한 평생직업의 선택이나 인간관계, 건강관리, 자기개발 등과 관련된 이슈들이다. 가족 · 신앙 · 봉사 · 친구 등과 관련된 이슈도 그렇고 문학과 예술, 역사, 철학적 테마 또한 이와 관련성이 높다. 누군가는 세상을 바꿀 제품개발을 위해, 누군가는 역사 · 철학 · 문학을 통한 통찰을 얻기 위해 매일 일정 시간을 그저 맹목적으로 투자한다. 미래를 위한, 삶의 행복과 가치를 실현하기 위한 '기약 없는 투자'를 그저 하루하루 실천하는 사람들이 있다. 이런 기약 없는 노력의 기나긴 시간투자가 결국 미래모습을 가늠한다. 미래를 위해 똑같은 일을 매일 무의식적으로 반복하는 고정행동이 하나쯤은 있어야 한다. 우리의 일상에서 중요하지만 긴급하지 않은 일의 반복 실행이 최우선 순위가 되어야 한다. 이것이 일상에서의 셀프리더십(every day self leadership) 행동실천이다.

자기보상

셀프리더십의 마지막 단계는 열심히 살아가는 자신에게 행복이벤트를 선물하는 것(Rewards)이다. 평소 하고 싶은 일을 아무 조건도 달지 않고 그냥 실행하는 것, 이것이 행복하게 사는 데 필요하다. 읽고 싶은 책, 보고 싶은 영화, 가고 싶은 공연, 만나고 싶은 사람 등이 있으면 일단 메모해 놓자. 메모해 놓으면 언젠가 이룰 가능성이 높아진다. 내 삶을 빛나게 해주는 소소한 희망목록, 선물리스트를 메모하고 이루어가는 구체적 행복행동을 통해 우리는 더 나아질 수 있다.

토의 12-3

① [미리보기]에서 소개한 박이문 교수의 삶은 철학과 문학을 하는 사람은 물론, 많은 이들에게 하나의 '길이 되는 빛나는 별의 삶'이었다. 그의 삶을 셀프리더십 STAR 모형에 따라 분석해 보시오.

② 박이문 교수로부터 배우는 셀프리더십의 포인트는 무엇인가?

③ 셀프리더십을 실천하는 데 있어 가장 어려운 점은 무엇인가? 그리고 어떻게 하면 그런 어려움을 극복할 수 있을까? 이에 대한 자신의 생각을 정리하고 팀원과 토의하시오.

사례연구 [1]

유명한 팀장은 능력은 있지만 매우 독선적인 스타일이다. 그는 지시형의 일방적 소통으로 직원들과의 관계가 껄끄럽다. 대부분의 직원들은 뒤에서 매일 불평을 쏟아냈다. 그러나 김진수 대리는 다른 사람과 달리 주도적이었다. 그녀도 처음에는 유 팀장으로부터 하찮게 취급당하기는 마찬가지였다. 그러나 그녀는 팀장이 기대하는 것보다 더 많은 일을 해냈다. 우선 유 팀장이 필요한 것을 사전에 파악하고, 그가 우려하는 것에 대해 공감하며 팀장의 입장에서 생각해 보았다. 팀장에게 보고할 때는 데이터에 기반한 분석과 명확한 결론, 그리고 해결방안과 예상되는 리스크 중심으로 간결 · 명료하게 하였다. 그녀도 유 팀장의 결점을 모르는 것은 아니었지만 그것을 비난하는 대신 보완해 주었다. 그런데 얼마의 시간이 흐른 뒤부터 유 팀장의 행동에 변화가 생겼다. 다른 직원들에게는 여전히 '이래라, 저래라' 하는 식으로 예전과 같이 지시로 일관했지만, 김 대리에게 만은 예외였다. 그녀에게는 "김 대리의 의견은 어떤가?" 하고 웃는 얼굴로 부드럽게 질문하는 것이었다.

한편, 재미있는 여직원이 있다. 술 좋아하고 꾸미는 거 좋아하는 진이슬 대리이다. 그녀는 술만 먹으면 완전히 개가 된다. 그리고 다음 날에는 휴가를 낸다. 이런 일이 반복되어 면담을 하지만 그때뿐이다. 가관인건 동생뻘 되는 여직원들이 인사나 일을 제대로 하지 않으면 큰 소리로 "너, 제대로 하지 못해?"라며 윽박지른다(진 대리 사례는 교육워크숍 때 제출된 실제사례). 그 유명한 유 팀장도 난감해 한다.

① 김진수 대리는 무슨 유형의 팔로워인가?
② 김진수 대리는 앞으로 무엇을 조심하고, 대비(개발)하여야 할 것인가?
③ 유명한 팀장은 진이슬 대리를 어떻게 지도해야 하는가?

사례연구 [2]

다음은 리더십 교육 중에 실시한 워크숍의 결과를 토대로 바람직한 팔로워의 행동을 정리한 내용이다. 워크숍 주제는 "리더가 원하는 바람직한 팔로워의 특성과 행동"을 팀 토의를 통해 도출하는 것이었다.

상호이해. **상사의 목표와 관심사를 이해한다.**

- 기본적으로 상사를 존중하는 마음을 가진다. 상사의 성격, 가치관, 사고체계, 업무 스타일, 의사결정 방법, 일 처리기준, 관심사 등을 파악한다. 이를 위해 자주 대화한다.
- 평상시 상사와 현장상황이나 업무 진행상황에 대해 자주 대화를 하여 오해의 소지를 줄인다. 서로 다름의 차이를 인정한다.
- 주 1회 점심을 같이 하거나 운동, 취미활동 등을 같이 하며 업무 외적 교류를 늘린다. 경조사는 투자라 생각하고 꼭 챙긴다.
- 먼저 상사에게 접근한다. 상사와 친해질 수 있는 20가지 행동을 적은 후 실천해 본다.

업무태도. **긍정적 선택을 한다.**

- 불합리한 업무지시나 애매모호한(Gray zone) 업무라도 일단 긍정적으로 받아들인 후 대안을 제시하는 과정에서 디테일하게 상의하며 조정한다.
  예 : "안 됩니다. 현재 규정상으로는 불가능합니다."(X) : No, because ~
  "알겠습니다. 어렵지만 일단 가능한 방법을 찾아보겠습니다."(O) : Yes, & then ~
- 불분명한 지시사항이나 메시지는 질문을 하여 빨리 명료하게 한다. 이것이 어려울 경우 보고를 자주하면서 방향을 맞춰나간다.
- ABC 화법을 사용한다. 먼저 동의(agree)하고, 자신의 의견을 조심스럽게 제시(build)한 후 필요할 경우 구체적 사례를 들어 비교설명(compare)한다.
  예 : "네, 맞습니다. 저도 동의합니다. 그런데 추가적으로 oo부분은 oo하게 보완하면 좀 더 좋지 않을까 싶습니다. 좀 더 구체적으로 말씀 드리면 ~와 같습니다."

상사보좌. **상사의 입장에서 생각하고, 상사의 부족한 부분을 지원(support)한다.**

- 상사가 바쁠 경우 주간 Action item을 직접 정리하여 상사를 보좌한다. 상사의 상사까지 고려하여 이슈를 분석하고 일을 진행한다. 상사의 이슈와 연결된 이슈 top 3를 매일 update한다.
- 현장의 이슈와 문제점을 디테일하게 파악한다. 새로운 아이디어나 의사결정에 도움이 되는 정보를 미리 상사에게 제안하고, 팀원들과 공유한다.
- 상사와 업무 관련 피드백을 수시로 주고받는다. Daily Report나 메일, 메신저 등으로 소통한다.

1. 상사와의 갈등경험을 공유하시오. 갈등상황과 내용, 그리고 어떻게 결론이 났는지, 그 경험을 통해서 무엇을 느꼈는지 등에 대한 의견을 나누시오.
2. 상사와 협력적 파트너 관계를 유지하기 위하여 자신이 실천하고 있는 행동은 무엇인가?
3. 이밖에 상사와 협력적 파트너 관계를 유지하기 위한 '상사 보좌방법'에는 무엇이 있는가?

자기인식과 성찰

1. 다음 각 문항에 대해 자신에게 해당된다고 생각하는 빈도를 다음의 기준에 따라 체크하시오.

1. 전혀 아니다. 2. 거의 아니다. 3.4. 보통이다. 5. 가끔 그렇다. 6. 대부분 그렇다. 7. 정말 그렇다.

	설문항목	응답
1.	나의 업무목표는 조직의 목표와 조화를 이루고 있다.	1 2 3 4 5 6 7
2.	일은 나의 사회적 목표나 개인적인 꿈을 성취하는 데 도움이 된다.	1 2 3 4 5 6 7
3.	조직을 위해 최선을 다하여 열정적으로 일하고 있다.	1 2 3 4 5 6 7
4.	그저 상사의 지시를 기다리거나 일을 받는 것이 아니라, 목표를 달성하기 위해 무엇이 중요한지를 스스로 판단한다.	1 2 3 4 5 6 7
5.	나의 열정이 확산되어 동료나 선 · 후배들을 활기차게 만든다.	1 2 3 4 5 6 7
6.	상사나 조직목표에 공헌할 수 있는 아이디어를 적극적으로 제시한다.	1 2 3 4 5 6 7
7.	더욱 가치 있는 사람이 되기 위해 능력을 적극적으로 발휘한다.	1 2 3 4 5 6 7
8.	어려운 문제가 생겼을 때 상사에게 의존하기보다는 스스로 해결하려고 노력한다.	1 2 3 4 5 6 7
9.	새로운 일을 시작하면, 상사가 중요하게 생각하는 업무분야에서 빠르게 성과를 낸다.	1 2 3 4 5 6 7
10.	반대의견을 내서라도 상사가 아이디어나 계획의 긍정적 측면뿐 아니라 위험도 볼 수 있도록 한다.	1 2 3 4 5 6 7
11.	상사는 나의 능력을 믿고, 나에게 어려운 일을 맡긴다.	1 2 3 4 5 6 7
12.	나에 대한 평가나 비판에 대해 회피하거나 핑계를 대기보다는 솔직하게 인정한다.	1 2 3 4 5 6 7
13.	나의 업무범위를 벗어나는 일도 스스로 찾아내어 솔선수범하여 실천한다.	1 2 3 4 5 6 7
14.	지시받은 일만 하는 데서 한걸음 더 나아가, 상사의 지시사항이나 판단에 대해 스스로 평가해 본다.	1 2 3 4 5 6 7
15.	프로젝트 리더가 아닐 때에도 맡은 일보다 많은 일을 하고, 최선을 다해 프로젝트 성공을 위해 공헌하고자 한다.	1 2 3 4 5 6 7
16.	상사가 나의 개인적 가치나 업무분야와 어긋나는 일을 지시할 때 근거를 가지고 어렵다는 점을 설득한다.	1 2 3 4 5 6 7
17.	내게 별로 도움이 되지 않더라도 다른 동료들이 좋은 평가를 받도록 돕는다.	1 2 3 4 5 6 7
18.	자신의 윤리적 판단기준에 따라 행동한다.	1 2 3 4 5 6 7
19.	상사의 목표나 요구사항, 처한 환경 등을 이해하고, 상사의 지시사항을 이행하기 위해 노력한다.	1 2 3 4 5 6 7
20.	조직과 갈등이 생기거나 상사로부터 불이익을 당한다고 해도 중요한 이슈에 대해 나의 의견을 주장한다.	1 2 3 4 5 6 7

자료 : Kelly(1992).

집계표

체크한 내용을 다음 표에 번호에 맞춰 옮겨 적은 후 자신의 팔로워 유형을 확인하고 다음 각 질문에 대한 자신의 생각을 정리한다.

행동의 적극성(X축)	1	3	5	7	9	11	13	15	17	19	계
사고의 독립성(Y축)	2	4	6	8	10	12	14	16	18	20	계

❶ 당신은 어떤 유형의 팔로워인가?

구분	모범형	소외형	순응형	수동형	실무형
행동의 적극성	50-70점	10-30점	50-70점	10-30점	31-49점
사고의 독립성	50-70점	50-70점	10-30점	10-30점	31-49점

*주 : 팔로워십 부문의 X, Y좌표상(265쪽)에 해당 점수를 찍어보면 자신의 스타일을 보다 명확히 알 수 있다.

❷ 모범형이 아닐 경우 그 이유는 무엇이라고 생각하는가?

❸ 앞으로 모범형 팔로워가 되기(팔로워십 개발) 위하여 무엇을 개발해야 하는가?

Ⅱ. 다음의 양식을 작성함으로써 셀프리더로서의 자신의 현재 모습을 확인하시오.

단계	주제	내용
자기대화 Self-talk	현재 직면한 중요이슈(상황)	
	자기와의 대화주제	
미션 · 비전 목표 설정 Targeting	사명 (존재이유)	
	5년 후 비전	
	올해 목표	
자기개발계획 수립 · 실행 Action	중요하지만 긴급하지 않은 이슈	
	매일 일정시간을 들여 꼭 할 일	
자기보상 Self-rewards	버킷리스트	
	올해 꼭 하고 싶은 일	

❶ '셀프리더'로서의 자신의 현재 모습에 대한 느낌은 무엇인가?

❷ 각자 자신의 현재 모습을 이야기하고, 팀원과 서로의 느낌을 공유하시오.

❸ 앞으로 '셀프리더'로서의 모습을 보다 완전하게 만들기 위해 무엇을 할 것인지 각자의 생각을 정리하시오. 그 결과를 팀원들과 이야기하면서 실행을 다짐하고, 서로에게 약속하시오.

저자 특강 12

두부, 그리고 자유의지

두 해 전에 하얀 말티즈가 우리 집 새 식구가 되었다. 채 두 달도 안 돼 우리 집에 온 녀석은 슬개골 탈골 때문에 두 번이나 큰 수술을 받았고, 잔병치레로 식구들을 몇 번이나 놀라게도 했다. 다행히 지금은 건강하게 잘 크고 있다.

세상에 웃을 일이 별로 없다고는 하지만 우리 집은 이 녀석 때문에 참 많이도 웃는다. 특히 직장생활을 하는 두 딸들이 이 녀석 때문에 즐거워하는 모습을 보면 아빠된 마음으로 고맙기도 하다. 녀석은 아내의 갱년기 극복에도 더할 나위 없이 좋은 처방이다. 녀석에게 많은 덕을 보고 있다.

큰딸이 녀석이 '하얗다'고 해서 ㈜두부라고 이름 지었다. 두부. 이 녀석 팔자가 상팔자다. 일단 주거와 끼니 걱정은 안 해도 된다. 옷? 신상으로 제법 많은 편이다. 의식주 완전 해결. 더욱이 지정병원이 있어 예방접종은 물론 병력관리도 해준다. 세 달에 한 번 정도는 애견숍에서 미용을 하고 발톱도 깎는다. 가끔 애견 카페에 가서 사교활동도 하고, 동네 공원 산책도 한다. 졸릴 때는 자고, 놀고 싶을 때는 놀면 된다. 미래에 대한 걱정? 없는 듯 보인다. 그래서인지 항상 표정이 밝고 웃는 상이다. 정이 들어서인가. 두부를 혼자 놔두고 외출하는 게 신경이 쓰인다. 꼭 애 하나 키우는 듯한 느낌이 든다. 두부는 완벽하게 한 식구가 되었다.

경향신문에서 '이생망'이라는 신조어를 본 적이 있다. '이번 생은 망했다'라는 뜻이란다. 헬조선이 실감나는 기사였다. 기사 중에 실린 스물일곱 살 된 한 직장인의 절규. 마음이 아프다.

"아무것도 안 하고 싶다. 다음 생이 있다면, 그저 돌덩이로 태어나는 게 딱이겠다. 일 걱정도, 살 곳을 걱정하는 것도, 방세를 내고 나면 남는 돈이 없는 것도 지쳤다. 식물로 태어나는 것도 싫다. 광합성도 해야 하고 뿌리로 물을 빨아올려야 하지 않느냐. 10년을 모아도 위성도시의 집 한 채조차 내게 허락되지 않는다는 걸 알았을 때 이번 생의 희망이 사그라져갔고, 그냥 돌이 되고 싶어졌다."

돌덩이라니. 이 정도면 두부의 삶이 부러울 만도 하다. 다음 생이 있다면 두부로 태어나는 거. 어떨까? 가끔 두부를 지긋이 바라보며 '참 좋겠다. 걱정이 없어서'라는 생각도 한다. 그러나 다음 생이 있어 내게 삶을 선택할 권한이 있다고 해도 아직까지는 두부의 삶을 선택하고 싶지는 않다. 의식주를 포함하여 두부 삶의 모든 영역에서 두부는 선택권이 없다. 두부의 삶인데도 두부의 삶이 아니다. 더욱이 두부는 수치심을 모른다. 인간의 칠정(七情)인 희·노·애·락·애·오·욕(喜怒哀樂愛惡慾, 기쁨, 화남, 슬픔, 즐거움, 사랑, 미움과 부끄러움, 욕심) 가운데 수오지심(羞惡之心, 부끄러워하는 마음, 체면)이 없다. 두부는 이들을 인식조차 하지 못한다.

시지프스의 신화(The Myth of Sisyphus)처럼 반복되는 힘겨운 일상 때문에 때로 지치고 힘들지라도 기회가 된다면 이 생(生)에서처럼 나는 그냥 사람으로 다시 나고 싶다. 더욱이 육체의 소멸과 함께 영혼도 사멸하고 만다면 단 한 번뿐인 이 생에서의 삶을 한 인간으로서 품격과 체면을 유지하면서 고결하게 살고 싶다. 내 인생의 선택권을 온전히 다른 상황과 조건, 그리고 다른 사람에게 내어주고 싶지는 않다.

마땅한 대안이 없어 현실에서의 부당한 처우를 감내하며 살아내는 모습을 어디에서나 볼 수 있다. 살면서 잠깐잠깐 동안이야 하기 싫은 일도 해야 할 때가 있겠지만 그 지겨운 일을 평생토록 해야 한다는 건 절망이다. 이건 인생에 대한 예의가 아니다. 인생의 많은 시간 동안 상황을 탓하고 다른 사람을 미워하면서 불안과 불평·불만 속에서 살아가야 한다는 건 불행한 일이다. 이건 정말 못할 짓이다. TINA(There Is No Alternatives)족은 면해야 한다. 자유의지를 가지고 내 인생에 대한 일정 수준의 선택권을 확보하는 것. 자율과 자유는 인간으로서 포기할 수 없는 소중한 가치이다.

'이생망' 청년에게 혜민 스님이 전하는 말씀. "지금 죽을 것 같이 중요하고 힘든 일도 나중에 보면 그렇게 중요하지 않아요. 남은 내가 생각하는 것만큼 나를 많이 생각 안해요. 지금 생각하는 길 말고도 삶엔 여러 길이 있어요. 괜찮아, 힘내요." 그리고 이 망할 힘든 세상에서 많이 회자되는 말. "이 또한 지나가리라." 식민과 전쟁, 격변 속에서도 우리 선배들은 살아왔다. 지금 이 순간에도 지구 한편에서는 살상과 기아의 절망 속에서 삶을 살아내고 있는 우리와 똑같이 존귀한 사람들이 있다.

Chapter
13

리더의 길, 美來路 가기

01 자기인식과 학습의 4단계 모델
02 리더십 개발영역과 방법의 선택
03 리더십 개발 실행

[저자 특강 13]
성공리더의 대학시절

누군가의 희망이 되는 길… 美來路(미래로).
리더의 길을 가기로 선택했다.

미리보기

1987년 2월, 경영학을 전공한 여섯 명의 동기동창이 졸업과 함께 인생 2막을 시작한다. 그리고 어언 삼십 여년. 무심한 세월이 그렇게 흘러갔다.

현대모비스에 입사하여 21년 만에 별을 달았다. 속칭 SKY 출신이 아니면서 대기업의 임원이 된다는 것이 쉽지 않았을 터. 업무성과와 실력, 옆을 보지 않고 한 길을 달려온 성실함의 산물이라고 생각한다. 임원으로 3년간 재직한 후 퇴직하고 현재는 건실한 중견기업의 임원으로 근무하고 있다. 대표적인 산업역군으로 덩치가 있고 정직하고 우직하다. 옆도 좀 보며 살았으면 하는 바람이다.

쥬리아화장품에서 직장생활을 시작했다. 이후 김정문알로에를 비롯하여 몇 곳의 중소화장품회사에서 근무한 후 지난 해 회사를 설립하여 사업기반을 다지는 데 올인하고 있다. 사업이 정착할 때까지는 모임에도 참석하지 않는다는 각오로 열심히 일하고 있다. 업계에서의 평판이 좋다. 성실 그 자체의 모범생으로 온순하며 법 없이도 살 사람이다. 소심한 듯 하면서도 강단이 있다.

삼성화재에 입사하여 28년을 한 회사에서 근무한 후 퇴직하고 현재는 전(前)직장의 지원을 받아 보험영업소를 개설하여 소장으로 근무하고 있다. 약 30여명의 재무컨설턴트들과 함께 일하며 인생 3막을 즐겁게 지낸다. 골프와 카드, 놀기를 좋아하며 매사에 낙천적이고 성격이 좋다. 술을 못하는 게 신기하다. 사회성이 장점으로 리더십이 있다. 배포가 있어서인지 배가 남산만하다.

해태제과에 입사하여 관리자로 근무하다가 퇴직하고 화장품회사와 IT업체에서 근무했다. 마흔 초반에 직장생활을 청산하고 부동산중개업을 하여 돈을 좀 벌었다. 흐름을 읽는 예리함이 있고 재주가 많다. 까칠한 면이 있지만 공정하고 객관적이다. 지금은 홍천에서 전원주택을 짓고 부부가 함께 소일거리의 농사일을 하며 지내고 있다. 섹스폰 동호회 활동을 하며 지역사회에서 연주도 한다.

금성정밀에서 잠깐 근무한 후 퇴직하고 현재 한전KPS(주)에서 부서장으로 근무하고 있다. 전력설비 메인터넌스 회사들이 바다가 인접한 외진 곳에 위치하다 보니 가족들과 떨어져 지방에서 근무하는 기간이 길었다. 부부가 함께 여행을 자주 다니며 여가생활을 즐긴다. 현재 직장에서 정년퇴직할 것으로 보인다. 삶에 여유가 있다. 마음이 푸근하고 조용한 편이며 가정적이다.

한국생산성본부에서 교육부문 일을 하다 마흔 초반에 퇴직하고 전문가(프리랜서)의 길을 선택했다. 이후 직장인을 대상으로 한 교육과 컨설팅을 하였다. 대학교와 다양한 조직에서 수많은 사람들을 만나며 여한 없이 강의를 했다. 마흔셋에 공부를 다시 시작하여 경영학 박사학위를 취득하고 현재 강연과 함께 경영 · 리더십 분야의 집필을 하고 있다. 꿈과 지적 호기심이 있다. 집중력은 높으나 고집스럽고 사회성이 부족하다.

그렇게 살고 싶으면 그렇게 행동한다. 품격 있게 살고 싶으면 품격 있게 행동한다. 행동은 동선(動線)을 따라 이뤄진다. 동선은 '언제, 어떤 사람과 어떤 공간에서 만나, 무엇을 하느냐'에 따라 결정된다. 삶은 동선의 연속선상에 있다. 동선은 관리되어야 한다.

이번 장에서 우리는 품격 있는 리더가 되기 위한 다짐(미래로 가기)을 하고, 그 방법에 대하여 연구한다. 리더십 개발을 위한 자기인식과 학습의 4단계 모델에 대해 학습할 것이다. 리더십 역량을 확인하고 리더십 개발을 위한 방법들에 대해 살펴보게 될 것이다. 그리고 리더십 개발에 유용한 정보를 제공하는 다양한 정보원천을 공유할 것이다.

연구 질문

1. 제12장에서 무엇을 느끼고 깨달았는가?
2. 학습의 4단계 모델은 무엇인가?
3. 리더십 역량은 무엇인가?
4. 리더십 개발을 위한 3E 프레임은 무엇인가?
5. 리더십 개발을 위한 중요 정보원천에는 어떤 것들이 있는가?
6. 품격 있는 리더의 자격을 갖추기 위한 미래로의 여정을 떠날 준비가 되었는가?

누군가의 길이 되고 희망의 증거 되는 길… 美來路(미래로). 리더의 길을 가기로 선택했다. 그래서 변화하기로 단호하게 결심한다. 쉽지 않은 결심이지만 리더의 길을 가기로 선택했으니 끝까지 가 볼 테다.

토의 13-1

비슷한 환경 속에서 비슷한 능력을 가지고 사회생활을 시작한 여섯 친구들(미리보기 사례)이 다시 모였다. 그들은 각기 다른 공간에서 서로 다른 일을 하면서 저마다의 삶을 살고 있다. 청년이었던, 그 비슷했던 그들의 삶의 모습은 이제 서로 다르다. 말을 안 해서 그렇지, 그 세월 속에는 많은 사연들이 있었을 것이다. 다음 질문에 대한 자신의 생각을 정리하고, 팀원들과 의견을 공유하시오.

1. 무엇이 이들의 현재 삶의 모습을 다르게 했을까?
2. 한 사람의 삶을 결정하는 것은 무엇일까?
3. 어떻게 살 것인가?

품격 있는 리더가 되기 위해서는 준비해야 한다. 리더의 자격. 리더도 자격이 있다. 리더가 돼서는 안 될 사람이 리더가 되면 여러 사람들이 힘들어진다. 리더의 자격을 갖추기 위해 꾸준히 리더십을 개발해야 한다.

01 자기인식과 학습의 4단계 모델

새로운 기술을 습득할 때는 인식 · 이해 · 적용 · 습관의 네 단계에 따라 학습이 이루어진다. 학습의 4단계 모델은 노엘 버크(Noel Burch)에 의해 제기되었다. 그는 의식(consciousness)과 능력(competence)의 두 가지 기준에 따라 학습의 단계를 '무의식-무능력, 의식-무능력, 의식-능력, 무의식-능력'으로 나누어 설명하였다.

먼저, 무의식-무능력(unconscious-incompetence)의 단계는 자신이 무능하다는 사실을 인식하지 못하는 단계이다. 무엇을 배워야 할지 모를 뿐만 아니라 배워야 할 필요성 자체를 인정하지 않는다. 학습의 필요성을 모르거나 부정하는 것이다. 이는 무지(無知)의 어리석음이나 변화에 따르는 걱정과 두려움으로 현실에 안주하고자 하기 때문이다. 문제의식이 결여된 상태로 마음가짐(태도)의 문제이다.

학습의 두 번째 단계는 의식-무능력(conscious-incompetence)의 단계이다. 이것은 자신이 무능하다는 것을 인식(인정)하고 새로운 지식 · 기술을 습득하기 위한 학습활동에 나서는 단계이다. 새로운 지식과 기술을 배우고 익히지만 모든 것이 서투르다. 아직은 머리로 이해하는 수준에 머물러 있다. 새로운 것을 적용하는 데 의식적인 노력이 요구되며 어려움을 느낀다.

학습의 세 번째 단계인 의식-능력(conscious-competence)의 단계는 새로운 지식과 기술을 지속적으로 적용함에 따라 몸에 익게 되어 자연스럽게 행동으로 나타나는 단계이다. 새로운 지식과 기술을 온전히 자기 것으로 체화(體化)하여 익숙해진 상태로 별다른 노력 없이 실행할 수 있다.

끝으로, 무의식-능력(unconscious-competence)의 단계는 습득한 지식과 기술의 적용이 습관화되어 별다른 생각 없이 자연(자동)적으로 실행되는 단계이다. 이 단계는 습득한 지식체계에 새로운 지식 · 기술을 접목하고 통합하여 자기화(自己化)할 수 있는 단계로 다른 사람에게 가르치고 전수할 수 있는 수준이다. 지금까지 설명한 학습의 4단계 모델을 〈그림 13-1〉과 같이 나타낼 수 있다.

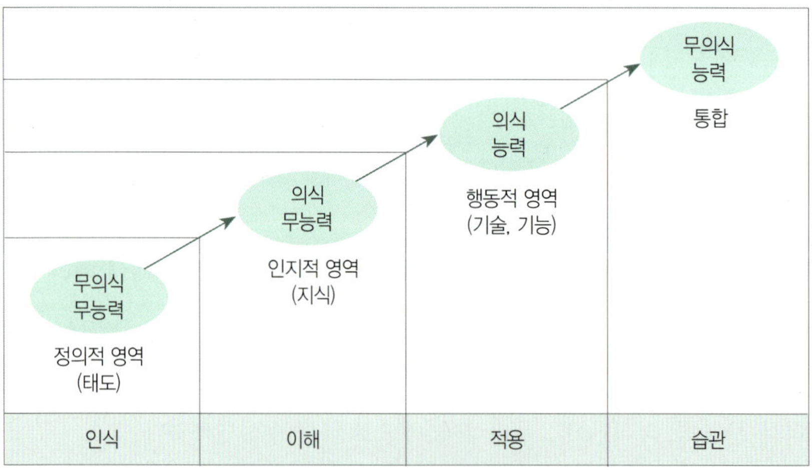

그림 13-1 학습의 4단계 모델

페르소나(persona)는 고대 그리스 가면극에서 배우들이 썼던 가면으로, 사람(Person), 성격(personality)의 어원이 되기도 하였다. 스위스의 정신의학자이며 심리학자인 구스타프 융(Carl Gustav Jung, 1875~1961)에 이르러 페르소나는 심리학 용어로 사용된다. 융은 인간은 천 개의 페르소나(가면)를 지니고 있어서 상황에 따라 그에 적합한 페르소나를 쓰고 관계를 이어간다고 하였다. 사람은 다양한 집단에 속하며 각 집단에서 요구하는 행동규범에 맞추어 사회적 역할을 수행한다. 사회적 동물로서의 인간은 다양한 가면을 쓰고 살아간다. 페르소나는 사회적 자아라고 할 수 있다.

그림 13-2 자기위주편향

리더십 개발의 출발점은 자기인식이다. 사회적 자아인 페르소나를 벗어버리고 자신이 진정으로 원하는 것이 무엇인지를 알아야 한다. 이를 위해서는 주변환경과 자신에 대한 객관적 평가와 이해가 중요하다. 자기인식단계에서는 자기위주편향(self serving bias)을 예방하기 위해 데이와 동료들(Day et al., 2014)이 제시한 〈표 13-1〉의 세 가지 방법을 활용한다.

자기위주편향은 사람들이 자신의 성공은 자기가 '잘 해서' 이루었다 생각(내적 귀인)하고, 실패했을 때는 외부상황이나 남이 도와주지 않아서 잘못됐다고 생각(외적 귀인)하는 경향으로 일종의 지각오류 현상이다. 상황이나 결과를 '자기 좋을 대로' 판단하는 심리적 현상이라 할 수 있다.

표 13-1 자기인식방법

360° 피드백	자신은 물론 상사(멘토) · 동료 · 후배들로부터 본인의 행동에 대해서 설문이나 인터뷰 조사를 하여 자기를 객관적으로 평가하는 방법이다. 한 번으로 끝나기보다는 주기적으로 실시한다.
자기-타인 일치법 (self-other agreement)	자신의 평가와 다른 사람들의 자기에 대한 평가가 어느 정도 일치하는가를 말한다. 이는 자기인식의 정확성을 높여준다. 평가결과가 유사할수록 효과적인 리더가 될 가능성이 높다.
자기사례 기술법 (self-narrative)	자신의 인생역정(성공 · 실패 등 결정적 사건)을 기술해 봄으로써 그 과정에서 지혜를 얻는 방법이다. 자신의 경험을 지속적으로 기술하고 관찰 · 성찰해 가는 과정에서 리더십을 개발할 수 있다.

이와 같이 리더십 개발의 첫 단계는 자기인식을 통해 개발(변화)필요성을 인정하는 것이다. 이것이 선행되지 않으면 다른 사람의 그 어떤 독려나 미사여구(美辭麗句)도 무의미한 우이독경(牛耳讀經, 소귀에 경 읽기)에 머무르고 만다. 리더십 개발은 고대그리스 델포이의 아폴론신전 현관기둥에 새겨졌다는 '너 자신을 알라'로부터 출발한다.

02 리더십 개발영역과 방법의 선택

리더십 개발의 두 번째 단계는 자기인식의 결과를 토대로 무엇을, 어떻게 개발해야 할지를 선택하는 단계이다.

1. 리더십 개발영역

리더십의 개발영역은 크게 직무수행역량, 인간관계역량, 그리고 전략수행역량으로 구분하여 살펴볼 수 있다. 구체적인 리더십 역량목록은 〈표 13-2〉와 같다. 스스로 개발이 필요한 역량에 체크해 보자.

표 13-2 리더십 개발영역

직무수행역량 (technical skill)	인간관계역량 (human skill)	전략수행역량 (conceptual skill)
• 외국어(영어 · 중국어)	• 인간관계	• 사명 · 비전의 수립 · 전파
• 경험(직무 · 사회)	• 의사소통	• 변화관리, 전략수립 · 실행
• 직능(전략 · 마케팅 · R&D 등)	• 동기부여	• 정치력(TMT · BOD)
• 글로벌	• 갈등관리	• 전사적 프레임
• 전문기술 · 정보기술 · MIS	• 네트워킹	• 전략적 사고
• 기획	• 인재육성	• 통찰
• 정보탐색 · 정보보안	• 상사관리	• 창의
• 회의운영	• 동료 · 후배관리	• 분석
• 문제해결 · 의사결정	• 팀 빌딩, 팀워크	• 인문 · 교양
• 보고서(제안서) 작성	• 피드백 · 임파워먼트	• 윤리
• 프레젠테이션	• 코칭 · 멘토링	• 협상
• 전문 자격	• 설득	• 개발 투자(자기개발 · 육성)

또한, 리더십 개발을 위해서 리더십과 관련된 독립변수와 상황(조절)변수, 그리고 성과(결과)변수들을 인식하는 것도 중요하다. 〈표 13-3〉에 리더십 관련 변수들을 정리하였다. 변수는 연구주제와 모형에 따라 달리 사용되기도 한다.

표 13-3 리더십 관련 변수

독립변수 (independent variables)	상황(조절)변수 (moderator)	성과(결과)변수 (dependent variables)
• 리드 동기	• 거시환경	• 행복감
• 특성 · 능력	• 과업환경	• 재무적 성과
• 성격(MBTI, Big5, LOC 등)	• 업종 · 직종	• 리더효과성
• 행동(과업행동 · 관계성행동)	• 조직문화	• 조직생활 만족
• 리더십 유형	• 성(sex, gender)	• 조직몰입(헌신)
• 자기효능감	• 조직발달단계	• 조직시민행동
• 직무자율성	• 조직규모	• 직무몰입
• 과업복잡성, 역할모호성	• 조직구조	• 직무만족
• 가치관	• 직무구조	• 혁신행동
• 영향력	• 대체요인	• 임파워먼트
• 스트레스	• LMX, LLX, MMX	• 지각(승진가능성 등)
• 공정성지각	• 부하성숙도	• 감정소진

2. 리더십 개발방법

리더십은 3E 프레임을 적용하여 개발할 수 있다. 3E 프레임은 경험(Experience), 노출(Exposure), 그리고 교육(Education)의 세 가지 개발방법을 말한다. 먼저, 리더가 되고 싶은 사람은 무슨 일이든 현장에서부터 경험을 쌓는 것이 중요하다. 전문가를 뜻하는 'Expert'의 어원은 '시도하다, 실험하다'라는 뜻을 가진 라틴어 'Experiri'이다. 전문가가 되기 위한 첫 번째 원칙은 다양한 경험의 축적이다. 여기서 말하는 경험은 프로젝트의 개념이다. 경력으로 전환할 수 있는 가치를 가지며, 새로운 역량을 쌓을 수 있는 일의 경험이어야 한다. 성공하는 리더는 경험으로부터 의미를 발견하고 성장을 위한 기회를 찾는다. 일 년에 한 번 정도는 자신을 한계상황에 직면하게 하는 선택도 괜찮다. 몰입하지 않으면 이룰 수 없는 도전과제를 설정하여 실행함으로써 큰 산을 넘는 성취감과 함께 역경 근력을 기르는 것은 리더십 개발에 꽤 유용한 방법이다.

리더십 개발을 위한 두 번째 방법인 노출은 다양한 상황에 직면하는 것이다. 주로 사회적 교류를 통해 사고의 폭과 기회의 가능성을 확대한다. '삼인행, 필유아사언(三人行, 必有我師焉)'의 지혜를 실천하는 것이다. 가능한 해당 분야에서 최고인 사람들과 함께 일할 수 있는 기회를 갖도록 노력한다. 다양한 상황에 노출되다 보면 또 다른 인연을 만나, 또 다른 삶의 모습으로 살아가기도 한다.

끝으로, 각종 내·외부 교육에 참여해 인식의 지평을 넓히는 것도 방법이다. 이를 통해 필요한 지식과 기술을 습득할 수도 있고, 의외의 네트워킹(networking)을 창출하기도 한다. 독서를 통해 시공을 초월하여 시대의 지성과 대화하고, 전문가와 만나는 것은 가장 현실적인 리더십 개발의 방법이라고 생각한다. 책은 책장에 꽂혀만 있으면 그냥 종이묶음에 불과하다. 머리와 가슴과 함께 눈 끝으로 만나 내용이 의미로 다가올 때 비로소 책의 향기를 맡을 수 있다. 책과의 만남. 그 설렘의 가능성을 열어놓자. 리더십 역량 개발을 위한 3E 프레임을 정리하면 〈표 13-4〉와 같다.

표 13-4 리더십 개발을 위한 3E 프레임

구분	내용			
경험	다양한 직무와 인생경험	• 전공(전문) 분야 직무경험 • 직무이동 • Task Force Team 참여	• 내·외부 콘테스트 참여 • 한계과제 선정·도전 • 프로젝트 수행	
노출	다양한 사회적 교류를 통한 기회 노출(탐색)	• 내·외 정보탐색 • 사회적 연결망 확대 • 공식·비공식 커뮤니티	• 역할모델 • 코칭·멘토링 • 피드백	• 면담 • 상담 • 여행
교육	교육 참여와 자기개발	• 학습공동체(스터디그룹) • 교육 참여 • on/off line 교육	• 독서 • 세미나 • 워크숍	• 학회·협회 • 박람회 • 벤치마킹

정보통신기술의 발달에 따라 각 분야별 최고전문가들의 강연을 인터넷이나 모바일로 교육비용 부담 없이 접근할 수 있는 기회가 많아졌다. 〈표 13-5〉는 공신력 있는 기관과 대학교에서 제공하는 이러닝 공개 무료교육 사이트에 관한 자료이다. 이를 통해 세계 석학들의 지혜를 접할 수 있다.

표 13-5 이러닝 공개 무료교육 프로그램

코세라	https://www.coursera.org/	세계 120여개 대학의 강의 제공(일부 수료증 발급) 인문학부터 자연 · 사회과학 등 모든 분야
에덱스	https://www.edx.org/	하버드대 · MIT의 강의
테드	http://www.ted.com/	트렌드나 이슈, 인생 통찰에 대한 내용 위주 일부 강의 한글자막 지원
대학공개강의	http://www.kocw.net/	한국교육학술정보원(KERIS) 운영 국내 유명대학 강의 제공
K-MOOC	http://www.kmooc.kr/	MOOC(Massive Open Online Course) 서울대 · 연세대 · 고려대 등 11개 대학 참여
KAIST	http://afreeca.com/kaistbs	KAIST 경영대 강의
스누온	http://snuon.snu.ac.kr/	서울대학교 강의 제공
열린 연단	http://openlectures.naver.com/	문학 · 예술 · 역사 · 철학 · 고전 · 윤리 · 과학 등 인문학 강의 제공
플라톤아카데미	http://www.platonacademy.org/	인문학 강의 제공

토의 13-2

미래 준비를 위한 역량개발 경험을 공유하고, 이를 통해 새로운 미래 가능성을 탐색하시오.

❶ 자신을 성장시킨 경험은 무엇이었는가?

❷ 자신에게 영감을 주는(준) 멘토는 누구인가?

❸ 자신의 역량을 한 단계 향상시켜준 교육이나 책은 무엇인가? 유익한 정보(원)에는 어떤 것들이 있는가?

03 리더십 개발 실행

가끔 죽음과 시간에 대해 생각한다. 벽제 용미리 추모공원에 다녀오면서 영면하신 분들(수목장)의 수명에 관한 자료를 명패를 통해 수집 · 분석해 보았다. 한정된 지역만을 조사한 결과 2014년 이후 사망자가 370명으로 전체사망자 391명의 94.6%

를 차지하였다. 〈표 13-6a〉에서 보듯이 남자의 평균수명은 70.7세(n=239), 여자의 평균수명은 71.7세(n=152)로 불과 1년의 차이를 보였다. 이는 통계청 자료와 차이를 보인다. 한편, 〈표 13-6b〉를 보면 59세 이전의 사망자는 92명으로 전체 사망자의 23.5%를 차지하고 있다. 100세 시대라는 흐름 속에서도 일찍 유명을 달리하는 분들이 의외로 많다는 의미이다. 그러나 통계는 통계일 뿐이다. 핵심은 불확실성의 확실성이다. 한국인의 평균 기대수명과 관계없이 우리가 죽음의 불확실성에 노출되어 있다는 사실만은 확실하다.

표 13-6a 한국인 평균수명

구분	통계청(A)	현장 조사(B)	차이(A-B)
남자	78.5세	70.7세	7.8년
여자	85.1세	71.7세	13.4

자료 : 통계청(2013)

표 13-6b 한국인 연령대별 사망 인원

구분	29세 이하	30~39세	40~49세	50~59세	60~69세	70~79세	80~89세	90세 이상
빈도(명)	8	11	20	53	56	120	82	41
비율(%)	2.0	2.8	5.1	13.6	14.3	30.7	21.0	10.5

미 시사주간지 '타임(TIME)' 특집호(2015년 2월호)는 표지 모델로 갓 태어난 아기의 사진을 실었다. 2015년 태어난 아이는 '142세까지 살 수 있다'고 예측한 이 기사는 노화에 대한 과학적 연구를 다루고 있다. 기대수명 142세는 아직 실감나지 않지만 대부분의 미래학자들은 100세까지는 살 수 있다고 한다. 앞으로 세상이 어떻게 변해 갈지 상상할 수 없지만 대학 졸업 후에도 75여년의 세월을 살아가야 하는 세상이 되었다. 불확실성의 시대. 어떻게 살아갈 것인가. 2005년 12월, 많은 사람들을 감동시켰던 스티브 잡스의 스탠퍼드 대학 졸업식 축사를 통해 어렴풋이나마 길(방향)을 찾아본다.

"죽음을 원하는 사람은 아무도 없습니다. 하지만 죽음이란 우리 모두가 도달하게 될 종착역입니다. 누구도 거기에서 자유롭지 못합니다. 여러분의 시간에는 제한이 있습니다. 그러니 다른 사람의 인생을 살면서 시간을 낭비하지 마세요. 다른 사람들의 의견이 여러분의 내면으로부터 들려오는 소리를 가로막는 잡음이 되지 않도록 주의하세요. 무엇보다 여러분의 심장과 직관이 이끄는 대로 살아갈 수 있는 용기를 가지시기를 당부하고 싶습니다. 스튜어트 브랜드라는 사람이 〈온 세상 카탈로그(The Whole Earth Catalog)〉라는 책(최종판)을 출간(1970)했는데, 맨 뒤표지에는 이른 아침 시골길을 담은 사진이 실려 있습니다. 그 사진 아래에 이런 글이 쓰여 있습니다. "늘 배고픈 상태로, 늘 어리석은 상태로 머무르라(Stay Hungry, Stay Foolish)." 저는 이 메시지를 늘 마음 속에 담아 왔습니다. 그리고 지금, 대학을 졸업하며 새로운 삶을 시작하는 여러분에게 그 메시지를 들려드리고 싶습니다."

아내에게 물었다. "내가 리더십이 있냐."고, '없다'고 한다. 천생이 앞에 나서서 누구를 이끌 만한 위인이 못 된다는 것은 저자 자신도 익히 알고 있다. 그릇이 작다. 중요한 것은 그릇의 크기가 아니라 그릇에 담긴 내용물임을 믿기로 했다. 자장면을 담는 큰 그릇도 필요하겠지만 향내 나는 차를 우려내어 담을 수 있는 찻잔도 필요하다.

지하철 신도림역은 1호선과 2호선, 그리고 5호선이 교차하는 환승역으로 출퇴근 시간 무렵이면 그야말로 인산인해(人山人海)이다. 참, 다양한 삶의 모습이 있다. 그냥 제 잘난 맛에 살기로 했다. 다양한 삶 속에서 자기 그릇에 맞는 독특함을 발견하는 것. 그리고 그 독특함의 가치를 위해 자신의 시간과 공간을 채워가는 것. 그것이 불확실성의 확실성에 노출된 사람의 삶이 아닌가 싶다.

토의 13-3

다음 〈표 13-7〉은 100세 시대를 나타내는 우리 삶의 여정을 나타낸 것이다. 각각의 숫자는 나이를 나타낸다. 일반적으로 20세 즈음까지는 부모님께서 키워주셨을 터이므로 순수한 자신의 삶이 아니었다는 생각에서 빗금을 쳤다.

표 13-7 100세 인생 여정표

1	2	3	4	5	6	7	8	9	10
11	12	13	14	15	16	17	18	19	20
21	22	23	24	25	26	27	28	29	30
31	32	33	34	35	36	37	38	39	40
41	42	43	44	45	46	47	48	49	50
51	52	53	54	55	56	57	58	59	60
61	62	63	64	65	66	67	68	69	70

71	72	73	74	75	76	77	78	79	80
81	82	83	84	85	86	87	88	89	90
91	92	93	94	95	96	97	98	99	100

1. 자신의 현재 나이에 해당하는 셀(cell)에 빗금을 친다. 스스로의 의지에 따라 몇 해를 살아왔는지 확인한다.
2. 100세 기준으로 앞으로 몇 년을 더 살아야 할지 확인한다.
3. 그 남은 시간과 공간을 무엇(어떤 가치)으로 채워갈 것인지 생각한다. 그 내용을 팀원들과 토의하시오.

확신할 수는 없지만 아직 삶의 공백이 꽤 남아있다. 안개 같은 미래지만 美來路(미래로)를 따라 천천히 뚜벅뚜벅 가면 그뿐이다. 밥 딜런(Bob Dylan)의 노래 '언젠가는(Someday, Baby)' 가사의 일부이다. 유튜브로 한 번 들어보자. 몽환적인 묘한 매력이 있다.

> "언젠가는 더 이상 내 걱정 따위는 하지 않아도 될 거야. 인생에는 그렇게 멋진 일들이 많은데도 나는 애써 무시하며 살아왔지. 당장은 무얼 해야 할지 모르겠어. 하지만 언젠가는 더 이상 내 걱정 따위는 안 해도 될 거야."
> Someday baby, you ain't gonna worry about me me any more. So many good things in life that I've overlooked. I don't know what to do now, you got me hooked. Someday baby, you ain't gonna worry about me me any more.

마션(The Martian)은 앤디 위어의 소설을 원작으로 한 SF 영화로, 사고로 화성에 낙오된 탐사대원(와트니)의 생존기를 담고 있다. 우여곡절 끝에 지구로 귀환한 와트니는 NASA의 우주인 훈련교관을 하게 된다. 영화가 끝날 즈음의 그의 강연내용.

> "자주 물어보는 질문 중의 하나는 '내가 화성에 혼자 남았을 때 죽을 거란 생각을 했느냐'야. 당연하지. 너희도 알고 있어야 해. 너희에게도 일어날 수 있으니까. 우주는 협조적이지 않아. 한 순간에 모든 것이 틀어질 수도 있어. 모든 것이 틀어지면 '아차' 싶을 거야. '이렇게 끝나는구나.' 이제 그걸 받아들일지, 다시 시작할지를 결정해야 해. 그게 다야. 이제 막 시작한 거야. 머리를 굴려서 하나의 문제를 해결하고, 또 다음 문제를 해결하고, 또 다음 문제, 그렇게 문제를 해결하다 보면 집으로 돌아와 있을 거야. 좋아. 질문?"

길은 길에 연하여 끝이 없으므로 걱정할 것 없다. 길이 없으면 만들면 되고, 도저히 안 될 것 같으면 돌아와 다른 길로 가면 된다. 어쩔 도리가 없어 멍하니 길바닥에 주저앉아 있으면 누군가 연이 닿아 오겠지.

대학 친구 여섯 놈이 제각기 자기 길목에서 한 발자국 한 발자국 걸음 옮기며 살다 보니, 결국 모두 자기갈 길, 돌고 돌아 이제 비슷한 지점에서 다시들 만나는 듯하다. 조금 더 나이 들면 살아온 삶을 얘기하며 웃는 날 있을 터. 얘깃거리 될 만한 스토리를 만들어야겠다. 고(故) 신영복 선생은 "산다는 것은 '수많은 처음'을 만들어 가는 끊임없는 시작"이라고 말했다. 내 길에서 '수많은 처음'을 만들어가자. 그리고 청춘의 특권, 꿈. 놓지 말자. 꼭.

사례연구 [1]

다음 두 가지의 자기사례 기술법을 통해 삶의 지혜를 나누고, 미래 자신의 리더십 개발을 위한 아이디어를 함께 탐색해 보시오.

1. 지금까지 살아온 각자의 삶을 생각해 본다. 그리고 [미리보기] 사례를 참고하여, 그 내용을 다섯 줄 이내의 스토리로 작성한다. 그 스토리에 제목을 단다.

2. 한 남자로서, 또 한 여자로서 "아! 내 미래의 삶은 이러이러 했으면 좋겠다."라는 희망을 다섯 줄 이내의 스토리로 작성한다. 그 스토리에 제목을 단다.

3. 지금까지의 학습결과를 토대로 자신의 리더십 전형을 완성하시오. 그리고 자신이 원하는 리더가 되기 위해 필요한 리더십 개발 이슈 세 가지를 선정하고, 실행을 위한 계획을 수립하시오. 셀프리더로서 미래 삶을 보다 가치 있게 살기를 희망하거나, 슈퍼리더로서 누군가와 함께 성장하고 싶은 사람들끼리 '리더십 개발 커뮤니티'를 만들어 운영하는 것도 좋은 방법이다. 혼자보다 여럿이 같이 하면 성공가능성이 배가된다.

나의 리더십 전형			
훌륭한 리더의 개념			
훌륭한 리더의 특성 · 역량			
리더십 개발 이슈			
개발 이슈	현재 상황	리더십 개발계획	완료기한

사례연구 [2]

미래 기회 탐색이나 리더십 개발을 위해서는 리더십에 대한 3W1H의 끊임없는 사색과 다양한 정보원에 대한 주기적 검색을 통해 필요한 정보를 수집 · 활용하는 것이 중요하다.

1. 리더십에 대한 3W1H의 끊임없는 사색이 필요하다. 리더십 프레임을 공부하며 여전히 풀리지 않는 리더십에 대한 의문사항을 생각하시오.

Why?	리더십의 본질(철학)은 무엇인가?
What?	리더십의 관점과 개념, 구조는 무엇인가? 사례는 무엇이 있는가?
How?	리더십을 현실에 어떻게 적용하고, 리더십 효과성을 측정 · 평가할 것인가?
Why not?	리더십 관점과 개념, 구조, 사례, 적용방법은 어떤 한계가 있는가?

❷ 다음 자료는 경영 · 경제 · 리더십 및 직업심리(적성)검사 관련 정보를 검색할 수 있는 유용한 사이트와 정보원이다. 이 밖에 팀원들끼리 서로 도움이 될 만한 정보원을 공유하시오.

국회도서관	http://www.nanet.go.kr/	국내외 도서 · 학술자료 · 저널
삼성경제연구소	http://www.seri.org/	산업 · 경제 · 경영 보고서, 이슈 페이퍼
LG경제연구원	http://www.lgeri.com/	산업 · 경제 · 경영 보고서, 이슈 페이퍼
한국인사관리학회	http://www.khrm.or.kr/	학회지 〈조직과 인사관리연구〉
한국조직학회	http://www.kaos.or.kr/	학회지 〈한국조직학회보〉
리더십학술지	Leadership Quarterly	http://www.journals.elsevier.com /the-leadership-quarterly/
하버드대학교	https://hbr.org/	Harvard Business Review
MIT	http://sloanreview.mit.edu/	Sloan Management Review
동아일보	http://www.dongabiz.com/	동아비즈니스리뷰(DBR)
동아일보	http://www.hbrkorea.com/	Harvard Business Review Korea

직업 심리(적성)검사 정보원

주관기관	웹사이트	검사명	시간
한국고용정보원 워크넷	http://www.work.go.kr	대학생 진로준비도 검사	20분
		직업가치관 검사	20분
		직업선호도 검사(L형)	60분
		직업선호도 검사(S형)	60분
		직업적성 검사	60분
		성인용 직업적성 검사	90분
		직업전환 검사	20분
		창업적성 검사	20분
		준고령자 직업선호도 검사	20분
국민은행	http://www.kbgoodjob.co.kr	구직자와 우량기업 매칭	-
한국직업능력개발원 커리어넷	http://www.careernet.re.kr	주요능력 효능감 검사	20분
		이공계 전공적합도 검사	30분
KPTI 온라인 심리검사센터	http://www.career4u.net	MBTI(성격유형 검사)	60분
		Strong 직업흥미 검사	60분
한국가이던스	http://www.guidance.co.kr	Holland 적성 탐색 검사	60분

❸ 사고의 전환을 가져올 수 있는 질문이나 명언(名言)으로 무엇이 있는가? 자신의 경험을 바탕으로 의견을 공유하시오.

자기인식과 성찰

물에도 급수가 있다. 1급수는 간단한 정수처리를 통해 식수로 사용할 수 있는 맑고 깨끗한 물이다. 1급수는 그냥 마실 수도 있다. 가재, 옆새우, 버들치 등과 같은 생물이 살 수 있다. 2급수는 약품처리를 하거나 끓여서 식수로 사용할 수 있다. 3급수는 황갈색을 띤 탁한 물로서 약품처리 후 공업용수로 사용할 수 있다. 4급수는 오염된 물로서 물고기가 살 수 없다. 5급수는 심하게 오염된 물로서 피부병을 유발할 수 있다. 피벌레가 살 수 있다. 짐 콜린스 Jim Collins(2014)는 저서 〈좋은 기업을 넘어, 위대한 기업으로〉에서 인재(리더)의 5단계 계층구조를 다음과 같이 제시했다.

5단계	단계 5의 경영자	개인적 겸양과 직업적 의지를 역설적으로 융합하여 큰 성과를 일구어 낸다. 일꾼 같은 근면함을 보인다.
4단계	유능한 리더	분명한 비전에 대한 책임의식을 강조하고 그것을 정력적으로 추구하게 하며, 보다 높은 성취를 이루도록 자극한다.
3단계	역량 있는 관리자	이미 결정된 목표를 효율적으로 달성할 수 있도록 사람과 자원을 조직화한다.
2단계	합심하는 팀원	집단목표 달성을 위해 개인능력을 바치며, 다른 사람들과 효율적으로 일한다.
1단계	능력이 뛰어난 개인	개인적 재능과 지식·기술, 좋은 습관으로 생산적인 기여를 한다.

① 자신은 몇 단계의 인재(리더)에 속한다고 생각하는가?

② 물에 급수가 있듯이 리더에게도 급수가 있다. 다음 의견을 참고하여, 자신 만의 리더 위계론을 제시하시오. 그 결과를 팀원과 공유하시오.

구분	리더의 급수	나의 리더 위계론
1류 리더	T형 네트워크와 후계자를 양성하는 리더	
2류 리더	외부전문가의 능력을 빌리는 리더	
3류 리더	구성원의 능력을 빌리는 리더	
4류 리더	자신이 다 해야 안심이 되는 리더	
5류 리더	자존감에 상처를 주는 독극형 리더	

③ 훌륭한 리더가 되기 위한 자기와의 약속 세 가지를 정하시오. 이를 팀원들과 공유하시오. 그리고 꼭 그렇게 하시오.

약속 1	
약속 2	
약속 3	

저자 특강 13

성공리더의 대학시절

성공한 리더의 삶은 대학시절(大學時節)의 모습을 띤다. 거기에는 대망(大望)이 있고, 대망(꿈)을 이루기 위한 배움(學習)이 있다. 시대(時代)의 흐름을 읽고, 절기(節期)를 아는 지혜도 있다. 이 네 가지는 행복한 삶의 필요조건이다.

대망

대망(大望)은 사명과 비전을 말한다. 사명은 존재이유로 '왜 사는가?'에 대한 답변이다. 비전은 '자신이 원하는 미래(삼년 내지 오년 후)의 바람직한 모습'이다. 사명과 비전은 열정을 불러일으킨다. 삶의 나침반(방향성)이 있는 사람은 '하고 싶은 일, 해야 할 일'이 있다. 일을 통해 '살아있음'을 느낀다.

학습

학습(學習)은 미래를 위해 담금질하는 준비활동이다. 프로(전문가)는 지식의 진부화 속도가 빨라진 현대에서 배움을 일상으로 여긴다. 그들은 경험(일 · 성공과 실패 · 여행)을 통해서 배운다. 인연(상사 · 동료 · 친구)을 통해서도 배운다. 교육훈련을 통해서 배운다. 책을 통해서 선현(先賢)은 물론 다양한 분야의 지성들과 대화하면서도 배운다. 지혜로운 사람은 단지 생각에 머무르지 않고 "실행(action)하고, 관찰(observation)하고, 성찰(reflection)"하는 학습의 나선형 사이클(AOR cycle)을 반복함으로써 자신의 품격(品格)을 높여간다. 그들에게 있어 나이 듦은 죄가 아니다. 아름다운 성숙(成熟)이다.

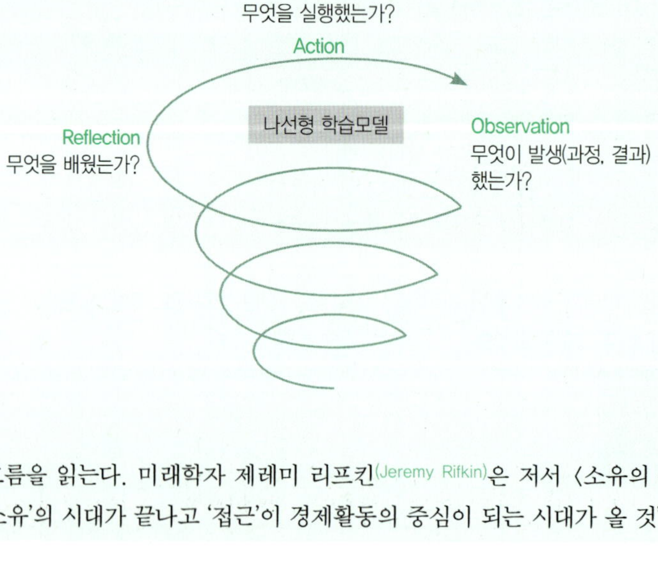

시대흐름

시대(時代)흐름을 읽는다. 미래학자 제레미 리프킨(Jeremy Rifkin)은 저서 〈소유의 종말〉에서 "머지않아 '소유'의 시대가 끝나고 '접근'이 경제활동의 중심이 되는 시대가 올 것"이라고 예측했다. 리프킨의 이런 예상은 오늘날 '공유경제(Sharing Economy)'라는 현상으로 실현되고 있다. 온라인 플랫폼을 기반으로 자동차 공유나 숙박시설 공유와 같은 비즈니스 모델이 출현했다. 공유에 참여할 의사가 있는 사람들에게 '접근기회'를 제공하는 개방형 비즈니스모델이다. 성공한 사람들은 시대의 흐름을 읽고 기회를 선점한다. 시대의 흐름(트렌드)은 '아는 만큼' 보이고 '관심'이 있는 사람에게만 보인다.

절기

일 년은 24절기(節期)로 이루어진다. 절기는 춘하추동(春夏秋冬)의 사계절을 24등분하여 세분한 것이다. 사람은 절기에 따라 생활양식(의식주)을 맞추며 살아간다. 절기를 모르고 생뚱맞게 사는 사람을 '철부지'라고 한다. 철부지는 절부지(節不知)에서 유래한 듯싶다. '계절(절기)을 모른다'는 뜻으로 '나잇값 못하는 사람'을 말한다.

청춘의 얼굴과 중년의 얼굴은 다른 모습이다. 중년의 얼굴 또한 노년의 얼굴과 다르다. 머리는 빠지고 눈가에는 주름이 잡히며 피부는 탄력을 잃는다. 세월 앞에 장사 없다. 흘러가는 시간을 크로노스(chronos)라고 한다. 하루 24시간 1,440분은 어느 누구에게나 똑같이 주어진다. 공평하다. 그런데 크로노스는 폭력적이다. 폭력은 대항할 수 없을 때 더욱 폭력적이다. 인간은 크로노스에 대항할 수 없다. 프랜시스 베이컨(Francis Bacon, 1561~1626)이 "태어난 순간 죽음은 시작된다."라고 하였듯 우리는 결국 죽음에 이를 것이고, 언제 죽음과 마주할지 모른다는 불예측성 때문에 더욱 두렵다.

크로노스에 저항하는 방법은 또 다른 시간인 카이로스(kairos)밖에 없다. 이열치열(以熱治熱)이다. 카이로스는 시간의 질적 개념으로 시간에 의미와 가치를 부여한 것이다. 청춘의 일 년과 중년, 노년의 일 년은 그 의미와 느낌에서 차이가 있다. 결정적 상황에서의 십 분과 일상에서의 십 분은 가치와 무게에 있어 큰 차이가 있다.

청춘에는 청춘에 맞는 색깔을 입히자. 중년에는 중년의 가치를, 노년에는 노년의 의미를 부여하자. 이십대는 자유와 열정으로 채색되었으면 좋겠다. 삼십대는 몰입으로, 사십대는 치열함으로, 오십대는 나눔으로, 육십대는 여유로, 노년은 고매함으로 채색되었으면 한다. 인생의 계절에 맞추어 삶의 모습이 수채화가 주는 은은한 느낌으로 자연스럽게 변화(탐욕으로부터의 탈피)되어 깔끔하고 우아하게 마무리되었으면 좋겠다. 나잇값하며 단 한 번뿐인 삶을 온전히 살아내야겠다.

참 고 문 헌

제1장

백기복(2016), 리더십리뷰(2판), 창민사, 34.

유영초(2007), 유일한 한그루 버드나무처럼, 봄나무.

바바라 켈러먼, 한근태 옮김(2004), 배드리더십, 랜덤하우스, 4-5.

존 어데어, 이미숙 옮김(2011), 리더는 어떻게 단련되는가, 청림출판, 7; 52.

프랜시스 헤셀바인, 마셜 골드스미스 편집(Heifetz), 문일윤 옮김(2006), 미래형 리더, 북@북스, 102-103.

월간조선(2003.2월호), 670여 개 별 중 하나만 이마에 달면 평생 장군님.

조선일보(2015.1.9.), 재벌 총수 자녀라고 20대 임원이 가당한 일인가.

Bennis, W.(2003), *On becoming a leader.* Reading, Mass: Addison-Wesley.

Bogardus, E. S.(1934), *Leaders and Leadership*, New York: Appleton-Century.

Burns, J. M.(1978), *Leadership*, New York: Harper & Row, 425.

Copeland, N.(1942), *Psychology and the Soldier*, Harrisburg, PA: Military Service Publications.

Dinh, J. E., Lord, R. G., Gardner, W. L., Meuser, J. D., Liden, R. C., & Hu, J.(2014), Leadership theory and research in the new millennium: Current theoretical trends and changing perspectives, *Leadership Quarterly*, 25: 36-62.

Epitropaki, O., & Martin, R.(2005), From idea to real: A longitudinal study of the role of implicit leadership theories on leader-member exchanges and employee outcomes, *Journal of Applied Psychology*, 90(4): 659-676.

French, J. R. Jr., & Raven, B.(1959), The bases of social power. In D. Cartwright(Eds.) *Studies in Social Power*, Ann Arbor, MI: Institute for Social Research, 259-269.

Gibb, C. A.(1969), Leadership. In G. Lindzey & E. Aronson (Eds.), *Handbook of Social psychology*, 2nd ed., vol.2, 205-282., Reading, MA: Addison-Wesley.

Hemphill, J. K., & Coons, A. E.(1957), Development of the Leader Behavior Description Questionnaire. In R. M. Stogdill & A. E. Coons (Eds.), *Leader Behavior: It's Description and Measurement(Research Monograph No.88)*, Columbus: Ohio State University, Bureau of Business Research.

Kotter, J. P.(1990), *A Force for Change: How Leadership Differs From Management*, New York: Free Press, 3-8.

Lord, R. G., & Maher, K. J.(1991), *Leadership and information processing: Linking perceptions and performance*, Boston: Unwin-Hyman.

Manz, C. C., & Sims, Jr., H. P.(1990), *Super Leadership: Leading Others to Lead Themselves*, New York: Berkeley.

Marion, R., & Uhl-Bien, M.(2001), Leadership in Complex Organizations, *Leadership Quarterly*, 12: 389-418.

Meindl, J. R., Ehrlich, S. B., & Dukerich, J. M.(1985), The romance of leadership, *Administrative Science Quarterly*, 30: 78-102.

Meindl, J. R., & Ehrlich, S. B.(1987), The romance of leadership and evaluation of organizational performance, *Academy of management Journal*, 30(1): 90-109.

Moore, B. V.(1927), The May conference on leadership, *Personnel Journal*, 6: 124-128.

Richards, D., & Engle, S.(1986), *After the vision: Suggestions to corporate visionaries and vision champions*. In J. D. Adams(Ed.), Transforming leadership, Alexandria, VA: Miles River Press.

제2장

남경태(2013), 누구나 한번쯤은 철학을 생각한다, Humanist, 70-73.

백기복(2016), 리더십리뷰(2판), 창민사, 381-403.

신장섭(2014), 김우중과의 대화, 북스코프.

이창훈(2010), 잡스처럼 꿈꾸고 게이츠처럼 이뤄라, 머니플러스, 156.

최태웅 옮김(2011), 노자의 도덕경, 새벽이슬, 69-72; 317-319.

현대경제연구원 지음(2011), 정주영 경영을 말하다, 현대경제연구원BOOKS.

홍하상(2004), 이병철 경영대전, 바다출판사.

마이클 레딘, 김의영 외 옮김(2000), 마키아벨리로부터 배우는 리더십, 리치북스, 5; 135-136.

웨인 다이어, 신종윤 옮김(2010), 서양이 동양에게 삶을 묻다, 나무생각, 68-72; 532-537.

동아일보(2016.3.5.), 미 브로드웨이 달구는 라이벌 열전.

동아일보(2016.4.15.), 머스크-베조스 · · · '또라이'의 반란.

조선일보(2013.12.24.), Best CEO 대기업 Top 10.

Hambrick, D. C., & Mason, P. A.(1984), Upper echelons: The organization as reflection of its top managers, *Academy of Management Review*, 9(2): 193-206.

Ireland, R. D., & Hitt, M. A.(1999), Achieving and maintaining strategic competitiveness in the 21st century: The role of strategic leadership, *Academy of Management Executive*, 13(1): 43-57.

Kirkpatrick, S. A., & Locke, E. A.(1991), Leadership: Do traits matter?, *The Executive*, 5: 48-60.

Mann, R. D.(1959), A review of the relationship between personality and performance in small groups, *Psychological Bulletin*, 56: 241-270.

McCall, M. W., Jr., Lombardo, M. M., & Morrison, A.(1988), *The lessons of experience, Lexington*, MA: Lexington Books.

Nahavandi, A., & Malekzadeh, A. R.(1993), Leader style in strategic and organizational performance: An integrative framework, *Journal of Management Studies*, 30(3): 405-425.

Northouse, P. G.(2013), *Leadership: Theory and Practice*(6th ed.), SAGE Publications.

Shrivastava, P., & Nachman, S. A.(1989), Strategic leadership pattern, *Strategic Management Journal*, 10: 51-66.

Stogdill, R. M.(1948). Personal factors associated with leadership: A survey of the literature, *Journal of Psychology*, 25: 35-71.

Stogdill, R. M.(1974), *Handbook of leadership: A survey of theory and research*, New York: Free Press.

Zaccaro, S. J., Kemp, C., & Bader, P.(2004), Leader traits and attributes. In J. Antonakis, A. T. Cianciolo, & R. J. Sternberg (Eds.), *The nature of leadership* (pp. 101-124), Thousand Oaks, CA: Sage.

https://en.wikipedia.org/wiki/DISC_assessment(Wikipedia, the free encyclopedia). DISC 행동유형을 정확히 측정하고자 하는 사람은 https://www.123test.com/disc-personality-test/ 참고.

제3장

백기복(2016), 리더십리뷰(2판), 창민사, 290-302.

신동엽(2010), 최악의 승진인사 만드는 역량의 덫, DBR, vol.53.

한국경제신문(2015.11.3.), 고객 마음 먼저 헤아리는 '디테일 경영'이 롱런 비결.

Blake, P. R., & Mouton, J. S.(1964), *The managerial grid*, Houston, TX: Gulf Publishing Company.

Blake, P. R., & Mouton, J. S.(1978), *The new managerial grid*, Houston, TX: Gulf Publishing Company.

Blake, P. R., & Mouton, J. S.(1985), *The managerial grid III*, Houston, TX: Gulf Publishing Company.

Gary Yukl(2013), *Leadership in Organizations*(8th), Pearson, 155-162.

Katz, R. L.,(1955), Skills of an effective administrator, *Harvard Business Review*, January-February, 33-42.

Misumi, J., & Sato, S.(1968), An experimental study of the effect of PM leadership practices upon task performance and reminiscence processes, *Japanese Journal of Educational and Social Psychology*, 8: 12-23.

Mumford, T. V., Campion, M. A., & Morgeson, F. P.(2007), The leadership skills strataplex: Leadership skill requirements across organizational levels, *Leadership Quarterly*, 18: 154-166.

Vroom, V. H., & Yetton, P. W.(1973), *Leadership & decision making*, The University of Pittsburgh Press.

Vroom, V. H., & Jago, A. G.(1988), *The new leadership: Managing participation in organizations*, Englewood Cliffs, NJ: Prentice-Hall.

https://www.ncs.go.kr, 국가직무능력표준 홈페이지.

제4장

폴 허시, 이영운 옮김(2000), 상황을 이끄는 리더가 성공한다, 도서출판 햇불, 89-108.

Alderfer, C. P.(1969), An empirical test of a new theory of human needs, *Organizational Behavior and Human Performance*, 4: 142-175.

Fiedler, F. E.(1967), *A theory of leadership effectiveness*, New York: McGraw-Hill.

Fiedler, F. E.(1993), *The leadership situation and the black box in contingency theories. In M. M. Chemers & R. Ayman(Eds.), Leadership, theory, and research: perspectives and directions*(1-28). New York: Academic Press.

Fiedler, F. E. & Chemers, M. M.(1984), *Improving leadership effectiveness: The leader match concept*(2nd ed.), New York: Wiley.

Hersey, P., & Blanchard, K. H.(1969), Life-cycle theory of leadership, *Training and Development Journal*, 23: 26-34.

Hersey, P., & Blanchard, K. H.(1977), *Management of organizational behavior: Utilizing human resources*(3rd ed.), Englewood Cliffs, NJ: Prentice Hall.

Hersey, P., & Blanchard, K. H.(1988), *Management of organizational behavior: Utilizing human resources*(5th ed.), Englewood Cliffs, NJ: Prentice Hall.

Hersey, P., & Blanchard, K. H.(1993), *Management of organizational behavior: Utilizing human resources*(6th ed.), Englewood Cliffs, NJ: Prentice Hall.

House, R. J.(1971), A path-goal theory of leader effectiveness, *Administrative Science Quarterly*, 16: 321-328.

House, R. J.(1996), Path-goal theory of leadership: Lessons, legacy, and a reformulated theory, *Leadership Quarterly*, 7(3): 323-352.

Howell, R. J., & Dorfman, P. W., Kerr, S.(1986), Moderator variables in leadership research, *Academy of Management Review*, 11: 88-102.

Indvik, J.(1986), Path-goal theory of leadership: A meta-analysis. *In Proceedings of the Academy of Management Meeting*(189-192), Briarcliff Manor, NY: Academy of Management.

Jermier, J. M.(1996), The path-goal theory of leadership: A subtextual analysis, *Leadership Quarterly*, 7(3): 311-316.

Kerr, S., & Jermier, J. M.(1978), Substitutes for leadership: Their meaning and measurement, *Organizational Behavior and Human Performance*, 22: 375-403.

Podsakoff, P. M. & Mackenzie, S. B.(1995), An examination of substitutes for leadership within a levels of analysis framework, *Leadership Quarterly*, 6: 289-328.

제5장

백기복(2016), 리더십 리뷰(2판), 창민사, 167-203.

조동만(2012), 조직변화의 적, 냉소주의 극복비결, SERI경영노트(vol. 152), 삼성경제연구소.

빅토르 위고, 신윤덕 옮김(2007), 장발장, 삼성출판사.

제임스 C. 헌터, 김광수 옮김(2011), 서번트리더십, 시대의 창, 134-135.

동아일보(2016.3.15.), 정치적 올바름이 미국 망치고 있다.

동아일보(2016.4.11.), '공시 폐인'사회문제로.

동아일보(2016.4.15.), 학원에 갖다 바칠 돈으로 경험을 공부하세요.

Bass, B. M.(1985), *Leadership and Performance Beyond Expectations*, New York: Free Press.

Bass, B. M.(1998), *The ethics of transformational leadership. In J. Ciulla(Ed.), Ethics: The heart of leadership*(169-192), Westport, CT: Praeger.

Baum, J. R., Locke, E. A., & Kirkpatrick, S. A.(1998), A longitudinal study of the relation of vision and vision communication to venture growth in entrepreneurial firms, *Journal of Applied Psychology*, 83(1): 43-54.

Bennis, W. G., & & Nanus, B.(1985), *Leaders: The strategic for taking charge*, New York: Harper & Row.

Burns, J. M.(1978), *Leadership*, New York: Harper & Row.

Bryman, A.(1992), *Charisma and leadership in organizations*, London, England: Sage.

Choi, Y.(1995), *A theory of self-sacrificial leadership*, Doctorial Dissertation, The University of Kansas.

Conger, J. A.(1990), The dark side of leadership, *Organizational Dynamics*, Autumn: 44-55.

Conger, J. A., & Kanungo, R. N.(1987), Toward a behavioral theory of charismatic leadership in organizational settings, *Academy of Management Review*, 12(4): 637-647.

Conger, J. A., & Kanungo, R. N.(1988), Behavioral dimensions of charismatic leadership, In J. A. Conger & R. N. Kanungo(Eds.), *Charismatic leadership*, San Francisco: Jossey-Bass.

Downton, J. V.(1973), *Revel leadership: Commitment and charisma in a revolutionary process*, New York: Free Press.

House, R. J.(1976), *A 1976 theory of charismatic leadership, In J. G. Hunt & L. L. Larson(Eds.), Emerging leadership vistas*. Lexington, Mass.: Lexington Books, 29-49.

Kirkpatrick, S. A., & Locke, E. A.(1996), Direct and indirect effect of three core charismatic leadership components on performance and attitudes, *Journal of Applied Psychology*, 81(1): 36-51.

Kouzes, J. M., & Posner, B. Z.(1987), *The leadership challenge: How to get extraordinary things done in organizations*, San Francisco: Jossey-Bass.

Kouzes, J. M., & Posner, B. Z.(2002), *The leadership challenge*(3rd ed.), San Francisco: Jossey-Bass.

Lowe, K. B., Kroeck, K. G., & Sivasubramaniam, N.(1996), Effectiveness correlates of transformational and transactional leadership: A meta-analytic review of the MLQ literature, *Leadership Quarterly*, 7(3): 385-425.

Shamir, B., & House, R. J., & Arthur, M. B.(1993), The motivational effects of charismatic leadership: A self-concept based theory, *Organizational Science*, 4: 1-17.

Tichy, N. M., & DeVanna, M. A.(1990), *The transformational leader*(2nd ed.), New York: John Wiley.

제6장

강민형(2010), 조직 속 숨은 관계를 찾아낸다: 조직관계망분석, SERI 경영노트(vol. 52), 삼성경제연구소.

김익택(2009), *복잡계 과학을 통한 이슈리더십이론의 실증연구*, 국민대학교 대학원 박사학위 논문, 36; 177-178.

나인표 · 이홍 · 전상길(2004), 리더-하위자 관계 발전단계와 관계행동 및 태도에 관한 연구, *리더십 연구*, 1: 189-220.

박지원(2012), 공유와 경청없이 집단 지성 없다, LGERI 리포트, LG Business Insight, 14-19.

서수석(2009), *이슈리더십의 개인결정 요인과 성과변수의 관계에 대한 상황적 맥락의 조절효과 검증*, 국민대학교 대학원 박사학위 논문, 74.

윤정구(2014), 진정성이란 무엇인가, 한언, 42.

게리 채프먼(2010), 5가지 사랑의 언어, 생명의 말씀사.

로버트 치알디니,이현우 옮김(2005), 설득의 심리학, 21세기북스, 53.

모튼 한센, 이장원 외 옮김(2011), 협업, 교보문고, 119-123; 282-283.

동아일보(2016.3.29.), 나를 '1인기업'으로 대접해주는 조직.

조선일보(2009.3.24.), 이대통령, 일 줄이고 생각 많이 해야.

Carson, J. B., Tesluk P. E., & Marrone, J. A.(2007), Shared leadership in teams: An investigation of antecedent conditions and performance, *Academy of Management Journal*, 50(5): 1217-1234.

Dansereau, F., Graen, G., & Haga, W. A.(1975), A vertical dyad linkage approach to leadership within formal organization, *Organizational Behavior and Human Performance*, 13: 46-78.

Day, D. V., & Gronn, P., & Salas, E.(2004), Leadership capacity in teams, *Leadership Quarterly*, 15: 857-880.

Fleishman, E. A., Mumford, M. D., Zaccaro, S. J., Levin, K. Y., Korotkin, A. L. & Hein, M. B.(1991), Taxonomic efforts in the description of leader behavior: A synthesis and functional interpretation, *Leadership Quarterly*, 2(4): 245-287.

Graen, G., & Cashman, J.(1975), A role-making model of leadership in formal organization: A development approach. In J. G. Hunt & L. L. Larson(Eds.), *Leadership frontiers*, 143-165. Kent, OH: Kent State University Press.

Graen, G. B., & Uhl-Bien, M.(1995), Relationship-based approach to leadership: Development of leader-member exchange(LMX) theory of leadership over 25 years: Applying a multi-level, multi-domain perspective, *Leadership Quarterly*, 6(2): 219-247.

Gibb, C. A.(1954), Leadership. In G. Lindzey(Eds.), *Handbook of social psychology*, 2: 877-917. Reading, MA: Addison-Wesley.

Hackman, J. R., & Walton, R. E.(1986), Leading groups in organizations. In P. S. Goodman & Associates (Eds.), *Designing effective work groups*(72-119), San Francisco: Jossey-Bass.

Katz, D., & Kahn, R. L.(1978), *The social psychology of organizations*(2nd ed.). New York: Wiley.

Larson, C. E., & LaFasto, F. M. J.(1989), *Teamwork: What must go right/what can go wrong*, Newbury Park, CA: Sage.

Northouse, P. E.(2013), *Leadership: Theory and Practice*(6th ed.), SAGE Publications, 287-307.

Porter, G., & Beyerlein, M.(2000), Historic roots of team theory and practice. In M. M. Beyerlein (Ed.), *Work teams: Past, present and future*(3-24). Dordrecht, Netherlands: Kluwer.

Sherif, M., Harvey, O. J., White, B. J., Hood, W. R. & Sherif, C. W.(1988), *The Robbers Cave Experiment: Intergroup Conflict and Cooperation, Middletown*, CT: Wesleyan University Press.

http://www.cyram.com/ 네트워크 분석툴 제공.

http://www.netminer.com/ 네트워크 분석툴 제공.

http://terms.naver.com/list.nhn?cid=51065&categoryId=51065/ 사회심리학용어에 대한 유익한 설명자료 제공.

제7장

김현기 · 김연희 · 문권모(2010), 리더십 사용설명서, 원앤원북스, 269-271.

윤정구(2014), 진정성이란 무엇인가, 한언, 21-25.

페터 비에리, 문항심 옮김(2014), 삶의 격: 존엄성을 지키며 살아가는 방법, 은행나무, 11-18.

한스 요하임 브라운, 김현정 옮김(2006), 세상을 바꾼 가장 위대한 101가지 발명품, 플래닛 미디어.

동아일보(2016.4.1.), 워런 버핏과 '땅콩 회항'그 이후.

Avolio, B, J., & Gardner, W. L.(2005), Authentic leadership development: Gettings to the root of positive forms of leadership, *Leadership Quarterly*, 16: 315-338.

Beauchamp, T. L., & Bowie, N. E.(1988), *Ethical theory and business* (3rd ed.), Englewood Cliffs, NJ: Prentice Hall.

Brown, M. E., & Trevino, L. K.(2006), Ethical leadership: A review and future directions, *Leadership Quarterly*, 17: 595-616.

Ciulla, J. B.(1998), Ethics, *the heart of leadership*, Westport, CT: Greenwood.

Ciulla, J. B.(2003), *The ethics of leadership*, Belmont, CA: Wadsworth/Thomson Learning.

Dalla Costa, J.(1998), *The ethical imperative: Why moral leadership is good business*. Reading, MA: Addison-Wesley.

Greenleaf, R. K.(1970), *The servant as leader*, Westfield, IN: The Greenleaf Center for Servant Leadership.

Kernis, M. H., & Goldman, B. M.(2006), A multicomponent conceptualization of authenticity: Theory and research, *Advances in experimental social psychology*, 38: 283-357.

Kitchener, K. S.(1984), Intuition, critical evaluation, and ethical principles: The foundation for ethical decisions in counseling psychology, *Counseling Psychologist*, 12(3): 43-55.

Luthans, F., & & Avolio, B. J.(2003), Authentic leadership: A positive developmental approach. In K. S. Cameron, J. E. Dutton, & R. E. Quinn (Eds.), *Positive organizational scholarship*(241-261). San Francisco: Barrett-Koehler.

Northouse, P. E.(2013), *Leadership: Theory and Practice*(6th ed.), SAGE Publications, 430-437.

Resick, C. J., Martin, G. S., Keating, M. A., Dickson, M. V., Kwan, H. K., & Peng, C.(2011), What ethical leadership means to me: Asian, american, and european perspectives, *Journal of Business Ethics*, 101(3): 435-457.

Rost, J. C.(1991), *Leadership for the twenty-first centry*, New York: Praeger.

Schumann, P. L.(2001), A moral principles framework for human resource management ethics, *Human Resource Management Review*, 11: 93-111.

Shamir, B., & Eilam, G.(2005), "What's your story?"A life-stories approach to authentic leadership development, *Leadership Quarterly*, 16: 395-417.

Trevino, L. K., Hartman, L. P., & Brown, M.(2000), Moral person and moral manager: How executives develop a reputation for ethical leadership, *California Management Review*, 42(4): 128-142.

Walumbwa, F. O., Avolio, B. J., Gardner, W. L., Wernsing, T. S., & Peterson, S. J.(2008), Authentic leadership: Development and validation of a theory-based measure, *Journal of Management*, 34(1): 89-126.

제8장

김용학(2010), 사회연결망 이론(개정판), 박영사.

장시준(2006), 사회자본의 개념과 교육적 시사점(이슈리포트), 한국교육학술정보원, 2-12.

SK텔레콤(2010), 서번트리더십, 다이내믹팔로워십(비매품).

로널드 하이패츠 · 알렉산더 그래쇼 · 마티 린스키, 김충선 옮김(2012), 적응 리더십, 더난출판, 44-45.

로버트 K. 그린리프, 강주헌 옮김(2006), 서번트 리더십 원전, 참솔, 24-25; 174; 341.

리차드 허그헤스 · 로버트 기네트 · 고든 커피, 정재삼 외 역(2013), 리더십, 교육과학사, 338-341.

린다 캐벌린 포포프, 김영경 · 박소정 옮김(2011), 버츄프로젝트교육자용안내서, 한국버츄프로젝트.

모텐 T. 한센, 이장원 · 김대환 · 안정호 옮김(2011), 협업, 교보문고.

이케다 가요코 구성, 한성례 옮김(2001), 세계가 만일 100명의 마을이라면, 국일미디어.

제임스 C. 헌터, 김광수 옮김(2011), 서번트 리더십, 시대의 창, 30-31; 182.

존 어데어, 이미숙 옮김(2005), 리더는 어떻게 단련되는가, 청림출판, 177.

프랜시스 헤셀바인, 마셜 골드스미스, 문일윤 옮김(2006), 미래형 리더, 북@북스, 82; 124-135; 140-151; 255-256.

동아일보(2016.2.27.), 이어령의 뒤통수를 때린 참용기.

동아일보(2016.3.15.), 정치적 올바름이 미국 망치고 있다.

조선일보(2015.1.8.), 유행 따라 가지 말고 자신의 길을 가라.

Krile, J. & Curphy, G., & Lund, D.(2006), *The Community Leadership Handbook: Framing Ideas, Building Relationships, and Mobilizing Resources*, St. Paul, MN: Fieldstone Alliance.

Greenleaf, R. K.(1970), *The servant as leader*, Westfield, IN: The Greenleaf Center for Servant Leadership.

Greenleaf, R. K.(1972), *The institution as servant*, Westfield, IN: The Greenleaf Center for Servant Leadership.

Greenleaf, R. K.(1977), *Servant leadership: A journey in to the nature of legitimate power and greatness*, New York: Paulist Press.

Krile, J., Curphy. G., & Lund, D.(2006), *The Community Leadership Handbook: Framing Ideas, Building Relationships, and Mobilizing Resources*, St. Paul, MN: Fieldstone Alliance.

Liden, R. C., & Wayne, S. J., Zhao, H., & Henderson, D.(2008), Servant leadership: Development of a multidimensional measure and multi-level assessment, *Leadership Quarterly*, 19: 161-177.

Putnam, R.(1993). The Prosperous Community : Social Capital and Public Life. *The American Prospect*, 13: 35-42.

Spreitzer, G. M.(1995), Psychological empowerment in the workplace: Dimensions, measurement, and validation, *Academy of Management Journal*, 38(5): 1442-1465.

Zhang, X., & Zhou, J.(2014), Empowering leadership, uncertainty avoidence, trust, and employee creativity: Interaction effects and a mediating mechanism, *Organizational Behavior and Human Decision Precesses*, 124(2): 150-164.

제9장

강형철 · 박미석 · 조경순 · 조병남 · 양승찬 · 김경아 · 이신자(2005), 여성리더십의 재발견, 숙명여자대학교 출판국, 42-50; 63; 90-95; 108-130.

백기복(2016), 리더십 리뷰(2판), 창민사, 320.

다니엘 골먼, 리처드 보이애치스, 애니 맥키, 장석훈 옮김(2005), 감성의 리더십, 청림출판.

동아일보(2016.3.17.), 감정 없으면 우리도 로봇.

조선일보(2015.3.3.), 그대에게 용기 보태려.

조선일보(2014.2.22.-23). 대한민국 1호 여성들의 세계.

Ayman, R., Korabik, K., & Morris S.(2009), Is transformational leadership always perceived as effective? Male subordinates'devaluation of female transformational leaders, *Journal of Applied Social Psychology*, 39: 852-879.

Bartol, K. M., & Butterfield, D. A.(1976), Sex effects in evaluating leaders, *Journal of Applied Psychology*, 61: 446-454.

Bowles, H. R., & McGinn, K. L.(2005), Claiming authority: Negotiating challenges for women leaders. In D. M. Messick & R. M. Kramer (Eds.), *The psychology oof leadership: New perspectives and research* (pp.191-208), Mahwah, NJ: Lawrence Erlbaum.

Goleman, D.(1996), *Emotional intelligence* : why it can matter more than IQ, London: Bloomsbury.

Goleman, D.(1998), *Working with emotional intelligence*, New York: Bantam Books.

Eagly, A. H., Karau, S. J., & Makhijani, M. G.(1995), Gender and the effectiveness of leaders: A meta-analysis, *psychological Bulletin*, 117: 125-145.

Eagly, A. H., & Heilman, M.(2014), Call for papers: Proposal for special issue of Leadership Quarterly on gender and leadership, *Leadership Quarterly*, 25: 630.

Kark, R., Waismel-Manor, R., & Shamir, B.(2012), Does valuing androgyNew York and femininity lead to a female advantage? The relationship between gender-role, transformational leadership and identification, *Leadership Quarterly*, 23(3): 620-640.

Knight, P. A., & Saal, F. E.(1984), Effect of gender differences and selection agent expertise on leader influence and performance evaluations, *Organizational Behavior and Human Performance*, 34: 225-243.

Koening, A. M., Eagly, A. H., Mitchell, A. A., & Ristikari, T.(2011), Are leader stereotypes masculine? A meta-analysis of three research paradigms, *psychological Bulletin*, 137: 616-642.

Netemeyer, R. G., Boles, J. S., & McMurrian, R. C.(1996), Development and validation of work-family conflict and family-work conflict scales, *Journal of Applied Psychology*, 81.

Powell, G. N., & Graves, L. M.(2003), *Women and men in management*(3rd ed.), Thousand Oaks, CA: Sage.

Salovey, P., & Meyer, J. D.(1990), Emotional Intelligence, *Imagination, cognition, and personality*: 9: 185-211.

제10장

김상훈(2009), 스티브 잡스, 살림.

김현기 · 김연희 · 문권모(2010), 리더십 사용설명서, 원앤원북스, 159-160; 174-182.

노용진 · 김현기(2008.1.28.), 대한민국 직장인 리더십진단, LGERI 리포트, LG Business Insight.

백기복(2011.12.26), 행복의 리더십 설문분석 결과 보고서, 16.

원지현(2015.6.24), 리더의 비인격적 행동 코스트 높아졌다, LG Business Insight.

최경춘(2010), 나쁜 보스, 위즈덤하우스.

최병권 · 강진구 · 김현기 · 한상엽(2008), 직장상사 생존보고서, 위즈덤하우스.

한주원 · 박경규(2009), 상사의 비인격적 감독이 부하의 직장 내 일탈행도에 미치는 영향, *산업 및 조직*, 22(2): 233-259.

한주원 · 김정진 · 박경규(2011), 비인격적 감독과 부하의 저항행동 관계에 관한 연구: 상호작용 공정성과 심리적 계약위반을 중심으로, *경영학연구*, 40(3): 831-857.

로버트 L. 서튼, 서영준 옮김(2007), 또라이 제로조직, 이실MBA.

로버트 L. 서튼(2008), 여러분 직장의 '총 또라이 비용'은 얼마입니까, DBR, vol.1.: 70-72.

로버트 L. 서튼, 배현 옮김(2010), 굿보스 배드보스, 푸른숲.

바바라 켈러먼, 한근태 옮김(2004), 배드리더십, 랜덤하우스.

동아일보(2016.3.2.), 노키아의 몰락...경영진은 대체 뭘 했을까.

조선일보(2015.3.7), 늘어나는 기업 평판 사이트.

Aasland, M. S., Skogstad, A., Notelaers, G., Nielsen, M. B., & le Einarsen, S.(2010), The prevalence of destructive leadership behavior, *British Journal of Management*, 21: 438-452.

Ashforth, B. E.(1994), Petty tyranNew York in organizations, *Human Relations*, 47: 755-778.

Einarsen, S., Aasland, M. S., & Skogstad, A.(2007), Destructive leadership behavior: A definition and conceptual model, *Leadership Quarterly*, 18: 207-216.

Liu, D., Lieo, H., & lo R.(2012), The dark side of Leadership: A Three-level investigation of the Cascading Effect of Abusive Supervision on Employee Creativity, *Academy of Management Journal*, 55(2): 1187-1212.

Lombardo, M. M., & Eichinger, R. W.(1989), *Preventing derailment: What to do before it's to late*, Application Report, Greensboro, N. C.: Center for Creative Leadership.

McCall, M. W., & Lombardo, M. M.(1983), *Off track: Why and how successful executives get derailed*, Center for Creative Leadership, Greensboro, Report No.21.

Tepper, B. J.(2000), Consequences of abusive supervision, *Academy of Management Journal*, 43(2): 178-190.

Whicker(1997), *Toxic leader*, Upper Saddle River, N.J.: Prentice-Hall.

Xu, A. J., Loi, R., & Lam, L. W.(2015), The bad boss takes it all: How abusive supervision and leader-member exchange interact to influence employee silence, *Leadership Quarterly*, in press.

제11장

백기복(2016), 리더십 리뷰(2판), 창민사, 370-372.

백기복 · 서재현 · 구자숙 · 김정훈(2010), 한국형리더십, 인사조직연구, 18(4): 33-69.

신유근(1996), 한국최고경영자의 행동특성과 리더십스타일: 성공기업 및 실패기업을 대상으로, *인사조직연구*, 4(2): 203-233.

맥신 돌턴, 크리스 에른스트, 제니퍼 딜, 진 레슬리, 차동욱 등 옮김(2004), 글로벌 리더십, 위즈덤아카데미, 8, 17-20, 84-86, 99, 101-120, 152-167, 180-185.

대한상공회의소(2016.3.16.), 한국기업의 조직건강도와 기업문화 보고서(보도자료).

동아일보(2016.1.27.), 글로벌 인재가 외면하는 나라.

동아일보(2016.3.10.), 스무살 '작은 원두' 기립박수를 받다,

동아일보(2016.3.28.), 마음속 인의예지 싹 틔우는 일.

Global Leadership and Organization Behavior Effectiveness research program. GLOBE 연구는 1991년 하우스에 의해 시작되어 현재도 진행 중이다. 이 연구의 목적은 각 문화권 간의 상호작용에 대한 이해와 '문화가 리더십 효과성에 미치는 영향'을 규명하는 것이다. 현재 62개국 17,000여 명의 관리자들을 대상으로 설문지, 인터뷰, 관찰, 문헌 내용 분석 등의 방법으로 연구를 진행하고 있으며, 160여 명의 연구자들이 참여하고 있다.

Adler, N. J., & Bartholomew, S.(1992), Managing globally component people, *Academy of Management Executive*, 6(3): 52-64.

Dickson, M. W., Castano, N., Magomaeva, A., & Hartog, D. N. D.(2012), Conceptualizing leadership across cultures, *Journal of World Business*, 47: 483-492.

Hofstede, G.(1980), *Culture's consequences: International differences in work-related values*, Beverly Hills, CA: Sage.

Hofstede, G.(2001), *Culture's consequences: Comparing values, behaviors, institutions, and organizations across nations*, Thousand Oaks, CA: Sage.

House, R. J., Hanges, P. J., Javidan, M., Dorfman, P. W., & Gupta, V. (Eds.), (2004), *Culture, leadership, and organizations: The GLOBE study of 62 societies*, Thousand Oaks, CA: Sage.

House, R. J., Javidan, M.(2004), Overview of GLOBE. In R. J. House, P. J. Hanges, M. Javidan, P. W. Dorfman, V. Gupta, & Associates (Eds.), *Culture, leadership, and organizations: The GLOBE study of 62 societies*, (pp. 9-28), Thousand Oaks, CA: Sage.

Mendenhall, M. E., Reiche, B. S., Bird, A., & Osland, J. S.(2012), Defining the "global"in global leadership, *Journal of World Business*, doi:10.1016/j.jwb. 2012.01.003.

Northouse, P. E.(2013), *Leadership: Theory and Practice*(6th ed.), SAGE Publications, 383-422.

제12장

김현기 · 김연희 · 문권모(2010), 리더십 사용설명서, 원앤원북스, 116.

이재희 · 최인희(2016), 비즈니스 커뮤니케이션(2판), 한올, 251-252.

맨즈와 심스, 김남현 옮김(2002), *The New Super-Leadership*, 경문사, 29; 152.

경향신문(2016.1.3.), 부들부들 청년.

조선일보(2014.2.22.), 철학자 박이문에게 길을 묻다.

Deci, E. & Ryan, R., 1985, The support of autonomy and control of behavior, *Journal of Personality and Social Psychology*, 53: 124-137.

Houghton, J. D. & Neck, C. P., 2002, The Revised self-leadership questionnaire: testing a hierarchical factor structure for self- leadership, *Journal of Managerial Psychology*,

19(4): 427-441.

Kelly, R. E.(1992), *The Power of followership: How to create leaders people want follow and followers who lead themselves*, New York: Doubleday Currency.

Kerr, S., & Jermier, J. M., 1978, Substitutes for leadership: their meaning and measurement, *Organization Behavior and Human Performance*, 22: 375-403.

Kim Seong Ho(2009), *Nidec Story*. Sam and Pakers, Samsung Economic Research Institute.

Manz, C. C. & Sims, H. P. Jr.(1980), Self-management as a Substitute for Leadership: A Social Learning Theory Perspective, *Academy of Management Review*, 5(3): 361-367.

Manz, C. C.(1986), Self-leadership: toward an expended theory of self-influence processes in organizations, *Academy of Management Review*, 11(3): 585-600.

Manz, C. C., & Sims, H. P. Jr.(1989), Super leadership: Beyond the myth of heroic leadership, *Organizational Dynamics*, 19: 18-35.

Pearce. C. L. & Manz, C. C.(2004), Shared Leadership: Cultivate both shared and self-leadership, *Executive excellence*, 21(7): 23-39.

Samsung Economic Research Institute(2011), Google Benchmarking Data.

Samsung Economic Research Institute(2012), Delphi Benchmarking Data.

Stewart, G. L., Carson, K. P, & Cardy, R. L.(1996), The joint effect of consciousness and self-leadership training on employee self-directed behavior in a service setting, *Personal Psychology*, 25: 35-71.

Suh Eui-Jung(2012), *The Power of Followership: Eight Tips to Make Star Followers*, KET(746). Samsung Economic Research Institute.

제13장

짐콜린스, 이무열 옮김(2014), 좋은 기업을 넘어 위대한 기업으로, 김영사, 47.

Day, D. V., Fleenor, J. W., Atwater, L. E., Sturm, R. E., & McKee, R. A.(2014), Advances in leader and leadership development: A review of 25 years of research and theory, *Leadership Quarterly*, 25: 63-82.

찾아보기

ㄱ

감성리더십 200
감성지능 200
강수진 187
강압적 권력 14
개념화 167
개념화 능력 57
개별적 배려 107
개인권력 15
개입 수준 132
개입 유형 132
개입행동 132
거래적 리더십 106
건설적 사고패턴전략 273
결정적 순간 232
경력단절 195
경로-목표이론 77
경험 289
고정행동 275
고통-제혁신추구형 41
공리주의 147
공유리더십 127
공정성 149
과업행동 52
과정관리형 41
관계성행동 52
관리 17
관리격자 54
관리자 18
관리자의 유형 18
관점수용능력 247
교육 290
교차압력 191
구성원 중심 관점 20
국가직무능력표준 59
국제 비즈니스지식 247
권력 13, 125
권력의 원천 14
권력중심성 239
권위 13
권한 13
권한의 유형 99
글로벌 리더 246
글로벌 리더십 238
글로벌 마인드셋 238
기능적 리더십모형 130
기술적 능력 57
기업문화 진단 251
기업의 인재상 260

기업평판 사이트 227
길티 플레저 171
김우중 29

ㄴ

낙관주의 153
낙수효과 224
남성성 190
남성 콤플렉스 191
내면화 103
내부통제자 33
내적 보상 268
내집단 123
네트워크 174
네트워크 규칙 177
네트워크 분석 126
노블레스 오블리주 164
노출 290
능력중심사회 59

ㄷ

다나비채 118
다문화적 역량 246
단서에 의한 관리 272
대체요인 85
대체이론 84
덕성목록 180
덕성이론 147
도덕경 47
도덕적 분별력 154
도덕적 엄격성 146
도덕적 의무 149
도덕적 인간 146
독극형리더십 215
독단 219
독립변수 289
독립 · 비판적인 사고 265
동방순례 164
동원 175
동일화 103
둔감력 170
또라이 18, 219
똘마니 219

ㄹ

로망 16
리더가 되는 방법 22
리더-개인 관점 19
리더-관계 관점 19
리더 매치 76
리더-문화 관점 19
리더-변화 관점 19
리더-상황 관점 19
리더십 17
리더십 개발 289
리더십 개발 커뮤니티 296
리더십그리드 54
리더십 매칭 81
리더십 수명주기론 80

리더십 실패 213
리더십 역량연구 57
리더십 연구흐름 20
리더십의 낭만화 16
리더십의 성과 146
리더십의 철학 26
리더십 인식론 15
리더십 임재 170
리더십 정의 10
리더십 탈락 214
리더에 대한 불신 216
리더-품성 관점 19
리허설 272
링겔만 효과 134

ㅁ

마키아벨리즘 34
모르핀 218
목적론 관점 147
무감각 221
무능 219
무절제 221
문화 238
문화권별 리더십 특성 244
문화의 차원 239
문화적응능력 247
문화적 전형 243
문화적 차이 256
미래지향성 240
미시간대학교 53

ㅂ

박이문 263
방관자효과 135
배드리더십 217
베스트 CEO 42
변혁적 리더십 105
변화 성공방정식 111
변화필요성 109
보상적 권력 14
보완요인 85
복원력 153
복잡성 238
부정적 강화 108
부패 219
분배공정성 149
분배정의의 원칙 150
분산된 리더십 127
불확실성 292
불확실성 회피성 239
비대칭적 사회구조 172
비대칭적 의존성 125
비인격적 감독 215
비자발적 무능 86
비전 100
빌 게이츠 44

ㅅ

사회관계망 분석 126
사회 · 심리적 통합성 39

사회적 규범 174
사회적 네트워크이론 125
사회적 스킬 202
사회적 연결망 122
사회적 인식 202
사회적 자본 174
사회적 자아 287
사회적 정체성 103
사회적 책무 164
사회 · 제도적 집단주의 240
삶의 격 160
상사보좌 277
상호작용공정성 149
상황변수 289
상황변화 루프 209
상황 엔지니어링 76
상황이론 74
상황적 리더십 80
상황적합이론 74
상황호의성 74
생애의 중대사건 154
서번트리더십 164
성격 33
성공의 함정 58
성과변수 289
성과지향성 240
성불평등지수 194
성숙도 80
성숙도의 퇴행 82
성 역할 190
성 역할 고정관념 190
성 역할 목록 206
성 역할 정체감 192
성장욕구 106
성 정형화 192
셀프리더십 271
셀프 애피커시 103
소속집단주의 240
소시오그램 127
소프트리더십 124
수직짝 연계 122
슈퍼리더십 267
스테레오타입 197
스티브 잡스 44, 212, 292
습관 25
시민적 덕성 151
신뢰 174
실패학습 270
심리적 능력 153
심리적 콤플렉스 191

ㅇ

아니마 190
아니무스 190
애피커시 103
양성성 192
양성평등성 240
업무 재설계 273
업무환경 재설계 273
여성리더십 188
여성성 190

여성 콤플렉스 192
역량감 168
역량의 덫 58
역할 간 갈등 193
역할기대 193
역할 모델링 268
역할불일치 198
역할일치론 197
역할전환 58
연구동향 21
영감적 동기부여 107
영향력 13, 168
예외에 의한 관리 108
오하이오주립대학교 54
외부통제자 33
외집단 123
우수성의 기준 133
위인이론 31
유리천장 191
유리천장지수 195
유엔인권선언 166
유연성 82
유용한 사이트 298
유일한 7
윤리적 리더 146
윤리적 리더십요인 148
윤리적 행동 167
의무론 관점 147
의미성 168
의사결정 매트릭스 64
의사결정모형 62
의사결정방법 62
의사결정방법 선택규칙 65
의사결정 상황변수 63
이러닝 공개 무료교육 291
이방인단계 124
이병철 29
이상국가 31
이상적 영향력 107
이중역할 199
이타심 165
이타주의 147
인간관계 능력 57
인간관계역량 288
인간지향성 241
인상관리 15
인재의 5단계 계층 299
인지적 다양성 39
인지전략 273
임명된 리더 18
임파워링리더십 168
임파워먼트 167

ㅈ

자기결정감 168
자기관리 201
자기관찰 272
자기대화 274
자기보상 272, 275
자기복잡성 159
자기비판 272

자기위주편향 287
자기인식 152, 201
자기주장성 240
자기희생 102
자발적 희생 38
자생적 리더 18
자연적 보상전략 273
자원봉사자 조직 176
자유방임주의 108
잠재적 리더십 16
장발장 97
전략수행역량 288
전략적 리더십 36
전략적 리더십스타일 40
전문적 권력 14
전제형 리더 217
절차공정성 149
정보구조화 132
정보탐색 132
정서적 치유 167
정주영 29
정직함 150
정치적 올바름 171
제노비스 신드롬 134
젠더 190
젠더주류화 190
조건적 보상 108
조직건강도 249
조직관계망 분석 126
조직변화 관리 3단계 모델 110
조직상층부이론 36
존엄성 160
준거적 권력 14
중화요인 85
지도에 의한 참가 268
지식의 진부화 223
지역공동체 172
지위권력 15
지적 자극 107
직무수행역량 288
직장생활 품격 216
진성리더십 152
진실된 리더십 145
집단 애피커시 103
집단연구 129
집단지성 126

ㅊ

참여적 혁신추구형 41
참용기 171
책임의 분산 135
청춘의 특권 295
촉진요인 85
최고경영자 사전경험 38
친밀단계 124
침묵효과 226

ㅋ

카리스마 99
카리스마 리더 100

카리스마의 비인격화 105
카리스마의 일상화 104
카리스마 자아개념이론 103
카이로스 301
커뮤니티리더십 172
크로노스 301

ㅌ

통제의 위치 33
투사 16
트로피 남편 197
트로피 와이프 197
특성이론 31
팀 리더십 129
팀 리더십역량 130
팀 리더십 핵심기능 131
팀 우수성 평가기준 134

ㅍ

파괴적 리더십 219
파트너십 268
파트너십단계 124
팔로워십 265
팔로워의 사고와 행동 266
페르소나 286
편협 221
프레이밍 172
프레임 99
프로토타입 16

ㅎ

학습된 무기력 223
학습 부족 223
학습의 4단계 모델 285
한국형리더십 253
합법적 권력 14
행동규범 134
행동이론 52
행동지향전략 271
혁신자역할 수행능력 247
현상수호형 41
회복탄력성 119

D

DISC 유형진단 35
DISC 행동유형 33

E

ERG이론 91

G

GLOBE 241
G형 인재 259

I

I형 인재 259

L

LMX 차별화 124
LPC 74

M

M-곡선 196

P

PM이론 56

S

STAR 모형 274

T

T형 인재 259

기타

3E 프레임 289

에필로그

큰 산을 하나 넘은 느낌이다. 글쓰기 작업을 시작하는데 오랜 시간이 걸렸다. 늘 숙제로 남아 머릿속을 어지럽히던 불편함을 덜어야겠다는 마음으로 길을 나섰다. 글쓰기를 시작하고 나서도 그 끝이 보이지 않는 막막함. 그 역시 이고 가야할 책무라 생각하고 한자 한자 엮다보니 끝에 다다랐다. 조용한 밤. 글방에서 홀로 밤을 새며 시간을 넘고 공간을 넘어 지혜인을 만나 그들과 대화하는 것은 또 다른 기쁨이었다. 사람만이 설렘을 주는 것은 아닌가 보다.

공동체를 이루는 각 개인이 일상생활 속에서 리더십의 지혜를 실천하고, 그것을 통해 보통사람들이 행복한 세상을 만들어 가는 것. 이것이 저자가 바라는 리더십 유토피아의 모습이다. 리더십. 다시 숙제로 돌아왔다. 이 땅에 땀 흘리는 많은 리더들을 위한 글쓰기 작업을 통해 그들과 지속적으로 소통할 생각이다.

이 책은 큰 딸 보람, 작은 딸 예슬을 생각하며 집필했다. 두 딸이 맑고 곱고 밝은 삶을 살기를 소망한다. 생각이 맑은 사람. 마음결이 고운 사람. 표정이 밝은 사람. 그런 사람이기를 바란다. 딸들을 위해 아빠가 젊었을 때 썼던 글. 진주.

진주

가슴으로 삶을 사랑하고 주어진 만큼을 소중히 여기어 감사하고
나만큼 남을 소중히 여기어 아름다이 세상을 살아가는
그리하여 깨끗한 이슬방울처럼 영롱한 한 알의 진주가 되게 하소서.

글을 통해 두 딸의 청춘을 응원한다. 그리고 언제나 꿈꾸기를 바란다. 별을 바라보고 뭉게구름 위에 앉아보고 바다를 품어보는 평안하고 넉넉한 삶을 살거라. 딸아.

2016년 7월
사랑이라는 이름으로
아빠가

저자 소개

이재희

경영학박사 · 경영작가

비전경영연구소에서 리더십을 주제로 글을 쓰며 강연과 컨설팅을 하고 있다. 대한민국산업현장교수로 기업경쟁력 제고를 위한 프로젝트를 수행하고 있다. 국민대학교에서 경영학 박사학위를 취득하였으며, 한국생산성본부 전임교수와 (주)리더십코리아 대표, SK하이닉스 인재개발원 전문교수로 재직한 바 있다. 국민대학교와 숙명여자대학교, 서울벤처대학원대학교 등에서 리더십, 조직행동론, 조직개발론, 커뮤니케이션, 교수방법론을 강의하였다.
주요저서 및 연구실적으로는 자기경영과 시간관리, 교수법 테크닉, 한권으로 끝내는 기획 & 프레젠테이션, 비즈니스 커뮤니케이션(공저), 이슈리더십과 성과간의 관계에 관한 실증연구 등이 있다. 이 땅의 대다수 보통사람들이 행복한 세상, 그런 세상을 꿈꾼다.

edupartnet@naver.com

http://leaca.modoo.at

자기인식과 미래탐색

리더십 프레임 〈개념 · 구조 · 사례〉

초판1쇄 인쇄 2016년 8월 5일
초판1쇄 발행 2016년 8월 10일

지은이 이 재 희
펴낸이 임 순 재

펴낸곳 한올출판사
등 록 제11-403호
주 소 서울특별시 마포구 모래내로 83(성산동, 한올빌딩 3층)
전 화 (02)376-4298(대표)
팩 스 (02)302-8073
홈페이지 www.hanol.co.kr
e-메일 hanol@hanol.co.kr

ISBN 979-11-5685-405-0